AF655758

उत्तर प्रदेश: सामान्य अध्ययन

U.P. SPECIAL

लेखक
RWA TEAM

प्रकाशक:
Rojgar Publication
(A Unit of Rojgar Coaching Center)
(प्रकाशक एवं वितरक)
Bilaspur, Greater Noida
Gautam Budh Nagar
UP. 203202
Email: rojgarwithankit@gmail.com
Mobile : 9818489147

ISBN – 978-81-957892-7-6

सर्वाधिकार प्रकाशकाधीन
भारतीय कॉपीराइट के अंतर्गत इस पुस्तक में समाहित समस्त सामग्री (टाईटल-डिजाइन, अन्दर का मैटर आदि) के सर्वाधिकार 'Rojgar Publication' के पास सुरक्षित हैं, इसके लिए कोई व्यक्ति/संस्था/समूह इस पुस्तक की पाठ्य सामग्री को आंशिक या पूर्ण रूप से तोड़-मरोड़कर या किसी अन्य भाषा में प्रकाशित नहीं कर सकता। उल्लंघन करने वाले कानूनी तौर पर हर्जे-खर्चे व हानि के जिम्मेदार स्वयं होंगे। न्यायिक क्षेत्र ग्रेटर नोएडा होगा।

Distributor :
Rohit General Store
Bilaspur, Greater Noida
Mobile : 9557571762, 7617661740

प्रस्तावना

प्रिय बालकों/बालिकाओं

जैसा कि आप सभी को विदित है कि उत्तर प्रदेश की लगभग सभी परीक्षाओं में उत्तर प्रदेश (U.P. Special) का अपना विशेष महत्त्व होता है। UPPSC, UPSSSC तथा अन्य UP की परीक्षाओं में U.P. Special (सामान्य अध्ययन) के महत्व को नकारा नहीं जा सकता। परीक्षा में सिलेक्शन के लिए सरल व सारगर्भित कंटेंट यदि सरल व सुगम भाषा में उपलब्ध हो, तो यह भाग निश्चित रूप में हमारे चयन में सहायक सिद्ध होगा।

हमारी RWA की बुक टीम ने इतने विस्तृत कंटेंट को एक संक्षिप्त बुक में समाहित करने का ईमानदार प्रयास किया है। इस पुस्तक में मानचित्र (Map) के माध्यम से कंटेंट को व्यवस्थित किया गया है। पुस्तक को कई स्तरों पर तथा अति सूक्ष्मता से जाँचा गया है, लेकिन फिर भी यह दावा करना कि पुस्तक त्रुटिरहित है, अव्यावहारिक ही होगा। पुस्तक में अपने महत्त्वपूर्ण सुझाव के लिए आप हमें 9818489147 पर Whatsapp कर सकते हैं। हम निश्चित रूप से आपके सुझावों को पुस्तक की गुणवत्ता में सुधार हेतु सम्मिलित करेंगे। पुस्तक में सभी अध्यायों के अंत में गत वर्ष में पूछे गए प्रश्नों को सम्मिलित किया गया है।

पंक्ति में खड़े अंतिम विद्यार्थी तक शिक्षा की पहुँच सुनिश्चित हो सके, इसी सपने के साथ यह सफर शुरू किया था, आज भी हम इसके लिए शत प्रतिशत प्रतिबद्ध हैं।

"खुद से हार जाऊँ वो अलग बात है,
वरना झुकने वाला इंसान नहीं हूँ मैं,
मुसीबतों से कह दो दिशा बदल लें,
क्योंकि रुकने वाला इंसान नहीं हूँ मैं"

शुभकामनाओं सहित
अंकित भाटी
(Rojgar with Ankit)

विषय-सूची

❑ **उत्तर प्रदेश: एक संक्षिप्त परिचय** 5-33

1. उत्तर प्रदेश: भौगोलिक अवस्थिति; मृदा, कृषि एवं पशुपालन 34-41
2. उत्तर प्रदेश: नदियाँ/नहरें/झीलें/ताल एवं बहुउद्देशीय परियोजनाएँ 42-50
3. उत्तर प्रदेश: वन, वनस्पति एवं वन्य जीव 51-56
4. उत्तर प्रदेश: खनिज संसाधन 57-60
5. उत्तर प्रदेश: ऊर्जा संसाधन 61-64
6. उत्तर प्रदेश: उद्योग 65-72
7. उत्तर प्रदेश: परिवहन एवं संचार 73-78
8. उत्तर प्रदेश: जनगणना 79-85
9. उत्तर प्रदेश: जनजातियाँ 86-91
10. उत्तर प्रदेश: राजनीतिक एवं प्रशासनिक व्यवस्था 92-105
11. उत्तर प्रदेश का इतिहास 106-119
12. उत्तर प्रदेश: कला एवं संस्कृति 120-132
13. उत्तर प्रदेश के प्रमुख व्यक्तित्व 133-142
14. उत्तर प्रदेश: भाषा, बोलियाँ एवं शिक्षा प्रणाली 143-152
15. उत्तर प्रदेश: पर्यटन एवं पर्यटन स्थल 153-159
16. उत्तर प्रदेश: प्रमुख शोध संस्थान, पार्क एवं स्मार्ट सिटी 160-169
17. उत्तर प्रदेश: प्रमुख योजनाएँ एवं नीतियाँ 170-174

उत्तर प्रदेश का जिलेवार मानचित्र

उत्तर प्रदेश के जिले एवं मुख्यालय (स्रोत-राज्य सूचना विभाग का 'उ. प्र. 2020')

क्रम सं.	जिले	मुख्यालय
1.	अमेठी	गौरीगंज
2.	संतकबीर नगर	खलीलाबाद
3.	गौतमबुद्ध नगर	नौएडा
4.	कौशांबी	मंझनपुर
5.	अंबेडकर नगर	अकबरपुर
6.	संभल	बहजोई, पवांसा (प्रस्तावित)
7.	कुशीनगर	रविन्द्र नगर (पड़रौना)
8.	कानपुर देहात	अकबर माती
9.	सिद्धार्थनगर	नौगढ़
10.	जालौन	उरई
11.	सोनभद्र	रार्बटगंज
12.	फर्रुखाबाद	फतेहगढ़
13.	भदोही (संत रविदास नगर)	ज्ञानपुर
14.	लखीमपुर खीरी	खीरी
15.	आगरा	आगरा
16.	अलीगढ़	अलीगढ़
17.	अमरोहा	अमरोहा
18.	औरेया	औरेया
19.	आजमगढ़	आजमगढ़
20.	अयोध्या	अयोध्या
21.	बलिया	बलिया
22.	बागपत	बागपत
23.	बलरामपुर	बलरामपुर
24.	बांदा	बांदा
25.	बहराइच	बहराइच
26.	बदायूँ	बदायूँ
27.	बरेली	बरेली
28.	बस्ती	बस्ती
29.	बाराबंकी	बाराबंकी
30.	बिजनौर	बिजनौर
31.	बुलंदशहर	बुलंदशहर
32.	चंदौली	चंदौली
33.	चित्रकूट	चित्रकूट
34.	देवरिया	देवरिया
35.	एटा	एटा
36.	इटावा	इटावा
37.	फिरोजाबाद	फिरोजाबाद
38.	फतेहपुर	फतेहपुर
39.	गाजियाबाद	गाजियाबाद
40.	गाजीपुर	गाजीपुर
41.	गोण्डा	गोण्डा
42.	गोरखपुर	गोरखपुर
43.	हमीरपुर	हमीरपुर
44.	हापुड़	हापुड़
45.	हरदोई	हरदोई
46.	हाथरस	हाथरस
47.	जौनपुर	जौनपुर
48.	झाँसी	झाँसी
49.	कन्नौज	कन्नौज
50.	कानपुर नगर	कानपुर
51.	कासगंज	कासगंज
52.	ललितपुर	ललितपुर
53.	लखनऊ	लखनऊ
54.	महराजगंज	महराजगंज
55.	महोबा	महोबा
56.	मैनपुरी	मैनपुरी
57.	मथुरा	मथुरा
58.	मऊ	मऊ
59.	मेरठ	मेरठ
60.	मिर्जापुर	मिर्जापुर
61.	मुरादाबाद	मुरादाबाद
62.	मुजफ्फरनगर	मुजफ्फरनगर
63.	पीलीभीत	पीलीभीत
64.	प्रयागराज	प्रयागराज
65.	प्रतापगढ़	प्रतापगढ़
66.	रायबरेली	रायबरेली
67.	रामपुर	रामपुर
68.	सहारनपुर	सहारनपुर
69.	शाहजहाँपुर	शाहजहाँपुर
70.	शामली	शामली
71.	श्रावस्ती	श्रावस्ती
72.	सीतापुर	सीतापुर
73.	सुलतानपुर	सुलतानपुर
74.	उन्नाव	उन्नाव
75.	वाराणसी	वाराणसी

प्रदेश के 18 मण्डल एवं इनसे सबंधित जिले		
मण्डल	जिले की संख्या	जिले
लखनऊ	6	लखनऊ, उन्नाव, रायबरेली, सीतापुर, हरदोई, लखीमपुर खीरी
मेरठ	6	मेरठ, गौतमबुद्धनगर, गाजियाबाद, बुलंदशहर, बागपत, हापुड़
कानपुर	6	कानपुर नगर, कानपुर देहात, कन्नौज, औरैया, फरुर्खाबाद, इटावा
अलीगढ़	4	कासगंज, हाथरस, एटा, अलीगढ़
अयोध्या	5	अयोध्या, सुलतानपुर, अमेठी, बाराबंकी व अम्बेड्कर नगर
आगरा	4	आगरा, मथुरा, मैनपुरी एवं फिरोजाबाद
गोरखपुर	4	कुशीनगर, देवरिया, गोरखपुर, महराजगंज
बरेली	4	बरेली, बदायूँ, पीलीभीत, शाहजहाँपुर
वाराणसी	4	गाजीपुर, जौनपुर, चन्दौली, वाराणसी
देवीपाटन (मुख्यालय-गोंडा)	4	गोंडा, बलरामपुर, बहराइच, श्रावस्ती
मुरादाबाद	5	मुरादाबाद, रामपुर, संभल, अमरोहा, बिजनौर
प्रयागराज	4	कौशाम्बी, प्रतापगढ़, प्रयागराज, फतेहपुर
सहारनपुर	3	शामली, मुजफ्फरनगर, सहारनपुर
आजमगढ़	3	बलिया, मऊ, आजमगढ़
मिर्जापुर	3	सोनभद्र, भदोही, मिर्जापुर
चित्रकूट धाम	4	बांदा, चित्रकूट, महोबा, हमीरपुर
झाँसी	3	झाँसी, जालौन व ललितपुर
बस्ती	3	संत कबीरनगर, सिद्धार्थ नगर, बस्ती

सबसे बड़े जिले			सबसे छोटे जिले	
क्रम. सं	जिला का नाम	क्षेत्रफल (वर्ग कि. मी. में)	जिले का नाम	क्षेत्रफल (वर्ग कि.मी. में)
1.	लखीमपुर खीरी	7680	भदोही	1015
2.	सोनभद्र	6788	गाजियाबाद	1034
3.	हरदोई	5989	हापुड	1116
4.	सीतापुर	5743	शामली	1167.5
5.	प्रयागराज	5482	बागपत	1321

नोट: उपरोक्त आँकड़े संबंधित जिलों के आधिकारिक बेबसाइट के लिए गए हैं।

अन्य तथ्य

जनसंख्या (2011 की जनगणना के अंतिम आंकड़ों के आधार पर) जनसंख्या-199,812,341 (भारत की कुल जनसंख्या का 16.50%)	
महिलाएं	95,331,831
पुरुष	104,480,510
स्त्री-पुरुष अनुपात	912:1000
जनसंख्या में दशकीय वृद्धि दर	20.2%
जनसंख्या घनत्व	829 प्रति वर्ग किमी.
शहरी जनसंख्या	44,495,063 (22.3%)
ग्रामीण जनसंख्या	155,317,278 (77.7%)
वर्ष 2011 की जनगणना के अनुसार कार्य सहभागिता दर	32.94%
तेंदुलकर समिति के अनुसार, गरीबी रेखा के नीचे निवासित जनसंख्या (2011-12)	29.43%

कुल साक्षरता दर (2011)	67.7%
पुरुष साक्षरता दर	77.3%
स्त्री साक्षरता दर	57.2%
ग्रामीण साक्षरता दर (2011) पुरुष - 76.3%, स्त्री 53.7%	65.5%
नगरीय साक्षरता दर (2011) पुरुष - 80.4%, स्त्री 69.2%	75.1%

परिवहन एवं संचार	
कुल परिचालित मार्ग की लंबाई	712 हजार किमी. (2019-20),
डाकघर	17890 (2021-22)
प्रदेश में राष्ट्रीय राजमार्ग की कुल लंबाई (31 दिसंबर, 2022)	12270.23 किमी.
राष्ट्रीय राजमार्गों की लंबाई की दृष्टि से देश में स्थान	द्वितीय
प्रदेश से होकर गुजरने वाले सबसे लंबा राष्ट्रीय राजमार्ग	राष्ट्रीय राजमार्ग का संख्यांक 19 (पुराना नाम NH - 2)
उत्तर प्रदेश राज्य सड़क परिवहन निगम (स्थापना)	1972

गंगा एक्सप्रेस-वे (निर्माणाधीन) की कुल लंबाई	593.947 किमी.
बुंदेलखंड एक्सप्रेस-वे की कुल लंबाई	296.07 किमी.

भाषानुसार जनसंख्या प्रतिशत (2011)	
हिंदी	94.08
उर्दू	5.42
बंगाली	0.12
पंजाबी	0.25

जनप्रतिनिधि	
उत्तर प्रदेश के राज्यसभा सदस्य	31
उत्तर प्रदेश के लोकसभा सदस्य	80
उत्तर प्रदेश के विधानसभा सदस्य	403
उत्तर प्रदेश के विधानपरिषद सदस्य	100

कृषि	
चकबंदी योजना	1954
किसान बही योजना	1992
सबसे पुरानी नहर	पूर्वी यमुना नहर (1830)
सबसे बड़ी नहर	शारदा नहर
किसान मित्र परियोजना	18 जून, 2001
ई-डिस्ट्रिक्ट परियोजना	2009
किसान रथ योजना	2010-11
ऊर्जा शहर योजना	2008
राज्य दुग्ध परिषद	1976
गोकुल पुरस्कार योजना	दुग्ध उत्पादन
प्रमुख कृषि निर्यात जोन जिले	आगरा, हाथरस, फर्रुखाबाद आदि (आलू);लखनऊ, उन्नाव, हरदोई आदि (आम एवं सब्जियां); सहारनपुर, मुजफ्फरनगर, बिजनौर, बागपत आदि (आम); बरेली, शाहजहाँपुर, पीलीभीत आदि (बासमती चावल);

वन एवं वन्य जीव	
ISFR-2021 के अनुसार प्रदेश के अभिलेखों में कुल अभिलिखित वन क्षेत्र (2021)	14,818 वर्ग किमी
संरक्षित वन क्षेत्र	296 वर्ग किमी.
अवर्गीकृत क्षेत्र	5,528 वर्ग किमी.
कुल अभिलिखित वन क्षेत्र का कुल भौगोलिक क्षेत्र में प्रतिशत	6.25%
उत्तर प्रदेश में कुल वृक्षावरण एवं वनावरण प्रतिशत	9.23 प्रतिशत, भौगोलिक क्षेत्रफल के सापेक्ष
वनावरण अंतर्गत क्षेत्रफल	14817.89 वर्ग किमी. (कुल भौगोलिक क्षेत्रफल का 6.15 प्रतिशत)
अति सघन वन	2626.61 वर्ग किमी. (1.09%)
मध्यम सघन वन	4029.37 वर्ग किमी. (1.67%)
खुले वन	8161.91 वर्ग किमी. (3.39%)
कुल वन्य जीव संरक्षण केंद्र (अभयारण्य)	28
वन्य जीव विहार	11
पक्षी विहार	14
राष्ट्रीय उद्यान	1 (दुधवा)
टाइगर रिजर्व	4 (दुधवा, पीलीभीत रानीपुर, एवं अमनगढ़)
एलीफैंट रिजर्व	2
2021 के अनुसार, सर्वाधिक एवं सबसे कम वन प्रतिशत वाले दो जिले	सोनभद्र एवं भदोही
सबसे पुराना वन्य जीव विहार (1957)	चंद्रप्रभा वन्य जीव विहार (चंदौली)
सबसे बड़ा वन्य जीव विहार	हस्तिनापुर (2073 वर्ग किमी.)
सबसे छोटा वन्य जीव विहार	महावीर स्वामी वन्य जीव विहार (ललितपुर)
सबसे बड़ा पक्षी वन्य जीव विहार	लाख बहोसी पक्षी वन्य विहार (कन्नौज),
सबसे छोटा पक्षी वन्य जीव विहार	शेखा पक्षी वन्य जीव विहार (अलीगढ़)
पहला ग्राम वन	बेलहत्थी ग्राम (सोनभद्र)

उद्योग	
चीनी उत्पादन में देश में स्थान	द्वितीय
उत्तर भारत का मैनचेस्टर	कानपुर
रेल पहिया कारखाना	रायबरेली
बनारस लोकोमोटिव वर्क्स (रेल इंजन कारखाना)	वाराणसी
स्कूटर्स इंडिया लिमिटेड	लखनऊ
इंडियन पॉली फाइबर्स लिमिटेड	बाराबंकी
वैद्यनाथ आयुर्वेदिक औषधि फर्म	नैनी (प्रयागराज)
नैनी एयरोस्पेस लिमिटेड (हिंदुस्तान केबल्स लि. के एच.ए.एल द्वारा अधिग्रहण से गठित)	नैनी (प्रयागराज)
त्रिवेणी स्ट्रक्चरल्स लिमिटेड	नैनी (प्रयागराज)
आयुध उपस्कर कारखाना	कानपुर
कोरवा आयुध कारखाना	अमेठी

ब्रह्मोस प्रक्षेपास्त्र विनिर्माण केंद्र	लखनऊ
भारत हैवी इलेक्ट्रिकल लिमिटेड	झाँसी, वाराणसी व जगदीशपुर (अमेठी)

औद्योगिक संस्थान	
उत्तर प्रदेश औद्योगिक सहकारी संघ (यूपिका)	कानपुर (1952)
उत्तर प्रदेश वित्तीय निगम	कानपुर (1954)
उ.प्र. प्रादेशीय औद्योगिक व निवेश निगम (पिकप)	लखनऊ (1972)
उत्तर प्रदेश लघु उद्योग निगम लि.	कानपुर (1958)
उत्तर प्रदेश निर्यात निगम लि. (वर्ष 2008 में नया नाम-उत्तर प्रदेश हस्तशिल्प विकास और विपणन निगम लि.)	लखनऊ (1966)
उत्तर प्रदेश निर्यात संवर्धन परिषद	लखनऊ (1974)
उत्तर प्रदेश निर्यात संवर्धन परिषद	लखनऊ (2015)
उ.प्र. राज्य चर्म विकास एवं विपणन लि.	आगरा (1974)
उत्तर प्रदेश इलेक्ट्रॉनिक्स निगम लि.	लखनऊ (1974)

पर्यटन	
पर्यटन विभाग	1956
पर्यटन निदेशालय	1972
उ.प्र. पर्यटन विकास निगम	1974
पर्यटन को उद्योग का दर्जा (प्रथम पर्यटन नीति)	1998
नई पर्यटन नीति	2022
हेरिटेज पार्क	3 (आगरा, लखनऊ, वाराणसी)
मैत्रेय परियोजना	बौद्ध स्थलों का विकास
यूनेस्को की विश्व धरोहर सूची में शामिल स्मारक	ताजमहल (1983), आगरा का किला (1983) एवं फतेहपुर सीकरी (1986)
यूनेस्को की अमूर्त सांस्कृतिक विरासत सूची में शामिल धरोहरें	रामलीला (2008), कुंभ मेला (2017)

सांस्कृतिक तत्व	
राज्य ललित कला अकादमी	लखनऊ (1962)
उत्तर प्रदेश संगीत नाटक अकादमी	लखनऊ (1969)
भारतेन्दु नाट्य अकादमी	लखनऊ (1975)
राष्ट्रीय कथक संस्थान	लखनऊ
जनजाति एवं लोक कला संस्कृतिक संस्थान	लखनऊ
कला एवं शिल्प महाविद्यालय	लखनऊ (1911)
भारत कला भवन	वाराणसी (1920)
उत्तर प्रदेश चलचित्र निगम	1975
भातखंडे संगीत संस्थान	1966
मोतीलाल नेहरू बाल संग्रहालय	लखनऊ (1957)
उ.प्र. राजकीय अभिलेखागार	लखनऊ
कुषाण एवं गुप्तयुगीन संस्कृति का एकमात्र संग्रहालय	मथुरा
बटेश्वर मेला	आगरा
सुलहकुल उत्सव	आगरा
चरकुला नृत्य	ब्रज क्षेत्र
तबला एवं सितार का आविष्कार	अमीर खुसरो
अयोध्या शोध संस्थान	अयोध्या (1986)
उ.प्र. जैन विद्या शोध संस्थान	लखनऊ (1990)

शिक्षा	
राज्य शैक्षिक अनुसंधान एवं प्रशिक्षण परिषद	1981
उ.प्र. बेसिक शिक्षा परिषद	1972
उ.प्र. कृषि अनुसंधान परिषद	1989
डॉ. अम्बेडकर इंस्टीट्यूट ऑफ टेक्नोलॉजी फार हैंडीकैप्ड	कानपुर (1997)
राजकीय जे. के. कैंसर संस्थान	कानपुर
अखिल भारतीय आयुर्विज्ञान संस्थान	रायबेरली एवं गोरखपुर
उ.प्र. आयुर्विज्ञान विश्वविद्यालय	सैफई (इटावा)
उ.प्र. भाषा विभाग	1958
उ.प्र. संस्कृत संस्थान	1976
उ.प्र. हिंदी संस्थान	1976
उर्दू को द्वितीय राजभाषा घोषित किया गया	1989
डीम्ड विश्वविद्यालय	7 (UGC सूची में 9)
राज्य विश्वविद्यालय (कृषि विश्वविद्यालों सहित)	38 (UGC सूची में 34)
केंद्रीय विश्वविद्यालय	6
निजी विश्वविद्यालय	31 (UGC सूची में 32)
कुल विश्वविद्यालय (डीम्ड सहित)	83 (UGC सूची में 82)

उत्तर प्रदेश में स्थित केंद्रीय विश्वविद्यालयों के नाम

- अलीगढ़ मुस्लिम विश्वविद्यालय, अलीगढ़
- बनारस हिंदू विश्वविद्यालय, वाराणसी
- बाबा साहेब भीमराब अम्बेडकर विश्वविद्यालय, लखनऊ
- इलाहाबाद विश्वविद्यालय, प्रयागराज

- राजीव गांधी राष्ट्रीय विमानन विश्वविद्यालय, रायबरेली
- रानी लक्ष्मीबाई केंद्रीय कृषि विश्वविद्यालय, झाँसी

पॉलीटेक्निक (राजकीय)	168 (2021-22)
औद्योगिक प्रशिक्षण संस्थान (राजकीय)	304 (2021-22)
राजकीय इंजीनियरिंग कॉलेज	12 (2021-22)
सरकारी मेडिकल कॉलेज	30 (2021-22)

प्रमुख निर्माणाधीन/प्रस्तावित राज्य विश्वविद्यालय	
महात्मा बुद्ध कृषि एव प्रौद्योगिकी विश्वविद्यालय	कुशीनगर
मां विन्ध्यवासिनी राज्य विश्वविद्यालय	विन्ध्याचल मंडल
मां पाटेश्वरी देवी राज्य विश्वविद्यालय	देवीपाटन मंडल
राज्य विश्वविद्यालय	मुरादाबाद मंडल
मेजर ध्यानचंद क्रीड़ा विश्वविद्यालय	मेरठ
उत्तर प्रदेश पुलिस और फोरेंसिक साइंस विश्वविद्यालय	लखनऊ
महायोगी गुरु गोरखनाथ आयुष विश्वविद्यालय	गोरखपुर
डॉ. राजेंद्र प्रसाद राष्ट्रीय विधि विश्वविद्यालय	प्रयागराज

उत्तर प्रदेश में स्थित प्रमुख शोध संस्थान	
भारतीय विष विज्ञान अनुसंधान संस्थान	लखनऊ
राष्ट्रीय वनस्पति अनुसंधान संस्थान	लखनऊ
केंद्रीय औषधि अनुसंधान संस्थान	लखनऊ
राष्ट्रीय शर्करा संस्थान (NSI)	कानपुर
बीरबल साहनी इंस्टीट्यूट ऑफ पुरावनस्पति विज्ञान	लखनऊ
भारतीय पशु-चिकित्सा अनुसंधान संस्थान	इज्जतनगर (बरेली)
इंडियन इंस्टीट्यूट ऑफ हैंडलूम टेक्नोलॉजी	वाराणसी
राष्ट्रीय कृषि वानिकी अनुसंधान संस्थान	झाँसी
भारतीय गन्ना अनुसंधान संस्थान	लखनऊ
केंद्रीय पक्षी अनुसंधान संस्थान	इज्जतनगर (बरेली)
भारतीय दलहन अनुसंधान संस्थान	कानपुर
इंडियन इंस्टीट्युट ऑफ वेजीटेबल रिसर्च	वाराणसी
हरीशचंद्र अनुसंधान संस्थान	प्रयागराज
केंद्रीय उपोष्ण बागवानी संस्थान (पूर्व नामः सेंट्रल मैंगो रिसर्च स्टेशन)	लखनऊ
केंद्रीय औषध्य एवं सगंध पौधा संस्थान (सेंट्रल इंस्टीट्यूट ऑफ मेडिसिनल एंड ऐरोमैटिक प्लांट्स)	लखनऊ

भौगोलिक परिचय

- उत्तर प्रदेश का क्षेत्रफल - 240928 किमी^{2}
- भारत का कुल क्षेत्रफल - 3287263 किमी^{2}
- उत्तर प्रदेश का क्षेत्रफल सम्पूर्ण भारत का क्षेत्रफल - 7.33%

क्षेत्रफल की दृष्टि से उत्तर प्रदेश का भारत में चौथा क्रम है

1. राजस्थान
2. मध्य प्रदेश
3. महाराष्ट्र
4. उत्तर प्रदेश

उत्तर प्रदेश के भौगोलिक दृष्टिकोण से स्थिति

- सबसे पश्चिमी - शामली
- सबसे पूर्वी - बलिया
- सबसे उत्तरी - सहारनपुर
- सबसे दक्षिणी - सोनभद्र

उत्तर प्रदेश से संबंधित अन्य तथ्य

- उच्च न्यायालय - प्रयागराज (खण्डपीठ-लखनऊ)
- उच्च-न्यायालय की स्थापना - (17 मार्च 1866)
- उत्तर प्रदेश के NCR में शामिल जिले 8 हैं- मेरठ, गाजियाबाद, गौतमबुद्ध नगर, बुलंदशहर, बागपत, हापुड़, शामली, मुजफ्फरनगर।
- राज्य विधानमण्डल - द्विसदनात्मक
- विधानसभा सीट - 403 (अनुच्छेद-170)
- विधानपरिषद की संख्या - 100 (अनुच्छेद-171)
- सर्वाधिक विधानसभा सीट वाला जिला - प्रयागराज (12 सीट)
- सबसे कम विधानसभा सीट - श्रावस्ती/महोबा/चित्रकूट (2-2 सीटें)
- लोकसभा - 80 सीट (17 सीट - SC)
- राज्यसभा - 31 सीट
- विधानपरिषद का गठन - 1937 में (उत्तर प्रदेश, बिहार, आंध्रप्रदेश, तेलंगाना, महाराष्ट्र, कर्नाटक)
- उत्तर प्रदेश में अब तक राष्ट्रपति शासन - 10 बार
- राज्य में योजनाबद्ध नगर - (नोएडा, ग्रेटर नोएडा, न्यू कानपुर सिटी)
- मतदाताओं की दृष्टि से उत्तर प्रदेश में सबसे बड़ा संसदीय क्षेत्र गाजियाबाद विधानसभा क्षेत्र - साहिबाबाद

राज्य/केन्द्र शासित प्रदेश/देश से संबंधित उत्तर प्रदेश के सीमावर्ती जिले:-

राज्य/केन्द्र शासित प्रदेश/देश	सीमा साझा करने वाले जिले
नेपाल	पीलीभीत, लखीमपुर खीरी, बहराइच, श्रावस्ती, बलरामपुर, सिद्धार्थ नगर महराजगंज (कुल न जिले)
हिमाचल प्रदेश	सहरानपुर (कुल 1 जिला)

उत्तराखण्ड	सहारनपुर, मुज़फ्फरनगर, बिजनौर, मुरादाबाद, रामपुरु, बरेली, पीलीभीत, (कुल 7 जिले)
बिहार	महरागंज, कुशीनगर, देवरिया, बलिया, गाजीपुर, चंदौली, सोनभद्र (कुल 7 जिले)
झारखण्ड	सोनभद्र (कुल 1 जिला)
दिल्ली	गौतमबुद्ध नगर, गाजियाबाद (कुल 2 जिले)
राजस्थान	मथुरा, आगरा (कुल 2 जिले)
हरियाणा	सहारनपुर, शामली, बागपत, गौतमबुद्धनगर, अलीगढ़ मथुरा (कुल 6 जिले)
मध्य प्रदेश	आगरा, इटावा, जालौन, झाँसी, ललितपुर, महोबा, बांदा, चित्रकूट, प्रयागराज, मिर्जापुर, सोनभद्र (कुल 11 जिले)
छत्तीसगढ़	सोनभद्र (कुल 1 जिला)

अन्य राज्यों के उत्तर प्रदेश से सीमा साझा करने वाले जिले

- राजस्थान के उत्तर प्रदेश से सीमा साझा करने वाले जिले- (2) भरतपुर, धौलपुर
- उत्तराखण्ड के उत्तर प्रदेश से सीमा साझा करने वाले जिले- (5) हरिद्वार, नैनीताल, पोड़ी, देहरादून, उधमसिंह नगर।
- हरियाणा के उत्तर प्रदेश से सीमा साझा करने वाले जिले- (7) यमुना नगर, सोनीपत, पानीपत, फरीदाबाद, नूह (मेवात), पलवल, करनाल।
- मध्यप्रदेश के उत्तर प्रदेश से सीमा साझा करने वाले जिले- (13) भिण्ड, मुरैना, दतिया, अशोक नगर, टीकमगढ़, सागर, निवाड़ी सतना, छतरपुर, रीवा, सिगरौली, शिवपुरी, पन्ना।
- छत्तीसगढ़ के उत्तर प्रदेश से सीमा साझा करने वाला जिला- (1) बलरामपुर।
- झारखण्ड का उत्तर प्रदेश से सीमा साझा करने वाला जिला- गढ़वा।
- बिहार के उत्तर प्रदेश से सीमा साझा करने वाले जिले- पश्चिमी चम्पारण, गोपालगंज, सारण, भोजपुर, सिवान, बक्सर, कैमूर, रोहतास।
- हिमाचल प्रदेश के उत्तर प्रदेश से सीमा साझा करने वाले जिले- (1) सिरमौर

नोट:-

- ललितपुर तीन ओर से मध्य प्रदेश से घिरा हुआ है।
- सोनभद्र चार राज्यों बिहार, झारखण्ड, छत्तीसगढ़ तथा मध्य प्रदेश से सीमा साझा करता है।
- सहारनपुर तीन राज्यों उत्तराखण्ड, हरियाणा एवं हिमाचल प्रदेश से सीमा साझा करता है।

नगर निगम वाले नगर (अप्रैल, 2021 तक)

1. लखनऊ
2. प्रयागराज
3. आगरा
4. वाराणसी
5. मेरठ
6. बरेली
7. गाजियाबाद
8. कानपुर नगर
9. गोरखपुर
10. झाँसी
11. मुरादाबाद
12. अलीगढ़
13. सहारनपुर
14. अयोध्या
15. फिरोजाबाद
16. मथुरा
17. शाहजहाँपुर

प्रदेश का नाम, चिन्ह, राजधानी

वर्ष	प्रदेश का नाम
1836	उत्तर-पश्चिमी प्रान्त
1877	उत्तर-पश्चिम आगरा एवं अवध प्रांत
1902	संयुक्त प्रांत, आगरा एवं अवध
1937	संयुक्त प्रांत
1950 (24 जनवरी)	उत्तर प्रदेश

प्रदेश की राजधानी → लखनऊ

- आगरा (1836-1858)
- प्रयागराज (1858-1921)
- लखनऊ
  - आंशिक (1921-1935)
  - पूर्णतः (1935 से वर्तमान तक)

राज्य का विभाजन

- 9 नवम्बर 2000 को उत्तर प्रदेश से विभाजित होकर उत्तराखण्ड बना।

राजकीय	नाम एवं चिन्ह
प्रथम राजकीय भाषा	हिन्दी
द्वितीय राजकीय भाषा	उर्दू
राजकीय वृक्ष	अशोक 

राजकीय पशु	बारहसिंगा 
राजकीय पक्षी	सारस अथवा क्रौंच 
राजकीय खेल	हॉकी 
राजकीय पुष्प	पलाश या टेसू 
राजकीय चिन्ह	एक वृत्त में 2 मछली, तीर-धनुष (यह चिन्ह वर्ष 1938 में स्वीकृत हुआ) 

उत्तर प्रदेश से सीमा साझा करने वाले 8 राज्य

- ❒ हिमाचल प्रदेश (सबसे कम), हरियाणा, मध्य प्रदेश (सबसे ज्यादा), उत्तराखण्ड, राजस्थान, छत्तीसगढ़, बिहार, झारखण्ड

खनिज

- ❒ राज्य खनिज विकास निगम की स्थापना - 1974
- ❒ वर्ष 1998 में घोषित प्रथम खनिज नीति में खनिज विकास को उद्योग का दर्जा दिया गया।
- ❒ वित्तीय वर्ष 2020-21 के दौरान भारत में कुल खनिज उत्पादन मूल्य में उ.प्र. का भाग - 4.26%
- ❒ राज्य में मिलने वाले प्रमुख खनिज हैं - चूना पत्थर, सिलिकासैण्ड
- ❒ चूना पत्थर पाया जाता है - मिर्जापुर, सोनभद्र
- ❒ बाक्साइट पाया जाता है - बाँदा, चंदौली, सोनभद्र
- ❒ डोलोमाइट पाया जाता है - मिर्जापुर, सोनभद्र, बांदा
- ❒ बेराइट्स पाया जाता है - मिर्जापुर, सोनभद्र
- ❒ रॉक फास्फेट पाया जाता है - बांदा, ललितपुर
- ❒ चौसा आम - सहारनपुर
- ❒ रटौल आम - बागपत
- ❒ प्रदेश में आलू उत्पादन का विशेष क्षेत्र है - अलीगढ़, आगरा, कानपुर, मेरठ व बरेली।
- ❒ देश में सर्वाधिक (लगभग = 1900) कोल्ड स्टोर हैं - उत्तर प्रदेश
- ❒ सर्वाधिक आंवला उत्पादक जिला - प्रतापगढ़
- ❒ राज्य के ग्रामीण व नगरीय क्षेत्रों में भू-गर्भ जल स्तर मापन हेतु स्थापित किये गए - हाइड्रोग्राफ स्टेशन
- ❒ राज्य में रेन हार्वेस्टिंग व रिचार्ज नीति लागू की गई - 2001
- ❒ राज्य में जल प्रबंधन व नियामक प्राधिकरण गठित हुआ - 2010
- ❒ राज्य में भू-जल सप्ताह - 16 से 22 जुलाई

फसलोत्पादन

- ❒ प्रदेश में सर्वाधिक क्षेत्र पर बोई जाने वाली फसल - गेहूँ
- ❒ प्रदेश में गेहूँ की सर्वाधिक उत्पादकता है - गंगा-घाघरा दोआब क्षेत्र
- ❒ अरहर, चना व अदरक की सर्वाधिक खेती - बुंदेलखण्ड
- ❒ अफीम की खेती की जाती है - बाराबंकी व गाजीपुर
- ❒ प्रदेश की सर्वाधिक महत्वपूर्ण नकदी फसल - गन्ना
- ❒ गन्ना उत्पादन में विशेष क्षेत्र - तराई व मेरठ के निकटवर्ती क्षेत्र
- ❒ राज्य में गन्ना उत्पादक कुल जिले - 44
- ❒ राज्य में कुल गन्ना विकास परिषद् - 152
- ❒ दशहरी आम का विशेष क्षेत्र - मलीहाबाद (लखनऊ)
- ❒ लंगडा आम का विशेष क्षेत्र - वाराणसी

प्रदेश की मिट्टी

- ❒ उत्तर प्रदेश में कुल कृषि जलवायु क्षेत्र - 9
- ❒ कार्यशील जनसंख्या में से कृषि क्षेत्र में कार्यरत - 59.3%
- ❒ गंगा-यमुना के मैदान में मुख्यत: पायी जाने वाली मृदा - जलोढ़ मृदा
- ❒ प्राचीन जलोढ़ मृदा को जाना जाता है - खादर
- ❒ मैदानी क्षेत्र में कुछ मात्रा में मरुस्थलीय मिट्टी पायी जाती है - मथुरा, आगरा
- ❒ पश्चिमी उत्तर प्रदेश व बुन्देलखण्ड में कहीं -कहीं मिलती है - काली मृदा

- राज्य में सबसे अधिक शुष्क क्षेत्र हैं - बुन्देलखण्ड
- अवनालिका अपरदन किसके कारण बनते हैं - बीहड़
- वायु अपरदन से सर्वाधिक प्रभावित जिले - मथुरा, आगरा व इटावा

प्रदेश की प्रशासनिक संरचना

- राष्ट्रीय राजधानी क्षेत्र में सम्मिलित होने वाले जिले - गौतमबुद्ध नगर, गाजियाबाद, मेरठ, बुलन्दशहर, मुजफ्फरनगर, शामली, बागपत, हापुड़
- NCR में शामिल होने वाले प्रस्तावित जिले - हाथरस, अलीगढ़, मथुरा, सहारनपुर
- उत्तर प्रदेश में NRI दिवस मनाया जाता है - 9 जनवरी (प्रतिवर्ष)
- उत्तर प्रदेश में पुलिस कमिश्नर प्रणाली वाले जिले हैं - लखनऊ, गौतमबुद्ध नगर, वाराणसी, गाजियाबाद, कानपुर, प्रयागराज व आगरा
- सर्वाधिक विधानसभा सीटों वाला जिला - प्रयागराज (12 सीट)
- सबसे कम विधानसभा सीट वाला जिला - श्रावस्ती/महोबा/चित्रकूट (2 सीटें)

नियुक्तियाँ

- राज्य के प्रथम मुख्यमंत्री - पं. गोविन्द बल्लभ पंत
- राज्य के प्रथम उपमुख्यमंत्री - चौधरी नारायण सिंह
- देश व राज्य की प्रथम महिला मुख्यमंत्री - सुचेता कृपलानी
- राज्य में अब तक महिला मुख्यमंत्री - 2 (सुचेता कृपलानी व सुश्री मायावती)
- वर्तमान में प्रदेश के मुख्यमंत्री - योगी आदित्यनाथ
- राज्य व देश की प्रथम महिला राज्यपाल - सरोजिनी नायडू

नदियाँ

- उत्तर प्रदेश की प्रमुख नदियाँ हैं - गंगा, यमुना, रामगंगा, गोमती व घाघरा आदि।
- गंगा नदी प्रदेश में बहती है - 28 जिलों से होकर बहती है।
- गंगा नदी को राष्ट्रीय नदी का दर्जा दिया गया - वर्ष 2008 ई.
- रिवर फ्रन्ट डेवलपमेन्ट परियोजना चलाई जा रही है - गोमती नदी पर (टेम्स नदी की तरह)
- गंगा नदी की उत्तर प्रदेश में लम्बाई है - 1450 किमी. (लगभग)
- गंगा रिवर बेसिन मैनेजमेंट एंड स्टडीज सेंटर की स्थापना की गई - आई.आई.टी. कानपुर
- मुरादाबाद व बरेली नगर स्थित हैं - रामगंगा नदी के तट पर
- चित्रकूट नगर स्थित है - मंदाकिनी नदी के तट पर
- सोनभद्र नगर स्थित है - सोन नदी के तट पर
- कासगंज नगर स्थित है - काली नदी के तट पर
- गोरखपुर नगर स्थित है - राप्ती व रोहिणी नदी के संगम पर

नदियों का प्रवेश, निकास व मिलन स्थल

- राज्य में गंगा का प्रवेश व निकास होता है - बिजनौर तथा बलिया जिलों से
- रामगंगा नदी का प्रवेश होता है - बिजनौर जिले से
- रामगंगा, गंगा नदी में मिलती है - कन्नौज के निकट
- बूढ़ी गंगा, गंगा नदी में मिलती है - बदायूं
- यमुना नदी का प्रवेश तथा समापन होता है - सहारनपुर तथा प्रयागराज जनपद में

नदियों के किनारे बसे प्रमुख नगर

- यमुना नदी के किनारे स्थित प्रमुख नगर - मथुरा, इटावा, कालपी, वृन्दावन, हमीरपुर, आगरा, कौशाम्बी
- गंगा नदी के किनारे स्थित प्रमुख नगर - कानपुर, कन्नौज, इलाहाबाद (प्रयागराज), गाजीपुर, वाराणसी, गढ़मुक्तेश्वर
- सरयू नदी के किनारे स्थित प्रमुख नगर - अयोध्या
- गोमती नदी के किनारे स्थित प्रमुख नगर - लखनऊ, सुलतानपुर, जौनपुर, शाहजहाँपुर, सीतापुर
- राप्ती नदी के किनारे स्थित प्रमुख नगर - गोरखपुर, बस्ती, गोंडा

नगरों के उपनाम	
आँवला नगरी	प्रतापगढ़
धान का कटोरा	चन्दौली
काशी की बहन	गाजीपुर
कैंची नगर	मेरठ
चाकुओं का शहर	रामपुर
हींग व गुलाल नगरी	हाथरस
पीतल नगरी	मुरादाबाद
पूर्व का शिराज	जौनपुर
सुहाग नगरी	फिरोजाबाद
इत्र नगरी	कन्नौज
सुरमा नगरी	बरेली

उत्तर प्रदेश में स्थित प्रमुख उद्योग/कारखाने	
सिगरेट निर्माण उद्योग	सहारनपुर व गाजियाबाद
प्राकृतिक सिल्क उद्योग	मिर्जापुर, सोनभद्र, लखीमपुर खीरी
पशुओं के सींग व हड्डी के बटन आदि शिल्प उद्योग	सम्भल
पत्थर के खिलौने	चित्रकूट
पेठा उद्योग	आगरा, प्रयागराज
कम्बल निर्माण उद्योग	मुजफ्फरनगर, नजीबाबाद, लावड (मेरठ)
बेंत फर्नीचर उद्योग	बरेली, वाराणसी, हाथरस
छपाई का फर्मा उद्योग	फर्रुखाबाद

फुटवियर (जूता-चप्पल) उद्योग	आगरा, कानपुर, गोरखपुर
ग्रेनाइट खनन उद्योग	ललितपुर
इलैक्ट्रॉनिक उद्योग	नोएडा, ग्रेटर नोएडा
कृत्रिम रबर कारखाना	मोदीनगर (गाजियाबाद)
ट्रांसफॉर्मर कारखाना	झाँसी, मेरठ
पीतल मूर्ति उद्योग	अलीगढ़
तेल शोधक कारखाना	मथुरा
औषधि निर्माण उद्योग	कानपुर, झाँसी, लखनऊ, सहारनपुर, गौतमबुद्ध नगर, मथुरा
वनस्पति घी उद्योग	कानपुर देहात, आगरा, हाथरस
शजर पत्थर का कार्य	मिर्जापुर, बांदा, सोनभद्र
कैंची उद्योग	मेरठ (प्रमुख केन्द्र)
ताला उद्योग	अलीगढ़ (प्रमुख केन्द्र)
आभूषण उद्योग	वाराणसी, कानपुर नगर
पीतल बर्तन उद्योग	बरेली, सहारनपुर, रामपुर
स्प्रिट व शराब उद्योग	गाजियाबाद
बिस्कुट उद्योग	मोदीनगर (गाजियाबाद), अलीगढ़, प्रयागराज व आगरा
पीतल बर्तन कलई उद्योग	वाराणसी
पीतल ढलाई उद्योग	मुरादाबाद, झाँसी, ललितपुर
ब्लैक पॉटरी उद्योग	आजमगढ़
मार्डन बेकरीज	कानपुर
इस्पात उद्योग	गाजियाबाद, मुजफ्फरनगर, अलीगढ़
कत्था उद्योग	बरेली
बांसुरी उद्योग	पीलीभीत
सिगरेट निर्माण	सहारनपुर व गाजियाबाद
गजक व रेवड़ी उद्योग	लखनऊ
हौजरी वस्त्र उद्योग	कानपुर, मेरठ
लकड़ी नक्काशी उद्योग	सहारनपुर और नगीना
पत्थर के खिलौने	चित्रकूट
पेठा उद्योग	आगरा, प्रयागराज
चमड़ा उद्योग	कानपुर नगर (प्रमुख केन्द्र)
कागज लुग्दी उद्योग	सहारनपुर
काँच चूड़ी उद्योग	फिरोजाबाद
सूरमा उद्योग	बरेली

कुछ प्रमुख नगरों के प्राचीन नाम

काशी	वाराणसी
लक्ष्मणपुर	लखनऊ
बलवंतनगर	झाँसी
रामग्राम, गोरक्षपुर	गोरखपुर
पीतल नगरी	मुरादाबाद
नवाबों का शहर	लखनऊ

उत्तर प्रदेशः प्रशासनिक इकाईयाँ

कुल जनपद	75
कुल मंडल	18
नगर निगम	17 (नवीनतम-शाहजहाँपुर)
नगर पालिका परिषद	200
कुल तहसील	351
जिला पंचायतें	75
क्षेत्र पंचायतें	826

प्रमुख कारागार

केंद्रीय कारागार	6 (आगरा, बरेली, फतेहगढ़, नैनी, वाराणसी, लखनऊ)
प्रदेश का प्रथम केंद्रीय कारागार	आगरा
उप-कारागार	2 (देवबंद एवं महोबा)
आदर्श कारागार	1 (लखनऊ)
नारी बंदी निकेतन	1 (लखनऊ)
किशोर सदन	1 (बरेली)
सम्पूर्णानन्द कारागार प्रशिक्षण संस्थान	लखनऊ

न्यायिक प्रणाली

उच्च न्यायालय	इलाहाबाद (खण्डपीठ-लखनऊ में)
उच्च न्यायालय की स्थापना	17 मार्च 1866 ई.
उच्च न्यायालयों में न्यायाधीशों की स्वीकृत संख्या	160
इलाहाबाद उच्च न्यायालय के प्रथम मुख्य न्यायाधीश	न्यायमूर्ति श्री वॉल्टर मॉर्गन
स्वतंत्रता के बाद प्रथम मुख्य न्यायाधीश	न्यायमूर्ति बिधु भूषण मलिक
इलाहाबाद उच्च न्यायालय के वर्तमान मुख्य न्यायाधीश	प्रीतिंकर दिवाकर
आर्थिक अपराधों के लिए विशेष न्यायालय	लखनऊ, आगरा, मेरठ, वाराणसी एवं बरेली
राज्य में औद्योगिक न्यायाधिकरण	6 (प्रयागराज, लखनऊ, मेरठ, आगरा, कानपुर व गोरखपुर)
राज्य में सी.बी.आई. न्यायालय	6 (4 लखनऊ, 2 गाजियाबाद)

उत्तर प्रदेश के प्रमुख आयोग	
उत्तर प्रदेश राज्य पिछड़ा वर्ग आयोग का गठन	1993
उत्तर प्रदेश अल्पसंख्यक आयोग का गठन	1994
राज्य मानवाधिकार आयोग का गठन (औपचारिक रूप से)	2002
राज्य सूचना आयोग का गठन	2005
राज्य महिला आयोग का गठन	2004

उत्तर प्रदेश साक्षरता	
साक्षरता	67.68%
पुरुष साक्षरता	77.3%
महिला साक्षरता	57.2%
सर्वाधिक साक्षरता वाला जिला	गौतमबुद्ध नगर
न्यूनतम साक्षरता वाला जिला	श्रावस्ती
सर्वाधिक पुरुष साक्षरता वाला जिला	गौतमबुद्ध नगर
न्यूनतम पुरुष साक्षरता वाला जिला	श्रावस्ती

प्रमुख ऐतिहासिक एवं पर्यटन स्थल

प्रमुख स्थल/स्मारक	नगर
अकबर का मकबरा	सिकंदरा (आगरा)
एत्माद्-उद्-दौला मकबरा	आगरा
लाल किला	आगरा
बुलन्द दरवाजा	फतेहपुर सीकरी
बीरबल महल	फतेहपुर सीकरी
सलीम चिश्ती मकबरा	फतेहपुर सीकरी
जोधाबाई महल	फतेहपुर सीकरी
मरियम महल	फतेहपुर सीकरी
अटाला मस्जिद	जौनपुर
बड़ा इमामबाड़ा	लखनऊ
रूमी दरवाजा	लखनऊ

उत्तर प्रदेश के प्रमुख दर्शनीय स्थल (मंदिर)

मंदिर	स्थान
दशावतार मंदिर	देवगढ़ (ललितपुर)
बाबा सोमनाथ मंदिर	देवरिया
जे.के. मंदिर	कानपुर
देवीपाटन मंदिर	तुलसीपुर (बलरामपुर)
विश्वनाथ मंदिर	वाराणसी
चंद्रोदय मंदिर	वृंदावन
पातालपुरी मंदिर	प्रयागराज
श्री नाग वासुकी मंदिर	प्रयागराज
भारत माता मंदिर	वाराणसी
गोरखनाथ मंदिर	गोरखपुर
प्रेम मंदिर	वृंदावन (मथुरा)
दाऊजी का मंदिर	दाऊजी (मथुरा)
लाडली जी (राधा) का मंदिर	बरसाना (मथुरा)
भगवान राम जन्मभूमि मंदिर	अयोध्या
कनक भवन मंदिर	अयोध्या
विंध्यवासिनी देवी का मंदिर	विंध्याचल (मिर्जापुर)
गढ़ मुक्तेश्वर मंदिर	गढ़मुक्तेश्वर
सूर्य मंदिर	महोबा
वाल्मीकि आश्रम (बिठूर)	कानपुर नगर
अवंतिका देवी का मंदिर	अहार (बुलंदशहर)
संकट मोचन मंदिर	वाराणसी
सनातन धर्म मंदिर	गौतम बुद्ध नगर
गोविंद देव मंदिर	वृंदावन (मथुरा)
दिगंबर जैन मंदिर	कौशाम्बी
प्राचीन 3 शक्ति पीठ है	इलाहाबाद में
शुक्ल तालाब	कानपुर देहात
सन्त कबीर निर्वाण स्थल	मगहर
माथाकुवर बुद्ध प्रतिमा	कुशीनगर
दशावतार मंदिर	देवगढ़
गोडा हरिदेव मंदिर	मथुरा
भारद्वाज मंदिर	इलाहाबाद
लार्ड कार्नवालिस का मकबरा	गाजीपुर
धानापुर शहीद स्मारक	चंदौली
एजाज अली हॉल	बिजनौर
बेल्हा देवी मंदिर	प्रतापगढ़
चौरासी गुम्बद	जालौन
सीताकुंड घाट	सुलतानपुर
रेणुकेश्वर महादेव मंदिर	सोनभद्र

उत्तर प्रदेश के प्रमुख हवाई अड्डे व उनकी अब स्थिति	
हिंडन हवाई अड्डा	गाजियाबाद
सरसावा हवाई अड्डा	सहारनपुर
चौधरी चरण सिंह अन्तराष्ट्रीय हवाई अड्डा	लखनऊ
लाल बहादुर शास्त्री अन्तराष्ट्रीय हवाई अड्डा	वाराणसी
बमरौली हवाई अड्डा	प्रयागराज
चकेरी हवाई अड्डा	कानपुर
नागरकि हवाई अड्डा	कानपुर

खेरिया हवाई अड्डा	आगरा
मर्यादा पुरूषोत्तम श्री राम अंतर्राष्ट्रीय हवाई अड्डा	अयोध्या
जेवर हवाई अड्डा	गौतमबुद्ध नगर
ललितपुर हवाई अड्डा	ललितपुर
झाँसी हवाई अड्डा	झाँसी
ताज अन्तराष्ट्रीय हवाई अड्डा	ग्रेटर नोएडा
बरेली हवाई अड्डा	बरेली
गोरखपुर हवाई अड्डा	गोरखपुर
कुशीनगर अन्तर्राष्ट्रीय हवाई अड्डा	कुशीनगर
मुरादाबाद हवाई अड्डा	मुरादाबाद
प्रयागराज हवाई अड्डा	प्रयागराज
फुरसतगंज हवाई अड्डा	रायबरेली

उत्तर प्रदेश के सभी जिलों का विवरण (मण्डलवार)

लखनऊ मण्डल

लखनऊ

- जिला मुख्यालय — लखनऊ
- जनसंख्या (जनगणना 2011) — 45,89,838
- तहसीलों की संख्या — 05
- विकास खण्डों की संख्या — 08
- प्रमुख पर्यटन एवं ऐतिहासिक स्थल- रेजीडेन्सी, हुसैनाबाद इमामबड़ा, बनारसी बाग, छतर मंजिल, रूमी दरवाजा, जामी मस्जिद, मनकामेश्वर मंदिर
- हस्तशिल्प- चिकन, ज़रदोजी
- एक जिला एक उत्पाद- चिकनकारी एवं जरी-ज़रदोजी

अन्य महत्वपूर्ण तथ्य

- वर्ष 1921 में लखनऊ को उत्तर प्रदेश की आंशिक रूप से राजधानी बनाया गया, जबकि 1935 में इसे पूर्ण राजधानी का दर्जा प्राप्त हो गया।
- गोमती नदी के तट पर स्थित लखनऊ उत्तर प्रदेश की राजधानी है। इसे 'गोल्डन सिटी', 'लक्ष्मणपुर' तथा 'नवाबों का शहर' नाम से भी जाना जाता है।
- वर्तमान लखनऊ की स्थापना 1775 ई. में नवाब आसफुद्दौला ने की। उसने अवध की राजधानी फैजाबाद से लखनऊ स्थानान्तरित की थी
- लखनऊ जिले की रेवड़ी को भौगोलिक सांकेतिक (GI) टैग प्राप्त हुआ।
- लखनऊ के भातखंडे संगीत विश्वविद्यालय का नाम यहाँ के महान संगीतकार पंडित विष्णु नारायण भातखंडे के नाम पर रखा हुआ है। यह संगीत का पवित्र मंदिर है।

रायबरेली

- जिला मुख्यालय — रायबरेली
- जनसंख्या (जनगणना 2011) — 29,03,507
- तहसीलों की संख्या — 06
- विकास खण्डों की संख्या — 18
- औद्योगिक इकाइयाँ- इण्डियन टेलीफोन इन्डस्ट्रीज, नेशनल थर्मल पावर, बिरला सीमेन्ट फैक्ट्री, विसाका सीमेंट उद्योग, भवानी पेपर मिल, स्पिनिंग मिल, राजश्री इंडस्ट्रीज
- एक जिला एक उत्पाद- काष्ठ कला

अन्य महत्वपूर्ण तथ्य

- ब्रिटिश शासन में 1858 ई. में जनपद के रूप में रायबरेली की स्थापना हुई।
- इस क्षेत्र को पहले बरौली या भरौली कहा जाता था, जो आगे चलकर रायबरेली में बदल गया।
- रेल कोच फैक्ट्री रायबरेली के लालगंज में स्थित है।
- समसपुर पक्षी विहार रायबरेली जिले में सलोन के निकट स्थित है।

सीतापुर

- जिला मुख्यालय — सीतापुर
- जनसंख्या (जनगणना 2011) — 44,83,992
- तहसीलों की संख्या — 07
- विकास खण्डों की संख्या — 19
- प्रमुख पर्यटन एवं ऐतिहासिक स्थल- दधिचि कुंड, व्यास पीठ, नैमिषारण्य
- हस्तशिल्प- दरी का कार्य
- एक जिला एक उत्पाद- दरी

अन्य महत्वपूर्ण तथ्य

- पौराणिक कथाओं के अनुसार नैमिषारण्य हिन्दू धर्मावलंबियों के 5 प्रमुख धार्मिक स्थलों में से एक है। माना जाता है कि यहाँ महर्षि वेदव्यास द्वारा वेदों और पुराणों की रचना की गई।
- यहाँ नैमिषारण्य धर्मस्थली है। पौराणिक मान्यता के अनुसार महर्षि दधीचि ने यहाँ राक्षसों का नाश करने के लिए अपनी अस्थियाँ देवताओं को दान की थीं।
- यहाँ दधीचि कुंड, सीताकुंड, पांडव कूप, काशी कुंड, सरस्वती सरोवर, पंच प्रयाग जैसे कई स्थल हैं।
- मुगल बादशाह अकबर के नवरत्नों में से एक टोडरमल का जन्म सीतापुर जिले के लहरपुर ग्राम में हुआ था।

उन्नाव

- जिला मुख्यालय — उन्नाव
- जनसंख्या (जनगणना 2011) — 31,08,367
- तहसीलों की संख्या — 06

- विकास खण्डों की संख्या 16
- प्रमुख पर्यटन एवं ऐतिहासिक स्थल- कल्याणी देवी मंदिर, राज राजेश्वरी श्री विद्या मंदिर, बक्सर, नवाबगंज पक्षी विहार
- प्रमुख उद्योग- चमड़ा उद्योग, राइस मिल
- एक जिला एक उत्पाद- जरी-ज़रदोजी

अन्य महत्वपूर्ण तथ्य

- उन्नाव जनपद के बदरका ग्राम में 23 जुलाई, 1906 को महान क्रांतिकारी चन्द्रशेखर आजाद का जन्म हुआ था।
- राजपूत गोदी सिंह चौहान ने 12 वीं शताब्दी में उन्नाव शहर की स्थापना की थी।
- प्रसिद्ध हिन्दी कवि सूर्यकांत त्रिपाठी निराला, भगवती चरण वर्मा तथा आलोचक रामविलास शर्मा आदि विद्वानों का जन्म उन्नाव जिले में हुआ था।
- भारत के जनसंख्या की दृष्टि से राज्यों में सबसे बड़ा संसदीय क्षेत्र उन्नाव है। यहाँ पर 19 लाख मतदाता है।

लखीमपुर खीरी

- जिला मुख्यालय लखीमपुर
- जनसंख्या (जनगणना 2011) 40,21,243
- तहसीलों की संख्या 07
- विकास खण्डों की संख्या 15
- प्रमुख पर्यटन एवं ऐतिहासिक स्थल- दुधवा नेशनल पार्क, इन्दिरा पार्क
- हस्तशिल्प- पीतल के बर्तन
- एक जिला एक उत्पाद- जरी-ज़रदोजी

अन्य महत्वपूर्ण तथ्य

- क्षेत्रफल की दृष्टि से लखीमपुर खीरी प्रदेश का सबसे बड़ा जनपद है।
- लखीमपुर को पहले लक्ष्मीपुर नाम से जाना जाता है।
- लखीमपुर खीरी में देश का प्रख्यात दुधवा नेशनल पार्क एवं किशनपुर अभयारण्य हिरण पार्क स्थित है।
- लखीमपुर खीरी को चीनी का कटोरा कहा जाता है।

हरदोई

- जिला मुख्यालय हरदोई
- जनसंख्या (जनगणना 2011) 40,92,845
- तहसीलों की संख्या 05
- विकास खण्डों की संख्या 19
- प्रमुख पर्यटन एवं ऐतिहासिक स्थल- बेलाताली, साण्डी
- एक जिला एक उत्पाद- हथकरघा उद्योग

अन्य महत्वपूर्ण तथ्य

- लेफ्टिनेंट कर्नल हर्ष उदय सिंह गौर पार्क हरदोई में स्थित है।
- हरदोई का पुराना नाम हरिद्रोही था जो आगे चलकर अपभ्रंश रूप में हरदोई हो गया।

कानपुर मण्डल

कानपुर नगर

- जिला मुख्यालय कानपुर नगर
- जनसंख्या (जनगणना 2011) 45,81,268
- तहसीलों की संख्या 04
- विकास खण्डों की संख्या 10
- प्रमुख पर्यटन एवं ऐतिहासिक स्थल- जाजमऊ, बिठुर
- प्रमुख उद्योग- चमड़ा कालीन, सूती एवं हौजरी, वस्त्र, रक्षा सामग्री मशीनरी, वस्त्र, आभूषण
- एक जिला एक उत्पाद- एल्युमिनियम बर्तन

अन्य महत्वपूर्ण तथ्य

- कानपुर का मूल नाम कान्हपुर था। इसकी स्थापना सचेन्दी राज्य के शासक हिन्दू सिंह ने की थी।
- 1857 के स्वतंत्रता संघर्ष में कानपुर में विद्रोहियों का नेतृत्व नाना साहेब (धोंदू पन्त) ने किया था। इस संघर्ष में कानपुर की नृत्यांगना अजीजन का जन्म लखनऊ में हुआ था।
- यह गंगा नदी के दक्षिण तट पर बसा हुआ उत्तर प्रदेश का एक प्रमुख औद्योगिक नगर है। इसे उत्तर प्रदेश की 'औद्योगिक राजधानी' भी कहा जाता है।
- कानपुर शहर में सूती वस्त्र की 10 मिलें हैं। इसे 'उत्तर भारत का मैनचेस्टर' कहा जाता है।
- उत्तर प्रदेश का एकमात्र अंतर्राष्ट्रीय क्रिकेट स्टेडियम ग्रीन पार्क कानपुर में अवस्थित है।
- कानपुर को 'लेदर सिटी' की संज्ञा दी जाती है। चेन्नई के बाद यहाँ सर्वाधिक चमड़े का कारोबार होता है।
- जनगणना 2011 के अनुसार उत्तर प्रदेश का सर्वाधिक महिला साक्षरता वाला जनपद कानपुर नगर (75.1 प्रतिशत) है।

कानपुर देहात

- जिला मुख्यालय अकबरपुर (माती)
- जनसंख्या (जनगणना 2011) 17,96,191
- तहसीलो की संख्या 06
- विकास खण्डों की संख्या 10
- प्रमुख पर्यटन एवं ऐतिहासिक स्थल- दुर्वासा ऋषि, वन चेतना केन्द्र, कात्यायनी देवी
- हस्तशिल्प- कंबल, हाथ के पंखे, टोकरी, दरी आदि।

- प्रमुख उद्योग- चमड़ा मशीनरी, साबुन, पेन्ट, वनस्पति घी
- एक जिला एक उत्पाद- केला फाइबर उत्पाद

अन्य महत्वपूर्ण तथ्य

- 1981 में कानपुर का पुन: विभाजन हुआ और यहाँ दो जनपद कानपुर नगर एवं कानपुर देहात बना दिये गये।
- 1 जुलाई, 2010 को इस क्षेत्र का नाम बदलकर रमाबाई नगर कर दिया गया था, किन्तु वर्ष 2012 में इसका नाम पुन: कानपुर देहात कर दिया गया। वर्ष 2010 से पूर्व इस क्षेत्र को अकबरपुर, शाहपुर आदि नामों से जाना जाता था।
- प्रदेश सरकार ने 1977 में कानपुर जनपद को दो भाग-कानपुर नगर एवं कानपुर देहात, में विभाजित कर दिया, किन्तु 1979 में इन दोनों को पुन: मिला दिया गया।
- देश के 14वें राष्ट्रपति रामनाथ कोविंद का जन्म कानपुर देहात जिले के परौंख ग्राम में हुआ था।
- कृषि विज्ञान केन्द्र गंगा-यमुना दोआब के इस क्षेत्र में स्थित है।

इटावा

- जिला मुख्यालय — इटावा
- जनसंख्या (जनगणना 2011) — 15,81,810
- तहसीलों की संख्या — 06
- विकास खण्डों की संख्या — 08
- प्रमुख पर्यटन एवं ऐतिहासिक स्थल- सफारी पार्क, कालीवाहन मंदिर, राजा सुमेर सिंह फोर्ट
- हस्तशिल्प- हथकरघा, दरी
- एक जिला एक उत्पाद- सिलाई और परिधान कढ़ाई

अन्य महत्वपूर्ण तथ्य

- इटावा से जुड़े प्रमुख व्यक्तित्व-डॉ. जाकिर हुसैन, मुलालय सिंह यादव और अखिलेश यादव आदि है।
- सुप्रसिद्ध निबन्धकार गुलाब राय इटावा के निवासी थे।
- इटावा दिल्ली-कलकत्ता राष्ट्रीय राजमार्ग-2 पर यमुना नदी के तट पर बसा है।

फर्रूखाबाद

- जिला मुख्यालय — फतेहगढ़
- जनसंख्या (जनगणना 2011) — 18,85,204
- तहसीलों की संख्या — 03
- विकास खण्डों की संख्या — 07
- प्रमुख प्रर्यटन स्थल- संकिसा, बौद्ध धर्म से संबंधित है।
- काम्पिल्य जैन धर्म से संबंधित है।
- हस्तशिल्प- ज़रदोजी के लंहगे, चुनरी विश्व प्रसिद्ध हैं।
- यह स्थान 16 महाजनपदों में पांचाल के अंतर्गत आता था।
- एक जिला एक उत्पाद- वस्त्र छपाई

अन्य महत्वपूर्ण तथ्य

- यहाँ से कांस्ययुगीन हथियार और उपकरण प्राप्त हुए हैं।
- फर्रूखाबाद का उल्लेख अलबरूनी ने अपनी पुस्तक किताब-उल-हिन्द में किया है।
- उत्तर वैदिक काल में काम्पिल्य दक्षिण पांचाल की राजधानी थी, जिसकी पहचान आज के फर्रूखाबाद के रूप में होती है।
- प्रसिद्ध कवयित्री महादेवी वर्मा का जन्म फर्रूखाबाद में हुआ था।

कन्नौज

- जिला मुख्यालय — कन्नौज
- जनसंख्या (जनगणना 2011) — 16,56,616
- तहसीलों की संख्या — 03
- विकास खण्डों की संख्या — 08
- प्रमुख पर्यटन एवं ऐतिहासिक स्थल- पुरातत्व संग्रहालय, गौरीशंकर मंदिर, लाख वहोसी पक्षी विहार, विशनगढ़ किला बारादरी
- प्रमुख उद्योग- इत्र, परफ्यूम
- एक जिला एक उत्पाद- इत्र

अन्य महत्वपूर्ण तथ्य

- पुष्यभूति वंश के शासक हर्षवर्धन (606-647 ई.) ने कन्नौज को अपनी राजधानी बनाया।
- कन्नौज को प्राचीनकाल में 'महोधी' के नाम से जाना जाता था।
- मुहम्मद गोरी ने 1194 ई. के चन्दावर के युद्ध में कन्नौज के शासक जयचन्द को पराजित किया।
- राजशेखर कन्नौज के निवासी, जो गुर्जर-प्रतिहारों के राजकवि थे।
- कन्नौज को त्रिपक्षीय संघर्ष के लिए जाना जाता है।
- कन्नौज अपने इत्र के गंध के लिए विश्वप्रसिद्ध है।

औरैया

- जिला मुख्यालय — औरैया
- तहसीलों की संख्या — 03
- विकास खण्डों की संख्या — 07
- प्रमुख पर्यटन एवं ऐतिहासिक स्थल- देवकली मंदिर व गुरुया मंदिर, राष्ट्रीय चम्बल वन्य जीव अभ्यारण्य
- प्रमुख उद्योग- हैण्डलूम वस्त्र
- एक जिला एक उत्पाद- खाद्य प्रसंस्करण (देशी घी)

अन्य महत्वपूर्ण तथ्य

- यह जनपद फर्नीचर उद्योग के लिए जाना जाता है।
- औरैया जनपद की स्थापना 17 सितम्बर, 1997 को हुई।
- औरैया के दक्षिण में यमुना और उत्तर में कन्नौज स्थित है।
- औरैया राष्ट्रीय राजमार्ग संख्या-2, मुगल रोड़ पर स्थित है।

मेरठ मण्डल

मेरठ

- जिला मुख्यालय — मेरठ
- जनसंख्या (जनगणना 2011) — 34,43,689
- तहसीलों की संख्या — 03
- विकास खण्डों की संख्या — 12
- प्रमुख पर्यटन एवं ऐतिहासिक स्थल- सरधना, हस्तिनापुर, परीक्षितगढ़
- हस्तशिल्प- कॉरपेट, हौजरी
- एक जिला एक उत्पाद- खेल का सामान

अन्य महत्वपूर्ण तथ्य

- महाभारत काल में कौरवों की राजधानी हस्तिनापुर थी जो कि वर्तमान में मेरठ जिले के अंतर्गत आता है।
- मेरठ गंगा और युमना के बीच बसा हुआ क्षेत्र है।
- मेरठ जिले में आलमगीरपुर से सैन्धव सभ्यता के अवशेष प्राप्त हुए हैं, जो इस सभ्यता का पूर्वी विस्तार माना जाता है।
- 10 मई 1857 ई. को मेरठ से क्रांति की शुरुआत हुई थी।
- मेरठ में स्थापित सम्राट अशोक के स्तम्भ लेख को फिरोज तुगलक ने दिल्ली ले जाकर स्थापित किया।
- मेरठ को भारत की खेल राजधानी कहा जाता है। यहाँ निर्मित खेल उत्पाद विश्व में प्रसिद्ध है।
- मेरठ की कैंचियां प्राचीन काल से ही प्रसिद्ध रही है।

बुलन्दशहर

- जिला मुख्यालय — बुलन्दशहर
- जनसंख्या (जनगणना 2011) — 34,99,171
- तहसीलों की संख्या — 07
- विकास खण्डों की संख्या — 16
- प्रमुख पर्यटन एवं ऐतिहासिक स्थल- रामघाट, नरौरा, अनूपशहर, खुर्जा
- हस्तशिल्प- पाटरी उद्योग
- एक जिला एक उत्पाद- सिरेमिक उत्पाद

अन्य महत्वपूर्ण तथ्य

- उत्तर प्रदेश का एकमात्र नाभिकीय विद्युत संयंत्र नरौरा में गंगा नदी के तट पर स्थित है।
- यह शहर दिल्ली राष्ट्रीय राजधानी क्षेत्र का हिस्सा है।
- बुलन्दशहर औद्योगिक रूप से विकसित जिला है।
- खुर्जा को चीनी मिट्टी के काम के लिए जाना जाता है।

गाजियाबाद

- जिला मुख्यालय — गाजियाबाद
- जनसंख्या (जनगणना 2011) — 33,43,334
- तहसीलों की संख्या — 03
- विकास खण्डों की संख्या — 04
- प्रमुख पर्यटन एवं ऐतिहासिक स्थल- गढ़मुक्तेश्वर का गंगा मंदिर, केशर का टिला, लहुणासुर का किला, पूँठ, दूधेश्वर मंदिर, मोहन नगर मंदिर
- एक जिला एक उत्पाद- इंजीनियरिंग समान

अन्य महत्वपूर्ण तथ्य

- दिल्ली से नजदीक होने के कारण गाजियाबाद को उत्तर प्रदेश का प्रवेश द्वार कहा जाता है।
- एक जनपद के रूप में गाजियाबाद की स्थापना 14 नवम्बर, 1976 को पं. जवाहर लाल नेहरू की जयंती पर हुई थी।
- जनगणना 2011 के अनुसार प्रदेश का अधिकतम घनी आबादी वाला जिला गाजियाबाद है।
- गाजियाबाद इलेक्ट्रॉनिक्स सामग्री के उत्पादन के लिए विश्व प्रसिद्ध है।

बागपत

- जिला मुख्यालय — बागपत
- जनसंख्या (जनगणना 2011) — 13,03,048
- तहसीलों की संख्या — 03
- विकास खण्डों की संख्या — 06
- प्रमुख पर्यटन एवं ऐतिहासिक स्थल- पुरा महादेव, बरनाना, वाल्मीकि आश्रम बालैनी, बड़ा गाँव
- एक जिला एक उत्पाद- होम फर्निशिंग

अन्य महत्वपूर्ण तथ्य

- बागपत शहर यमुना नदी के तट पर स्थित और राष्ट्रीय राजधानी क्षेत्र में शामिल है।
- बागपत उत्तर प्रदेश का एक कृषि समृद्ध जनपद है।
- 1997 ई. में बागपत को जिला बनाया गया।
- बागपत जिले के जैन तीर्थंकर पार्श्वनाथ की मूर्ति बड़गांव में अवस्थित है।

गौतमबुद्ध नगर

- जिला मुख्यालय — ग्रेटर नोएडा
- जनसंख्या (जनगणना 2011) — 16,48,000
- तहसीलों की संख्या — 03
- विकास खण्डों की संख्या — 04
- प्रमुख पर्यटन एवं ऐतिहासिक स्थल- सूरजपुर वेटलैंड, गौतमबुद्ध पार्क, नोएडा फिल्म सिटी
- प्रमुख उद्योग- पेण्ट, खिलौने, ऑटोमोबाईल, न्यूज चैनल्स आदि।
- एक जिला एक उत्पाद- रेडीमेड कपड़े

अन्य महत्वपूर्ण तथ्य

- गौतमबुद्ध नगर राष्ट्रीय राजधानी क्षेत्र के अंतर्गत आता है।
- 9 जून, 1997 को गौतमबुद्ध नगर जिले की स्थापना हुई।
- जनगणना, 2011 के अंतिम आंकड़ों के अनुसार उत्तर प्रदेश का सर्वाधिक साक्षरता वाला जिला गौतमबुद्ध नगर है।
- इस जिले में अवस्थित नोएडा (New Okhla Industrial Development Authority-NOIDA) एशिया के सबसे बड़े औद्योगिक नगरों में से एक है।

हापुड़

- जिला मुख्यालय — हापुड़
- जनसंख्या (जनगणना 2011) — 13,38,311
- तहसीलों की संख्या — 03
- विकास खण्डों की संख्या — 04
- प्रमुख पर्यटन एवं ऐतिहासिक स्थल- दुग्धेश्वर मंदिर, चण्डी मंदिर, सपनावत साईं मंदिर, ब्रजघाट, गढ़मुक्तेश्वर
- एक जिला एक उत्पाद- होम फर्निशिंग

अन्य महत्वपूर्ण तथ्य

- हापुड़ शब्द 'हायर' से बना है, जिसका अर्थ है- बगीचा।
- 2011 को बसपा सरकार ने हापुड़ को 'पंचशील नगर' नाम से एक नए जिले के रूप में गठित किया।
- 2012 में समाजवादी सरकार ने इसका नाम बदलकर हापुड़ कर दिया गया।
- यह स्टेनलेस स्टील पाइप, ट्यूब, पापड़ आदि का प्रमुख केंद्र है।
- यह जिला दिल्ली NCR क्षेत्र में आता है।

अयोध्या मण्डल

अयोध्या

- जिला मुख्यालय — अयोध्या
- जनसंख्या (जनगणना 2011) — 24,70,996
- तहसीलों की संख्या — 05
- विकास खण्डों की संख्या — 11
- प्रमुख पर्यटन एवं ऐतिहासिक स्थल- हनुमानगढ़ी, भरतकुण्ड, राम मंदिर, जैन मंदिर, कनक भवन, गुलाबबाड़ी, कम्पनी बाग
- हस्तशिल्प- चमड़ा, बाँस
- एक जिला एक उत्पाद- गुड़

अन्य महत्वपूर्ण तथ्य

- सरयू तट पर स्थित अयोध्या सूर्यवंशीय राजाओं की राजधानी थी।
- पुरातात्विक उत्खनन से इस बात के साक्ष्य मिले हैं कि प्राचीन काल में यहां भव्य नगर विद्यमान था। यह राम की जन्मभूमि है।
- सर्वोच्च न्यायालय के निर्णय के पश्चात यहां श्रीराम के भव्य मंदिर का निर्माण किया जा रहा है।
- जैन धर्म के प्रथम तीर्थंकर ऋषभदेव के पुत्र 'भरत' चक्रवर्ती सम्राट हुए।
- पहले अवध की राजधानी अयोध्या थी।
- कवि-लेखक कुंवर नारायण की जन्म स्थली अयोध्या थी।
- अयोध्या में 'रामायण मेला' जो चार दिनों तक चलता है। इस मेले का अयोजन प्रत्येक वर्ष होता है।
- अयोध्या के सोहवाल में पन-बिजली केन्द्र स्थापित है।

बाराबंकी

- जिला मुख्यालय — बाराबंकी (नवाबगंज)
- जनसंख्या (जनगणना 2011) — 32,60,699
- तहसीलों की संख्या — 06
- विकास खण्डों की संख्या — 15
- प्रमुख पर्यटन एवं ऐतिहासिक स्थल- पारिजात वृक्ष, देवाशरीफ दरगाह, सैय्यद सालार शाह, नागेश्वर मंदिर
- हस्तशिल्प- हथकरघा से निर्मित वस्त्र
- एक जिला एक उत्पाद- कपड़ा उत्पाद

अन्य महत्वपूर्ण तथ्य

- बाराबंकी को पूर्वांचल का प्रवेश द्वार कहा जाता है।
- बाराबंकी सूफी संत वारिस अली शाह का जन्म स्थली है।
- जनपद बाराबंकी को 1858 ई. तक दारियाबाद नाम से जाना जाता था? जिसका मुख्यालय दारियाबाद नगर था।
- बाराबंकी में दुपट्टा बनाने का कार्य बड़े स्तर पर किया जाता है।

सुलतानपुर

- जिला मुख्यालय — सुलतानपुर
- जनसंख्या (जनगणना 2011) — 24,31,491
- तहसीलों की संख्या — 05
- विकास खण्डों की संख्या — 14
- प्रमुख पर्यटन एवं ऐतिहासिक स्थल- धोपाप, विजेथुआ महावीरन, सीताकुण्ड, देवी मंदिर, लोहररामऊ
- हस्तशिल्प- बाध (मूँज) निर्माण
- प्रमुख उद्योग- सहकारी चीनी मिल
- एक जिला एक उत्पाद- मूँज उत्पाद

अन्य महत्वपूर्ण तथ्य

- पौराणिक मान्यतानुसार इसे भगवान राम के पुत्र कुश ने बसाया था, इसलिए इसे प्राचीनकाल में कुशभवनपुर कहा जाता था।
- इसी जिले में दुर्लभ पारिजात का वृक्ष है।
- सुलतानपुर में गोमती नदी के तट पर उद्योग विभाग परिसर में विशाल पारिजात वृक्ष मौजूद है। यहां सीताकुण्ड है, जहां गोमती की भव्य आरती का आयोजन किया जाता है।

❒ प्रदेश के पूर्व मुख्यमंत्री श्रीपति मिश्र एवं सुप्रसिद्ध गीतकार मजरूह सुलतानपुरी की जन्मस्थली है।

अमेठी

- जिला मुख्यालय — गौरीगंज
- जनसंख्या (जनगणना 2011) — 18,67,678
- तहसीलों की संख्या — 04
- विकास खण्डों की संख्या — 13
- प्रमुख पर्यटन- टीकरमाफी आश्रम, मलिक मुहम्मद जायसी की मजार
- एक जिला एक उत्पाद- मूँज उत्पाद

अन्य महत्वपूर्ण तथ्य

❒ जनपद के कोरवा में हिन्दुस्तान एयरोनॉटिक्स लिमिटेड (HAL) का संयंत्र स्थित है। यह भारतीय वायुसेना के जगुआर, मिग-27 जैसे विमानों के मरम्मत एवं इनके पुर्जो के निर्माण का कार्य करती है।

❒ जनपद अमेठी की स्थापना 1 जुलाई, 2010 को छत्रपति शाहू जी महराज नगर (वर्तमान नाम अमेठी) के नाम से की गई

❒ अमेठी में 'इण्डो-रूस राइफल प्राइवेट लिमिटेड' नामक एक आर्डिनेंस फैक्ट्री स्थित है।

अम्बेडकर नगर

- जिला मुख्यालय — अकबरपुर
- जनसंख्या (जनगणना 2011) — 23,97,888
- तहसीलों की संख्या — 05
- विकास खण्डों की संख्या — 09
- प्रमुख पर्यटन एवं ऐतिहासिक स्थल- एन.टी.पी.सी. टाण्डा, गोविन्द साहब धाम, किछौछा शरीफ
- प्रमुख उद्योग- टाण्डा-टेरीकॉट, पावरलूम, थर्मल पावर स्टेशन, अकबरपुर शुगरमिल, राइस मिल, अचल इण्डस्ट्री
- एक जिला एक उत्पाद- वस्त्र उत्पाद

अन्य महत्वपूर्ण तथ्य

❒ यह तमसा नदी (टोंस) नदी के तट पर स्थित है, जो शहर को दो भाग- अकबरपुर और शहजादपुर में विभाजित करती है।

❒ अम्बेडकरनगर डॉ. राममनोहर लोहिया एवं गणेश कृष्ण जेटली की जन्मभूमि रही है।

❒ अम्बेडकरनगर जनपद का गठन 29 सितम्बर, 1995 को फैजाबाद जनपद को विभक्त कर किया गया।

❒ NTPC का तापीय ऊर्जा संयंत्र टांडा के मकदूम नगर में स्थित है।

मुरादाबाद मण्डल

मुरादाबाद

- जिला मुख्यालय — मुरादाबाद
- जनसंख्या (जनगणना 2011) — 47,72,2006
- तहसीलों की संख्या — 04
- विकास खण्डों की संख्या — 08
- प्रमुख पर्यटन एवं ऐतिहासिक स्थल- साईं मंदिर, गौतमबुद्ध पार्क
- हस्तशिल्प- पीतल का काम, स्वर्णकारी, वस्त्र रंगाई-छपाई, लकड़ी का काम, कशीदाकारी, स्याही कलम तथा नक्काशी
- एक जिला एक उत्पाद- धातु शिल्प

अन्य महत्वपूर्ण तथ्य

❒ इस जिले की मुगल सम्राट शाहजहाँ के पुत्र मुराद के नाम पर रखा गया और यह रामगंगा नदी के तट पर स्थित है।

❒ मुरादाबाद प्राचीन समय की हस्तकला, पीतल के उत्पादों पर की गई हॉन हैंडीक्रॉफ्ट के लिए प्रसिद्ध है।

बिजनौर

- जिला मुख्यालय — बिजनौर
- जनसंख्या (जनगणना 2011) — 36,82,713
- तहसीलों की संख्या — 05
- विकास खण्डों की संख्या — 11
- प्रमुख पर्यटन एवं ऐतिहासिक स्थल- दरगाह आलिया नजफ-ए-हिंद जोगीम्पुरी नजीबाबाद, विदुर कुटि
- एक जिला एक उत्पाद- काष्ठ कला

अन्य महत्वपूर्ण तथ्य

❒ यह कौरव, पाण्डवों तथा राजा दुष्यंत की कार्य स्थली रही है।

❒ अकबर के मंत्री अबुफजल का संबंध भी बिजनौर से रहा है।

❒ गंगा नदी सबसे पहले बिजनौर जिले में प्रवेश करती है।

रामपुर

- जिला मुख्यालय — रामपुर
- जनसंख्या (जनगणना 2011) — 23,35,819
- तहसीलों की संख्या — 06
- विकास खण्डों की संख्या — 06
- प्रमुख पर्यटन एवं ऐतिहासिक स्थल- रामपुर का किला, रजा लाइब्रेरी, गांधी समाधि रामपुर।
- एक जिला एक उत्पाद- पैचवर्क के साथ एप्लिक वर्क, जरी पैचवर्क एवं मेंथा।

अन्य महत्वपूर्ण तथ्य

- रजा अली ख़ान रामपुर के अंतिम नबाव थे।
- रामपुर का नामकरण राजा राम सिंह के नाम पर नवाब फैजुल्ला खान द्वारा किया गया था
- रामपुर घराना नृत्य से जुड़ा एक संगीत घराना है।

अमरोहा

- जिला मुख्यालय — अमरोहा
- जनसंख्या (जनगणना 2011) — 18,40,221
- तहसीलों की संख्या — 04
- विकास खण्डों की संख्या — 06
- प्रमुख पर्यटन एवं ऐतिहासिक स्थल- मजार शाह विलायत साहिब, वासुदेव मंदिर, तुलसी पार्क।
- प्रमुख उद्योग- चड्ढा रबड़, शिवालिक सेल्यूलोज
- एक जिला एक उत्पाद- वाद्ययंत्र (ढोलक) एवं रेडीमेड गारमेंट्स

अन्य महत्वपूर्ण तथ्य

- 1801 ई. में अमरोहा का क्षेत्र ब्रिटिश ईस्ट इंडिया कंपनी के अधीन आ गया।
- 15 अप्रैल 1997 को उत्तर प्रदेश सरकार ने अमरोहा जनपद का गठन किया।
- प्राचीनकाल में अमरोहा पर लंबे समय तक राजपूत वंश ने शासन किया।

संभल

- जिला मुख्यालय — बहजोई
- जनसंख्या (जनगणना 2011) — 2192933
- तहसीलों की संख्या — 03
- विकास खण्डों की संख्या — 08
- प्रमुख पर्यटन एवं ऐतिहासिक स्थल- श्रीकल्कि विष्णु मंदिर, घंटाघर, तोता-मैना की कब्र, जामा मस्जिद आदि।
- एक जिला एक उत्पाद- हस्तशिल्प (हॉर्न-बोन)

अन्य महत्वपूर्ण तथ्य

- 28 सितम्बर, 2011 को भीमनगर के नाम से इस जिले का गठन किया गया।
- वर्ष 2012 में तत्कालीन का निर्माण करवाया गया प्रदेश सरकार ने भीमनगर का नाम बदलकर सम्भल कर दिया।
- सम्भल में बाबर द्वारा बाबरी मस्जिद अवस्थित है।

आगरा मण्डल

आगरा

- जिला मुख्यालय — आगरा
- जनसंख्या (जनगणना 2011) — 44,18,797
- तहसीलों की संख्या — 06
- विकास खण्डों की संख्या — 15
- प्रमुख पर्यटन एवं ऐतिहासिक स्थल- एतमाद-उद्-दौला, का मकबरा, ताजमहल, लालकिला (आगरा का) फतेहपुर सीकरी।
- एक जिला एक उत्पाद- चमड़ा उत्पादन, स्टोन/मार्बल से निर्मित सभी हस्तशिल्प।

अन्य महत्वपूर्ण तथ्य

- आगरा की स्थापना सिकंदर लोदी ने 1504 ई. में किया और तत्पश्चात् इसे अपनी राजधानी बनाया।
- आगरा ब्रिटिश काल में 1836-1858 ई. तक उत्तर प्रदेश (तत्कालीन उत्तर पश्चिम प्रांत) की राजधानी रहा।
- आगरा में शाहजहां द्वारा निर्मित ताजमहल तथा मोती मस्जिद स्थापत्य कला के सर्वश्रेष्ठ नमूने हैं।
- आगरा स्थित ताजमहल, किला और फतेहपुर सिकरी को यूनेस्को की विश्व धरोहर स्थल की सूची में शामिल किया गया है।
- आगरा में यमुना नदी के पूर्वी तट पर एतमाद्-उद्-दौला का मकबरा है।
- नोट 1- सूरसरोवर पक्षी विहार (घोषित वर्ष-1991) आगरा में स्थित है।
- नोट 2- चंबल वन्यजीव विहार (घोषित वर्ष-1979) आगरा एवं इटावा में स्थित है।

फिरोजाबाद

- जिला मुख्यालय — फिरोजाबाद
- जनसंख्या (जनगणना 2011) — 24,98,156
- तहसीलों की संख्या — 05
- विकास खण्डों की संख्या — 09
- प्रमुख पर्यटन एवं ऐतिहासिक स्थल- जैन मंदिर, चंदवार गेट, वैष्णोदेवी मंदिर, सूफी साहब मजार, कोटला का किला, श्री हनुमान मंदिर, माता टीला मंदिर आदि।
- हस्तशिल्प- काँच एवं पॉटरी
- एक जिला एक उत्पाद- काँच के उत्पाद

अन्य महत्वपूर्ण तथ्य

- फिरोजाबाद का प्राचीन नाम 'चंदवार' बताया जाता है।
- फिरोजाबाद का यह वर्तमान नाम 1566 ई. में मुगल बादशाह अकबर के मनसबदार फिरोजशाह के नाम पर रखा गया।
- आगरा से 40 किमी दूर फिरोजाबाद चूड़ियों के निर्माण के लिए विश्व प्रसिद्ध है।
- 5 फरवरी, 1989 को प्रदेश सरकार द्वारा आगरा जिले को विभाजित कर फिरोजाबाद जिला बनाया गया।

मैनपुरी

- जिला मुख्यालय — मैनपुरी
- जनसंख्या (जनगणना 2011) — 18,68,529
- तहसीलों की संख्या — 06
- विकास खण्डों की संख्या — 09
- प्रमुख पर्यटन एवं ऐतिहासिक स्थल- समान पक्षी विहार, शीतला माता मंदिर, महाराजा तेज सिंह का किला, च्यवन ऋषि आश्रम
- एक जिला एक उत्पाद- तारकशी कला

अन्य महत्वपूर्ण तथ्य

- यह जिला तम्बाकू उद्योग के लिए प्रसिद्ध है।
- मैनपुरी गंगा-यमुना दोआब क्षेत्र में स्थित जिला है।
- 1857 ई. के स्वतंत्रता संघर्ष में मैनपुरी स्थित रेजिमेंट ने ब्रिटिश शासन को खुलकर विरोध किया।

मथुरा

- जिला मुख्यालय — मथुरा
- जनसंख्या (जनगणना 2011) — 25,47,184
- तहसीलों की संख्या — 05
- विकास खण्डों की संख्या — 10
- प्रमुख पर्यटन एवं ऐतिहासिक स्थल- गोवर्धन, गोकुल, वृंदावन, राधाकुंड, बरसाना, नंदगाँव, बालादेओ (दाऊजी मंदिर)
- हस्तशिल्प- गिलट के आभूषण, तुलसी कंठीमाला
- प्रमुख उद्योग- पीतल की मूर्तियां, साड़ी छपाई, पत्थर शिल्प, गिलट के आभूषण।
- एक जिला एक उत्पाद- सैनिटरी फिटिंग, ठाकुर जी की पोशाक, शृंगार मूर्तिकला, कंठी माला।

अन्य महत्वपूर्ण तथ्य

- चन्द्रगुप्त मौर्य (322-298 ई.पू.) के दरबार में आये यूनानी राजदूत मेगस्थनीज ने अपनी पुस्तक 'इण्डिका' में मथुरा के लिए 'शूरसेन' शब्द का प्रयोग किया है।
- महाजनपद काल में मथुरा 'शूरसेन महाजनपद' की राजधानी थी।
- प्रसिद्ध स्वतंत्रता सेनानी पं. दीन दयाल उपाध्याय का जन्म 25 सितम्बर, 1916 को मथुरा के नगला चंद्रभान गांव में हुआ था।
- मथुरा यमुना नदी के तट पर स्थित है। मथुरा श्रीकृष्ण का जन्म स्थान है।
- रामायण में मथुरा को मधुपुर या मधुदानव का नगर कहा गया है।
- भारत का पहला हाथी अस्पताल मथुरा में खोला गया।
- पं. दीन दयाल उपाध्याय पशु चिकित्सा विज्ञान विश्वविद्यालय एवं गौ-रक्षा अनुसंधान संस्थान मथुरा में स्थित है।
- उत्तर प्रदेश की पहली बकरी प्रजनन प्रयोगशाला, मथुरा में स्थापित की गई है।

अलीगढ़ मण्डल

अलीगढ़

- जिला मुख्यालय — अलीगढ़
- जनसंख्या (जनगणना 2011) — 36,73,889
- तहसीलों की संख्या — 05
- विकास खण्डों की संख्या — 13
- प्रमुख उद्योग- हल्की मशीनरी, ताला उद्योग
- एक जिला एक उत्पाद- ताले एवं हार्डवेयर, धातु हस्तशिल्प

अन्य महत्वपूर्ण तथ्य

- 1524-25 में इब्राहिम लोदी ने इस शहर का नाम मोहम्मदगढ़ रख दिया।
- पहले अलीगढ़ को काल या कोइल के नाम से जाना जाता था।
- 1875 में स्थापित मोहम्मडन एंग्लो-ओरिएंटल कॉलेज का नाम वर्ष 1920 में अलीगढ़ मुस्लिम विश्वविद्यालय रखा गया।
- अलीगढ़ देश भर में 'तालों के शहर' के नाम से जाना जाता है। अलीगढ़ के ताले पूरे विश्व में निर्यात किये जाते हैं।

एटा

- जिला मुख्यालय — एटा
- जनसंख्या (जनगणना 2011) — 17,74,480
- तहसीलों की संख्या — 03
- विकास खण्डों की संख्या — 08
- प्रमुख पर्यटन एवं ऐतिहासिक स्थल- पटना पक्षी विहार, जलेसर, अतरंजी खेड़ा, मारहरा
- एक जिला एक उत्पाद- घुंघरू घंटी एवं पीतल उत्पाद

अन्य महत्वपूर्ण तथ्य

- प्रख्यात साहित्यकार एवं संगीतकार अमीर खुसरो का जन्म एटा में हुआ था। इन्हें 'तूती-ए-हिन्द' कहा गया है।
- इस शहर की स्थापना पृथ्वीराज के वंशज राजा संग्राम सिंह ने की थी।
- जनपद के कटिंगरा गांव के टीले से पांच हजार पुरानी सभ्यता के साक्ष्य मिले हैं।

कासगंज

- जिला मुख्यालय — कासगंज
- जनसंख्या (जनगणना 2011) — 14,36,719
- तहसीलों की संख्या — 03
- विकास खण्डों की संख्या — 07

- प्रमुख पर्यटन एवं ऐतिहासिक स्थल- चमुण्डा मन्दिर, भगवान वराह मन्दिर, जामा मस्जिद, प्रभु पार्क
- एक जिला एक उत्पाद- जरी-ज़रदोजी

अन्य महत्वपूर्ण तथ्य

- एटा जनपद को विभाजित कर 17 अप्रैल, 2008 को कांसीराम नगर (वर्तमान कासगंज) जनपद का निर्माण हुआ। वर्ष 2012 में कांसीराम नगर का नाम कासगंज कर दिया गया।
- यह जिला गंगा और यमुना के दोआब में स्थित होने कारण अत्यन्त उपजाऊ भूमि के लिए प्रसिद्ध है।

हाथरस

- जिला मुख्यालय — हाथरस
- जनसंख्या (जनगणना 2011) — 15,64,708
- तहसीलों की संख्या — 04
- विकास खण्डों की संख्या — 07
- पर्यटन स्थल- दाऊजी महाराज का मंदिर, भद्रकाली मंदिर
- प्रमुख उद्योग- हींग, देशी घी, चीनी, रेडीमेड परिधान, केमिकल्स, मोती, धातु हस्तशिल्प
- एक जिला एक उत्पाद- हींग

अन्य महत्वपूर्ण तथ्य

- वर्ष 1997 में अलीगढ़ और मथुरा जिलों के कुछ हिस्सों को मिलाकर भगवान बुद्ध की माता महामाया के नाम पर एक नया जिला महामायानगर बनाया गया।
- वर्ष 2012 को तत्कालीन प्रदेश सरकार ने महामायानगर का नाम बदलकर पुनः हाथरस कर दिया।
- हाथरस उत्तर प्रदेश के 'ब्रज परिक्षेत्र' में आता है।
- हाथरस में 18वीं शताब्दी के राजा इन्द्रजीत सिंह द्वारा निर्मित किला जर्जर अवस्था में मौजूद है।
- प्रसिद्ध कवि काका हाथरसी इसी जिले से संबंधित हैं।

बरेली मण्डल

बरेली

- जिला मुख्यालय — बरेली
- जनसंख्या (जनगणना 2011) — 44,48,359
- तहसीलों की संख्या — 06
- विकास खण्डों की संख्या — 15
- प्रमुख पर्यटन एवं ऐतिहासिक स्थल- पुराना किला, शहीद स्मारक, आला हजरत दरगाह, पार्श्वनाथ दिगम्बर जैन मंदिर
- हस्तशिल्प- फर्नीचर, जरी, ज़रदोजी आदि।
- एक जिला एक उत्पाद- जरी-ज़रदोजी, बांस उत्पाद, स्वर्णकार उद्योग

अन्य महत्वपूर्ण तथ्य

- महाजनपद कालीन उत्तरी पांचाल राज्य की राजधानी अहिछत्र के भग्नावेश बरेली की आंवला तहसील के रामनगर गांव में मिले हैं।
- बरेली रामगंगा के तट पर बसा नगर है।
- 1774 ई. में बरेली को अवध के शासक ने अपने राज्य में मिला लिया।
- 1801 ई. में इसे ब्रिटिश साम्राज्य में शामिल कर लिया गया।

बदायूँ

- जिला मुख्यालय — बदायूँ
- जनसंख्या (जनगणना 2011) — 36,81,896
- तहसीलों की संख्या — 05
- विकास खण्डों की संख्या — 15
- प्रमुख पर्यटन एवं ऐतिहासिक स्थल- जामा मस्जिद, घंटाघर
- एक जिला एक उत्पाद- जरी-ज़रदोजी

अन्य महत्वपूर्ण तथ्य

- प्रो. गोटी जोन ने एक शिलालेख (जो बदायूँ में पाया गया है) के आधार पर बदायूँ नगर का नाम 'वेदामूथ' माना है।
- महाजनपद कालीन पांचाल का क्षेत्र का विस्तार उत्तर प्रदेश के वर्तमान जिलों- बरेली, फर्रूखाबाद और बदायूँ तक माना जाता है।
- अब्दुल कादिर बदायूँनी तथा महान सूफी संत शेख निजामुद्दीन औलिया का संबंध बदायूँ से ही था।

पीलीभीत

- जिला मुख्यालय — पीलीभीत
- जनसंख्या (जनगणना 2011) — 20,31,007
- तहसीलों की संख्या — 05
- विकास खण्डों की संख्या — 07
- प्रमुख पर्यटन एवं ऐतिहासिक स्थल- गौरीशंकर का मंदिर, जामा मस्जिद, राजा वेणु का टीला, इलाबास देवल मंदिर, पीलीभीत टाइगर रिजर्व
- एक जिला एक उत्पाद- बाँसुरी

अन्य महत्वपूर्ण तथ्य

- जनपद का मुख्य भाग घने जंगलों से ढका है।
- स्वंतत्रता और देश विभाजन के पश्चात पाकिस्तान से बड़ी संख्या में आये सिखों को भारत सरकार द्वारा पीलीभीत में बसाया गया। पीलीभीत को 'छोटा पंजाब' कहा जाता है।

- गोमती नदी का उदगम पीलीभीत जनपद से होता है।
- फुल्हर झील पीलीभीत में स्थित है।

शाहजहाँपुर

- जिला मुख्यालय — शाहजहाँपुर
- जनसंख्या (जनगणना 2011) — 30,06,538
- तहसीलों की संख्या — 04
- विकास खण्डों की संख्या — 15
- प्रमुख पर्यटन एवं ऐतिहासिक स्थल- शहीद रोशन सिंह स्मारक, शहीद उद्यान, शहीद राम प्रसाद बिस्मिल स्मारक
- हस्तशिल्प- कालीन, करचोबी
- एक जिला एक उत्पाद- जरी-ज़रदोजी

अन्य महत्वपूर्ण तथ्य

- शाहजहाँपुर की स्थापना दिलेर खां एवं शेर बहादुर खां द्वारा की गई।
- इतिहासकारों के अनुसार मुगल शासक शाहजहाँ के नाम पर इस जिले का नामकरण हुआ।
- 1813 ई. में ब्रिटिश शासन द्वारा बरेली को विभाजित कर शाहजहाँपुर जिले का गठन किया गया।
- पं. राम प्रसाद बिस्मिल, ठाकुर रोशन सिंह तथा अशफाक उल्लाह खां जैसे अनेक क्रांतिकारियों की जन्मभूमि शाहजहाँपुर है।
- शाहजहाँपुर जिले में गंगा नदी के तट पर स्थित बांसखेड़ा में सम्राट हर्षवर्धन का ताम्रपत्र लेख प्राप्त हुआ।

चित्रकूट धाम मण्डल

चित्रकूट

- जिला मुख्यालय — चित्रकूट
- जनसंख्या (जनगणना 2011) — 9,91,730
- तहसीलों की संख्या — 04
- विकास खण्डों की संख्या — 05
- प्रमुख पर्यटन एवं ऐतिहासिक स्थल- वाल्मीकि आश्रम, रामघाट, तुलसी स्मारक, गणेशबाग, शबरी प्रपात।
- एक जिला एक उत्पाद- लकड़ी के खिलौने

अन्य महत्वपूर्ण तथ्य

- विन्ध्य पर्वत से घिरा तथा मंदाकिनी नदी तट स्थित इस जनपद को भारत के प्राचीनतम तीर्थों में से एक माना जाता है।
- रामायण के अनुसार वनवास के दौरान श्रीराम ने पत्नी सीता और भाई लक्ष्मण के साथ यहां 11 वर्ष तक निवास किया था।
- बांदा जनपद से पृथक कर वर्ष 1997 का छत्रपति शाहू जी महाराज नाम से नये जनपद की स्थापना की गई । आगे 04 सितम्बर, 1998 को इस जनपद का नाम बदलकर चित्रकूट कर दिया गया।

बांदा

- जिला मुख्यालय — बांदा
- जनसंख्या (जनगणना 2011) — 17,99,410
- तहसीलों की संख्या — 05
- विकास खण्डों की संख्या — 08
- प्रमुख पर्यटन एवं ऐतिहासिक स्थल- कालिंजर का किला
- हस्तशिल्प- शज़र पत्थर का कार्य
- एक जिला एक उत्पाद- शज़र पत्थर शिल्प

अन्य महत्वपूर्ण तथ्य

- यह जनपद यमुना की सहायक0च1
- भी प्राप्त होता है।

हमीरपुर

- जिला मुख्यालय — हमीरपुर
- जनसंख्या (जनगणना 2011) — 11,04,285
- तहसीलों की संख्या — 04
- विकास खण्डों की संख्या — 07
- प्रमुख पर्यटन एवं ऐतिहासिक स्थल- सिंह महेश्वर मंदिर, मेहर मंदिर, ब्रह्मानंद आश्रम, मौदहा बाँध
- हस्तशिल्प- खादी ग्रामोद्योग
- एक जिला एक उत्पाद- जूते

अन्य महत्वपूर्ण तथ्य

- हमीरपुर नगर की स्थापना कलचुरी वंश के शासक हमीरदेव ने की थी।
- यह शहर यमुना तथा बेतवा नदी के संगम पर स्थित हैं।
- महाभारत काल में यहां का राजा शिशुपाल था, जिसका वध वासुदेव श्रीकृष्ण ने किया था।
- यह क्षेत्र कपास और सुपारी की खेती के लिए प्रसिद्ध है।

महोबा

- जिला मुख्यालय — महोबा
- जनसंख्या (जनगणना 2011) — 8,75,958
- तहसीलों की संख्या — 03
- विकास खण्डों की संख्या — 04
- प्रमुख पर्यटन एवं ऐतिहासिक स्थल- राहेलिया का सूर्य मंदिर, 24 जैन तीर्थंकर मूर्ति, कीरत सागर ताल, विजय सागर
- हस्तशिल्प- गौरा पत्थर, गौरिहारी
- एक जिला एक उत्पाद- गौरा पत्थर उत्पाद

अन्य महत्वपूर्ण तथ्य

- महोबा 831 ई. तक चन्देल राजपूतों की राजधानी थी। 13वीं शताब्दी के आरम्भ में इस पर तुर्की ने अधिकार कर लिया।

- महोबा 'त्योहारों का शहर' अथवा 'महोत्सव नगर' नाम से जाना जाता है।
- महोबा जैन धर्म का एक महत्वपूर्ण केन्द्र है। यहां गोरख पहाड़ी पर 24 जैन तीर्थंकरों की प्रतिमाएं स्थापित हैं।
- यह क्षेत्र पराक्रमी आल्हा ओर ऊदल की कर्मस्थली है।
- महोबा में 'पान अनुसंधान प्रशिक्षण केन्द्र' अवस्थित है।
- महोबा पान की खेती के लिए विख्यात है, इसलिए ही महोबा के पान को GI टैग मिला।
- जनगणना 2011 के अनुसार महोबा उत्तर प्रदेश का न्यूनतम जनसंख्या वाला जनपद हैं।

देवीपाटन मण्डल

गोण्डा

जिला मुख्यालय	गोण्डा
जनसंख्या (जनगणना 2011)	34,05,376
तहसीलों की संख्या	04
विकास खण्डों की संख्या	16

- प्रमुख पर्यटन एवं ऐतिहासिक स्थल- तिरमनोरमा, पसका, छपिया, सकरौरा, पार्वती अरगा पक्षी विहार
- हस्तशिल्प- मिट्टी के बर्तन, सूत दरी
- प्रमुख उद्योग- चीनी
- एक जिला एक उत्पाद- खाद्य प्रसंस्करण (दालें)

अन्य महत्वपूर्ण तथ्य

- प्राचीन काल में इस क्षेत्र नाम गोनर्द था जो अपभ्रंश होकर गोण्डा बन गया।
- सरयू तथा घाघरा के तट पर स्थित यह क्षेत्र गोण्डा के नाम से प्रसिद्ध हुआ।
- काकोरी ट्रेन एक्शन से सम्बन्धित प्रमुख क्रांतिकारी राजेन्द्रनाथ लाहिड़ी को यहां 17 दिसम्बर, 1927 का फांसी दी गई थी।

बहराइच

जिला मुख्यालय	बहराइच
जनसंख्या (जनगणना 2011)	34,87,731
तहसीलों की संख्या	06
विकास खण्डों की संख्या	15

- प्रमुख पर्यटन एवं ऐतिहासिक स्थल- सैय्यद सालार मसूद गाजी की दरगाह, राजा सुहेलदेव मंदिर, कतरनियाघाट वन्य जीव विहार
- हस्तशिल्प- कला कलन चित्रकारी, चिकन इम्ब्रहइडरी
- एक जिला एक उत्पाद- गेहूँ डंठल हस्तशिल्प

अन्य महत्वपूर्ण तथ्य

- सरयू तट पर स्थित इस क्षेत्र को प्राचीनकाल मं गंधर्व क्षेत्र कहा जाता था।
- यहां गाज़ी सैयद सालार मसूद की दरगाह का निर्माण फिरोजशाह तुगलक ने करवाया था, यहां प्रत्येक वर्ष जेठ माह में उर्स मेला का आयोजन होता है।
- बहराइच भारतीय स्वाधीनता संग्राम में सक्रिय भूमिका और महाराज सुहेल देव की गौरवगाथा के लिए प्रसिद्ध है।

बलरामपुर

जिला मुख्यालय	बलरामपुर
जनसंख्यां (जनगणना 2011)	21,48,665
तहसीलों की संख्या	03
विकास खण्डों की संख्या	09

- प्रमुख पर्यटन एवं ऐतिहासिक स्थल- देवीपाटन मंदिर, तुलसीपुर, दुःखहरणनाथ मंदिर, हुर्मतशाह का आस्ताना
- हस्तशिल्प- हथकरघा, लकड़ी का कार्य
- एक जिला एक उत्पाद- खाद्य प्रसंस्करण (दालें)

अन्य महत्वपूर्ण तथ्य

- नेपाल से सटा बलरामपुर राप्ती नदी तट पर स्थित है।
- तुलसीपुर स्थित देवीपाटन मंदिर को 51 शक्तिपीठ में शामिल माना जाता है, यहां देवीपाटन का प्रसिद्ध मेला लगता है।
- यह जिला जैन और बौद्ध दोनों धर्मों के लिए महत्वपूर्ण है।

श्रावस्ती

जिला मुख्यालय	भिंगा
जनसंख्या (जनगणना 2011)	11,17,361
तहसीलों की संख्या	03
विकास खण्डों की संख्या	05

- प्रमुख पर्यटन एवं ऐतिहासिक स्थल- जेतवन मठ, मोनेस्ट्री बौद्ध विहार, महामंगोल मन्दिर, महावीर मन्दिर
- प्रमुख उद्योग- कृषि तथा पर्यटन
- एक जिला एक उत्पाद- जनजातीय शिल्प

अन्य महत्वपूर्ण तथ्य

- जनगणना 2011 के अनुसार श्रावस्ती जिले की महिला साक्षरता दर (34.8 प्रतिशत) उत्तर प्रदेश में सबसे कम है।
- बुद्ध ने अपना सर्वाधिक समय और उपदेश श्रावस्ती में दिए।
- महाजनपद काल में श्रावस्ती कोसल राज्य की राजधानी थी।
- बुद्ध ने अपना सर्वाधिक वर्षाकाल श्रावस्ती में बिताए थे।
- आजीवक सम्प्रदाय के प्रवर्तक मक्खलि गोशाल का जन्म श्रावस्ती के समीप श्रावण में हुआ था।

गोरखपुर मण्डल

गोरखपुर

- जिला मुख्यालय — गोरखपुर
- जनसंख्या (जनगणना 2011) — 44,40,895
- तहसीलों की संख्या — 07
- विकास खण्डों की संख्या — 19
- प्रमुख पर्यटन एवं ऐतिहासिक स्थल- गोरखनाथ मंदिर, विनोद वन, रामगढ़ ताल नौका विहार, वीर बहादुर सिंह प्लैनिटेरियम गीता वाटिका
- हस्तशिल्प- हथकरघा, टेराकोटा
- एक जिला एक उत्पाद- टेराकोटा

अन्य महत्वपूर्ण तथ्य

- गोरखपुर का नामकरण नाथ सम्प्रदाय के प्रसिद्ध संत बाबा गोरक्षनाथ (गोरखनाथ) के नाम पर हुआ।
- यहाँ प्रत्येक वर्ष मकर संक्रांति के अवसर पर गोरखनाथ मंदिर परिसर में एक महीने तक चलने वाले खिचड़ी मेला का अयोजन होता है।
- गोरखपुर स्थित रामगढ़ ताल के स्थान पर महाजनपद काल में कोलीय गणराज्य की राजधानी रामग्राम थी। बुद्ध की पत्नी यशोधरा यहाँ की राजकुमारी थीं।
- 05 फरवरी, 1922 को स्वतंत्रता संघर्ष के दौरान गोरखपुर के चौरीचौरा नामक स्थान पर आन्दोलनकारियों ने थानेदार समेत 21 पुलिसकर्मियों को थाने में बंद कर आग लगा दी थी।
- गीताप्रेस की स्थापना 29 अप्रैल, 1923 को जयदयाल गोयनका, घनश्याम दास जालान और हनुमान प्रसाद पोद्दार द्वारा की गई। गोरखपुर स्थित गीताप्रेस बेहद सस्ते मूल्य पर सनातन धर्म से जुड़ी पुस्तकों के प्रकाशन के लिए विश्व प्रसिद्ध है। कल्याण नामक प्रसिद्ध मासिक पत्रिका गीताप्रेस, गोरखपुर से प्रकाशित होती है।
- प्रसिद्ध शायर फ़िराक गोरखपुरी का जन्म गोरखपुर के बनावारपार ग्राम में हुआ था। कायस्थ परविार में जन्में फिराक गोरखपुरी का मूल नाम रघुपति सहाय था।
- स्वाधीनता संघर्ष के समय गोरखपुर से स्वदेश नाम क्रांतिकारी पत्र का प्रकाशन होता था, जिसके सम्पादक दशरथ प्रसाद द्वि वेदी थे।
- प्रसिद्ध कथाकार मुंशी प्रेमचन्द ने गोरखपुर में रहकर लम्बे समय तक अध्यापन कार्य किया। यहीं उन्होंने ईदगाह, कफ़न, पूस की रात, बड़े भाई साहब जैसी कहानियों और गोदान उपन्यास की रचना की।
- गोरखपुर के कौड़ीराम क्षेत्र में भारत का प्राचीनतम अभिलेख सोहगौरा प्राप्त हुआ है। इस अभिलेख की लिपि ब्राह्मी है।

देवरिया

- जिला मुख्यालय — देवरिया
- जनसंख्या (जनगणना 2011) — 31,00,946
- तहसीलों की संख्या — 05
- विकास खण्डों की संख्या — 16
- प्रमुख पर्यटन एवं ऐतिहासिक स्थल- दुग्धेश्वरनाथ मंदिर, देवरहा बाबा मंदिर, हदहदवा भवानी मंदिर, बरहज
- एक जिला एक उत्पाद- सजावटी उत्पाद

अन्य महत्वपूर्ण तथ्य

- कुछ विद्वानों के अनुसार देवरिया का नामकरण देवारण्य अथवा देवपुरिया से सम्बन्धित है।
- बाबा राघव दास ने देवरिया में सत्याग्रह और नमक आन्दोलन का नेतृत्व किया था।
- देवरिया के बरहज नामक स्थान में राम प्रसाद बिस्मिल की समाधि स्थित है, जिसका निर्माण बाबा राघवदास ने कराया था।

महराजगंज

- जिला मुख्यालय — महराजगंज
- जनसंख्या (जनगणना 2011) — 2684703
- तहसीलों की संख्या — 04
- विकास खण्डों की संख्या — 12
- प्रमुख पर्यटन एवं ऐतिहासिक स्थल- इटावा का पंचमुखी शिव मंदिर, लेहड़ा देवी मंदिर, सोहागी बरवा वन्य जीव विहार
- एक जिला एक उत्पाद- फर्नीचर उत्पाद

अन्य महत्वपूर्ण तथ्य

- गौतम बुद्ध का ननिहाल वर्तमान महाराजगंज जनपद में नेपाल की सीमा का स्थित देवदह (वर्तमान ठंठीबारी) में था।
- प्रदेश के प्रथम जटायु संरक्षण और प्रजनन केन्द्र (गिद्ध संरक्षण केन्द्र) की स्थापना फरेन्दा (महराजगंज) में की गई है।
- प्राचीन काल में महाराजगंज को कारापाथ नाम से जाना जाता था। यह कोसल राज्य के अधीन था।
- मुगलकालीन प्रसिद्ध इतिहासकार अबुल फ़जल ने अपनी पुस्तक आइन-ए-अकबरी में महाराजगंज क्षेत्र के विनायकपुर तथा तिलपुर के महल का उल्लेख किया है।

कुशीनगर

- जिला मुख्यालय — पडरौना
- जनसंख्या (जनगणना 2011) — 35,64,544
- तहसीलों की संख्या — 06
- विकास खण्डों की सख्या — 15
- प्रमुख पर्यटन एवं ऐतिहासिक स्थल- कुशीनगर, बुद्ध की निर्वाण स्थली, फाजिलनगर, राजकीय बौद्ध संग्रहालय
- हस्तशिल्प- फर्नीचर, आयल स्पेलर, हथकरघा
- एक जिला एक उत्पाद- केले के रेशे से बने उत्पाद

अन्य महत्वपूर्ण तथ्य

- वर्तमान कुशीनगर महाजनपदकाल में मल्ल गणराज्य की राजधानी

कुशनारा थी। पौराणिक मान्यता के अनुसार इसे श्रीराम के पुत्र कुश ने बसाया था।

- कुशीनगर (कुशनारा) में हिरण्यवती नदी के तट पर गौतमबुद्ध का महापरिनिर्वाण हुआ था, इसलिए इसे महापरिनिर्वाण स्थली के रूप में बौद्ध धर्म का महान तीर्थ माना जाता है।
- बुद्ध के महापरिनिर्वाण के पश्चात उनके अस्थि अवशेषों पर कुशीनगर में महास्तूप का निर्माण कराया गया था। इस स्तूप की खोज अलक्जेण्डर कनिंघम के नेतृत्व में कराये गये 1876 के एक उत्खनन में ए.सी.एल कार्लाइल ने की थी। इस उत्खनन में बुद्ध की 6.10 मीटर लम्बी लेटी हुई प्रतिमा प्राप्त हुई थी।
- हूणों के आक्रमण के साक्ष्य कुशीनगर में मिले हैं।

वाराणसी मण्डल

वाराणसी

- जिला मुख्यालय — वाराणसी
- जनसंख्या (जनगणना 2011) — 36,76,841
- तहसीलों की संख्या — 03
- विकास खण्डों की संख्या — 08
- प्रमुख पर्यटन एवं ऐतिहासिक स्थल- गंगा के 84 घाट, अस्सी घाट, मणिकर्णिका घाट, काशी विश्वनाथ मंदिर, मारकण्डेय महादेव, तुलसी मानस मंदिर, रामनगर किला, संकटमोचन मंदिर
- हस्तशिल्प- बनारसी साड़ी, लकड़ी के खिलौने, काला पंखा
- महत्वपूर्ण औद्योगिक इकाइयाँ- डीजल रेल इंजन कारखाना, भारत हैवी इलेक्ट्रिकल्स लिमिटेड, इलेक्ट्रॉनिक्स उद्योग
- एक जिला एक उत्पाद- बनारसी सिल्क साड़ी

अन्य महत्वपूर्ण तथ्य

- वाराणसी जनपद गंगा नदी के बाएं तट पर अवस्थित है।
- पौराणिक मान्यता के अनुसार वाराणसी का उद्गम वरूणा और असी नदियों से हुआ है।
- बौद्ध धर्म के प्रवर्तक महात्मा बुद्ध ने अपना प्रथम उपदेश (धर्मचक्रप्रवर्तन) वाराणसी के निकट सारनाथ में दिया था।
- चीनी यात्री ह्वेनसांग ने अपनी पुस्तक सी-यू-की में वाराणसी को सांस्कृतिक गतिविधियों का केंद्र बनाया है।
- बनारस हिन्दू विश्वविद्यालय (BHU) भी वाराणसी में ही स्थित है।

गाजीपुर

- जिला मुख्यालय — गाजीपुर
- जनसंख्या (जनगणना 2011) — 36,20,268
- तहसीलों की संख्या — 07
- विकास खण्डों की संख्या — 16
- प्रमुख पर्यटन एवं ऐतिहासिक स्थल- लॉर्ड कार्नवालिस का मकबरा, स्कन्दगुप्त का भीतरी स्तम्भ लेख, जलालाबाग का किला
- औद्योगिक इकाइयाँ- अफीम फैक्ट्री, डिस्टलरी, राइस मिलें, बहादुर गंज, कताई मिल
- एक जिला एक उत्पाद- जूट वॉल हैंगिंग

अन्य महत्वपूर्ण तथ्य

- गाजीपुर जनपद गंगा नदी के तट पर स्थित है।
- जनपद-गाजीपुर की स्थापना वर्ष 1330 ई. में दिल्ली सल्तनत के तुगलक वंश के शासनकाल में सैयद मसूद गाजी द्वारा की गई।
- गाजीपुर का प्राचीन नाम गाधिपुरी था।
- प्राचीन काल में इसे छोटी काशी (लहुरी काशी) के नाम से भी जाना जाता था।
- गाजीपुर 'गुलाब जल' के उत्पादन हेतु प्रसिद्ध है।
- अंग्रेजों द्वारा विश्व के सबसे बड़े अफीम कारखाने की स्थापना वर्ष 1820 में गाजीपुर में की गई।
- गोमती नदी का गंगा में विलय गाजीपुर में होता है।

जौनपुर

- जिला मुख्यालय — जौनपुर
- जनसंख्या (जनगणना 2011) — 44,94,204
- तहसीलों की संख्या — 06
- विकास खण्डों की संख्या — 21
- प्रमुख पर्यटन एवं ऐतिहासिक स्थल- शाही किला, शाही पुल, अटाला मस्जिद, लाल दरवाजा, झंझरी मस्जिद आदि।
- प्रमुख उद्योग- कृषि तथा कालीन उद्योग
- एक जिला एक उत्पाद- ऊनी कालीन (दरी)

अन्य महत्वपूर्ण तथ्य

- जौनपुर शहर की स्थापना फिरोजशाह तुगलक ने अपने चचेरे भाई जौना खां की स्मृति में की थी।
- जनपद-जौनपुर गोमती नदी के तट पर स्थित है।
- जौनपुर में स्थित प्रसिद्ध अटाला मस्जिद का निर्माण कार्य फिरोजशाह तुगलक द्वारा 1393 ई. में आरम्भ किया गया। इसे 1408 ई. में इब्राहिम शाह ने पूर्ण कराया।

चंदौली

- जिला मुख्यालय — चंदौली
- जनसंख्या (जनगणना 2011) — 19,52,756
- तहसीलों की संख्या — 05
- विकास खण्डों की संख्या — 09
- प्रमुख पर्यटन एवं ऐतिहासिक स्थल- नौगढ़ के जंगल, चन्द्रप्रभा वन्य जीव अभयारण्य आदि।
- एक जिला एक उत्पाद- जरी-ज़रदोजी तथा काला नमक

अन्य महत्वपूर्ण तथ्य

- जनपद-चंदौली की स्थापना वर्ष 1997 में वाराणसी को विभाजित कर के की गई।
- चंदौली को चावल का कटोरा भी कहते हैं।
- कर्मनासा नदी चंदौली को बिहार राज्य से विभाजित करती है।

प्रयागराज मण्डल

प्रयागराज

- जिला मुख्यालय — प्रयागराज
- जनसंख्या (जनगणना 2011) — 59,54,000
- तहसीलों की संख्या — 08
- विकास खण्डों की संख्या — 23
- प्रमुख पर्यटन एवं ऐतिहासिक स्थल- प्रयागराज संग्रहालय, खुसरो बाग, आनंद भवन, प्रयागराज विश्वविद्यालय, चंद्रशेखर आजाद पार्क आदि।
- प्रमुख उद्योग- काँच, सीमेंट, फूड प्रोसेसिंग, मूँज उत्पाद आदि।
- एक जिला एक उत्पाद- मूँज उत्पाद

अन्य महत्वपूर्ण तथ्य

- प्रयागराज जनसंख्या की दृष्टि से उत्तर प्रदेश राज्य का सबसे बड़ा जनपद है।
- गंगा-यमुना-सरस्वती के संगम त्रिवेणी पर स्थित प्रयागराज का पुराना नाम इलाहाबाद था। मुगल सम्राट अकबर ने वर्ष 1574 ई. में इसका नाम इलाहाबाद रखा था।
- 1857 के प्रथम स्वाधीनता संग्राम में यहां पर विद्रोहियों का नेतृत्व मौलवी लियाकत अली ने किया था।
- प्रयागराज में आयोजित होने वाले 'कुंभ मेला' को वर्ष 2017 ई. में एक अमूर्त सांस्कृतिक विरासत के रूप में घोषित किया गया।

फतेहपुर

- जिला मुख्यालय — फतेहपुर
- जनसंख्या (जनगणना 2011) — 26,32,733
- तहसीलों की संख्या — 03
- विकास खण्डों की संख्या — 13
- प्रमुख पर्यटन एवं ऐतिहासिक स्थल- बावनी इमली, ओम घाट, आदमपुर घाट आदि।
- प्रमुख उद्योग- चमड़ा, हस्तशिल्प, रेडीमेड गारमेंट्स आदि।
- एक जिला एक उत्पाद- चादरें (बेडशीट) तथा लोहे का निर्माण।

अन्य महत्वपूर्ण तथ्य

- जनपद-फतेहपुर की स्थापना कानपुर तथा प्रयागराज के कुछ क्षेत्र को सम्मिलित करके की गई थी।
- जनपद-फतेहपुर गंगा तथा यमुना नदियों के तट पर स्थित है।
- महाजनपदकाल में फतेहपुर वत्स महाजनपद का महत्वपूर्ण भाग था।

प्रतापगढ़

- जिला मुख्यालय — प्रतापगढ़
- जनसंख्या (जनगणना 2011) — 32,09,141
- तहसीलों की संख्या — 05
- विकास खण्डों की संख्या — 17
- प्रमुख पर्यटन एवं ऐतिहासिक स्थल- शनिदेव मंदिर, घुस्मेश्वर नाथ धाम, बेला देवी आदि।
- प्रमुख उद्योग- अचार मुरब्बा उद्योग, फल संरक्षण उद्योग, रबर इंडस्ट्रीज, ग्रामोद्योग, फार्मास्यूटिकल्स उद्योग
- एक जिला एक उत्पाद- आंवला उत्पाद

अन्य महत्वपूर्ण तथ्य

- प्रतापगढ़ का नामकरण राजा प्रताप सिंह के नाम पर हुआ है।
- यहां युग्म समाधियां भी प्राप्त हुई हैं, जिसमें स्त्रियों और पुरूषों को एक साथ दफनाया गया है।
- प्रतापगढ़ में आंवला उत्पाद से संबंधित अनेक खाद्य प्रसंस्करण इकाईयाँ स्थित हैं, जहाँ मुरब्बा, अचार, जूस आदि तैयार होते हैं।

कौशाम्बी

- जिला मुख्यालय — मंझनपुर
- जनसंख्या (जनगणना 2011) — 15,99,596
- तहसीलों की संख्या — 03
- विकास खण्डों की संख्या — 08
- प्रमुख पर्यटन एवं ऐतिहासिक स्थल- महाराज उदयन के किले के अवशेष, दुर्गादेवी मंदिर, दिगम्बर जैन मंदिर, शीतला माता मंदिर आदि।
- प्रमुख उद्योग- बालू खनन, कोल्ड स्टोरेज, ईंट-भट्टा
- एक जिला एक उत्पाद- खाद्य प्रसंस्करण (केला)

अन्य महत्वपूर्ण तथ्य

- जनपद-कौशाम्बी की स्थापना 4 अप्रैल, 1997 को तत्कालीन इलाहाबाद (प्रयागराज) को विभाजित कर के की गई।
- महाजनपद काल में कौशाम्बी वत्स राज्य की राजधानी थी।
- कौशाम्बी बौद्ध और जैन दोनों धर्मों का केन्द्र था।

झाँसी मण्डल

झाँसी

- जिला मुख्यालय — झाँसी
- जनसंख्या (जनगणना 2011) — 19,98,603
- तहसीलों की संख्या — 05

- विकास खण्डों की संख्या 08
- प्रमुख पर्यटन एवं ऐतिहासिक स्थल- झाँसी का किला, राजकीय संग्रहालय, बरुआसागर झील आदि।
- प्रमुख उद्योग- आयुर्वेदिक, सीमेंट तथा पेट्रोलियम उद्योग आदि।
- एक जिला एक उत्पाद- सॉफ्ट ट्वॉयज

अन्य महत्वपूर्ण तथ्य

- वर्ष 1853 ई. में डलहौजी ने राज्य हड़प नीति के माध्यम से झाँसी को ब्रिटिश साम्राज्य में विलीन कर लिया था।
- 1857 के प्रथम स्वाधीनता संग्राम में रानी लक्ष्मीबाई ने अपने राज्य झाँसी को प्राप्त करने हेतु अंग्रेजों से बहादुरी पूर्वक संघर्ष किया तथा 18 जून 1858 ई. को शहीद हो गईं।
- राष्ट्रीय चारा अनुसंधान संस्थान झाँसी में स्थित है।

जालौन

- जिला मुख्यालय उरई
- जनसंख्या (जनगणना 2011) 16,89,974
- तहसीलों की संख्या 05
- विकास खण्डों की संख्या 09
- प्रमुख पर्यटन एवं ऐतिहासिक स्थल- चौरासी गुम्बद, लंका मीनार, व्यास मंदिर, जगम्मनपुर किला, रामपुर का किला आदि।
- प्रमुख उद्योग- साबुन तथा हस्तनिर्मित पेपर निर्माण उद्योग आदि।
- एक जिला एक उत्पाद- हस्तनिर्मित कागज कला

अन्य महत्वपूर्ण तथ्य

- जनपद-जालौन में 'पचनदा' नामक स्थान पर पाँच नदियों का संगम होता है।
- जनपद जालौन तीन नदियों-यमुना, बेतवा तथा पहूज से घिरा हुआ है।

ललितपुर

- जिला मुख्यालय ललितपुर
- जनसंख्या (जनगणना 2011) 12.21.592
- तहसीलों की संख्या 05
- विकास खण्डों की संख्या 06
- प्रमुख पर्यटन एवं ऐतिहासिक स्थल- दशावतार मंदिर, देवगढ़, राजघाट बाँध, माताटीला बाँध आदि।
- प्रमुख उद्योग- जूता, चमड़ा तथा रेडीमेड गारमेंट्स आदि।
- एक जिला एक उत्पाद- जरी रेशम साड़ी तथा खाद्य प्रसंस्करण, स्कूल पोशाक (रेडीमेड गारमेंट्स/हौजरी)

अन्य महत्वपूर्ण तथ्य

- वर्ष 1974 ई. में झाँसी को विभाजित कर के जनपद-ललितपुर की स्थापना हुई थी।
- उत्तर प्रदेश राज्य का एकमात्र यूरेनियम का स्रोत ललितपुर है।
- महावीर स्वामी वन्य जीव अभयारण्य ललितपुर में स्थित है।
- ललितपुर मध्य प्रदेश राज्य से तीन ओर से घिरा है।

मिर्जापुर मण्डल

मिर्जापुर

- जिला मुख्यालय मिर्जापुर
- जनसंख्या (जनगणना 2011) 24,96,970
- तहसीलों की संख्या 04
- विकास खण्डों की संख्या 12
- प्रमुख पर्यटन एवं ऐतिहासिक स्थल- विंध्याचल मंदिर, चुनार का किला, पिपरी बाँध, टांडा वॉटरफॉल आदि।
- प्रमुख उद्योग- सीमेंट, स्लैब तथा बर्तन उद्योग आदि।
- एक जिला एक उत्पाद- कालीन तथा पीतल उद्योग

अन्य महत्वपूर्ण तथ्य

- जनपद-मिर्जापुर में स्थित विंध्याचल धाम देश के प्रमुख धार्मिक स्थानों में से एक है। यहां विंध्याचल देवी के साथ-साथ अष्टभुजी तथा काली खोह का मंदिर भी स्थित है।

भदोही

- जिला मुख्यालय ज्ञानपुर
- जनसंख्या (जनगणना 2011) 15,78,213
- तहसीलों की संख्या 03
- विकास खण्डों की संख्या 06
- प्रमुख पर्यटन एवं ऐतिहासिक स्थल- सीतामढ़ी, सेमराध नाथ भोल शंकर मंदिर, चकवा महावीर आदि।
- प्रमुख उद्योग- कालीन उद्योग, कृषि उद्योग आदि।
- एक जिला एक उत्पाद- कारपेट (दरी)

अन्य महत्वपूर्ण तथ्य

- जनपद-भदोही की स्थापना 30 जून, 1994 को वाराणसी को विभाजित कर के उत्तर प्रदेश राज्य के 65वें जनपद के रूप में की गई थी।
- जनपद-भदोही प्रयागराज तथा वाराणसी के मध्य स्थित है। इस जनपद की सीमाएं प्रयागराज, जौनपुर, वाराणसी तथा मिर्जापुर को स्पर्श करती हैं।
- जनपद-भदोही कालीन उद्योग के लिए जाना जाता है। इसे 'कारपेट सिटी' भी कहा जाता है।

- जनपद-भदोही में वर्ष 2001 ई. में भारत सरकार के कपड़ा मंत्रालय द्वारा भारतीय कालीन प्रौद्योगिकी संस्थान की स्थापना की गई थी।

सोनभद्र

जिला मुख्यालय	रॉबर्ट्सगंज
जनसंख्या (जनगणना 2011)	18,62,559
तहसीलों की संख्या	04
विकास खण्डों की संख्या	10
एक जिला एक उत्पाद- कालीन	

अन्य महत्वपूर्ण तथ्य

- सोनभद्र जनपद से पुरापाषाण काल, मध्यपाषाण काल तथा नवपाषाण काल के पुरातात्विक साक्ष्य प्राप्त हुए हैं।
- सोनभद्र जनपद की सीमा चार निकटवर्ती राज्यों- मध्य प्रदेश, छत्तीसगढ़, झारखण्ड और बिहार से लगती है।
- सोनभद्र को 'भारत की ऊर्जा राजधानी' (Power Capital of India) कहा जाता है, क्योंकि यहां कई बिजली संयंत्र स्थापित हैं।
- यह एक औद्योगिक क्षेत्र है जहां प्रमुख रूप से बॉक्साइट, चूना-पत्थर, कोयला, सोना जैसे खनिज प्राप्त होते हैं।

आजमगढ़ मण्डल

आजमगढ़

जिला मुख्यालय	आजमगढ़
जनसंख्या (जनगणना 2011)	46,13,913
तहसीलों की संख्या	08
विकास खण्डों की संख्या	22

- प्रमुख पर्यटन एवं ऐतिहासिक स्थल- हथियादह कम्पनीबाग, भंवर नाथ मंदिर, दुर्वासा आश्रम, देवल आश्रम, दतात्रेय आश्रम।
- हस्तशिल्प- काली मिट्टी के बर्तन, रेशमी बनारसी साड़ी
- प्रमुख उद्योग- चीनी, रोलिंग, बर्फ, रेशमी बनारसी साड़ी, जनरल इंजीनियरिंग।
- एक जिला एक उत्पाद- काली मिट्टी के बर्तन

अन्य महत्वपूर्ण तथ्य

- आजमगढ़ को ऋषि दुर्वासा की भूमि के रूप में जाना जाता है।
- मुगल बादशाह शाहजहां के शासनकाल में 1665 ई. में जमींदार आजमशाह और उसके दो पुत्रों आजम और अजमतद द्वारा आजमगढ़ नगर बसाया गया।

मऊ

जिला मुख्यालय	मऊ
जनसंख्या (जनगणना 2011)	22,05,170
तहसीलों की संख्या	04
विकास खण्डों की संख्या	09

- प्रमुख पर्यटन एवं ऐतिहासिक स्थल- वन देवी, बेलवरी घाटी
- एक जिला एक उत्पाद- कपड़ा उद्योग

अन्य महत्वपूर्ण तथ्य

- तमसा नदी (टोंस नदी) के तट पर स्थित मऊ एक उद्योग प्रधान क्षेत्र है।
- मऊ को पहले मऊ नाथ भंजन के नाम से जाना जाता था।
- मऊ के मधुवन में सम्राट हर्षवर्धन का महत्वपूर्ण अभिलेख प्राप्त हुआ है।
- मऊ के वर्तमान स्वरूप की नींव मुगल शासनकाल में बादशाह शाहजहां की पुत्री जहांआरा ने 1629 ई. में रखी।
- एक जनपद के रूप में मऊ की स्थापना 19 नवम्बर, 1988 में की गई थी। इससे पूर्व यह आजमगढ़ जनपद का भाग था।
- मऊ जिला कपड़ा उत्पाद और परिधान निर्माण उद्योगों के लिए भी जाना जाता है।

बलिया

जिला मुख्यालय	बलिया
जनसंख्या (जनगणना 2011)	32,39,774
तहसीलों की संख्या	06
विकास खण्डों की संख्या	17

- प्रमुख पर्यटन एवं ऐतिहासिक स्थल- ददरी मेला, भृगु मंदिर, देवीकुली धाम, शहीद स्मारक, परसर मुनी आश्रम
- प्रमुख उद्योग- चीनी, रोलिंग, बर्फ, रेशमी साड़ी, चावल मिल।
- एक जिला एक उत्पाद- बिंदी उत्पाद

अन्य महत्वपूर्ण तथ्य

- महाजनपद काल में बलिया कोसल राज्य के अधीन था।
- किंवदन्तियों के अनुसार महर्षि वाल्मिकी की जन्मस्थली होने के कारण यह क्षेत्र बलिया कहलाया।
- स्वतंत्रता संग्राम 1857 विद्रोह के प्रवर्तक और प्रथम शहीद मंगल पाण्डे का जन्म बलिया के 'नगवा' गांव में हुआ था।
- भारत छोड़ो आन्दोलन के समय चित्तू पाण्डेय ने 10 अगस्त, 1942 को बलिया में अपनी अस्थायी सरकार स्थापित कर ली थी।
- यह जिला उत्तर में घाघरा नदी और दक्षिण में छोटी सरयू नदी और गंगा नदी से घिरा है।
- प्रदेश का सबसे पूर्वी जिला बलिया है।

बस्ती मण्डल

बस्ती

- जिला मुख्यालय — बस्ती
- जनसंख्या (जनगणना 2011) — 24,64,464
- तहसीलों की संख्या — 04
- विकास खण्डों की संख्या — 14
- प्रमुख पर्यटन एवं ऐतिहासिक स्थल- छावनी बाजार, मखौड़ा, अमोढ़ा, भद्रेश्वरनाथ, श्रृंगीनारी
- प्रमुख उद्योग- गन्ना
- एक जिला एक उत्पाद- काष्ठ कला

अन्य महत्वपूर्ण तथ्य

- प्राचीनकाल में बस्ती के आसपास का क्षेत्र कौशल राज्य का हिस्सा था।
- प्राचीनकाल में इस क्षेत्र में महर्षि वशिष्ठ का आश्रम था, जिसके कारण इस क्षेत्र को वैशिष्ठी कहा गया।
- मुगल सम्राट अकबर के शासनकाल में बस्ती अवध सूबे का हिस्सा था।

सिद्धार्थनगर

- जिला मुख्यालय — नौगढ़
- जनसंख्या (जनगणना 2011) — 25,59,297
- तहसीलों की संख्या — 05
- विकास खण्डों की संख्या — 14
- प्रमुख पर्यटन एवं ऐतिहासिक स्थल- पिपरहवा स्तूप, पलटादेवी, कपिलवस्तु, मजार शाह अब्दुल रसूल (मीरा बाबा)
- एक जिला एक उत्पाद- काला नमक चावल

अन्य महत्वपूर्ण तथ्य

- जिले का इतिहास बौद्ध धर्म के संस्थापक भगवान गौतमबुद्ध के जीवन से जुड़ा है। इस जनपद का नामकरण गौतमबुद्ध के बाल्यवस्था के नाम 'सिद्धार्थ' के नाम पर हुआ था।
- शाक्य गणराज्य के अवशेष तथा अनेक बौद्ध विहार के खण्डहर यहां पिपरहवा में मौजूद हैं।
- सिद्धार्थनगर में बुद्ध के राजमहल के अवशेष हैं, जिन्हें पर्यटन की दृष्टि से अत्यंत महत्वपूर्ण माना जाता है।

सन्त कबीर नगर

- जिला मुख्यालय — खलीलाबाद
- जनसंख्या (जनगणना 2011) — 17,06,706
- तहसीलों की संख्या — 03
- बिकास खण्डों की संख्या — 09
- प्रमुख पर्यटन एवं ऐतिहासिक स्थल- तामा बखिरा झील, कबीर निर्वाण स्थली मगहर
- प्रमुख उद्योग- काटन टेक्सटाइल, पाटरी एवं पीतल बर्तन उद्योग, पेपर मिल, रिफाइण्ड तेल
- एक जिला एक उत्पाद- पीतल के बर्तन

अन्य महत्वपूर्ण तथ्य

- 5 सितम्बर 1997 को महान समाज सुधारक एवं सतं कबीर के नाम पर इस जनपद की स्थापना की गई।
- यहां मगहर में संत कबीर की निर्वाण स्थली है।
- यह उत्कृष्ट हौजरी उत्पादों के लिए प्रसिद्ध है।

सहारनपुर मण्डल

सहारनपुर

- जिला मुख्यालय — सहारनपुर
- जनसंख्या (जनगणना 2011) — 34,67,332
- तहसीलों की संख्या — 05
- विकास खण्डों की संख्या — 11
- हस्तशिल्प- काष्ठ कला, कागज, लुग्दी उद्योग
- एक जिला एक उत्पाद- लकड़ी पर नक्काशी

अन्य महत्वपूर्ण तथ्य

- पौराणिक मान्यता है कि शाकुम्भरी देवी मंदिर के यहां स्थित होने से जनपद का नाम सहारनपुर पड़ा।
- सहारनपुर का नामकरण राजा शाह रणवीर के नाम पर हुआ है। इसकी स्थापना वर्ष 1340 ई. में हुई।
- यह गंगा और यमुना की पवित्र नदियों के बीच फैले हुए दोआब क्षेत्र में बसा है।
- सहारनपुर कृषि उत्पादों गन्ना, गेहूँ, चावल और कपास आदि का प्रमुख क्षेत्र है।
- यह क्षेत्र काष्ठ-कला के लिए प्रसिद्ध है।
- ताम्र-कांस्य संस्कृति के साक्ष्य सहारनपुर जिले से मिले हैं।

मुजफ्फरनगर

- जिला मुख्यालय — मुजफ्फरनगर
- जनसंख्या (जनगणना 2011) — 28,29,860
- तहसीलों की संख्या — 04
- विकास खण्डों की संख्या — 09
- प्रमुख पर्यटन एवं ऐतिहासिक स्थल- नेहरू पार्क, शुक्रताल की नक्षत्र वाटिका, श्री पंचमुखी महादेव मंदिर
- प्रमुख उद्योग- रोलिंग, चीनी, स्टील, कागज
- एक जिला एक उत्पाद- गुड़ उत्पादन

अन्य महत्वपूर्ण तथ्य

- मुजफ्फरनगर राष्ट्रीय राजधानी क्षेत्र (NCR) का हिस्सा है।
- मुगल बादशाह शाहजहां के जागीदार सरदार सैय्यद मुजफ्फर खान और उसके बेटे ने सरवट ग्राम के पास वर्ष 1633 में मुजफ्फरनगर शहर की स्थापना की थी।
- प्रदेश का सबसे बड़ा अनाज उत्पादन जनपद मुजफ्फरनगर है।
- चीनी और गुड़ उत्पादन यहां का महत्वपूर्ण उद्योग है।
- मुजफ्फरनगर की उत्तर प्रदेश में सबसे ज्यादा कृषि जीडीपी है। इसे प्रमुख रूप से कृषि प्रधान जिला माना जाता है।
- इसे 'भारत का चीनी बाउल' के नाम से भी जाना जाता है।

शामली

- जिला मुख्यालय — शामली
- जनसंख्या (जनगणना 2011) — 13,13,650
- तहसीलों की संख्या — 03
- बिकास खण्डों की संख्या — 05
- प्रमुख पर्यटन एवं ऐतिहासिक स्थल- पीर बिडौली, कर्ण का तालाब, हनुमान मंदिर, गुरुद्वारा, जैन मंदिर
- एक जिला एक उत्पाद- लौह कला

अन्य महत्वपूर्ण तथ्य

- शामली दिल्ली-सहारनपुर राजमार्ग पर स्थित है।
- स्वतंत्रता संग्राम 1857 में क्रांतिकारी मोहन सिंह और सैय्यद पठान ने यहां अंग्रेजों के विरुद्ध संघर्ष किया था।
- शामली में निर्मित किए जाने वाले रिम एवं एक्सल की मांग राष्ट्रीय एवं अंतर्राष्ट्रीय बाजार में भी है।
- शामली की भूमि बहुत उपजाऊ है जो इस स्थान को समृद्ध और विकसित बनाती है।

1 अध्याय
उत्तर प्रदेशः भौगोलिक अवस्थिति; मृदा, कृषि एवं पशुपालन

उत्तर प्रदेश का राजनैतिक मानचित्र

उत्तर प्रदेश की भौगोलिक अवस्थिति

- उत्तर प्रदेश का कुल क्षेत्रफल लगभग 2,40,928 वर्ग किमी.. है जो भारत के कुल भौगोलिक क्षेत्रफल का लगभग 7.33% है।
- क्षेत्रफल की दृष्टि से उत्तर प्रदेश भारत का चौथा सबसे बड़ा राज्य है। गौरतलब है कि क्षेत्रफल की दृष्टि से राजस्थान भारत का सबसे बड़ा राज्य है। इसके बाद मध्य प्रदेश और महाराष्ट्र क्रमशः दूसरे एवं तीसरे स्थान पर हैं।
- उत्तर प्रदेश भारत का एक उत्तरी सीमांत राज्य है। यह 23°52' उत्तरी अक्षांश से 30°28' उत्तरी अक्षांश के मध्य तथा 77°30' पूर्वी देशान्तर से 84°39' पूर्वी देशान्तर के मध्य विस्तृत है।

- उत्तर प्रदेश राज्य की पूर्व से पश्चिम की लंबाई 650 किमी.. और उत्तर से दक्षिण तक की चौड़ाई 240 किमी.. है।
- उत्तर प्रदेश के उत्तर में उत्तराखंड एवं हिमाचल प्रदेश, पश्चिम में हरियाणा, राजस्थान एवं केंद्रशासित प्रदेश दिल्ली, दक्षिण में मध्य प्रदेश एवं छत्तीसगढ़ तथा पूर्व में बिहार एवं झारखण्ड राज्य अवस्थित हैं।
- लखीमपुर खीरी, पीलीभीत, बहराइच, श्रावस्ती, बलरामपुर, सिद्धार्थ नगर, महराजगंज (कुल 7 जिलें) नेपाल के साथ अंतर्राष्ट्रीय सीमा साझा करते हैं।
- गाजियाबाद, मेरठ, हापुड़, गौतमबुद्ध नगर, बुलंदशहर, मुज़फ्फरनगर, शामली और बागपत उत्तर प्रदेश के ऐसे 8 जिले है, जिन्हें राष्ट्रीय राजधानी क्षेत्र (NCR) में शामिल किया गया है।

मृदा, कृषि तथा पशुपालन

मिट्टी के अध्ययन को पेडालॉजी (मृदा विज्ञान) कहते है। मृदा या मिट्टी का निर्माण मूल चट्टानों के अपक्षय या विघटन से होता है। अपक्षय के फलस्वरूप मिट्टी की चट्टानें छोटे कणों में टूटती है जिन्हें रेगोलिथ कहा जाता है।

वैज्ञानिक विश्लेषण के आधार पर उत्तर प्रदेश की मिट्टी को तीन भागों में बाँटा जा सकता है:

- भाबर एवं तराई क्षेत्रफल की मृदाएं
- मध्य के मैदानी क्षेत्रफल की मृदाएं
- दक्षिण के पठारी क्षेत्र की मृदाएं

उत्तर प्रदेश का भौगोलिक मानचित्र

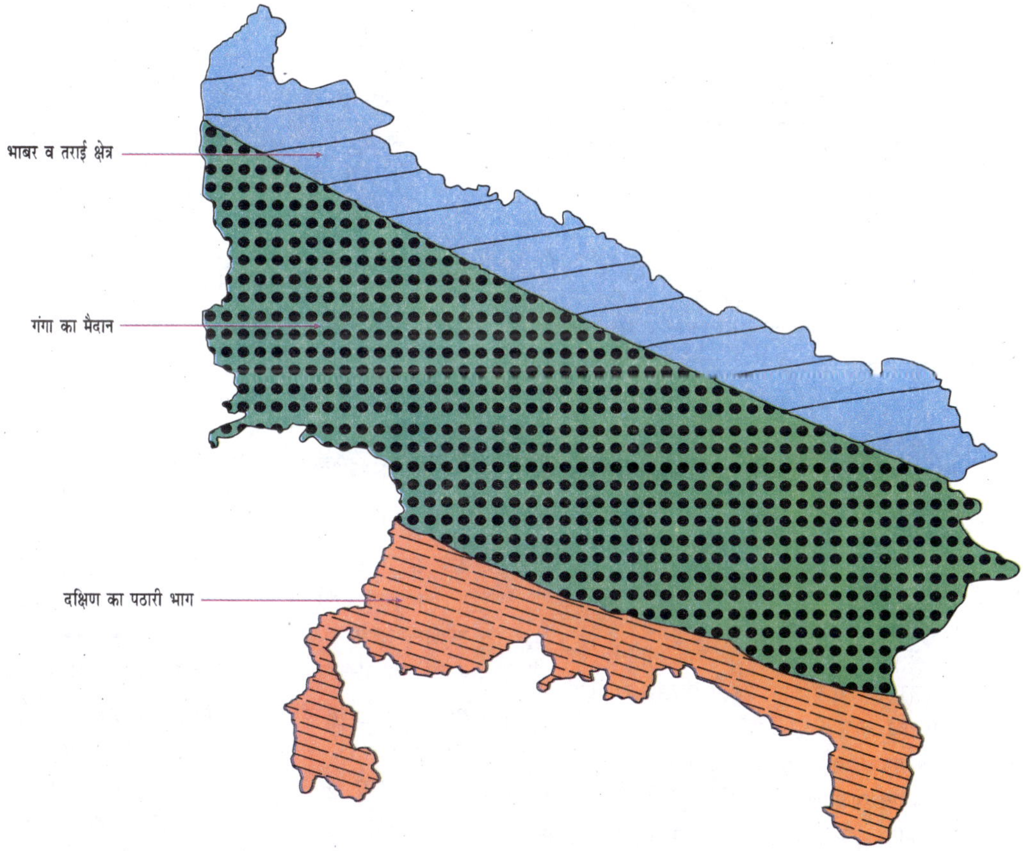

भाबर एवं तराई क्षेत्र की मृदाएं:

- प्रदेश के उत्तरी भू-भाग अर्थात भाबर क्षेत्र में बह रही हिमालयी नदियों के भारी निक्षेपों से निर्मित होने के कारण इस क्षेत्र की मिट्टी में मोटा बालू तथा अधिक कंकड़-पत्थर होते है। इसलिए मिट्टी में जल छनकर नीचे चला जाता है। जल के न ठहरने के कारण यहाँ कृषि करना असंभव है।
- जबकि भाबर के दक्षिण में तराई क्षेत्र में मृदा समतल, नम, दलदली तथा ऊपजाऊ है। यहाँ धान अथवा गन्ने की खेती की जा सकती है।

मध्य के मैदानी क्षेत्र की मृदाएं:

- **खादर या कछारी मृदा (नवीन जलोढ़ मिट्टी):** जो मृदा हर बार नदियों में आने वाली बाढ़ के साथ परिवर्तित होती है उसे खादर या कछारी मृदा कहते है। इस मृदा का रंग हल्का भूरा होता है तथा महीन कणों से बने होने के कारण इसमें जल को रोके रखने की क्षमता होती है। इस मिट्टी को बलुआ दोमट या मटियार आदि नामों से भी जाना जाता है।
- **बांगर मृदा (प्राचीन जलोढ़ मिट्टी):** गंगा तथा यमुना के मैदानी क्षेत्रों का वह भू-भाग जहाँ पर इन नदियों की बाढ़ का पानी नहीं पहुँच पाता है, उन क्षेत्रों की मृदा को बांगर या प्राचीन जलोढ़ मिट्टी कहते हैं। इस मृदा को दोमट, मटियार दोमट या मटियार बलुई दोमट भी कहते हैं।

नोट: सामान्यतः सघन कृषि के कारण इस मिट्टी में नाइट्रोजन, फॉस्फोरस तथा पोटेशियम की कमी पाई जाती है।

- **भूड़ मृदा:** यह मिट्टी हल्की दोमट एवं बलुई होती है। गंगा-यमुना तथा उनकी सहायक नदियों के बाढ़ वाले क्षेत्रों में बहुत लम्बे समय से बने हुए 15-20 फीट ऊंचे टीलों को ही भूड़ कहा जाता है। इस मिट्टी के कण बड़े व खुदरे होते हैं। यह मुरादाबाद तथा संभल क्षेत्र में अधिक पाई जाती है।

नोट: उत्तर प्रदेश में सर्वाधिक जलोढ़ मिट्टी पाई जाती है।

- **काली मृदा (रेगुर):** काली मिट्टी को रेगुर या काली कपास मिट्टी के नाम से भी जाना जाता है। यह मिट्टी अधिक नमी धारण कर सकती है। रेगुर प्रदेश के पश्चिमी क्षेत्र तथा बुंदेलखण्ड क्षेत्र में पाई जाती है।
- **लवणीय तथा क्षारिय मृदाएं (रेह या बंजर या कल्लर):** लवणीय मिट्टी का pH मान 7 से 8.5 के मध्य तथा क्षारिय मिट्टी का pH मान 8.5 से अधिक होता है। उपजाऊ मिट्टी का आदर्श pH मान 5.5 से 7.0 होना चाहिए। उर्वरकों के अत्यधिक प्रयोग, जल निकासी का उचित प्रबंध न होना तथा नदी नालों के रसायन युक्त पानी से अत्यधिक सिंचाई इसके प्रमुख कारण हैं। उत्तर प्रदेश के अलीगढ़, कानपुर, एटा, इटावा, मैनपुरी, जौनपुर, प्रतापगढ़ तथा प्रयागराज आदि जिलों में ऐसी समतल एवं बंजर भूमि पाई जाती है।
- **मरुस्थलीय मृदा :** यह मृदा वर्षा की कमी, शुष्कता तथा अधिक तापमान वाले क्षेत्रों में पाई जाती है जैसे- प्रदेश के मथुरा, आगरा और अलीगढ़ जिले। इस मिट्टी में बालू के कण मोटे व अधिक मात्रा में होने के कारण इस मिट्टी में नमी को रोके रखने की क्षमता बहुत कम होती है। यद्यपि इस मिट्टी में नाइट्रोजन व जीवाश्म की कमी होती है, फिर भी मोटे अनाज जैसे- बाजरा, ज्वार, दालें (मूंग व उड़द आदि) की खेती इस प्रकार की मिट्टी में की जा सकती है।

दक्षिण के पठारी क्षेत्र की मृदाएं:

- यह मृदाएं प्रदेश के बुंदेलखण्ड क्षेत्र में अधिक पाई जाती है। जिसमें झाँसी, बांदा, ललितपुर, हमीरपुर, जालौन, महोबा तथा चित्रकूट शामिल है। इसलिए इसे क्षेत्रीय भाषा में बुंदेलखण्डी मृदा भी कहते हैं। इसके अलावा यह मृदा सोनभद्र एवं मिर्जापुर के कुछ क्षेत्रों में भी पाई जाती है। बुंदेलखण्डी मृदाओं को भोंटा, माड़, पड़वा, राकड़ तथा लाल मिट्टी आदि नामों से भी जाना जाता है। क्योंकि विभिन्न भौतिक व रासायनिक परिवर्तनों के कारण इन मिट्टियों में थोड़ी-थोड़ी भिन्नता पाई जाती है।
- **भोंटा मृदा:** यह विंध्य पर्वतीय क्षेत्र में पाई जाती है। इसमें मोटे अनाज वाली फसलें उगाई जा सकती हैं। यह मिट्टी हल्के लाल रंग की होती है।
- **माड़ मृदा:** यह मिट्टी उत्तर प्रदेश के पश्चिमी सीमा के जिलों में पाई जाती है। यह मिट्टी काली मिट्टी (रेगुर) के समान चिकनी होती है। इस मृदा में सिलिकेट की अधिकता होती है तथा पानी की अधिकता में यह मृदा, कीचड़ जैसी हो जाती है। इसलिए इस मृदा में कृषि करना दुर्लभ है।
- **पड़वा मृदा:** यह हल्के लाल रंग की मिट्टी होती है जोकि हमीरपुर, जालौन तथा यमुना के तटीय क्षेत्रों विशेषकर बीहड़ों में पाई जाती है।
- **राकड़ मृदा:** उत्तर प्रदेश के दक्षिण पर्वतीय एंव पठारी ढ़लानों पर यह मृदा अधिक पाई जाती है। यह लाल-भूरे रंग की दानेदार मृदा होती है। इस मृदा में खरीफ में तिल और रबी में चना उगाया जा सकता है।
- **लाल मृदा:** लाल मृदा प्रदेश के झाँसी, मिर्जापुर, चन्दौली तथा सोनभद्र जिलों में पाई जाती है। इस मृदा में दलहन और तिलहन की फसलें उगाई जा सकती हैं।

कृषि

- ❒ उत्तर प्रदेश की अर्थव्यवस्था में कृषि को मेरूदंड माना जाता है। गत वर्ष की आर्थिक समीक्षा के अनुसार प्रदेश का गेहूँ तथा खाद्यान्न उत्पादन में देश में प्रथम स्थान है, साथ ही भारत का सबसे बड़ा गन्ना एवं आलू उत्पादक राज्य भी उत्तर प्रदेश ही है।
- ❒ वर्ष 2014-2015 के कृषि जनगणना आंकड़ों के अनुसार प्रदेश में लगभग 165.98 लाख हेक्टेयर (68.7%) क्षेत्र में खेती की जाती है। प्रदेश में कृषि योग्य भूमि के 88% भाग पर खाद्यान्न बोए जाते हैं, जिससे देश के खाद्यान्न उत्पादन में प्रदेश का योगदान लगभग 18% है।
- ❒ वर्ष 2011 की जनगणना के अनुसार उत्तर प्रदेश की कुल कार्यशील जनसंख्या के 59.3% लोग कृषि और सम्बंधित क्षेत्र में कार्यरत है।
- ❒ उत्तर प्रदेश भौगोलिक विस्तार की दृष्टि से चौथा सबसे बड़ा राज्य हैं, जिसका क्षेत्रफल 2,40,928 वर्ग किमी. है जो देश के

कुल क्षेत्रफल का लगभग 7.3% है। प्रदेश में 4 पारिस्थितिक क्षेत्र है, जो तराई गंगा के मैदान, भाबर और विंध्य क्षेत्र को आच्छादित करते है।

वर्षा, भू-भाग और मृदा की विशेषताओं के आधार पर प्रदेश को नौ विभिन्न कृषि जलवायु क्षेत्रों में बाँटा जा सकता है-

- भाबर-तराई क्षेत्र
- पश्चिमी मैदान
- मध्य-पश्चिमी मैदान
- दक्षिणी-पश्चिमी मैदान
- मध्य मैदान
- बुन्देलखण्ड प्रदेश
- उत्तरी-पूर्वी मैदान
- पूर्वी मैदान
- विंध्य प्रदेश

❒ **प्रदेश में फसल चक्र:** उत्तर प्रदेश में रबी, खरीफ तथा जायद तीन ही प्रकार की फसलों का उत्पादन किया जाता है।

- **रबी की फसल:** यह फसल शीत ऋतु के आरम्भ अक्टूबर-नवम्बर में बोई जाती है और मार्च-अप्रैल में काटी जाती है। इन फसलों को औसत तापमान तथा कम सिंचाई की आवश्यकता होती है।

❒ **रबी की प्रमुख फसलें:** गेहूँ, चना, जौ, मटर, मसूर, सरसों अलसी, तंबाकू, आलू आदि हैं।

- **खरीफ की फसल:** यह फसल मई-जून-जुलाई में बोई जाती है और सितंबर-अक्टूबर में काटी जाती है। इन फसलों को अधिक तापमान तथा अधिक सिंचाई की आवश्यकता होती है।

❒ **खरीफ की प्रमुख फसलें:** ज्वार, बाजरा, मक्का, धान, सन, कपास, मूंगफली, गन्ना, मूंग, उड़द, तुअर, सोयाबीन आदि हैं।

- **जायद की फसल:** यह फसल मार्च-अप्रैल में बोई जाती है और जून-जुलाई तक तैयार हो जाती है। जायद की फसल को गर्मी की फसल भी कहा जाता है।

❒ **जायद की प्रमुख फसलें:** फल, फूल, सब्जियाँ जैसे- तरबूज, खरबूज, ककड़ी, लोबिया, लौकी, खीरा, भिण्डी आदि।

उत्तर प्रदेश की प्रमुख फसलें तथा उनसे संबंधित तथ्य:

गन्ना:

❒ गन्ना उत्पादन में प्रदेश का स्थान पूरे देश में प्रथम है। गन्ना प्रदेश की सर्वाधिक महत्वपूर्ण नकदी फसल है।

प्रदेश में गन्ना उत्पादक क्षेत्र:

❒ **तराई क्षेत्र:** गोरखपुर, लखीमपुर खीरी, सीतापुर, बलिया, बस्ती, गोंडा, देवरिया, महराजगंज, रामपुर, बरेली तथा पीलीभीत आदि।

❒ **गंगा यमुना दोआब क्षेत्र:** मेरठ, मुजफ्फरनगर, शामली, बागपत, सहारनपुर, बुलंदशहर, अलीगढ़, बिजनौर, गाजियाबाद, मुरादाबाद आदि।

❒ भारतीय गन्ना अनुसंधान संस्थान, लखनऊ में स्थित है। इस संस्थान की स्थापना ICAR के दिशा-निर्देशन में 1952 में हुई थी।

❒ केंद्रीय गन्ना अनुसंधान संस्थान कोयम्बटूर में स्थित है।

गेहूँ:

❒ उत्तर प्रदेश देश का सर्वाधिक गेहूँ उत्पादक राज्य है। प्रदेश की कुल कृषि योग्य भूमि के लगभग 24% भू-भाग पर गेहूँ की खेती की जाती है, जिससे देश में गेहूँ उत्पादन में प्रदेश का योगदान लगभग 28.75% है। प्रदेश में गेहूँ उत्पादक प्रमुख जिले: गोरखपुर, सहारनपुर, मेरठ, आगरा, अलीगढ़, इटावा, कानपुर, मुरादाबाद, मुजफ्फरनगर, अलीगढ़, वाराणसी, बुलंदशहर आदि है। इनमें गोरखपुर अग्रणी है। प्रदेश के दक्षिणी पठारी क्षेत्र में गेहूँ की खेती नहीं की जाती है।

आलू:

❒ आलू उत्पादन में उत्तर प्रदेश का देश में प्रथम स्थान है। आलू रबी की फसल है। प्रदेश में आलू उत्पादक प्रमुख जिले: आगरा, अलीगढ़, हाथरस, कासगंज, कन्नौज, फिरोजाबाद, फर्रूखाबाद, इटावा, मथुरा आदि है। उत्तर प्रदेश देश का लगभग 31% आलू का उत्पादन करता है। केन्द्रीय आलू अनुसंधान संस्थान, मोदीपुरम (मेरठ) में स्थित है। आलू उत्कृष्टता केन्द्र, बाबूगढ़ (हापुड़) में स्थित है।

धान:

❒ चावल उत्पादन हेतु प्रदेश में कृषि योग्य भूमि के लगभग 18% भू-भाग पर धान की खेती की जाती है। देश के कुल धान उत्पादन का लगभग 12% उत्पादन उत्तर प्रदेश में होता है। प्रदेश के प्रमुख धान उत्पादक जिले: महराजगंज, देवरिया, सिद्धार्थनगर, गोंडा, बहराइच, गोरखपुर, लखीमपुर खीरी, लखनऊ, वाराणसी, पीलीभीत, बस्ती, मऊ, बलरामपुर, प्रयागराज आदि है।

चना:

❒ चने की खेती प्रदेश के हल्की दोमट एवं शुष्क जलवायु वाले क्षेत्रों में की जाती है। प्रदेश का बुंदेलखण्ड क्षेत्र सर्वाधिक चना उत्पादक क्षेत्र है। प्रदेश के चना उत्पादक प्रमुख जिले: प्रयागराज, चित्रकूट, कानपुर, ललितपुर, बाँदा, झाँसी, मिर्जापुर, सोनभद्र, महोबा, फतेहपुर ,हमीरपुर, बाराबंकी, सीतापुर आदि।

अफीम:

❒ उत्तर प्रदेश में अफीम का उत्पादन गाजीपुर तथा बाराबंकी में होता है। उत्तर प्रदेश की एकमात्र अफीम फैक्ट्री गाजीपुर में स्थित है। बाराबंकी अफीम का सबसे बड़ा उत्पादक जिला है।

बाजरा:

❒ बाजरा पानी की कमी और सूखे की स्थिति के लिए सबसे उपयुक्त है। बाजार उत्पादन में देश में उत्तर प्रदेश शीर्ष चार राज्यों में से एक है। बाजरे का सर्वाधिक उत्पादन आगरा जिले में होता है। प्रदेश में बाजरा उत्पादक प्रमुख जिले: आगरा, मथुरा, अलीगढ़, हाथरस, कानपुर, एटा, इटावा, बदायूँ, मैनपुरी, फिरोजाबाद, औरेया, प्रतापगढ़ आदि है।

मक्काः

- उत्तर प्रदेश में मक्का मुख्य रूप से मई-जून में उगाई जाती है तथा अगस्त-सितम्बर में काटी जाती है। इसकी खेती रबी, खरीफ तथा जायद तीनों मौसम में की जा सकती है।
- प्रदेश में उगाई जाने वाली मक्का की प्रमुख प्रजातियां गंगा-11, सरताज, प्रभात, नवजोत, पूसा कम्पोजिट-2 आदि है। मक्का उत्पादन में प्रदेश का देश में तृतीय स्थान है। प्रदेश में मक्का उत्पादक प्रमुख जिलेः मेरठ, बुलंदशहर, गाजियाबाद, फर्रूखाबाद, मैनपुरी, एटा, फिरोजाबाद, बहराइच आदि है।

अरहरः

- अरहर की फसल के लिए बलुई दोमट भूमि अच्छी होती है। अरहर के उत्पादन में उत्तर प्रदेश का स्थान देश में प्रथम है। अरहर खरीफ की फसल है। अरहर को रबी के मौसम में भी उगाया जा सकता है। प्रदेश में अरहर उत्पादक प्रमुख जिलेः फतेहपुर, ललितपुर, वाराणसी, झाँसी, लखनऊ, महोबा तथा प्रयागराज आदि है।

सरसोंः

- उत्तर प्रदेश, भारत का प्रथम सरसों उत्पादक राज्य है। उत्तर प्रदेश में सामान्यतः सभी क्षेत्रों मे सरसों की खेती की जाती है परन्तु मध्य-पश्चिमी क्षेत्र में विशेष तौर पर सरसों की खेती की जाती है। सरसों की खेती स्वतंत्र रूप या मिश्रित रूप से गेहूँ, मटर, जौ आदि के साथ रबी के मौसम में की जाती है।

कपासः

- कपास की फसल जून-जुलाई में उगाई जाती है तथा अक्टूबर-नवम्बर तक तैयार हो जाती है। कपास प्रमुख नकदी फसलों में से एक है। कपास की खेती के लिए काली मिट्टी सबसे उपयुक्त होती है। इसे चिकनी/दोमट मिट्टी पर भी उगाया जा सकता है। उत्तर प्रदेश में छोटे रेशों वाली कपास का उत्पादन अधिक होता है। प्रदेश में कपास उत्पादक प्रमुख जिले : सहारनपुर, मुजफ्फरनगर, गाजियाबाद, मेरठ, आगरा, अलीगढ़, मथुरा, हाथरस, बुलंदशहर, इटावा, कानपुर, बरेली, मुरादाबाद, रामपुर तथा मैनपुरी आदि है।

जूटः

- जूट की फसल जून-जुलाई में उगाई जाती है तथा सितंबर-अक्टूबर में तैयार हो जाती है। जूट के प्रमुख उत्पादक क्षेत्र- सरयू एवं घाघरा के दोआब है। प्रदेश के प्रमुख जूट उत्पादक जिलेः मेरठ, बुलंदशहर, वाराणसी, मैनपुरी, सहारनपुर तथा फर्रूखाबाद आदि है।
- उत्तर प्रदेश में सबसे अधिक आँवला उत्पादन (लगभग 60%) प्रतापगढ़ में होता है।
- प्रदेश में लीची का अधिकांश उत्पादन सहारनपुर तथा मेरठ में होता है।
- प्रदेश के फिरोजाबाद जिले में जौ का सर्वाधिक उत्पादन होता है।
- प्रदेश में महोबा पान की खेती के लिए प्रसिद्ध है। पान अनुसंधान व प्रशिक्षण केन्द्र की स्थापना महोबा में की गई है। प्रदेश में पान उत्पादक प्रमुख जिलेः बाँदा, ललितपुर, प्रतापगढ़, उन्नाव, रायबरेली, बलिया, कानपुर, लखनऊ, प्रयागराज, वाराणसी, सोनभद्र तथा आजमगढ़ आदि हैं।
- मूँगफली की खेती मुख्यतः खरीफ फसल के अंतर्गत की जाती है। इसकी बुआई जून-जुलाई में की जाती है तथा नवम्बर-दिसम्बर में फसल तैयार हो जाती है। मूँगफली की खेती के लिए बलुई मिट्टी उपयुक्त होती है। प्रदेश में मूँगफली उत्पादक प्रमुख जिलेः सीतापुर, हरदोई, मैनपुरी, एटा तथा बदायूँ आदि है।
- दशहरी आम के उत्पादन में उत्तर प्रदेश अग्रणी है। प्रदेश में दशहरी आम का उत्पादन सर्वाधिक मलीहाबाद क्षेत्र (लखनऊ) में होता है। उत्तर प्रदेश के मलीहाबादी दशहरी आम, सहारनपुर का सफेदा व चौसा आम, मेरठ व बागपत का रटौल आम, वाराणसी की लंगड़ा आम आदि प्रमुख आम की किस्में है।
- केन्द्रीय उपोष्ण बागवानी संस्थान (पुराना नामः केन्द्रीय आम अनुसंधान संस्थान) लखनऊ में स्थित है।
- उत्तर प्रदेश में सहारनपुर तथा मेरठ जिलों में नींबू प्रधानतः उगाया जाता है। इसके अतिरिक्त बुंदेलखण्ड क्षेत्र में भी नींबू का उत्पादन किया जाता है।
- माल्टा का उत्पादन प्रदेश में मुख्य रूप से सहारनपुर, मेरठ तथा वाराणसी में किया जाता है।
- **अमरूद का उत्पादन मुख्यतः** प्रयागराज, कौशांबी, कानपुर, बदायूँ, बरेली, अयोध्या आदि जिले में किया जाता है। अमरूद की प्रमुख निर्यातक प्रजातियाँ इलाहाबादी सफेद, लखनऊ-49 (सरदार) तथा ललित सुर्खा है।
- 1974 में प्रदेश में उद्यान एवं प्रसंस्करण विभाग की स्थापना की गई थी।
- प्रदेश के 3 कृषि निर्यात क्षेत्र लखनऊ (आम), सहारनपुर (आम) तथा आगरा (आलू) हैं।

उत्तर प्रदेश में फसल चक्र

पूर्वी उत्तर प्रदेश	पश्चिमी उत्तर प्रदेश	बुंदेलखण्ड क्षेत्र
धान-मसूर (1 वर्ष) धान + मटर (1 वर्ष) ज्वार+अरहर-गेहूँ (2 वर्ष) धान/मक्का-गेहूँ (1 वर्ष) धान-गेहूँ + सरसों (1 वर्ष) धान-जौ (1 वर्ष) गन्ना-पेड़ी, हरी खाद (3 वर्ष)	मक्का-आलू-प्याज (1 वर्ष) मक्का-आलू-गेहूँ (1 वर्ष) धान-गेहूँ + जौ (1 वर्ष) ज्वार-गेहूँ (1 वर्ष) मक्का-आलू-गन्ना (2 वर्ष)	ज्वार-अरहर (1 वर्ष) ज्वार-चना (1 वर्ष) ज्वार+अरहर; परती-गेहूँ; तिल-अलसी (3 वर्ष) ज्वार-जौ (1 वर्ष)

कृषि नीति 2013

कृषि नीति 2013 को 28 फरवरी 2013 में मंजूरी मिली थी।

प्रमुख उद्देश्य:

1. कृषि क्षेत्र में 5.1% की वृद्धि दर प्राप्त करना।
2. पर्यावरण हितैषी (इको फ्रैन्डली) कृषि पद्धति को विकसित एवं बहु प्रचारित कर मृदा स्वास्थ्य में सुधार एवं कृषक परिवार की आय में वृद्धि करना।
3. खाद्य एवं पोषण के मुख्य आधार को बनाये रखते हुए कृषि विविधीकरण के माध्यम से उच्च मूल्य वर्धित क्रियाओं द्वारा कृषकों की आय में वृद्धि करना।
4. कीटनाशक, उर्वरक, बीज़, कृषि यंत्र, प्रसार सेवाओं, खाद्य प्रसंस्करण एवं विपणन की आधारभूत सुविधाओं के विकास में समझौता खेती के माध्यम से निजी क्षेत्र को बढ़ावा देना।
5. पारिस्थितिकी संतुलन को बनाए रखते हुए प्राकृतिक संसाधनों का विकास एवं संरक्षण।

कृषि निर्यात नीति 2019

राज्य सरकार ने सितंबर 2019 में उत्तर प्रदेश कृषि निर्यात नीति-2019 को मंजूरी दी थी।

प्रमुख उद्देश्य:

1. कृषि क्षेत्र में निर्यात को बढ़ावा देना।
2. किसानों की आय में वृद्धि करना।
3. अंतर्राष्ट्रीय बाजार का आकलन करना।
4. निर्यात योग्य उत्पादों और वैश्विक अवसरों से जुड़ी जानकारी को किसानों तक पहुंचाना।
5. कृषि निर्यात को 2024 तक वर्तमान कृषि निर्यात मूल्य से दोगुना करना।
6. प्रदेश सरकार ने किसानों को उनके उत्पादों का उचित दाम दिलाने के लिए हापुड़, वाराणसी, लखनऊ, सहारनपुर में कृषि पार्क स्थापित किए है।

पशुपालन

- उत्तर प्रदेश में देश का सर्वाधिक पशुधन पाया जाता है।
- देश में सर्वाधिक भैंसों की संख्या उत्तर प्रदेश में ही पाई जाती है।
- दुग्ध उत्पादन में उत्तर प्रदेश का देश में प्रथम स्थान है।
- पशुधन: प्रदेश में 20वीं पशुगणना वर्ष 2019 के अनुसार कुल 692.20 लाख पशुधन है। कुक्कुट को छोड़कर पशुधन में प्रदेश का देश में प्रथम स्थान है। दुधारू गोवंशीय एवं महिषवंशीय पशुओं में दुधारू पशुओं की संख्या बहुतायत में है।

उत्तर प्रदेश के प्रमुख पशु मेले

- बटेश्वर पशु मेला - आगरा
- ददरी पशु मेला - बलिया

वर्ष 1944 में राज्य में पशुपालन विभाग का गठन किया गया था। यह विभाग पशु सम्पदा के संरक्षण, संवर्द्धन एवं उत्पादन में महत्वपूर्ण भूमिका निभाता है।

परीक्षोपयोगी महत्त्वपूर्ण प्रश्न

1. उत्तर प्रदेश में किस प्रकार की मिट्टी अधिकांशत: पाई जाती है?

UPSSSC लेखपाल परीक्षा 2015

(a) बलुई मिट्टी
(b) जलोढ़ मिट्टी
(c) लाल दोमट
(d) लाल और काली मिट्टी का मिश्रण

2. उत्तर प्रदेश में मुख्य प्रकार की फसलें निम्न में से कौन-सी है?

UPSSSC मण्डी परिषद् 22/05/2022

(a) रबी फसलें, खरीफ फसलें और जायद फसलें
(b) केवल रबी फसलें
(c) खरीफ और रबी फसलें
(d) केवल जायद की फसलें

3. उत्तर प्रदेश की सबसे महत्वपूर्ण नकदी फसल है-

(a) दलहन (b) गन्ना
(c) गेहूँ (d) आलू

4. उत्तर प्रदेश में प्रमुख रबी फसलें कौन-सी हैं-

UPSSSC Supply Inspector 17/07/2022

(a) गेहूँ, चना, मटर, जौ
(b) गेहूँ, मक्का, जौ, अलसी
(c) गेहूँ, कपास, मक्का, गन्ना
(d) ये सभी

5. प्रदेश का सर्वाधिक गेहूँ उत्पादक जिला है-

(a) गोरखपुर (b) गोंडा
(c) प्रयागराज (d) रायबरेली

6. आलू के उत्पादन में भारत में उत्तर प्रदेश का स्थान कौन-सा है?

UPSSSC ग्राम विकास अधिकारी 22/12/2018

(a) पहला (b) दूसरा
(c) तीसरा (d) चौथा

7. भारत में उत्तर प्रदेश का गन्ना उत्पादन में कौन-सा स्थान है?

UPSRTC परिचालक परीक्षा 23/08/2015

(a) पाँचवा (b) तीसरा
(c) दूसरा (d) पहला

8. उत्तर प्रदेश .... का सबसे बड़ा उत्पादक है।

UPSSSC कनिष्ठ सहायक 19/02/2019

(a) केला (b) अमरूद
(c) आम (d) पपीता

9. आंवले का सर्वाधिक उत्पादन करने वाला जिला है-
(a) प्रतापगढ़ (b) सुलतानपुर
(c) रायबरेली (d) जौनपुर

10. उत्तर प्रदेश के निम्नलिखित में से किस जिले में अफीम की फैक्ट्री स्थित है?
UPPSC Lower Exam 01/10/2019
(a) वाराणसी (b) गाजीपुर
(c) बलिया (d) कानपुर

11. ग्रेनाइट के रूप में बेतवा तथा धंसान नदियों के जलप्लावित क्षेत्रों में किस प्रकार की मृदा पाई जाती है?
(a) भोटा मृदा (b) राकड़ मृदा
(c) पड़वा मृदा (d) लाल मृदा

12. प्रदेश का सर्वाधिक चना उत्पादक क्षेत्र है-
(a) पश्चिमी मैदान (b) मध्य प्रदेश मैदान
(c) मध्य मैदान (d) बुंदेलखंड प्रदेश

13. प्रदेश में पान उत्पादन के लिए कौन-सा जिला विशेष रूप से प्रसिद्ध है?
(a) बांदा (b) महोबा
(c) ललितपुर (d) झाँसी

14. भारत में आमों का सबसे बड़ा उत्पादक राज्य कौन-सा है?
UPSSSC ग्राम विकास अधिकारी 22/12/2018
(a) बिहार (b) गुजरात
(c) महाराष्ट्र (d) उत्तर प्रदेश

15. निम्नलिखित में से कौन-सा विकल्प उत्तर प्रदेश की महत्वपूर्ण अनाज फसलों के नाम का उल्लेख करता है?
UPSSSC ग्राम विकास अधिकारी 23/12/2018
(a) चावल, गेहूँ, मूँगफली, जौ और मक्का
(b) चावल, गेहूँ, बाजरा, जौ और मक्का
(c) चावल, गेहूँ, बाजरा, जौ और ज्वार
(d) चावल, गेहूँ, बाजरा और मक्का

16. प्रदेश में पान अनुसंधान एवं प्रशिक्षण केंद्र की स्थापना कहाँ पर की गई है?
(a) ललितपुर (b) बांदा
(c) महोबा (d) लखनऊ

17. उत्तर प्रदेश को कितने शस्य जलवायु क्षेत्रों में विभाजित किया गया है?
(a) 6 (b) 7
(c) 8 (d) 9

18. भारत के पहले कृषि विश्वविद्यालय का नाम क्या है?
(a) आर.एस.यू. बीकानेर
(b) पी.ए.यू. लुधियाना
(c) जी.बी.पी.यू.ए.टी. पंतनगर
(d) इनमें से कोई नहीं

19. भारतीय पशु चिकित्सा अनुसंधान संस्थान कहाँ पर स्थित है-
(a) बरेली (b) आगरा
(c) लखनऊ (d) मेरठ

20. उत्तर प्रदेश में, ... में 'कृषि कुंभ 2018' का आयोजन किया गया था।
UPSSSC Jr. Assist 04/01/2020
(a) प्रयागराज (b) कानपुर
(c) गोरखपुर (d) लखनऊ

21. उत्तर प्रदेश की प्रमुखतम तिलहनी फसल है-
(a) सूरजमुखी (b) कुसुम
(c) राई तथा सरसों (d) अलसी

22. उत्तर प्रदेश की अर्थव्यवस्था .... पर आधारित है।
UPSSSC लेखपाल परीक्षा 2022
(a) मत्स्य पालन (b) कृषि
(c) कपड़ा (d) खाद्य

23. प्रदेश में आलू निर्यात क्षेत्र कहाँ पर स्थापित किया गया है?
(a) अलीगढ़ (b) रामपुर
(c) फिरोजाबाद (d) आगरा

24. ब्रिटिश शासन के दौरान भारत की अधिकांश जनसंख्या जीविका के लिए किस क्षेत्र पर निर्भर थी?
UPSSSC लेखपाल परीक्षा 2022
(a) प्राथमिक क्षेत्र
(b) द्वितीयक क्षेत्र
(c) तृतीयक क्षेत्र
(d) इन सभी क्षेत्रों में लगभग समान रूप से

25. प्रदेश का सबसे बड़ा अफीम उत्पादक जिला है-
(a) बाराबंकी (b) एटा
(c) इटावा (d) बदायूं

26. किस फसल की खेती के लिए जलक्रांति की आवश्यकता होती है?
UPSSSC मण्डी परिषद् 08/05/2022
(a) गेहूँ (b) चाय
(c) कॉफी (d) चावल

27. काली मिट्टी को .... भी कहते है।
UP Police Constable 2018
(a) रेगुर (b) ह्यूमस
(c) बांगर (d) क्रिस्टलीय

28. प्रदेश का प्रमुख जूट उत्पादक क्षेत्र है-
(a) सरयू एवं घाघरा दोआब (b) गंगा-घाघरा दोआब
(c) विंध्य क्षेत्र (d) बुंदेलखंड क्षेत्र

29. काली मिट्टी सबसे अधिक उपयुक्त है-

(a) जूट की खेती के लिए

(b) धान की खेती के लिए

(c) कपास की खेती के लिए

(d) गेहूँ की खेती के लिए

30. गोल्डन राइस (Golden Rice) किस तत्व का अच्छा स्त्रोत है?

(a) विटामिन 'A' (b) विटामिन 'B'

(c) कार्बोक्सिलिक अम्ल (d) विटामिन 'K'

31. भारत के राज्यों में उत्तर प्रदेश किस उत्पाद का सबसे बड़ा उत्पादक नहीं है?

(a) फूलों का (b) गेहूँ का

(c) आलू का (d) गन्ने का

32. उत्तर प्रदेश में आलू अनुसंधान केन्द्र अवस्थित है।

(a) महोबा में (b) अलीगंज में

(c) बाबूगढ़ में (d) खुशरुबाग में

33. निम्नलिखित में से किस स्थान का 'दशहरी आम' विश्व प्रसिद्ध है?

(a) वाराणसी (b) प्रतापगढ़

(c) मेरठ (d) मलीहाबाद (लखनऊ)

34. निम्न में से कौन-सा फसल-चक्र पूर्वी उत्तर प्रदेश के लिए सर्वाधिक उपयुक्त है?

(a) मक्का-तोरिया-गेहूँ (b) कपास-गेहूँ-मूंग

(c) धान-मक्का-गेहूँ (d) मक्का-आलू-गेहूँ

35. दुग्ध उत्पादन में वृद्धि हेतु उत्तर प्रदेश में 'ऑपरेशन फ्लड' का पहला चरण कब प्रारम्भ किया गया था?

(a) 1970 ई. (b) 1982 ई.

(c) 1987 ई. (d) 1997 ई.

36. निम्न में से किस स्थान पर 'पशु चारा बैंक' कार्यरत है?

(a) झाँसी (b) इज्जतनगर

(c) अमेठी (d) गोरखपुर

37. विश्व में 'हरित क्रान्ति' के जनक है-

(a) नॉर्मन बोरलॉग (b) एम.एम. स्वामीनाथन

(c) विलियम ग्रैण्ड (d) एम.एस. ग्रीव

38. इनमें से कौन खरीफ की फसल नहीं है?

(a) कपास (b) मूँगफली

(c) मक्का (d) सरसों

उत्तरमाला

1.	(b)	2.	(a)	3.	(b)	4.	(a)	5.	(a)	6.	(a)	7.	(d)	8.	(c)	9.	(a)	10.	(b)
11.	(d)	12.	(d)	13.	(b)	14.	(d)	15.	(b)	16.	(c)	17.	(d)	18.	(c)	19.	(a)	20.	(d)
21.	(c)	22.	(b)	23.	(d)	24.	(a)	25.	(a)	26.	(d)	27.	(a)	28.	(a)	29.	(c)	30.	(a)
31.	(a)	32.	(c)	33.	(d)	34.	(a)	35.	(a)	36.	(a)	37.	(a)	38.	(d)				

2 अध्याय

उत्तर प्रदेशः नदियाँ/नहरें/झीलें/ताल एवं बहुउद्देशीय परियोजनाएँ

उत्तर प्रदेश में उद्‌गम स्थल के आधार पर नदियों को तीन श्रेणियों में बाँटा जा सकता है।

उद्‌गम स्थल	नदियाँ
हिमालय पर्वत श्रेणी	गंगा, यमुना, रामगंगा, गंडक, घाघरा (सरयू), राप्ती, कोसी, शारदा (काली नदी), रोहिणी
मैदानी क्षेत्र	गोमती, वरूणा, सई, पाण्डो
दक्षिण का पठार	रिहंद, चंबल, सोन, बेतवा, केन, कन्हार, टोंस (तमसा नदी)

उत्तर प्रदेश की नदियों के किनारे स्थित प्रमुख शहर

नदी	शहर/नगर
गंगा	कानपुर, वाराणसी, कन्नौज, उन्नाव, फर्रूखाबाद, प्रयागराज, गढ़मुक्तेश्वर, मिर्जापुर, गाजीपुर, मुगलसराय, बिजनौर, अनूपशहर, हस्तिनापुर, बिठूर, फतेहगढ़, सिरसा
यमुना	आगरा, मथुरा, इटावा, वृन्दावन, कौशाम्बी, हमीरपुर, काल्पी, बटेश्वर, औरैया, प्रयागराज
गोमती	लखनऊ, जौनपुर, सीतापुर, सुल्तानपुर
घाघरा (सरयू)	अयोध्या
चंबल	यह नदी इटावा के निकट से बहती है।
राप्ती नदी	गोरखपुर
बेतवा	हमीरपुर
मंदाकिनी	चित्रकूट
सोन	सोनभद्र
हिंडन	गाजियाबाद, नोएडा
रामगंगा	मुरादाबाद, रामपुर
सई	प्रतापगढ़

पंचप्रयागः वह स्थल जहाँ पर पाँच नदियाँ अलकनंदा नदी में आकर मिलती हैं।

विष्णुप्रयाग	धौलीगंगा + अलकनंदा
नंदप्रयाग	नंदाकिनी + अलकनंदा
कर्णप्रयाग	पिंडार नदी + अलकनंदा
रुद्रप्रयाग	मंदाकिनी + अलकनंदा
देवप्रयाग	भागीरथी + अलकनंदा

गंगा नदीः गंगा नदी को उत्तर प्रदेश ही नहीं अपितु पूरे भारत में सबसे पवित्र नदी माना जाता है। गंगा नदी के अन्य नाम भागीरथी, पद्‌मा तथा देवनदी है। गंगा नदी का उद्‌गम उत्तराखंड में गंगोत्री ग्लेशियर के गोमुख नामक स्थान से होता है। गंगा नदी को राष्ट्रीय नदी का दर्जा भारत सरकार द्वारा वर्ष 2008 में दिया गया।

- भागीरथी और अलकनंदा का संगम देवप्रयाग **(उत्तराखंड)** में होता है। इससे आगे इसे गंगा नदी के नाम से जाना जाता है।
- गंगा नदी की कुल लम्बाई 2525 किमी. है। यह भारत में बहने वाली सबसे लम्बी नदी है। उत्तर प्रदेश में इसकी लम्बाई 1450 किमी. है। गंगा नदी उत्तर प्रदेश में बिजनौर जिले से प्रवेश करती है।
- गंगा नदी की प्रमुख सहायक नदियाँ रामगंगा **(रामगंगा की सहायक नदीः कोसी)**, यमुना, गोमती, घाघरा **(घाघरा की सहायक नदीः राप्ती)**, गंडक, टोंस, सोन, शारदा या काली नदी, कर्मनाशा **(कर्मनाशा की सहायक नदीः चन्द्रप्रभा)** है।
- **गंगा नदी भारत के 5 राज्योंः** उत्तराखण्ड, उत्तर प्रदेश, बिहार, झारखण्ड तथा पश्चिम बंगाल से होकर बहती है।
- **गंगा नदी उत्तर प्रदेश के 28 जिलोंः** बिजनौर, मुजफ्फरनगर, मेरठ, अमरोहा, हापुड़, अलीगढ़, बुलंदशहर, बदायूं, संभल, फर्रूखाबाद, कासगंज, कन्नौज, शाहजहांपुर, कानपुर नगर, कानपुर देहात, उन्नाव, हरदोई, प्रतापगढ़, रायबरेली, फतेहपुर, कौशांबी, प्रयागराज, भदोही, चंदौली, मिर्जापुर, गाजीपुर, वाराणसी तथा बलिया से होकर बहती है।
- उत्तर प्रदेश में गंगा नदी, प्रयागराज में यमुना, कन्नौज में रामगंगा, सिरसा में टोंस, गाजीपुर में गोमती से मिलती है।
- प्रदेश में गंगा नदी पर दो प्रमुख बैराजः बिजनौर बैराज तथा नरौरा बैराज **(बुलंदशहर में)** निर्मित है। इसके अलावा लव-कुश बैराज कानपुर में स्थित एक पेयजल परियोजना है।

नोटः वाराणसी गंगा नदी के बाएं तथा प्रयागराज, हरिद्वार तथा कानपुर गंगा नदी के दाएं स्थित है।

यमुना नदीः यमुना नदी का उद्‌गम स्थल उत्तरकाशी **(उत्तराखण्ड)** का यमुनोत्री है। यमुना, उत्तर प्रदेश में सहारनपुर जिले से प्रवेश करती है। इसका अन्य नाम कालिंदी भी है।

- **यमुना नदी भारत के 5 राज्यों:** उत्तराखंड, हिमाचल प्रदेश, हरियाणा, दिल्ली तथा उत्तर प्रदेश से होकर बहती है।
- **यमुना नदी उत्तर प्रदेश के 20 जिलों:** सहारनपुर, शामली, बागपत, गाजियाबाद, गौतमबुद्ध नगर, आगरा, मथुरा, अलीगढ़, फिरोजाबाद, फतेहपुर, इटावा, औरैया, जालौन, बांदा, हमीरपुर, कानपुर नगर, कानपुर देहात, चित्रकूट, कौशाम्बी तथा प्रयागराज से होकर बहती है।
- यमुना नदी की कुल लम्बाई 1376 किमी. है। यमुना नदी की सहायक नदियां चंबल, बेतवा, केन, हिंडन, टोंस **(यमुना की सबसे बड़ी सहायक नदी)**, सिंध, गिरि है।
- उत्तर प्रदेश में यमुना नदी, गौतमबुद्ध नगर में हिंडन, इटावा के निकट चंबल तथा सिंध, हमीरपुर में बेतवा, बांदा से थोड़ी दूरी पर केन तथा प्रयागराज में गंगा नदी से मिलती है।
- उत्तर प्रदेश में यमुना नदी पर गोकुल **(या मथुरा)** बैराज एक पेयजल परियोजना स्थित है, जिसका उद्देश्य आगरा तथा मथुरा को पेयजल उपलब्ध कराना है।

गोमती नदी: गोमती नदी का उद्गम उत्तर प्रदेश के पीलीभीत जिले के गोमत ताल **(या फुलहर झील)** से होता है। गोमती नदी की लम्बाई 941 किमी. है। गोमती नदी पीलीभीत से आरम्भ होकर शाहजहाँपुर, लखीमपुर खीरी, सीतापुर, हरदोई, लखनऊ, बाराबंकी, सुल्तानपुर तथा जौनपुर से बहते हुए गाजीपुर के समीप गंगा में मिल जाती है।

- गोमती की प्रमुख सहायक नदियां सई, कल्याणी आदि है।
- गंगा तथा गोमती नदी के संगम पर कैथी **(वाराणसी)** में मार्कण्डेय महादेव मंदिर स्थित है।

घाघरा नदी: घाघरा नदी को अयोध्या में सरयू तथा नेपाल में करनाली/गिरवा के नाम से भी जाना जाता है। घाघरा नदी का उद्गम तिब्बत के पठार में स्थित मापचांचुगों हिमनद से होता है। घाघरा की कुल लम्बाई 1080 किमी. है।

- घाघरा की सहायक नदियां शारदा, राप्ती, छोटी गंडक, शिखा दाहा तथा कुवानों आदि है।
- घाघरा नदी, छपरा **(बिहार)** के निकट गंगा में मिल जाती है।

राप्ती नदी: राप्ती नदी का उद्गम स्थल नेपाल में लघु हिमालय श्रेणियों में धौलागिरि के दक्षिण में रूकुमकोट के निकट स्थित है। राप्ती नदी की लम्बाई 640 किमी. है। राप्ती नदी की प्रमुख सहायक नदी रोहिणी है जोकि गोरखपुर के निकट राप्ती नदी में मिलती है।

- राप्ती नदी बहराइच जिले से उत्तर प्रदेश में प्रवेश करती है। इसके पश्चात् यह श्रावस्ती, बलरामपुर, गोरखपुर, सिद्धार्थनगर, संतकबीर नगर तथा देवरिया जिले में बहती है।
- देवरिया जिले के बरहज नामक स्थान पर राप्ती नदी घाघरा नदी में मिल जाती है।

शारदा नदी: शारदा नदी को काली नदी तथा गौरी गंगा के नाम से भी जाना जाता है। शारदा नदी का उद्गम स्थल मिलम ग्लेशियर-कुमाऊं हिमालय का कालापानी, पिथौरागढ़ **(उत्तराखण्ड)** है। शारदा नदी की लम्बाई 480 किमी. है।

- शारदा नदी उत्तर प्रदेश में पीलीभीत जिले से प्रवेश करती है तथा सीतापुर के बहराम घाट के समीप यह घाघरा नदी में मिल जाती है। शारदा नदी उत्तर प्रदेश तथा नेपाल के मध्य सीमा भी निर्धारित करती है। शारदा नदी ब्रह्मदेव के निकट मैदानी भाग में प्रवेश करती है।
- शारदा की प्रमुख सहायक नदियां धर्मा, लिसार तथा पूर्वी रामगंगा है।

रामगंगा नदी: रामगंगा नदी का उद्गम स्थल उत्तराखण्ड के पौढ़ी गढ़वाल जिले **(कुमाऊं हिमालय श्रेणी)** में दूधातोली नामक स्थान है। रामगंगा नदी की लम्बाई 596 किमी. है। यह कालागढ़ **(बिजनौर जिले)** से उत्तर प्रदेश में प्रवेश करती है।

- कालागढ़ में सिंचाई के लिए रामगंगा नदी पर एक बांध का निर्माण भी किया गया है।
- कन्नौज के निकट यह नदी गंगा में मिल जाती है। रामगंगा की प्रमुख सहायक नदी कोह है।

चंबल नदी: चंबल नदी का उद्गम स्थल जानापाव पहाड़ी, महू, इंदौर **(मध्य प्रदेश)** है। चंबल नदी की लम्बाई 965 किमी. है। यह नदी इटावा के पास पंचनदा नामक स्थान पर यमुना नदी में मिल जाती है।

- चंबल की प्रमुख सहायक नदियां कालीसिंध, पार्वती, शिप्रा तथा बनास है।
- चंबल नदी पर स्थित प्रमुख बांध राणा प्रताप सागर, जवाहर सागर, गांधीसागर तथा कोटा बैराज है।

गण्डक नदी: गण्डक नदी का उद्गम स्थल धौलागिरि पर्वत, नेपाल में है। गण्डक नदी को नेपाल में शालीग्रामी तथा मैदानी भागों में नारायणी के नाम से भी जाना जाता है। इस नदी में शालिग्राम पत्थर भी पाये जाते है।

- गण्डक नदी, काली तथा त्रिशूली नदियों के संगम से बनती है।
- गण्डक नदी पटना के निकट सोनपुर में गंगा नदी में मिल जाती है।
- गण्डक नदी की लम्बाई 630 किमी. है। गण्डक नदी की प्रमुख सहायक नदी त्रिशूली है।
- वैदिक काल में गण्डक नदी को **'सदानीरा'** के नाम से जाना जाता था।

बेतवा नदी: बेतवा नदी का उद्गम स्थल विन्ध्याचल पर्वत श्रेणी में भोपाल के निकट रायसेन जिला **(मध्य प्रदेश)** है। प्राचीन काल में

बेतवा नदी को वेदों में 'बेत्रावती' नाम से जाना जाता था। यह नदी ललितपुर जिले की उत्तरी व पश्चिमी सीमा का निर्धारण करते हुए, झांसी, जालौन में बहते हुए हमीरपुर के निकट यमुना में मिल जाती है। इस नदी पर बने प्रमुख बांध माताटीला बांध, परीछा बांध तथा राजघाट बांध है।

- बेतवा की प्रमुख सहायक नदियाँ धसान, केवतन, बीना, हलाली, कालियासोत आदि है।
- इस नदी की लम्बाई 590 किमी. है।

हिंडन नदी: हिंडन नदी का उद्‌गम स्थल सहारनपुर जिला है। यह उत्तर प्रदेश के सहारनपुर, मुजफ्फरनगर, शामली, मेरठ, बागपत, गाजियाबाद तथा गौतमबुद्ध नगर जिलों में प्रवाहित होती है। यह सहारनपुर से गौतमबुद्ध नगर तक लगभग 400 किमी. प्रवाहित होकर यमुना में मिल जाती है।

टोंस नदी: टोंस नदी का उद्‌गम स्थल तमसा कुंड **(कैमूर श्रेणी, सतना जिला, मध्य प्रदेश)** है। यह नदी उत्तर प्रदेश के सिरसा **(प्रयागराज)** के निकट गंगा नदी में मिल जाती है। टोंस नदी की लम्बाई लगभग 265 किमी. है। इस नदी को तमसा नदी के नाम से भी जाना जाता है।

- टोंस नदी की प्रमुख सहायक नदियां बीहड़ नदी तथा बेलन नदी है।

सोन नदी: सोन नदी का उद्‌गम स्थल अमरकंटक **(मध्य प्रदेश)** का सोनमूडा नामक स्थान है। सोन नदी की प्रमुख सहायक नदियां गोपद, बनास, रिहन्दी तथा कन्हार/कनहर नदी है। सोन नदी उत्तर प्रदेश से प्रवाहित होते हुए, बिहार में पटना के निकट गंगा नदी में मिल जाती है। इस नदी की कुल लम्बाई 780 किमी. है।

केन नदी: केन नदी का उद्‌गम स्थल कटनी **(मध्य प्रदेश)** के निकट कैमूर पहाड़ी है। केन नदी को कर्णावती नाम से भी जाना जाता है। केन नदी बुन्देलखण्ड से प्रवाहित होती हुई **भोजहा (बांदा)** के निकट यमुना नदी में मिल जाती है। केन नदी की लम्बाई लगभग 427 किमी. है। इसकी सहायक नदियां सोनार, कोपरा उर्मिला तथा कैल आदि है।

सिंध नदी: सिंध नदी का उद्‌गम स्थल सिरोंज तहसील, जिला-विदिशा, **मध्य प्रदेश (मालवा का पठार)** है। सिंध नदी की प्रमुख सहायक नदियां माहौर, पाहुज, कुंवारी तथा पार्वती है। इस नदी की कुल लम्बाई लगभग 470 किमी. है। यह उत्तर प्रदेश के जगम्मनपुर के निकट से प्रवेश कर यमुना नदी में मिल जाती है।

उत्तर प्रदेश की प्रमुख नहरें

ऊपरी गंगा नहर: ऊपरी गंगा नहर भीमगोड़ा बैराज, हरिद्वार (उत्तराखण्ड) से निकलती है। इस नहर का निर्माण कार्य 1840-1854 की अवधि के दौरान किया गया। इस नहर से आगरा नहर तथा निचली गंगा नहर की भी जल आपूर्ति की जाती है। मुख्य ऊपरी गंगा नहर की लम्बाई 298 किमी. तथा शाखाओं सहित संयंत्र की कुल लम्बाई लगभग 6496 किमी. है।

ऊपरी गंगा नहर से निम्न तीन मुख्य शाखाएं निकलती हैं:

- देवबन्द शाखा
- अनूपशहर शाखा
- माठ शाखा

- मुजफ्फरनगर, सहारनपुर, मेरठ, गाजियाबाद, बुलंदशहर, अलीगढ़, मथुरा, एटा, फिरोजाबाद, मैनपुरी, इटावा, कानपुर, फर्रूखाबाद, फतेहपुर, आदि जिलों में इस नहर द्वारा सिंचाई की जाती है।

निचली गंगा नहर: निचली गंगा नहर को नरौरा (बुलंदशहर) नामक स्थान पर गंगा नदी से निकाला गया है। इस नहर प्रणाली की कुल लम्बाई 8278 किमी. है।

- बुलंदशहर, अलीगढ़, एटा, फिरोजाबाद, मैनपुरी, फर्रूखाबाद, कानपुर, फतेहपुर, प्रयागराज जिलों में इस नहर द्वारा सिंचाई की जाती है।

निचली गंगा नहर को वर्ष 1878 में प्रथम बार चलाया गया था। इस प्रणाली की मुख्य शाखाएं निम्नवत हैं-

- फर्रुखाबाद जल शाखा
- बेवर जल शाखा
- कानपुर जल शाखा
- इटावा जल शाखा
- भोगनीपुर जल शाखा

पूर्वी यमुना नहर

- पूर्वी यमुना नहर प्रदेश की सबसे पुरानी नहर है।
- पूर्वी यमुना नहर का उद्‌गम यमुना नदी से जनपद सहारनपुर में हथनीकुण्ड बैराज के बाएं तट से होता है।
- इस नहर को शाहजहां द्वारा 1631 में खुदवाया गया था, उसके बाद अंग्रेजों द्वारा पुनरोद्धार के पश्चात् इसे पहली बार 1830 में चलाया गया।
- इस नहर से मेरठ, मुजफ्फरनगर, सहारनपुर, शामली, हापुड़, गाजियाबाद जिलों में सिंचाई की जाती है।
- मुख्य नहर की लम्बाई 197 किमी. है।
- इस नहर प्रणाली की शाखाओं सहित कुल लम्बाई 1440 किमी. है।

शारदा नहर

- यह प्रदेश की सबसे लंबी नहर प्रणाली है।
- उत्तर प्रदेश के शारदा/घाघरा-गंगा दोआब में अवस्थित जनपद नैनीताल, पीलीभीत, बरेली, लखीमपुर खीरी, शाहजहांपुर, हरदोई, उन्नाव, लखनऊ, बाराबंकी, रायबरेली, प्रतापगढ़, अयोध्या, सुल्तानपुर, जौनपुर, आजमगढ़, गाजीपुर एवं प्रयागराज जनपदों में सुरक्षात्मक सिंचाई सुविधा उपलब्ध कराने हेतु जनपद नैनीताल की खटीमा तहसील में बनबसा के पास शारदा नदी पर एक

बैराज का निर्माण कर इसके दाहिने तट से शारदा मुख्य नहर निकाली गयी।

- शारदा मुख्य नहर की लम्बाई 44.3 किमी. है तथा शाखा-प्रशाखाओं सहित शारदा नहर की कुल लम्बाई 12,368 किलोमीटर है।

आगरा नहर

- आगरा नहर को ओखला बैराज से यमुना नदी से निकाला गया है।
- आगरा नहर उत्तर प्रदेश के अलावा दिल्ली, हरियाणा, राजस्थान से भी गुजरती है।
- आगरा नहर प्रणाली के अंतर्गत मुख्य नहर की लंबाई 160 किमी. है।
- आगरा नहर से दिल्ली, गुड़गाँव, मथुरा, आगरा, भरतपुर में सिंचाई की जाती है।

बेतवा नहर

- वर्ष 1985 में, झांसी के निकट परिच्छा/पारीछा नामक स्थान पर बेतवा नदी पर बांध का निर्माण करके इस नहर को निकाला गया था।
- बेतवा नहर प्रणाली से उत्तर प्रदेश के झांसी, हमीरपुर एवं जालौन तथा मध्य प्रदेश के दतिया, ग्वालियर एवं टीकमगढ़ जनपद लाभान्वित होते है।

धंसान नहर

- यह नहर बेतवा की सहायक धंसान नदी से निकाली गई है। इस नहर के द्वारा हमीरपुर जिले की भूमि सींची जाती है।

केन नहर

- केन नहर मध्य प्रदेश और उत्तर प्रदेश की संयुक्त परियोजना है।
- यह नहर यमुना की सहायक केन नदी से पन्ना **(मध्य प्रदेश)** के निकट से निकाली गई है।
- इस नहर से प्रदेश के बांदा जिले में सिंचाई की जाती है।

रिहंद घाटी परियोजना

यह परियोजना सोनभद्र में रिहंद नदी पर पिपरी नामक स्थान पर स्थित है। इस परियोजना से वाराणसी, प्रयागराज, सोनभद्र, मिर्जापुर जिलों में सिंचाई की जाती है।

गण्डक नहर

- गण्डक नहर उत्तर प्रदेश और बिहार की संयुक्त नहर प्रणाली है।
- यह नहर नेपाल-बिहार सीमा पर वाल्मीकि नगर में गण्डक नदी से निकाली गई है।
- इस नहर से कुशीनगर, महराजगंज, गोरखपुर तथा देवरिया आदि जिलों में सिंचाई की जाती है।

बाणसागर बांध एवं नहर परियोजना: यह उत्तर प्रदेश, मध्य प्रदेश एवं बिहार की संयुक्त परियोजना **(1 : 2 : 1 के अनुपात में)** है, इसका निर्माण मध्य प्रदेश के शहडोल जिले में सोन नदी पर किया गया है। उत्तर प्रदेश के प्रयागराज और मिर्जापुर जिलों में इससे सिंचाई की जाती है।

राजघाट बांध एवं नहर परियोजना: यह योजना उत्तर प्रदेश के ललितपुर में बेतवा नदी पर राजघाट के समीप स्थित है। यह उत्तर प्रदेश एवं मध्य प्रदेश की संयुक्त परियोजना है। इससे उत्तर प्रदेश के ललितपुर, झांसी, जालौन एवं हमीरपुर जिले लाभान्वित होंगे। इस योजना का नाम रानी लक्ष्मीबाई परियोजना कर दिया गया है।

सिंचाई

- उत्तर प्रदेश में विभिन्न क्षेत्रों कृषि, सिंचाई एवं पेयजल की कमी को पूरा करने के लिए प्रमुख साधन नलकूप, नहरें, कुआं तथा तालाब है।

नलकूप

- प्रदेश में लगभग 75% भाग में नलकूपों द्वारा सिंचाई की जाती है। हमारे देश में नलकूपों द्वारा सर्वाधिक सिंचित क्षेत्र उत्तर प्रदेश में ही है। प्रदेश में नलकूपों द्वारा सर्वाधिक सिंचाई पश्चिमी उत्तर प्रदेश में की जाती है। प्रदेश के सहारनपुर, शामली, मुजफ्फरनगर, मेरठ, बुलंदशहर, हापुड़, बिजनौर, मुरादाबाद, अलीगढ़, फिरोजाबाद, फर्रुखाबाद, एटा, इटावा, मैनपुरी, जौनपुर, देवरिया, गोरखपुर, वाराणसी, बहराइच, बदायूँ आदि जिलों में मुख्यत: नलकूपों द्वारा ही सिंचाई की जाती है।

नहर

- प्रदेश में लगभग 15.5% भू-भाग नहरों द्वारा सिंचित है। उत्तर प्रदेश में नहरों का सर्वाधिक विस्तार पश्चिमी उत्तर प्रदेश में है। शारदा नहर प्रणाली प्रदेश की सबसे बड़ी नहर प्रणाली है। उत्तर प्रदेश में लम्बाई के सम्बंध में अधिकतम नहरें रायबरेली में हैं।

कुएं

- पूर्वी उत्तर प्रदेश एवं गंगा की घाटी के क्षेत्रों में कुआं सिंचाई का एक महत्वपूर्ण साधन है।
- कुंओं द्वारा सर्वाधिक सिंचाई उत्तर प्रदेश के गंगा घाट के मध्यवर्ती क्षेत्र में की जाती है। इसके अंतर्गत प्रदेश के बहराइच, गोंडा, बस्ती, फैजाबाद, आजमगढ़, सुल्तानपुर, रायबरेली, बलिया, मऊ, प्रतापगढ़ आदि जिले आते हैं।
- इसके अलावा प्रदेश में बहुत कम क्षेत्र में कुएं तथा तालाब से भी सिंचाई की जाती है।
- प्रदेश में शुद्ध बुवाई क्षेत्र में से शुद्ध सिंचित क्षेत्र का प्रतिशत-86.4% है।
- राज्य के कुल 240.93 लाख हेक्टेयर क्षेत्र में से 187.75 लाख हेक्टेयर (78 प्रतिशत) कृषि भूमि है।

उत्तर प्रदेश की प्रमुख नहर प्रणालियाँ

नहर/प्रणाली	उद्गम स्थल	नदी
पूर्वी यमुना नहर	सहारनपुर के फैजाबाद से	यमुना
ऊपरी गंगा नहर	हरिद्वार (उत्तराखण्ड)	गंगा
मध्य गंगा नहर	बिजनौर	गंगा
निचली गंगा नहर	नरौरा (बुलन्दशहर)	गंगा
शारदा नहर	बनवासा	शारदा
बेतवा नहर	परीछा (झाँसी)	बेतवा
केन नहर	पन्ना (मध्य प्रदेश)	केन
गंडक नहर	नेपाल	बूढ़ी गंडक
रानी लक्ष्मीबाई बाँध नहर	माताटीला (ललितपुर)	बेतवा
राजघाट नहर	ललितपुर	बेतवा
रिहन्द घाटी योजना की नहरें	पिपरी (सोनभद्र)	रिहन्द
बाणसागर नहर	मध्य प्रदेश	सोन
टोंस नहर	रीवा (मध्य प्रदेश)	बेलन
धंसान नहर	हमीरपुर	धंसान नदी (बेतवा की सहायक नदी)
नौगढ़ बांध नहरें	नौगढ़ (गाजीपुर)	कर्मनाशा
उटारी बाँध	ललितपुर	उटारी
अर्जुन बाँध नहर	चरखारी (महोबा)	अर्जुन
घाघरा नहर	मिर्जापुर	घाघरा
हमीरपुर नहर	हमीरपुर	यमुना
रोहिणी बाँध	ललितपुर	रोहिणी
गोविंद सागर बाँध	ललितपुर	शहजाद नदी
चंद्रप्रभा बाँध नहर	चकिया	चंद्रप्रभा
मेजा जलाशय नहर	मेजा (प्रयागराज)	बेलन
पथरई बाँध नहर	झाँसी	पथरई

उत्तर प्रदेश की प्रमुख झीलों की सूची

झील/ताल/कुण्ड	शहर
रामगढ़ताल व चलुवाताल	गोरखपुर
पार्वती व अरंगा ताल	गोंडा
सौज झील	मैनपुरी
जिर्गो व सरसी जलाशय, टांडा डरती ताल (दरारगर्त)	मिर्जापुर
भुगेताल, वसैथाताल, समसपुर झील	रायबरेली
ललौर झील	बरेली
ठिठोरा झील, मोराय ताल	फतेहपुर
बेती, अजगरा व नइया झील	प्रतापगढ़
सुरहा ताल	बलिया
मोती और गौर झील	रामपुर
शुक्रताल	मुजफ्फरनगर
रामताल	मेरठ
कीठम ताल	आगरा
शेखा झील (राष्ट्रीय पक्षी विहार के रूप में विकासाधीन)	अलीगढ़
गोविन्द बल्लभ पंत सागर (कृत्रिम झील)	सोनभद्र
अलवारा झील (विदेशी पक्षियों का आगमन स्थल)	कौशाम्बी
औंधी ताल	वाराणसी
राजा का बांध, लौंधी व भोजपुर ताल	सुल्तानपुर
दरवन झील	फैजाबाद (अयोध्या)
बल हापारा झील	कानपुर
बखिरा झील	संत कबीर नगर
करेला व इतौजा झील	लखनऊ
नवाबगंज झील, कुंद्रा समुद्र	उन्नाव
बड़ाताल (गौखुर)	शाहजहाँपुर
पयाग झील	बहराइच
लक्ष्मीताल, बरुआसागर व भसनेह जलाशय	झाँसी
सागर ताल	बदायूँ
मदन सागर	महोबा
पगैली फुल्हर या गोमती ताल (गोमती नदी का उद्गम स्थल)	पीलीभीत
दहर झील, भजवान झील (साईं नदी)	हरदोई
देवरिया ताल	कन्नौज
भीखा झील, सरसई नावर	इटावा
सीता कुण्ड (मिश्रिख), चक्र कुण्ड (नैमिषारण्य)	सीतापुर
सीताकुण्ड, भरतकुण्ड	अयोध्या
राधाकुण्ड, श्यामकुण्ड, गोविन्द कुण्ड व मानसी गंगा कुण्ड	गोवर्धन, मथुरा
कोकिला कुण्ड, कृष्णा कुण्ड	कोकिला वन, मथुरा
नौह झील	मथुरा

उत्तर प्रदेश में झीलें

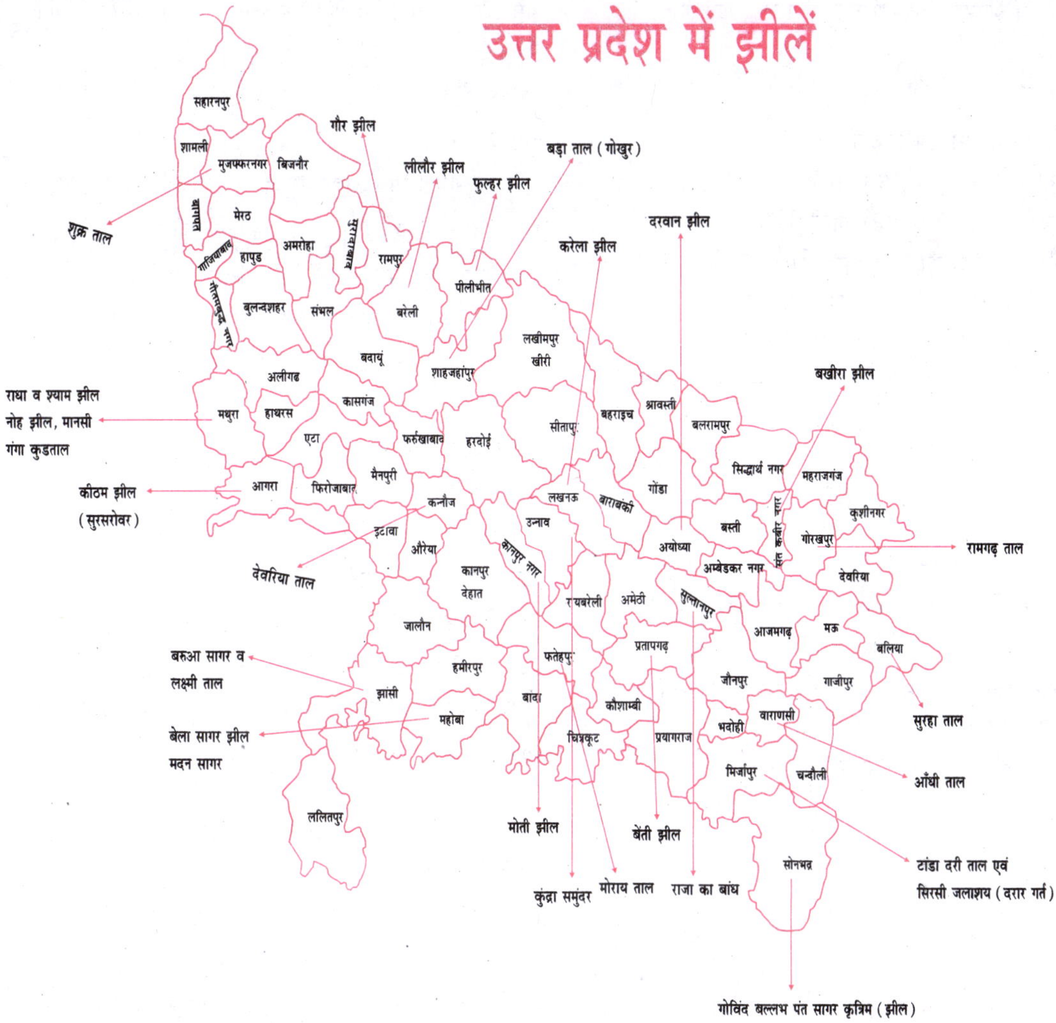

परीक्षोपयोगी महत्त्वपूर्ण प्रश्न

1. उत्तर प्रदेश में बहने वाली पवित्र नदी गंगा किन नदियों के मिलने से बनी है?
   (a) अलकनन्दा, भागीरथी (b) भागीरथी, गंगोत्री
   (c) देववाहिनी, भागीरथी (d) भागीरथी, मन्दाकिनी

2. उत्तर प्रदेश राज्य में परीछा बाँध किस नदी पर बनाया गया है? **UP Lower Sub. 30/09/2019**
   (a) शारदा (b) चम्बल
   (c) बेतवा (d) घाघरा

3. माताटीला बहुउद्देशीय परियोजना किस नदी पर हैं?
   (a) केन (b) चंबल
   (c) बेतवा (d) यमुना

4. उत्तर प्रदेश राज्य में निम्नलिखित में से सबसे ऊँचा बाँध कौन-सा है? **Tubewell Operator 09/08/2015**
   (a) माताटीला बाँध (b) राम गंगा बाँध
   (c) मेजा बाँध (d) रिहन्द बाँध

5. उत्तर प्रदेश की सबसे लम्बी नहर है-
   (a) घाघरा नहर (b) केन नहर
   (c) निचली गंगा नहर (d) शारदा नहर

6. उत्तर प्रदेश में सिंचाई का सबसे बड़ा स्रोत है-
   (a) कुँआ (b) तालाब
   (c) नहर (d) नलकूप

7. निम्नलिखित में से कौन-सी नदी उत्तर प्रदेश में बीहड़ का निर्माण करती है? **चकबन्दी लेखपाल 08/11/2015**
   (a) यमुना (b) गोमती
   (c) हिण्डन (d) गंगा

8. केन नदी किस जनपद में यमुना नदी से मिल जाती है?
(a) झाँसी (b) ललितपुर
(c) गोण्डा (d) बाँदा

9. गोमती नदी का उद्‌गम स्थल कहाँ है?
(a) श्रावस्ती (b) बरेली
(c) कन्नौज (d) पीलीभीत

10. रामगंगा और गंगा नदी का संगम कहाँ होता है?
(a) बरेली के निकट (b) शाहजहांपुर के निकट
(c) हरदोई के निकट (d) कन्नौज के निकट

11. वह जिला जहाँ गंगा नदी उत्तर प्रदेश राज्य में प्रवेश करती है, वह है: **UPTET 2021, UPPSC RO/ARO Mains 2021**
(a) मेरठ (b) बुलंदशहर
(c) मथुरा (d) बिजनौर

12. प्रदेश की सबसे पुरानी नहर है–
(a) शारदा नहर (b) पूर्वी यमुना नहर
(c) आगरा नहर (d) ऊपरी गंगा नहर

13. निम्न में कौन उत्तर प्रदेश, मध्य प्रदेश एवं बिहार की संयुक्त परियोजना है?
(a) बाणसागर बाँध एवं नहर परियोजना
(b) रिहन्द परियोजना
(c) नगवाँ नहर परियोजना
(d) केन नहर परियोजना

14. कौन–सा विकल्प उत्तर प्रदेश के शहरों से उन नदियों के साथ मेल खाता है जिनके किनारे वे शहर स्थित हैं?
UPSSSC ग्राम विकास अधिकारी 22/12/2018

क्र.सं.	नदी	क्र.सं.	शहर
A	गंगा	1	जौनपुर
B	राप्ती	2	बिठूर
C	गोमती	3	प्रतापगढ़
D	सई	4	गोरखपुर

(a) A-4; B-3; C-2; D-1 (b) A-2; B-4; C-1; D-3
(c) A-3; B-4; C-1; D-2 (d) A-2; B-1; C-4; D-3

15. निम्नलिखित में से कौन–सी नहर बुलंदशहर जिले के नरौरा नामक स्थान से निकाली गई है?
(a) ऊपरी गंगा नहर (b) निचली गंगा नहर
(c) पूर्वी यमुना नहर (d) आगरा नहर

16. यमुना नदी उत्तर प्रदेश में कौन–से जनपद से प्रवेश करती है–
(a) बिजनौर (b) मुजफ्फरनगर
(c) सहारनपुर (d) मुरादाबाद

17. यमुना नदी उत्तर प्रदेश के किस जनपद में गंगा में मिल जाती है?
(a) कानपुर (b) फतेहपुर
(c) इलाहाबाद (d) आगरा

18. रानी लक्ष्मीबाई बाँध अवस्थित है–
(a) टोंस नदी पर (b) केन नदी पर
(c) बेतवा नदी पर (d) रिहंद नदी पर

19. उत्तर प्रदेश में सर्वप्रथम नलकूपों का प्रयोग कहाँ शुरू हुआ?
(a) मेरठ (b) सहारनपुर
(c) मुजफ्फरनगर (d) प्रयागराज

20. पवित्र शालिग्राम पत्थर किस नदी में पाए जाते हैं?
(a) गोमती (b) शारदा
(c) गंडक (d) घाघरा

21. गोविंद बल्लभ पंत सागर कहाँ स्थित है?
(a) मिर्जापुर में (b) ललितपुर में
(c) बुलंदशहर में (d) सोनभद्र में

22. मेजा जलाशय का निर्माण किस नदी पर किया गया है?
(a) पथराई नदी (b) शहजाद नदी
(c) बेलन नदी (d) कर्मनाशा नदी

23. उत्तर प्रदेश में सर्वाधिक नहरें प्रदेश के किस भाग में पाई जाती हैं?
(a) पूर्वी भाग (b) दक्षिणी भाग
(c) पश्चिमी भाग (d) उत्तरी भाग

24. रामगंगा नदी उत्तर प्रदेश के किस जनपद से राज्य में प्रवेश करती हैं?
(a) मुरादाबाद (b) बिजनौर
(c) कन्नौज (d) फतेहपुर

25. बाण सागर परियोजना किस नदी पर स्थित है?
(a) बेतवा (b) रिहंद
(c) सोन (d) यमुना

26. घाघरा नदी का उद्‌गम स्थान कहाँ है?
(a) मापचा चुंगो (b) त्रिवेणी
(c) मानसरोवर (d) अमरकंटक

27. ओबरा बाँध किस नदी पर स्थित है?
(a) गंगा (b) यमुना
(c) रिहंद (d) गोमती

28. गंगा नदी उत्तर प्रदेश के कितने जिलों से होकर बहती है?
(a) 26 (b) 27
(c) 28 (d) 29

29. यमुना नदी प्रदेश के कितने जिलों से होकर बहती है?
(a) 19 (b) 20
(c) 21 (d) 22

30. हथिनीकुंड परियोजना किस नदी पर स्थित है?
(a) यमुना (b) रामगंगा
(c) सरयू (d) गंगा

31. सरयू नदी किस नदी की सहायक नदी है?
SSC GD 16/11/2021
(a) पिंडर (b) भागीरथी
(c) टोंस (d) शारदा

32. घाघरा नदी उत्तर प्रदेश के किस जनपद से राज्य में प्रवेश करती है?
(a) छपरा (b) लखीमपुर खीरी
(c) लखनऊ (d) बलरामपुर

33. शारदा नदी किस जिले से उत्तर प्रदेश में प्रवेश करती है?
(a) पीलीभीत (b) बरेली
(c) लखीमपुर खीरी (d) रामपुर

34. लखनऊ शहर किस नदी के तट पर बसा हुआ है?
(a) यमुना नदी (b) सरस्वती नदी
(c) गोमती नदी (d) गंगा नदी

35. कानपुर शहर किस नदी के किनारे स्थित है?
(a) चंबल नदी (b) गंगा नदी
(c) साबरमती नदी (d) यमुना नदी

36. गंगा नदी की निम्न में से कौन-सी सहायक नदी नहीं है?
(a) घाघरा (b) यमुना
(c) गोमती (d) चम्बल

37. उद्गम स्रोतों के आधार पर उत्तर प्रदेश में कितने प्रकार की नदियाँ पाई जाती हैं?
(a) 2 (b) 3
(c) 4 (d) 5

38. निम्नलिखित में से कौन-सा नगर गंगा के किनारे स्थित नहीं है?
(a) कानपुर (b) कौशाम्बी
(c) कन्नौज (d) गाजीपुर

39. बेतवा नदी उत्तर प्रदेश के किस जिले में यमुना नदी में मिलती है?
(a) झाँसी (b) इटावा
(c) जालौन (d) हमीरपुर

40. उत्तर प्रदेश में बहने वाली गोमती नदी, किस स्थान पर गंगा नदी से मिलती है?
(a) कन्नौज (b) प्रयागराज
(c) गाजीपुर (d) इनमें से कोई नहीं

41. निम्न में से कौन-सी यमुना की सहायक नदी नहीं है?
UP Police Constable 2018
(a) कल्याणी (b) बेतवा
(c) केन (d) चंबल

42. निम्न में से किस नदी के तट पर गोरखपुर स्थित है-
(a) सरयू (b) गंडक
(c) राप्ती (d) घाघरा

43. देश में नलकूपों द्वारा सर्वाधिक सिंचित क्षेत्रफल है-
(a) उत्तर प्रदेश में (b) बिहार में
(c) हरियाणा में (d) पंजाब में

44. शुक्रताल किस स्थान पर स्थित है?
(a) मुजफ्फरनगर (b) रुड़की
(c) मुरादनगर (d) हरिद्वार

45. फुल्हर झील प्रदेश के किस जनपद में स्थित है?
(a) पीलीभीत (b) सुलतानपुर
(c) आगरा (d) लखनऊ

46. उत्तर प्रदेश में झीलों के संदर्भ में कौन-से विकल्प सही सुमेलित हैं?
1. रामगढ़ - गोरखपुर 2. मानसीगंगा - मथुरा
3. लक्ष्मीताल - झाँसी 4. मदन सागर - महोबा
(a) 2 और 3 (b) 1 और 2
(c) 1, 2 और 3 (d) सभी चारों

47. निम्नलिखित में से कौन-सी मानव निर्मित झील है?
(a) रिवालसर (b) रेणुका
(c) गोबिंद सागर (d) नाको

48. उत्तर प्रदेश की निम्नलिखित नदियों में कौन-सी पर्यावरण प्रदूषण के कारण 'जैविक आपदा' घोषित हो गई है?
UPPSC 2018
(a) गोमती (b) सई
(c) तमसा (d) यमुना

49. उत्तर प्रदेश में स्थित 'अयोध्या' नगर किस नदी के किनारे स्थित है?
UP Police Constable 2013
(a) सरयू (b) यमुना
(c) गंगा (d) गोमती

50. उत्तर प्रदेश में स्थित सबसे ऊँचा बाँध कौन-सा है?

UPPSC Mains 2017

(a) मेजा (b) रामगंगा
(c) माताटीला (d) रिहन्द

51. राजघाट बाँध तथा नहर परियोजना, उत्तर प्रदेश तथा मध्य प्रदेश सरकार के बराबर-बराबर सहयोग वाली संयुक्त परियोजना है, जोकि बनी है-

UPPSC 2016

(a) बेतवा नदी पर (b) चम्बल नदी पर
(c) केन नदी पर (d) यमुना नदी पर

52. निम्नलिखित में से कौन-सी नदी उत्तर प्रदेश राज्य से प्रवाहित नहीं होती है?

UPPSC RO/ARO Pre. 05/12/2021

(a) सोन नदी (b) हिण्डन नदी
(c) गण्डक नदी (d) शारदा नदी

53. निम्न राज्यों में से कौन ट्यूबवेल सिंचाई के क्षेत्र में सर्वोच्च है?

UPPSC RO/ARO Pre. 05/12/2021

(a) बिहार (b) उत्तर प्रदेश
(c) हरियाणा (d) उत्तराखंड

54. उत्तर प्रदेश राज्य में कुल सिंचित क्षेत्र का नहर सिंचाई क्षेत्र लगभग कितने प्रतिशत है?

UPPSC RO/ARO Pre. 20/09/2020

(a) 27% (b) 28%
(c) 29% (d) 30%

55. सिंगरौली लघु जल विद्युत परियोजना अवस्थित है?

UPPSC RO/ARO Pre. 17/02/2019

(a) बिहार (b) उत्तर प्रदेश
(c) मध्य प्रदेश (d) छत्तीसगढ़

उत्तरमाला

1.	(a)	**2.**	(c)	**3.**	(c)	**4.**	(b)	**5.**	(d)	**6.**	(d)	**7.**	(b)	**8.**	(d)	**9.**	(d)	**10.**	(d)
11.	(d)	**12.**	(b)	**13.**	(a)	**14.**	(b)	**15.**	(b)	**16.**	(c)	**17.**	(c)	**18.**	(c)	**19.**	(a)	**20.**	(c)
21.	(d)	**22.**	(c)	**23.**	(c)	**24.**	(b)	**25.**	(c)	**26.**	(a)	**27.**	(c)	**28.**	(c)	**29.**	(b)	**30.**	(a)
31.	(d)	**32.**	(b)	**33.**	(a)	**34.**	(c)	**35.**	(b)	**36.**	(c)	**37.**	(b)	**38.**	(b)	**39.**	(d)	**40.**	(c)
41.	(a)	**42.**	(c)	**43.**	(a)	**44.**	(a)	**45.**	(a)	**46.**	(d)	**47.**	(c)	**48.**	(d)	**49.**	(a)	**50.**	(b)
51.	(a)	**52.**	(c)	**53.**	(b)	**54.**	(d)	**55.**	(b)										

3 अध्याय उत्तर प्रदेश: वन, वनस्पति एवं वन्य जीव

भारत की प्रथम वन नीति 1952 में अपनायी गयी इसके पश्चात् वर्ष 1988 में इसे संशोधित कर द्वितीय वन नीति अपनायी गयी।

राष्ट्रीय वन नीति 1988 के अनुसार देश का 33% भू-भाग वनाच्छादित होना चाहिए।

इंडिया स्टेट ऑफ फॉरेस्ट रिपोर्ट-2021 (ISFR-2021):

- भारतीय वन सर्वेक्षण 2021 द्वारा जारी इंडिया स्टेट ऑफ फॉरेस्ट रिपोर्ट (ISFR-2021) के अनुसार उत्तर प्रदेश के वन क्षेत्र का भौगोलिक क्षेत्र के सापेक्ष प्रतिशत 7.35% (या 17707.51 वर्ग किमी., कुल 2,40,928 वर्ग किमी. में से) है, तथा उत्तर प्रदेश का कुल वनाच्छादित क्षेत्र प्रदेश के कुल भौगोलिक क्षेत्र का 6.15% (या 14,818 वर्ग किमी., कुल 2,40,928 वर्ग किमी. में से) है।
- भारत का कुल वन क्षेत्र 21.71% (या 7,13,789 वर्ग किमी. कुल 32,87,469 वर्ग किमी. में से) है, तथा कुल वनाच्छादित क्षेत्र 21.67% (या 7,12,256 वर्ग किमी.; 32,87,469 वर्ग किमी. में से) है।
- 17 राज्यों/केन्द्र शासित प्रदेशों का 33% से अधिक भौगोलिक क्षेत्र वनाच्छादित है। इनमें से पांच राज्यों/केन्द्र शासित प्रदेशों में से 5 राज्यों/केन्द्र शासित प्रदेशों में 75% से अधिक वन क्षेत्र हैं। सबसे अधिक वनावरण वाला केन्द्र शासित प्रदेश (% क्षेत्रफल की दृष्टि से) लक्षद्वीप और राज्य मिजोरम तथा सबसे कम वनावरण वाला राज्य हरियाणा है।
- क्षेत्रफल की दृष्टि से सर्वाधिक वनावरण मध्य प्रदेश में 7748 वर्ग किमी. है।
- भारत में वन क्षेत्र से भूमि क्षेत्र के प्रतिशत में अधिकतम बढ़ोत्तरी के मामले में शीर्ष राज्य निम्न है:
  - आंध्र प्रदेश (647 वर्ग किमी.)
  - तेलंगाना (632 वर्ग किमी.)
  - ओडिशा (537 वर्ग किमी.)

रिपोर्ट के अनुसार उत्तर प्रदेश में:

- आरक्षित वन क्षेत्र - 68.74% (12116 वर्ग किमी.)
- संरक्षित वन क्षेत्र - 2.02% (356 वर्ग किमी.)
- अवर्गीकृत एवं निहित वन क्षेत्र - 29.24% (5155 वर्ग किमी.)

इंडिया स्टेट ऑफ फॉरेस्ट रिपोर्ट-2019 (ISFR-2019):

- भारतीय वन सर्वेक्षण 2019 द्वारा जारी इंडिया स्टेट ऑफ फॉरेस्ट रिपोर्ट (ISFR-2019) के अनुसार उत्तर प्रदेश का कुल वन क्षेत्र (16582 वर्ग किमी.) उसके भौगोलिक क्षेत्रफल का 6.88% हैं।
- इंडिया स्टेट ऑफ फॉरेस्ट रिपोर्ट 2019 (ISFR-2019) के अनुसार उत्तर प्रदेश का कुल वनावरण भाग (14805.65 वर्ग किमी.) उसके कुल क्षेत्रफल का 6.25% है।

रिपोर्ट के अनुसार उत्तर प्रदेश में:

- आरक्षित वन क्षेत्र - 72.79%
- संरक्षित वन क्षेत्र - 6.98%
- अवर्गीकृत वन क्षेत्र - 20.23%

- **अति सघन वन:** 1.09% (2616.43 वर्ग किमी.)
- **मध्यम सघन वन:** 1.69% (4080.04 वर्ग किमी.)
- **खुले वन:** 3.37% (8109.18 वर्ग किमी.)

परीक्षोपयोगी तथ्य

- अधिकतम वनावरण वाला जिला - सोनभद्र है।
- न्यूनतम वनावरण वाला जिला - भदोही है।
- प्रदेश में सबसे अधिक वन भाबर तथा तराई क्षेत्रों में मिलते हैं।
- सबसे अधिक अति सघन वन क्षेत्र - लखीमपुर खीरी में पाये जाते हैं।
- मध्यम वन क्षेत्र एवं खुला वन क्षेत्र - सोनभद्र में पाया जाता है।

उत्तर प्रदेश के वनों को मुख्य रूप से निम्न तीन भागों में विभाजित किया जा सकता है-

- उष्णकटिबंधीय नम (आर्द्र) पर्णपाती वन
- उष्णकटिबंधीय शुष्क पर्णपाती वन
- उष्णकटिबंधीय कांटेदार वन

- नम (आर्द्र) पर्णपाती वन भाबर तथा तराई क्षेत्रों में पाये जाते हैं। आर्द्र पर्णपाती वनों में बांस, बेंत, जामुन, आंवला, महुआ, सेमल, बेर, पलाश, गूलर, इमली आदि के वृक्ष मिलते हैं।
- शुष्क पर्णपाती वन प्रदेश के पूर्व, मध्य एवं पश्चिमी मैदानों में मिलते हैं। इन वनों में पीपल, नीम, बेल, अंजीर, अमलतास आदि के वृक्ष मिलते हैं।

- प्रदेश के दक्षिणी भाग में जहां पर औसत वार्षिक वर्षा 50-75 सेमी. होती है वहां कंटीली झाड़ियों वाले वन मिलते हैं। इनमें अकेसिया, कत्था, धामन, यूफोर्बिया, नीम आदि के वृक्ष मिलते हैं।

वनों से प्राप्त उत्पाद

- बेंत, यूकेलिप्टस एवं बांस के वृक्षों से प्राप्त कच्चे माल द्वारा कागज बनाया जाता है।
- तेंदू वृक्ष के पत्तों द्वारा बीड़ियाँ बनाई जाती हैं।
- सिदार, देवदार, कैल तथा साइपरस की लकड़ी से पेंसिल बनाई जाती है।
- साखू तथा महुए के पत्तों से पत्तल व दोने बनाए जाते हैं।
- पॉपलर वृक्षों की लकड़ी दिया-सलाई और प्लाई के निर्माण में प्रयोग की जाती है। इसके अलावा तनु, बहेड़ा तथा सागौन की लकड़ी से भी प्लाई वुड का निर्माण किया जाता है।
- बबूल की छाल से प्राप्त रंगों से चमड़े की रंगाई की जाती है।
- खैर वृक्ष के रस से कत्था बनाया जाता है।
- रबड़ वृक्ष के रस से रबड़ तथा ताड़ एवं खजूर के रस से ताड़ी प्राप्त की जाती है।
- चीड़ के पेड़ से निकलने वाले तरल से विरोजा तथा तारपीन का तेल प्राप्त होता है।
- चीड़, देवदार, सागौन, साल के वृक्षों का उपयोग इमारती लकड़ी के रूप में किया जाता है।

उत्तर प्रदेश में वनों पर आधारित प्रमुख उद्योग निम्न हैं:

- खेल के सामान के उत्पादन का प्रमुख केंद्र - मेरठ
- लकड़ी के खिलौने - सोनभद्र, वाराणसी
- कागज उत्पादन का प्रमुख केंद्र - सहारनपुर
- चीनी मिट्टी के खिलौने तथा बीड़ी - मिर्जापुर, झांसी, सहारनपुर, बरेली
- माचिस, फर्नीचर, कत्था, बेंत, प्लाईवुड - बरेली, नजीबाबाद, नगीना
- रेशम उत्पादन के प्रमुख केंद्र - सहारनपुर (शहतूती रेशम), सोनभद्र (टसर रेशम), चित्रकूट (एरी रेशम)
- **सामाजिक वानिकी योजना**, राष्ट्रीय कृषि आयोग के प्रयासों से उत्तर प्रदेश में 1976 में आरम्भ हुई। इसका प्रमुख उद्देश्य सामाजिक प्रयासों से वृक्षारोपण में वृद्धि करना था।
- उत्तर प्रदेश में **उत्तर प्रदेश वानिकी परियोजना** विश्व बैंक की सहायता से 19 मार्च 1998 में शुरू की गई।
- **ऑपरेशन ग्रीन योजना** 1 जुलाई 2001 से वृक्षारोपण द्वारा उत्तर प्रदेश के वनावरण में वृद्धि के लिए शुरू की गई थी।
- वानिकी प्रशिक्षण संस्थान, 1988 में किदवई नगर, कानपुर (उत्तर प्रदेश) में स्थापित किया गया था।

वृक्ष बंधु पुरस्कार योजना

- वृक्षारोपण तथा जीवों के संरक्षण हेतु वृक्ष बंधु पुरस्कार योजना 2007-08 से चलाई गयी, इस योजना के अंतर्गत बृक्षारोपण और वन्यजीव संरक्षण को बढ़ावा देने वाले व्यक्ति या संस्था को पुरस्कृत किया जाता है।

वीर अब्दुल हमीद वन, वन्य जीव एवं पर्यावरण संरक्षण पुरस्कार योजना

- वृक्षावरण बढ़ाने, वन्य जीवों तथा पर्यावरण संरक्षण हेतु प्रशंसनीय कार्य करने वाले व्यक्ति/संगठन को पुरस्कृत करने के उद्देश्य से वर्ष 2012-13 से योजना प्रारम्भ की गई है, जिससे समाज में वन एवं वन्य जीवों के संरक्षण की भावना जागृत होगी।
- वृक्षारोपण अभियान 2023 में प्रदेश का पौधारोपण लक्ष्य 35 करोड़ है।
- इस अभियान में पेड़ लगाओ, पेड़ बचाओ, हर खेत पर मेड़ पर पेड़, पेड़ रहेगा तो जीवन रहेगा आदि स्लोगन के माध्यम से जन मानस को जोड़ा जा रहा है।
- समस्त विभागों एवं स्वयं सेवी संस्थाओं तथा जन प्रतिनिधियों के सहयोग से वृहद् स्तर पर वृक्षारोपण अभियान के अंतर्गत दिनांक 22.07.2023 को एक ही दिन 30 करोड़ पौधों का रोपण।
- 15 अगस्त 2023 स्वतंत्रता दिवस के शुभ अवसर पर 5 करोड़ पौधों का रोपण।

वन्य जीव विहार/पक्षी विहार

- 1935 में देश का प्रथम वन्य जीव विहार तत्कालीन उत्तर प्रदेश लेकिन वर्तमान उत्तराखंड में **'मोतीचूर वन्य जीव विहार' (राजाजी राष्ट्रीय उद्यान)** के रूप में स्थापित किया गया।
- 1936 में एशिया का पहला राष्ट्रीय उद्यान **'हेली राष्ट्रीय उद्यान' (जिम कॉर्बेट नेशनल पार्क)** की स्थापना उत्तराखंड (तत्कालीन उत्तर प्रदेश) में की गई।
- **'दुधवा राष्ट्रीय उद्यान'** (490 वर्ग किमी.) प्रदेश का एकमात्र राष्ट्रीय उद्यान है। यह पीलीभीत तथा लखीमपुर खीरी जिलों में विस्तृत है। इसकी स्थापना 1968 में दुधवा पशु विहार के रूप में हुई थी। किंतु 1977 में इसे राष्ट्रीय उद्यान का दर्जा प्रदान किया गया। दुधवा राष्ट्रीय उद्यान में बारहसिंगा, हाथी, एक सींगी गैंडा, बाघ, अजगर तथा सांभर आदि जंतु पाए जाते हैं।
- 1957 में प्रदेश के प्रथम वन्य जीव विहार की स्थापना चंदौली में स्थित **'चंद्रप्रभा वन्य जीव विहार'** के रूप में की गई।
- राज्य का सबसे बड़ा वन्य जीव विहार **'हस्तिनापुर वन्य जीव विहार'** है।
- राज्य का सबसे छोटा वन्य जीव विहार **'महावीर स्वामी वन्य जीव अभयारण्य'** (ललितपुर) है।

- देश का प्रथम पक्षी विहार **'चंद्रशेखर आजाद पक्षी अभयारण्य'** (नवाबगंज, उन्नाव) है।
- प्रदेश का सबसे बड़ा पक्षी विहार **'लाख बहोशी पक्षी अभयारण्य'** (कन्नौज) है।
- प्रदेश का सबसे छोटा पक्षी विहार **'पटना पक्षी विहार'** (एटा) है।

उत्तर प्रदेश में टाइगर रिजर्व

- 1987 में दुधवा राष्ट्रीय उद्यान **(उत्तर प्रदेश का एकलौता राष्ट्रीय उद्यान)** को बाघ परियोजना (टाइगर रिजर्व) में शामिल किया गया। बाद में कतरनियाघाट वन्य जीव विहार तथा किशनपुर वन्य जीव विहार को भी इसी टाइगर रिजर्व के अंतर्गत लाया गया।
- 2012 में अमनगढ़ क्षेत्र (बिजनौर) को जिम कॉर्बेट टाइगर रिजर्व (उत्तराखंड) के बफर क्षेत्र के रूप में सम्मिलित किया गया। यह प्रदेश का दूसरा टाइगर रिजर्व है।
- 2014 में पीलीभीत-शाहजहांपुर के लगभग 730 वर्ग किमी. क्षेत्र को टाइगर रिजर्व का दर्जा दिया गया।
- 2022 में रानीपुर टाइगर रिजर्व उत्तर प्रदेश का चौथा एवं भारत का 53वां टाइगर रिजर्व बना है।

उत्तर प्रदेश के पक्षी विहार

पक्षी विहार	संबंधित जिले (स्थापना वर्ष)
नवाबगंज (शहीद चन्द्रशेखर आज़ाद) पक्षी विहार (सबसे पुराना)	उन्नाव (1984)
समसपुर पक्षी विहार	रायबरेली (1987)
लाख बहोशी पक्षी विहार (सबसे बड़ा, 80.24 वर्ग किमी.)	कन्नौज (1988)
बखीरा पक्षी विहार	संत कबीर नगर (1990)
सांडी पक्षी विहार	हरदोई (1990)
समान पक्षी विहार	मैनपुरी (1990)
पटना पक्षी विहार (सबसे छोटा, 1.09 वर्ग किमी.)	एटा (1990)
पार्वती अरंगा पक्षी विहार	गोंडा (1990)
ओखला पक्षी विहार	गौतमबुद्ध नगर (1990)
विजय सागर पक्षी विहार	महोबा (1990)
सूर सरोवर पक्षी विहार	आगरा एवं इटावा (1991)
सुरहा ताल (लोकनायक जयप्रकाश नारायण) पक्षी विहार	बलिया (1991)
डॉ. भीमराव अंबेडकर पक्षी विहार	प्रतापगढ़ (2003)
शेखा पक्षी विहार (शेखा झील)	अलीगढ़ (2016)

उत्तर प्रदेश के वन्य जीव विहार

वन्य जीव विहार	संबंधित जिले (स्थापना वर्ष)	जीवों के नाम
चंद्रप्रभा वन्य जीव विहार	चंदौली (1957)	सांभर, तेंदुआ, चीतल, भालू
किशनपुर वन्य जीव विहार	लखीमपुर खीरी (1972)	बारहसिंगा, शेर, चीतल
कतरनियाघाट वन्य जीव विहार	बहराइच (1976)	नीलगाय, बाघ, तेंदुआ, चीतल
रानीपुर वन्य जीव विहार	बांदा (1977)	काला हिरण, स्लॉथ भालू, तेंदुआ, चिंकारा
महावीर स्वामी वन्य जीव विहार **(सबसे छोटा, 5.4 वर्ग किमी.)**	ललितपुर (1977)	जंगली भालू, नीलगाय, काला हिरन, चिंकारा
चंबल वन्य जीव विहार	आगरा, इटावा (1979)	घड़ियाल, डॉल्फिन भेड़िया, मगर
कैमूर वन्य जीव विहार	मिर्जापुर, सोनभद्र (1982)	मोर, भालू, तेंदुआ, चिंकारा
हस्तिनापुर वन्य जीव विहार **(सबसे बड़ा, 2073 वर्ग किमी.)**	मेरठ, मुजफ्फरनगर, बिजनौर, हापुड़, मुरादाबाद, अमरोहा, गाजियाबाद (1986)	लकड़बग्घा, बारहसिंगा, नीलगाय
सोहागी बरवा वन्य जीव विहार	महराजगंज (1987)	अजगर, बाघ, तेंदुआ
सुहेलवा वन्य जीव विहार	गोंडा, श्रावस्ती, बलरामपुर (1988)	चीतल, शेर
कछुआ वन्य जीव विहार	वाराणसी (1989)	गंगा डॉल्फिन, कछुएँ की प्रजाति

उत्तर प्रदेश के प्रमुख वन्यजीव विहार एवं टाइगर रिजर्व

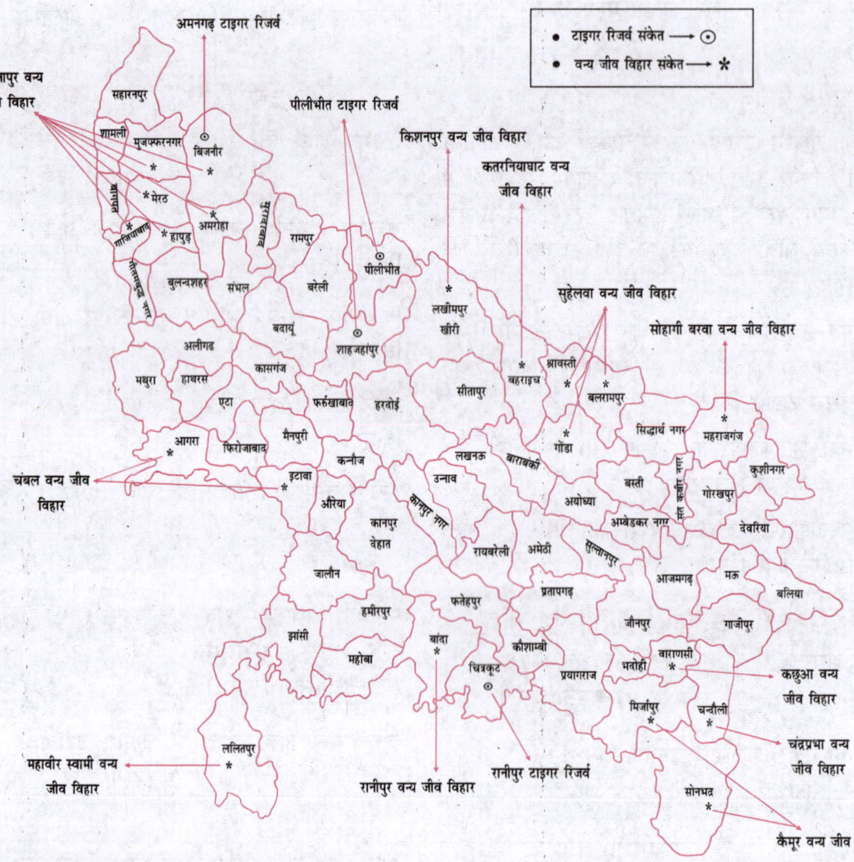

परीक्षोपयोगी महत्त्वपूर्ण प्रश्न

1. उत्तर प्रदेश वन निगम कब स्थापित किया गया?

UPSSSC Forest Guard 11/12/2015

(a) 25 नवम्बर, 1974 (b) 25 नवम्बर, 1975
(c) 25 नवम्बर, 1976 (d) 25 नवम्बर, 1977

2. दुधवा राष्ट्रीय उद्यान प्रदेश के निम्न में से किस जिले में स्थित है?

UPSSSC Lower Exam 21/10/2021

(a) लखीमपुर खीरी (b) इटावा
(c) गोरखपुर (d) इनमें से कोई नहीं

3. चन्द्रप्रभा मृगवन भारत के किस राज्य में स्थित है?

UPSSSC Forest Guard 11/12/2015

(a) उत्तर प्रदेश (b) राजस्थान
(c) मध्य प्रदेश (d) गुजरात

4. लाख बहोशी अभयारण्य .... में स्थित है।

(a) कन्नौज (b) ललितपुर
(c) आगरा (d) गोंडा

5. निम्नलिखित पक्षी अभयारण्यों में से कौन-सा उत्तर प्रदेश में स्थित नहीं है?

UPPSC ACF/RFO 2019

1. पटना पक्षी अभयारण्य
2. जयप्रकाश नारायण पक्षी अभयारण्य
3. चित्रांगुडी पक्षी अभयारण्य
4. उधवा पक्षी अभयारण्य

नीचे दिए गए कूटों में से सही उत्तर चुनिए–

कूटः

(a) 1 और 3 (b) 1 और 4
(c) 1 और 2 (d) 3 और 4

6. उत्तर प्रदेश में पहला गिद्ध संरक्षण केन्द्र कहाँ स्थापित किया गया है?

UPPSC ACF/RFO 2020

(a) सोनभद्र (b) बाँदा
(c) महराजगंज (d) मेरठ

7. 'विजय सागर पक्षी विहार' निम्नलिखित में से उत्तर प्रदेश के किस स्थान पर स्थित है?

UPPSC ACF/RFO 2021

(a) महोबा (b) मेरठ
(c) मुरादाबाद (d) महराजगंज

8. उत्तर प्रदेश में अमनगढ़ टाइगर रिजर्व निम्नलिखित में किस टाइगर रिजर्व का हिस्सा है?

UPPSC ACF/RFO 2021

(a) दुधवा (b) पीलीभीत
(c) जिम कॉर्बेट (d) राजाजी

9. निम्नलिखित में से कौन-सा पक्षी अभयारण्य उत्तर प्रदेश में स्थित है?

UPSSSC Forest Guard 21/08/2022

(a) वेदान्थंगल पक्षी अभयारण्य
(b) समसपुर पक्षी अभयारण्य
(c) जायकवाड़ी पक्षी अभयारण्य
(d) घटप्रभा पक्षी अभयारण्य

10. उत्तर प्रदेश में 'मयूर संरक्षण केंद्र' निम्नलिखित में से किस स्थान/जनपद में स्थित है?

(a) महोबा (b) मथुरा
(c) मैनपुरी (d) महराजगंज

11. उत्तर प्रदेश में, किस स्थल को रामसर स्थल के रूप में नामित किया गया है?

UPSSSC Lower Exam 28/07/2019

(a) पार्वती अरंगा (b) सूर सरोवर
(c) सुरहा ताल (d) ऊपरी गंगा नदी

12. उत्तर प्रदेश के तराई क्षेत्र में किस प्रकार के वन पाए जाते हैं?

(a) उष्णकटिबंधीय शुष्क पर्णपाती वन
(b) उष्णकटिबंधीय नम पर्णपाती वन
(c) उष्णकटिबंधीय कांटेदार वन
(d) इनमें से कोई नहीं

13. "सुरहा ताल पक्षी विहार" प्रदेश के कौन-से जनपद में स्थित है?

(a) प्रतापगढ़ में (b) सोनभद्र में
(c) आजमगढ़ में (d) बलिया में

14. प्रदेश का सबसे बड़ा पक्षी विहार है–

(a) समसपुर पक्षी विहार
(b) लाख बहोशी पक्षी विहार
(c) पार्वती अरंगा पक्षी विहार
(d) सूर सरोवर पक्षी विहार

15. प्रदेश का सबसे छोटा पक्षी विहार है–

(a) पटना पक्षी विहार
(b) सांडी पक्षी विहार
(c) डॉ. भीमराव अंबेडकर पक्षी विहार
(d) विजय सागर पक्षी विहार

16. प्रदेश का सबसे बड़ा वन्य जीव विहार है–

(a) चंद्रप्रभा वन्य जीव विहार
(b) महावीर स्वामी वन्य जीव विहार
(c) हस्तिनापुर वन्य जीव विहार
(d) कतरनियाघाट वन्य जीव विहार

17. उत्तर प्रदेश का सबसे छोटा वन्यजीव विहार है–

(a) महावीर स्वामी वन्यजीव विहार, ललितपुर
(b) रानीपुर वन्यजीव विहार, बाँदा
(c) चन्द्रप्रभा वन्यजीव विहार, चंदौली
(d) कतरनियाघाट वन्यजीव विहार, बहराइच

18. निम्नलिखित में से कौन-सा वृक्ष पर्यावरण के लिये खतरा है?

UPPSC Combined State Exam 12/06/2022

(a) नीम (b) यूकेलिप्टिस
(c) बबूल (d) केला

19. कृषि-वानिकी राष्ट्रीय अनुसंधान केंद्र .... में स्थित है।

(a) आगरा (b) झाँसी
(c) कानपुर (d) लखनऊ

20. वन प्रशिक्षण संस्थान की स्थापना 1988 में कहां की गई?

(a) कानपुर (b) लखनऊ
(c) सोनभद्र (d) लखीमपुर खीरी

21. प्रदेश का न्यूनतम वनावरण वाला जिला है–

(a) पीलीभीत (b) भदोही
(c) आगरा (d) मथुरा

22. प्रदेश का अधिकतम वनावरण वाला जिला है-

(a) मिर्जापुर (b) पीलीभीत
(c) चित्रकूट (d) सोनभद्र

23. उत्तर प्रदेश में सामाजिक वानिकी योजना कब शुरू की गई?

(a) 1980 (b) 1970
(c) 1976 (d) 1983

24. राज्य में 'बब्बर शेर सफारी' कहाँ पर स्थित है-

(a) महराजगंज में (b) इटावा में
(c) बलरामपुर में (d) पीलीभीत में

25. राष्ट्रीय वन नीति 1988 के अनुसार देश के कुल कितने क्षेत्रफल पर वनों का विस्तार होना चाहिए-

RSMSSB LDC 19/08/2018

(a) 22.22% क्षेत्र पर (b) 30.30% क्षेत्र पर
(c) 31.31% क्षेत्र पर (d) 33.33% क्षेत्र पर

26. उत्तर प्रदेश राज्य के कुल क्षेत्रफल का कितना 'वन क्षेत्र' है-

UPSSSC Forest Guard 11/12/2015

(a) लगभग 5.88% (b) लगभग 6.88%
(c) लगभग 10.8% (d) लगभग 9.01%

27. इंडिया स्टेट ऑफ फॉरेस्ट रिपोर्ट 2019 के अनुसार उत्तर प्रदेश में वनावरण व वृक्षावरण है-

(a) 6.15% (b) 3.05%
(c) 3.37% (d) 9.20%

28. उत्तर प्रदेश में सबसे अधिक अति सघन वन क्षेत्र मिलता है-

(a) सोनभद्र (b) पीलीभीत
(c) चंदौली (d) लखीमपुर खीरी

29. उत्तर प्रदेश में सर्वाधिक मध्यम वन एवं खुला वन क्षेत्र है-

(a) चंदौली (b) पीलीभीत
(c) मिर्जापुर (d) सोनभद्र

30. कागज बनाने के लिए कच्चे माल के रूप में प्रयुक्त महत्वपूर्ण घास .... है।

NVS TGT Social Science 2019

(a) सबाई (b) मुँज
(c) बाँस (d) केन

31. 'बीड़ी' बनाने के लिए किस पेड़ के पत्ते का उपयोग किया जाता है?

RSMSSB LDC 09/09/2018

(a) पलाश (b) ढोकड़ा
(c) तेंदू (d) सागौन

32. 'इंडिया स्टेट ऑफ फॉरेस्ट रिपोर्ट 2021' के अनुसार, कितने राज्यों/केन्द्र शासित प्रदेशों में उनके भौगोलिक क्षेत्र का 33% से अधिक क्षेत्रफल वन आच्छादित है?

UPPSC RO/ARO Mains 24/04/2022

(a) 23 (b) 17
(c) 13 (d) 7

33. 'पार्वती अरंगा' रामसर स्थल के संदर्भ में, निम्नलिखित में से कौन-सा/से कथन सही है/हैं?

UPPSC RO/ARO Mains 24/04/2022

1. यह एक पक्षी अभयारण्य है।
2. यह उत्तर प्रदेश के गोण्डा जिले में स्थित है।

नीचे दिए गए कूट से सही उत्तर चुनिए-

कूट:

(a) केवल 1 (b) केवल 2
(c) 1 तथा 2 दोनों (d) न तो 1, न ही 2

34. निम्नलिखित में से कौन-सा अभयारण्य सही सुमेलित नहीं है?

UPPSC RO/ARO Pre. 27/11/2016

पक्षी विहार	स्थान
(a) सांडी	हरदोई
(b) बखीरा	संत कबीर नगर
(c) समसपुर	रायबरेली
(d) नवाबगंज	इलाहाबाद

उत्तरमाला

1.	(a)	**2.**	(a)	**3.**	(a)	**4.**	(a)	**5.**	(d)	**6.**	(c)	**7.**	(a)	**8.**	(c)	**9.**	(b)	**10.**	(b)
11.	(a)	**12.**	(b)	**13.**	(d)	**14.**	(b)	**15.**	(a)	**16.**	(c)	**17.**	(a)	**18.**	(b)	**19.**	(b)	**20.**	(a)
21.	(b)	**22.**	(d)	**23.**	(c)	**24.**	(b)	**25.**	(d)	**26.**	(b)	**27.**	(d)	**28.**	(d)	**29.**	(d)	**30.**	(c)
31.	(c)	**32.**	(b)	**33.**	(c)	**34.**	(d)												

4
अध्याय

उत्तर प्रदेशः खनिज संसाधन

उत्तर प्रदेश के खनिज संसाधन

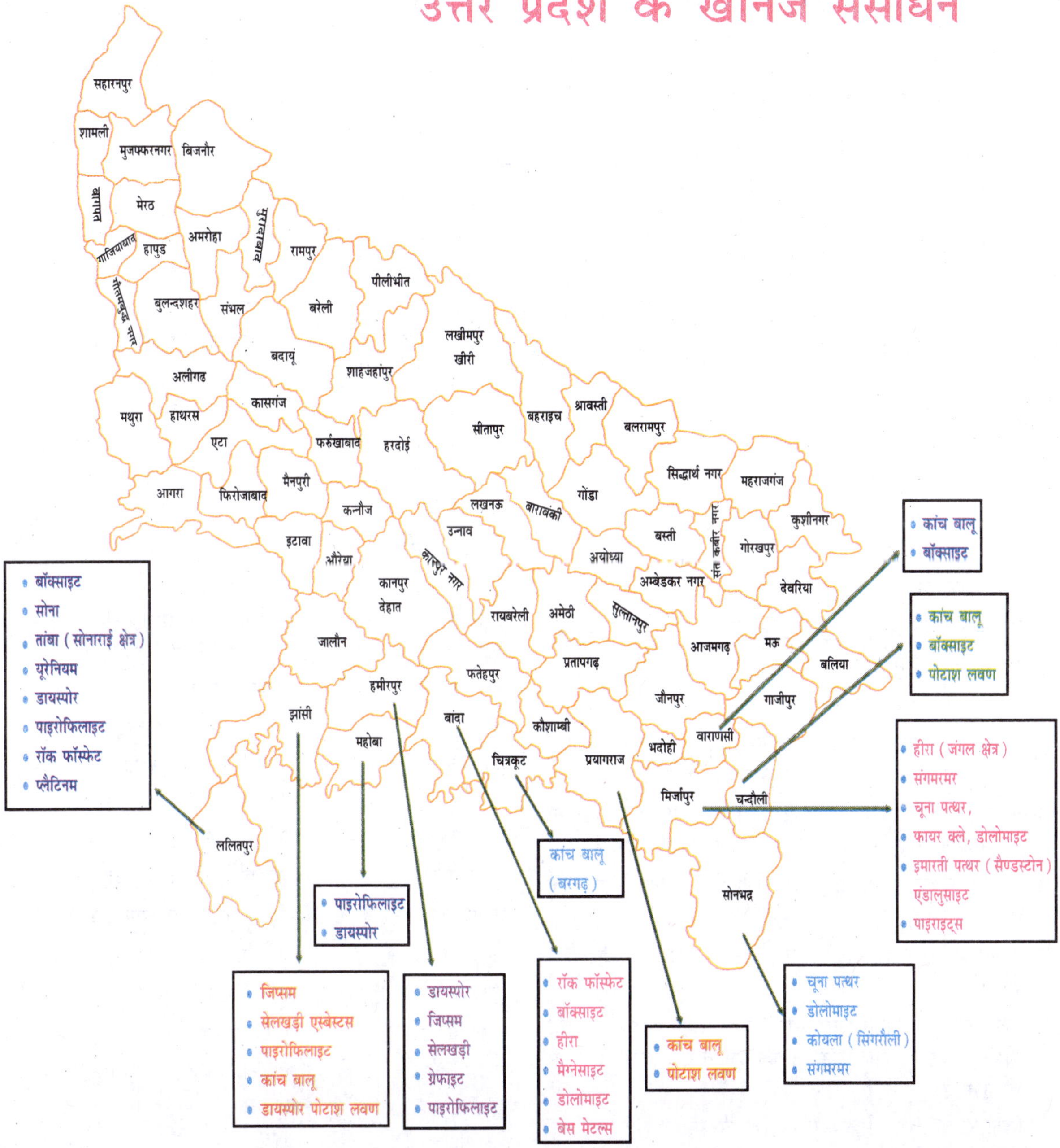

- उत्तर प्रदेश के विन्ध्य क्षेत्र की पर्वत शृंखला के मध्य विभिन्न प्रकार की खनिज सम्पदाओं का भण्डार है।
- प्रदेश में पाये जाने वाले प्रमुख खनिज चूना-पत्थर, डोलोमाइट, मैग्नेसाइट, बॉक्साइट, एंडालुसाइट, डायस्पोर, कोयला, यूरेनियम, सिलिका सैंड, गंधक व जिप्सम हैं।
- 1955 में भू-तत्व एवं खनिज कर्म निदेशालय की स्थापना प्रदेश में खनिज संपदा की खोज एवं उन पर आधारित उद्योगों के विकास के उद्देश्य से की गई थी।
- **उत्तर प्रदेश राज्य खनिज विकास निगम** की स्थापना वर्ष 1974 में की गई।

उत्तर प्रदेश खनिज नीति 1998:

- यह उत्तर प्रदेश राज्य की पहली खनिज नीति थी। इस नीति के अंतर्गत खनिज विकास को उद्योग का दर्जा दिया गया। इस नीति द्वारा प्रदेश के 10 जिलों- ललितपुर, जालौन, सोनभद्र, महोबा, हमीरपुर, बांदा, मिर्जापुर, झांसी, प्रयागराज तथा सहारनपुर को खनिज बाहुल्य क्षेत्र घोषित किया गया।

उत्तर प्रदेश खनन नीति 2017:

- इस नीति का मुख्य लक्ष्य आगामी पाँच वर्षो में राज्य की कुल राजस्व प्राप्ति में खनिजों से प्राप्त राजस्व को 1.85% से बढ़ाकर 3% तक करना है तथा खनिज क्षेत्र में रोजगार के अवसर को बढ़ावा देना है।
- भारत में होने वाले कुल खनिज उत्पादन में उत्तर प्रदेश का योगदान लगभग 4% है।
- बॉक्साइट, एल्यूमीनियम का अयस्क है। बॉक्साइट उत्तर प्रदेश के ललितपुर, वाराणसी, चंदौली, बांदा व चित्रकूट जिलों में पाया जाता है।
- पाइराइट्स प्रदेश के सोनभद्र और मिर्जापुर जिले में पाया जाता है।
- संगमरमर मिर्जापुर तथा सोनभद्र जिले में पाया जाता है।
- यूरेनियम ललितपुर जिले में पाया जाता है।
- डायस्पोर हमीरपुर, ललितपुर, झांसी, महोबा में पाया जाता है। इसके उत्पादन में प्रदेश का देश में प्रथम स्थान है।
- एंडालुसाइट सोनभद्र तथा मिर्जापुर में प्राप्त होता है। एंडालुसाइट के भंडारण की दृष्टि से प्रदेश का देश में प्रथम स्थान है।
- उ० प्र० में कोयले की प्राप्ति सिंगरौली क्षेत्र (सोनभद्र) से होती है।
- डोलोमाइट प्रदेश में सोनभद्र के कजराहट तथा बांदा जिले से प्राप्त होता है।
- डोलोमाइट का उपयोग इस्पात एवं लौह उद्योग में तथा पोर्टलैंड सीमेंट, प्लास्टर ऑफ पेरिस, गंधक का तेजाब आदि बनाने में भी होता है।
- मिर्जापुर के बांसी-मकरी-खोह क्षेत्र में फायर क्ले की भी मौजूदगी है।

पाइरोफिलाइट: यह खनिज प्रदेश के झांसी, ललितपुर, महोबा एवं हमीरपुर में पाया जाता है। इसका उपयोग कीटनाशकों के निर्माण तथा सिरेमिक उद्योग में किया जाता है।

चूना पत्थर: उत्तर प्रदेश के चूना पत्थर उत्पादक जिले मिर्जापुर एवं सोनभद्र है। चूना पत्थर के संचित भण्डार में उत्तर प्रदेश का दूसरा स्थान है। मिर्जापुर में चुनार, सोनभद्र में कजराहट तथा चुर्क और डल्ला प्रमुख चूना पत्थर उत्पादक क्षेत्र हैं। चूना पत्थर का उपयोग मुख्यत: सीमेंट बनाने में किया जाता है।

काँच बालू: इसे सिलिका सैंड भी कहते है जो गंगा एवं यमुना नदियों से प्राप्त होती है। इससे काँच बनाया जाता है। प्रदेश के अंतर्गत प्रयागराज जनपद के शंकरगढ़ क्षेत्र से काँच बालू (सिलिका सैंड) की प्राप्ति होती है। इसके अतिरिक्त काँच बालू के भण्डार चंदौली के चकिया क्षेत्र, झांसी के बाला बहेट एवं मुंडरी क्षेत्र तथा चित्रकूट के बरगढ़, लौहगढ़, धनद्रौल क्षेत्र से प्राप्त किया जाता है।

- चाइना क्ले मिर्जापुर, बांदा, सोनभद्र में पाया जाता है।

जिप्सम: जिप्सम राज्य के झाँसी तथा हमीरपुर जिलों में पाया है। इसका उपयोग मुख्यत: सीमेन्ट, गंधक तथा अमोनिया सल्फेट नामक रासायनिक पदार्थ के निर्माण में किया जाता है।

- तांबा आग्नेय तथा परतदार चट्टानों में पाया जाता है। यह प्रमुख रूप से ललितपुर के सोनराई क्षेत्र में पाया जाता है।
- एस्बेस्टस झांसी के बड़ागांव क्षेत्र तथा मिर्जापुर में प्राप्त होता है। इसका उपयोग सीमेंट तथा विद्युत उपकरणों के निर्माण में किया जाता है।
- हीरा-उत्तर प्रदेश में हीरा अल्प मात्रा में बांदा जिले में पाया जाता है।

खनिज	जिले
कोयला	सिंगरौली (सोनभद्र)
सिलिका सैंड (काँच बालू)	शंकरगढ़ (प्रयागराज), बांदा, चंदौली, झांसी, चित्रकूट
पाइराइट्स	सोनभद्र, मिर्जापुर
बॉक्साइट	चंदौली, बांदा, चित्रकूट, ललितपुर
चूना पत्थर	कजराहट (सोनभद्र), गुरुमा-कनाच- बाबूहारि (मिर्जापुर)
एंडालुसाइट	सोनभद्र, मिर्जापुर
फायर क्ले	सोनभद्र, बांसी-मकरी-खोह (मिर्जापुर)
पाइरोफिलाइट	महोबा, ललितपुर, झांसी, हमीरपुर
डोलोमाइट	चंदौली, बांदा, सोनभद्र, मिर्जापुर
रॉक फास्फेट	ललितपुर, बांदा
सेलखड़ी	झांसी, हमीरपुर
पोटाश लवण	चंदौली, बांदा, प्रयागराज, झांसी, सोनभद्र
फेल्सपार	झांसी

एस्बेस्टस	झांसी, मिर्जापुर
संगमरमर	सोनभद्र, मिर्जापुर
ग्रेफाइट	चुनार (मिर्जापुर), हमीरपुर
चाइना क्ले	सोनभद्र, बांदा, मिर्जापुर
डायस्पोर	ललितपुर, हमीरपुर, झांसी, महोबा
जिप्सम	हमीरपुर, झांसी
ग्रेनाइट	ललितपुर, महोबा, हमीरपुर, झांसी, बांदा
सैंड स्टोन	मिर्जापुर
प्लैटिनम	ललितपुर
मैग्नेसाइट	चंदौली, बांदा
यूरेनियम	ललितपुर
तांबा	सोनराई (ललितपुर)
सोना	शारदा तथा रामगंगा नदी के बालू में
गेरू	बांदा
कैल्साइट	मिर्जापुर
लौह अयस्क (हेमेटाइट, मैग्नेटाइट)	ललितपुर, मिर्जापुर
क्वार्ट्ज	झाँसी

परीक्षोपयोगी महत्त्वपूर्ण प्रश्न

1. उत्तर प्रदेश में वह कौन-सा एकमात्र क्षेत्र है जहाँ ताँबा पाया जाता है?

UPSSSC अमीन परिक्षा-2016

(a) बांदा (b) मिर्जापुर
(c) ललितपुर (d) बुलंदशहर

2. उत्तर प्रदेश में कोयले के भंडार पाए जाते हैं-
(a) विंध्य क्षेत्र में (b) बुंदेलखंड क्षेत्र में
(c) सिंगरौली क्षेत्र में (d) उपरोक्त सभी में

3. उत्तर प्रदेश का कौन-सा शहर सिलिका रेत के लिए प्रसिद्ध है?
(a) नैनी (b) मिर्जापुर
(c) बांदा (d) ललितपुर

4. सिलिका बालू खनिज का उत्पादन किस जिले से होता हैं?
(a) ललितपुर (b) गोरखपुर
(c) इलाहाबाद (d) मेरठ

5. उत्तर प्रदेश में ताँबा अयस्क निम्नलिखित में से किस क्षेत्र से प्राप्त होता है?
(a) सिंगरौली-मिर्जापुर (b) कजराहट-मिर्जापुर
(c) काजीगढ़ (d) सोनराई-ललितपुर

6. उत्तर प्रदेश में खनिज कर्म निदेशालय की स्थापना कब की गयी?
(a) 1950 (b) 1955
(c) 1960 (d) 1965

7. उत्तर प्रदेश की पहली खनिज नीति घोषित की गई-
(a) 1998 (b) 1999
(c) 2000 (d) 2001

8. उत्तर प्रदेश में राज्य खनिज निगम की स्थापना कब की गयी?
(a) 1974 (b) 1975
(c) 1978 (d) 1980

9. चूना पत्थर के भण्डार में देश में उत्तर प्रदेश को कौन-सा स्थान प्राप्त है?
(a) प्रथम (b) द्वितीय
(c) तृतीय (d) चतुर्थ

10. उत्तर प्रदेश में यूरेनियम उपलब्ध है-
(a) झाँसी जिले में (b) हमीरपुर जिले में
(c) मिर्जापुर जिले में (d) ललितपुर जिले में

11. काँच बालू (सिलिका सैंड) में उत्तर प्रदेश का कौन-सा स्थान है?
(a) प्रथम (b) द्वितीय
(c) तृतीय (d) चतुर्थ

12. उत्तर प्रदेश में पाइरोफिलाइट कहाँ से प्राप्त होता है?
(a) झांसी से (b) ललितपुर से
(c) महोबा से (d) उपर्युक्त सभी

13. प्रदेश में एंडालुसाइट प्राप्त होता है-
(a) सोनभद्र और मिर्जापुर से (b) ललितपुर और महोबा से
(c) झांसी और बांदा से (d) मिर्जापुर और हमीरपुर से

14. एंडालुसाइट के भंडारण की दृष्टि से प्रदेश का देश में स्थान है-
(a) प्रथम (b) द्वितीय
(c) तृतीय (d) चतुर्थ

15. निम्नलिखित में से कौन-सा एक खनिज उत्तर प्रदेश में नहीं पाया जाता है?

UPPSC 2014

(a) चूना पत्थर (b) अभ्रक
(c) बॉक्साइट (d) जिप्सम

16. उत्तर प्रदेश में पाए जाने वाले प्रमुख खनिज हैं-
(a) ताँबा तथा ग्रेफाइट
(b) लाइमस्टोन तथा डोलोमाइट
(c) रॉक फास्फेट तथा डोलोमाइट
(d) उपर्युक्त में से कोई नहीं

17. उत्तर प्रदेश की खनिज नीति के तहत कितने जिलों को खनिज बहुल क्षेत्र घोषित किया गया?

(a) 8 (b) 9

(c) 10 (d) 12

18. एस्बेस्टस खनिज की प्राप्ति प्रदेश के किस जिले से होती है?

(a) झाँसी (b) ललितपुर

(c) मिर्जापुर (d) सिंगरौली

19. उत्तर प्रदेश में सोना किस नदी-क्षेत्र से प्राप्त होता है?

(a) शारदा-रामगंगा नदी-क्षेत्र

(b) गोमती-घाघरा नदी-क्षेत्र

(c) शारदा-घाघरा नदी-क्षेत्र

(d) गोमती-शारदा नदी-क्षेत्र

20. प्रदेश में संगमरमर कहाँ उपलब्ध है?

(a) मिर्जापुर तथा सोनभद्र (b) आगरा तथा कानपुर

(c) मुरादाबाद तथा कन्नौज (d) इनमें से कोई नहीं

21. निम्न में से कौन सही सुमेलित नहीं है?

(a) कोयला-सोनभद्र

(b) बलुआ पत्थर-मिर्जापुर

(c) सिलिका बालू-इलाहाबाद

(d) यूरेनियम-झांसी

22. इफ्को यूरिया कारखाना उत्तर प्रदेश के निम्नलिखित में से किस स्थान पर है?

UPPSC RO/ARO Pre. 20/09/2020

(a) आंवला (b) ऊँचाहार

(c) जगदीशपुर (d) जमशेदपुर

उत्तरमाला

1.	(c)	**2.**	(c)	**3.**	(a)	**4.**	(c)	**5.**	(d)	**6.**	(b)	**7.**	(a)	**8.**	(a)	**9.**	(b)	**10.**	(d)
11.	(a)	**12.**	(d)	**13.**	(a)	**14.**	(a)	**15.**	(b)	**16.**	(b)	**17.**	(c)	**18.**	(c)	**19.**	(a)	**20.**	(a)
21.	(d)	**22.**	(a)																

5 अध्याय

उत्तर प्रदेशः ऊर्जा संसाधन

- किसी भी प्रदेश का सर्वांगीण विकास ऊर्जा संसाधनों पर निर्भर करता है। उत्तर प्रदेश में विद्युत ऊर्जा उत्पादन के दो प्रमुख तथा पारम्परिक स्त्रोत जल विद्युत एवं कोयला हैं। प्रदेश में ऊर्जा की बढ़ती हुई मांग की आपूर्ति हेतु ऊर्जा के गैर पारम्परिक स्त्रोतों जैसे- सौर ऊर्जा, पवन ऊर्जा, जैव ऊर्जा तथा भू-तापीय ऊर्जा संसाधनों का भी विकास किया जा रहा है।
- प्रदेश में विद्युत सुधारों के लिए पहला कदम वर्ष 1998 में उठाया गया था। केन्द्रीय विद्युत नियामक आयोग अधिनियम (CERC) 1998 के तहत शुल्कों के स्वतंत्रता पूर्वक निर्धारण के लिए उत्तर प्रदेश विद्युत नियामक आयोग का गठन किया गया। फलस्वरूप, प्रदेश में वर्ष 2000 में **उत्तर प्रदेश विद्युत सुधार अधिनियम, 1999** लागू किया गया। इस अधिनियम के अंतर्गत उत्तर प्रदेश राज्य विद्युत परिषद की सम्पतियों, अधिकारों, कर्मचारियों तथा दायित्वों को तीन निगमों में स्थानांतरित कर दिया गया, जो निम्नलिखित हैं-
- **उत्तर प्रदेश पॉवर कारपोरेशन लिमिटेडः** विद्युत के परिक्षण, वितरण एवं विद्युत प्रदाय कार्यों के लिए।
- **उत्तर प्रदेश जल विद्युत उत्पादन निगम लिमिटेडः** जल विद्युत के उत्पादन के लिए।
- **उत्तर प्रदेश राज्य विद्युत उत्पादन निगम लिमिटेडः** तापीय विद्युत के उत्पादन के लिए।

नोटः **उत्तर प्रदेश राज्य विद्युत उत्पादन निगम लिमिटेड** का गठन कम्पनी अधिनियम 1956 के अंतर्गत 25 अगस्त 1980 को हुआ था।

- **उत्तर प्रदेश सौर ऊर्जा नीति 2022:** 16 नवंबर, 2022 को उत्तर प्रदेश मंत्रिमंडल द्वारा उत्तर प्रदेश सौर ऊर्जा नीति, 2022 को स्वीकृति प्रदान कर दी गई है। उत्तर प्रदेश सौर ऊर्जा नीति, 2022 के क्रियान्वयन के लिए **उत्तर प्रदेश नवीन एवं नवीकरणीय ऊर्जा विकास अभिकरण (UPNEDA)** को नोडल एजेंसी के रूप में नामित किया गया है। इस नीति का लक्ष्य आगामी 5 वर्षो (2026-27 तक) में सौर परियोजनाओं से 22000 MW विद्युत उत्पादन का है।
- सोलर पार्क से 14000 MW, सोलर रूफटॉप आवासीय से 4500 MW, सोलर रूफटॉप अनावासीय से 1500 MW तथा PM Kusum योजना के तहत 2000 MW उत्पादन का लक्ष्य है।
- सौर ऊर्जा संयंत्रों के रख रखाव के लिए अतिरिक्त जनशक्ति का सृजन किया जाएगा। इसके लिए 30000 युवकों को प्रशिक्षण दिया जाएगा तथा सूर्य-मित्र का नाम दिया जाएगा।

उत्तर प्रदेश में विद्युत उत्पादनः

- **ताप विद्युतः** उत्तर प्रदेश राज्य विद्युत उत्पादन निगम लिमिटेड के अधीन निम्न ताप विद्युत संयंत्र है।

1. **हरदुआगंज ताप विद्युत गृहः** 1942 में इस विद्युत गृह की स्थापना अलीगढ़ में की गई थी। यह प्रदेश की सबसे पुरानी विद्युत गृह है। इसका पुनरूद्धार वर्ष 1967 में सोवियत संघ (USSR) की सहायता से किया गया था। हरदुआगंज ताप विद्युत गृह में 220 मेगावाट क्षमता की यूनिट स्थापित हैं। इस ताप विद्युत गृह में 2 × 250 मेगावाट की हरदुआगंज तापीय विस्तार-I परियोजना में वर्ष 2012 से विद्युत उत्पादन प्रारम्भ है। हरदुआगंज तापीय विस्तार-II परियोजना से 660 मेगावाट विद्युत उत्पादन वर्ष 2015-16 से प्रारम्भ है।
2. **ओबरा ताप विद्युत गृहः** इस विद्युत गृह का निर्माण 1967 में रूसी इंजीनियरों के समर्थन से शुरू किया गया था और 1971 तक पूरा कर लिया गया था। यह संयंत्र सिंगरौली कोयला क्षेत्र सोनभद्र के निकट स्थित है। इसकी कुल अधिष्ठापित क्षमता 1322 मेगावाट (MW) है।
3. **अनपरा ताप विद्युत परियोजनाः** अनपरा पॉवर प्लांट रिहंद जलाशय पर अनपरा (सोनभद्र) में स्थित है। अनपरा तापीय विद्युत परियोजना में अवस्था के अंतर्गत सात कोल-फार्यड थर्मल पावर प्लांट है। जिनकी कुल सृजन क्षमता 2630 मेगावाट (MW) है। अनपरा ताप विद्युत परियोजना की पाँच इकाईयों के लिए मशीनरी/उपकरण भारत हेवी इलेक्ट्रिकल्स लिमिटेड (BHEL) ने तथा अन्य दो इकाईयों के लिए जापान की मित्सुबिशी कॉरपोरेशन द्वारा उपलब्ध कराए गए हैं। इन सभी इकाइयों को कोयला की आपूर्ति NCL को ओपन कोयला खानों खरिया, ककड़ी एवं बीना से मैरी-गो-राउड प्रणाली के माध्यम से होती है। इसके अतिरिक्त अवस्था C में 2 इकाईयाँ लैंको इंफ्राटेक के स्वामित्व में है।
4. **पारीछा ताप विद्युत परियोजनाः** यह परियोजना झाँसी जिले में स्थित है। इस परियोजना की सभी छः इकाईयाँ कोयला संचालित ताप विद्युत गृह है जिनकी कुल सृजन क्षमता

1140 MW है। इन सभी इकाईयों को कोयला आपूर्ति BCCL, ICL द्वारा रेलवे के माध्यम से होती है।

5. **पनकी ताप विद्युत गृह:** पनकी ताप विद्युत गृह कानपुर में पनकी नामक स्थान पर स्थित है। इस परियोजना के विस्तार का कार्य निर्माणाधीन है। इसकी कुल अधिष्ठापित क्षमता 210 मेगावाट (MW) है। पनकी ताप विद्युत गृह में विस्तार परियोजना के अंतर्गत 660 मेगावाट (MW) क्षमता वाली इकाई भी स्थापित है।

❒ **उत्तर प्रदेश में राष्ट्रीय ताप विद्युत निगम (NTPC) की इकाईयाँ:**

इकाईयाँ	अवस्थिति/संबंधित जनपद
शक्तिनगर सुपर ताप विद्युत परियोजना	सोनभद्र
टांडा ताप विद्युत केन्द्र	अम्बेडकर नगर
दादरी ताप विद्युत परियोजना	गौतमबुद्ध नगर
ऊंचाहार ताप विद्युत परियोजना	रायबरेली
औरेया ताप विद्युत संयंत्र	औरेया
रिहन्द ताप विद्युत केन्द्र	सोनभद्र
आंवला ताप विद्युत परियोजना	बरेली
टांडा विस्तार ताप विद्युत गृह	टांडा, अम्बेडकर नगर **(निर्माणाधीन)**
मेजा संयुक्त ताप विद्युत गृह	प्रयागराज **(निर्माणाधीन)**
बिल्हौर संयुक्त ताप विद्युत संयंत्र	कानपुर **(निर्माणाधीन)**

नोट: उपरोक्त इकाईयों में दादरी संयंत्र में कोयला आधारित थर्मल प्लांट तथा गैस आधारित थर्मल प्लांट दोनों है। आंवला तथा औरेया संयंत्र गैस आधारित थर्मल प्लांट है तथा शेष कोयला आधारित थर्मल प्लांट है।

प्रदेश की कुछ निजी एवं संयुक्त क्षेत्र की परियोजनाएं:

❒ **बारा ताप विद्युत संयंत्र, प्रयागराज:** इसकी स्थापना जे.पी. ग्रुप द्वारा की गई थी। परन्तु इसका अधिग्रहण टाटा ग्रुप ने कर लिया है।

❒ **रोजा ताप विद्युत संयंत्र, शाहजहाँपुर:** इसकी स्थापना निजी क्षेत्र के आदित्य बिरला ग्रुप ने की थी। यह कोयला आधारित 1200 MW की परियोजना थी। वर्ष 2006 में इसका अधिग्रहण रिलायंस ग्रुप द्वारा कर लिया गया था।

❒ **घाटमपुर ताप विद्युत परियोजना, कानपुर:** इसकी स्थापना कानपुर जिले की घाटमपुर तहसील में की गई है। यह परियोजना नेवेली लिग्नाइट कॉरपोरेशन लिमिटेड और उत्तर प्रदेश राज्य विद्युत उत्पादन निगम लिमिटेड के संयुक्त उद्यम **'नेवेली उत्तर प्रदेश पॉवर लिमिटेड (NUPPL)'** द्वारा स्थापित की जा रही है।

❒ **मेजा ताप विद्युत परियोजना, प्रयागराज:** यह कोयला आधारित थर्मल पॉवर प्लांट है जो प्रयागराज के मेजा गांव में स्थित है। यह NTPC तथा उत्तर प्रदेश राज्य विद्युत उत्पादन निगम लिमिटेड की संयुक्त परियोजना है।

❒ **ललितपुर ताप विद्युत गृह:** बजाज ग्रुप द्वारा स्थापित किया गया है।

जल विद्युत:

❒ **रिहंद बांध जल विद्युत परियोजना:** इस परियोजना के अंतर्गत पिपरी (सोनभद्र) में रिहंद बांध तथा गोविंद वल्लभ पंत सागर नामक जलाशय आते हैं। इस योजना के अंतर्गत 50 MW × 6 = 300 MW के जल विद्युत गृह बनाए गए हैं।

❒ **ओबरा जल विद्युत परियोजना:** रिहंद बांध से लगभग 25 किमी. दूर रिहंद नदी पर ही ओबरा बांध बनाया गया है। यह परियोजना ओबरा (सोनभद्र) में स्थित है।

❒ **माताटीला जल विद्युत परियोजना:** यह परियोजना बेतवा नदी पर ललितपुर में स्थित है। **माताटीला उत्तर प्रदेश और मध्य प्रदेश की संयुक्त परियोजना है।**

❒ **राजघाट जल विद्युत परियोजना:** यह परियोजना बेतवा नदी पर ललितपुर में स्थित है। **यह परियोजना भी उत्तर प्रदेश और मध्य प्रदेश की संयुक्त परियोजना है।**

❒ **शीतला जल विद्युत परियोजना:** यह परियोजना झाँसी में स्थित है।

❒ **शारदा जल विद्युत परियोजना:** यह परियोजना शारदा नहर पर बनवासा (पीलीभीत) में स्थित है।

❒ **परीछा जल विद्युत परियोजना:** यह परियोजना झाँसी के समीप बेतवा नदी पर निर्माणाधीन है।

❒ **खारा जल विद्युत परियोजना:** यह परियोजना सहारनपुर में आसन नदी तथा पूर्वी यमुना नहर के संगम पर स्थित है।

❒ **गण्डक जल विद्युत परियोजना:** यह उत्तर प्रदेश एवं बिहार की संयुक्त परियोजना है। इस परियोजना के अन्तर्गत गण्डक नदी पर बाल्मीकि नगर (बिहार) में बांध बनाया गया है।

❒ **गंगा विद्युत क्रम:** प्रदेश में ऊपरी गंगा नहर पर सहारनपुर से अलीगढ़ के मध्य बांध बनाकर कृत्रिम झरनों की सहायता से जल विद्युत का उत्पादन किया जाता है।

नोट: 25 MW तक की जल विद्युत परियोजनाओं को लघु जल विद्युत परियोजनाओं के अंतर्गत रखा गया है।

परमाणु ऊर्जा:

❒ उत्तर प्रदेश का एकमात्र परमाणु विद्युत संयंत्र प्रदेश में बुलन्दशहर जिले के नरौरा नामक स्थान पर है। इसका संचालन न्यूक्लियर पॉवर कॉरपोरेशन ऑफ इंडिया लिमिटेड (NPCIL) द्वारा किया जाता है। नरौरा परमाणु विद्युत संयंत्र से ऊर्जा उत्पादन 1 जनवरी 1991 से आरम्भ हो गया था। संयंत्र में 220-220 MW क्षमता के दो परमाणु रिएक्टर है, जोकि दाबित भारी जल रिएक्टर है।

- गैर परंपरागत ऊर्जा विकास एजेंसी, उत्तर प्रदेश **(UPNEDA-Uttar Pradesh New and Renewable Energy Development Agency)** की स्थापना 1983 में की गई।

सौर ऊर्जा:

- 12 मार्च, 2018 को भारत के प्रधानमंत्री नरेन्द्र मोदी तथा फ्रांस के राष्ट्रपति इमैनुएल मैक्रोन ने उत्तर प्रदेश राज्य के सबसे बड़े 75 मेगावाट (101 मेगावाट डीसी) क्षमता के सौर ऊर्जा संयंत्र का उद्घाटन ग्राम-विजयपुर, जनपद-मिर्जापुर में किया।
- सौर ऊर्जा संभाव्यता की दृष्टि से उत्तर प्रदेश राज्य की अनुमानित सौर संभाव्यता 22.83 गीगावाट है। (31.12.2022) की स्थिति के अनुसार।
- **उत्तर प्रदेश में स्थित सौर पार्कों की सूची:**
  - जालौन सोलर पार्क
  - मिर्जापुर सोलर पार्क
  - कलपी सोलर पार्क
  - ललितपुर सोलर पार्क
  - झांसी सोलर पार्क
  - चित्रकूट सोलर पार्क
- उत्तर प्रदेश सौर ऊर्जा नीति-2022 के तहत उत्तर प्रदेश के निम्नलिखित शहर 'सौर शहर' के रूप में विकसित किये जायेंगे।
  - मेरठ
  - बरेली
  - मुरादाबाद
  - वाराणसी
  - मथुरा
  - अलीगढ़
  - सहारनपुर
  - फिरोजाबाद
  - कानपुर
  - मिर्जापुर
  - आजमगढ़
  - गाजियाबाद
  - लखनऊ
  - आगरा
  - मुजफ्फरनगर
  - झाँसी
  - अयोध्या

पवन ऊर्जा:

- **उत्तर प्रदेश राज्य में 50 मीटर की ऊँचाई पर स्थापित विण्ड मास्ट की सूची-**
  - सोनभद्र
  - इटावा
  - मिर्जापुर
  - रायबरेली
  - ललितपुर
  - फर्रूखाबाद
  - बदायूँ
  - आगरा
- **उत्तर प्रदेश राज्य में 80 मीटर की ऊँचाई पर स्थापित विण्ड मास्ट की सूची-**
  - गोण्डा
  - सिद्धार्थनगर
  - लखीमपुर
  - बलरामपुर
  - शाहजहाँपुर

परीक्षोपयोगी महत्त्वपूर्ण प्रश्न

1. निम्नलिखित में से कौन-सा नाभिकीय शक्ति संयंत्र उत्तर प्रदेश में स्थित है?

UPSSSC Forest Guard 21/08/2022

(a) कैगा (b) नरौरा
(c) कलपक्कम (d) काकरापार

2. ओबरा ताप विद्युत केंद्र की स्थापना किस देश के सहयोग से की गयी है?

(a) जर्मनी (b) जापान
(c) अमेरिका (d) सोवियत रूस

3. नरौरा आणविक संयंत्र अवस्थित है-

(a) मेरठ (b) अलीगढ़
(c) आगरा (d) बुलंदशहर

4. प्रदेश में वैकल्पिक ऊर्जा के विकास के लिए वैकल्पिक ऊर्जा विकास संस्थान की स्थापना कब की गई?

(a) 1982 (b) 1983
(c) 1986 (d) 1987

5. प्रदेश के एकमात्र परमाणु विद्युत ऊर्जा केंद्र नरौरा की प्रथम इकाई चालू हुई-

(a) 1989 (b) 1990
(c) 1991 (d) 1992

6. पनकी तापीय ऊर्जा स्टेशन कहाँ स्थित है?

(a) मध्य प्रदेश (b) उत्तर प्रदेश
(c) बिहार (d) महाराष्ट्र

7. उत्तर प्रदेश राज्य विद्युत परिषद् का गठन कब किया गया?

(a) 1959 (b) 1950
(c) 1906 (d) 1997

8. प्रदेश की किस नहर पर सर्वाधिक जल विद्युत उत्पादन केंद्र हैं?

(a) ऊपरी गंगा नहर (b) शारदा नहर
(c) यमुना नहर (d) निचली गंगा नहर

9. शहरी क्षेत्रों में विद्युत वितरण एवं वसूली हेतु फ्रेंचाइजी व्यवस्था सर्वप्रथम कहाँ लागू की गई?

(a) लखनऊ (b) मेरठ
(c) आगरा (d) वाराणसी

10. निम्नलिखित NTPC संयंत्रों में से कौन गैस आधारित नहीं है-

(a) औरैया (b) आंवला
(c) दादरी (d) टांडा

11. उत्तर प्रदेश में राज्य विद्युत उत्पादन निगम लिमिटेड अस्तित्व में कब आया?

(a) 2000 (b) 2002

(c) 2003 (d) 2004

12. प्रदेश का सबसे पुराना विद्युत गृह है-

(a) ओबरा ताप विद्युत गृह (b) हरदुआगंज ताप विद्युत गृह

(c) अनपरा ताप विद्युत गृह (d) पनकी ताप विद्युत गृह

13. परीछा तापीय परियोजना कहाँ स्थापित की गयी है?

(a) कन्नौज (b) सिंगरौली

(c) ओबरा (d) झाँसी

14. अनपरा 'डी' परियोजना का निर्माण किस देश के सहयोग से हो रहा है?

(a) जापान (b) रूस

(c) जर्मनी (d) अमेरिका

15. ओबरा जल विद्युत केंद्र किस नदी पर बनाया गया है?

(a) रिहंद (b) सोन

(c) कन्हार (d) टोंस

16. माताटीला विद्युत गृह किस नदी पर स्थापित किया गया?

(a) बेतवा (b) रिहन्द

(c) काली (d) शारदा

17. शारदा जल विद्युत परियोजना किस जनपद में है?

(a) वाराणसी (b) पीलीभीत

(c) मेरठ (d) सहारनपुर

18. निम्नलिखित में से कौन ऊर्जा का गैर परंपरागत स्रोत नहीं है?

SSC CGL 2016

(a) सौर ऊर्जा (b) प्राकृतिक गैस

(c) वायु ऊर्जा (d) ज्वार शक्ति

19. निम्नलिखित में से किस परियोजना में उत्तर प्रदेश, बिहार व नेपाल सम्मिलित हैं?

(a) गण्डक परियोजना (b) सिंगरौली परियोजना

(c) नरौरा परियोजना (d) टिहरी बाँध परियोजना

20. ऊँचाहार ताप विद्युत परियोजना स्थित है?

(a) बरेली में (b) रायबरेली में

(c) मिर्जापुर में (d) सोनभद्र में

21. आंवला ताप विद्युत परियोजना निम्न में से कहाँ स्थित है?

(a) बरेली (b) गाजियाबाद

(c) गौतमबुद्ध नगर (d) अम्बेडकर नगर

22. उत्तर प्रदेश के किस जिले में सर्वप्रथम सोलर ऊर्जा संयंत्र प्रारम्भ किया गया?

(a) आगरा (b) मथुरा

(c) अलीगढ़ (d) सहारनपुर

23. ललितपुर ताप विद्युत गृह किसके द्वारा स्थापित किया गया है?

(a) रिलायंस ग्रुप (b) बजाज ग्रुप

(c) जे.पी. ग्रुप (d) NTPC

24. बिड़ला समूह द्वारा उत्तर प्रदेश के किस स्थान पर 600 मेगावाट के ताप विद्युत केन्द्र की शुरुआत की गई थी?

(a) हरदुआगंज (b) रोजा

(c) प्रतापपुर (d) परीछा

25. निम्नलिखित में से कौन-सा कोयला आधारित बिजली संयंत्र उत्तर प्रदेश में स्थित है?

UPPSC RO/ARO Mains 24/04/2022

1. दादरी 2. सिंगरौली

3. विंध्याचल 4. डार्लीपाली

नीचे दिए गए कूट से सही उत्तर चुनिए-

(a) 1 और 2 (b) 2 और 3

(c) 3 और 4 (d) 2 और 4

उत्तरमाला

1.	(b)	2.	(d)	3.	(d)	4.	(b)	5.	(c)	6.	(b)	7.	(a)	8.	(a)	9.	(c)	10.	(d)
11.	(a)	12.	(b)	13.	(d)	14.	(a)	15.	(a)	16.	(a)	17.	(b)	18.	(b)	19.	(a)	20.	(b)
21.	(a)	22.	(c)	23.	(b)	24.	(b)	25.	(a)										

6 अध्याय

उत्तर प्रदेश: उद्योग

उद्योग की परिभाषा तथा परिकल्पना

- उद्योग, उत्पादक उद्यमों अथवा संगठनों का समूह है जिसके माध्यम से वस्तुओं, सेवाओं अथवा आय के स्त्रोतों का उत्पादन अथवा आपूर्ति होती है। **अथवा** किसी क्षेत्र विशेष में वृहद् मात्रा में वस्तुओं का उत्पादन अथवा सेवा प्रदान करने की प्रणाली को उद्योग कहते हैं।
- औद्योगिक दृष्टि से उत्तर प्रदेश मध्यम श्रेणी के राज्यों में सम्मिलित है। उत्तर प्रदेश में कृषि आधारित उद्योग, कुटीर उद्योग तथा लघु उद्योग अत्यधिक विकसित हैं।
- उत्तर प्रदेश में कृषि आधारित उद्योग की श्रेणी में चीनी, सूती वस्त्र उद्योग/हथकरघा उद्योग आदि सम्मिलित हैं।
- उत्तर प्रदेश में अन्य प्रकार के उद्योग (जैसे- सीमेंट, कागज, चमड़ा आदि) भी प्रचलित है।
- औद्योगिक विकास की दृष्टि से उत्तर प्रदेश का पश्चिमी क्षेत्र सर्वाधिक विकसित है।

चीनी उद्योग:

- गन्ना उत्तर प्रदेश की प्रमुख नकदी फसल है। चीनी उत्पादन में उत्तर प्रदेश का भारत में प्रथम स्थान (लगभग 30% उत्पादन के साथ) है।

भारत की पहली चीनी मिल 1903 में प्रतापपुर (देवरिया) में स्थापित की गई थी। उत्तर प्रदेश सहकारी चीनी मिल संघ लिमिटेड की स्थापना लखनऊ में 1963 में हुई। गन्ने के उत्पादन को बढ़ाने और नई प्रजातियों के विकास के लिए 1952 में लखनऊ में 'भारतीय गन्ना अनुसंधान संस्थान' की स्थापना की गई थी।

'लाल बहादुर शास्त्री गन्ना किसान संस्थान' की स्थापना लखनऊ में 1975 में की गई। इसके अधीन निम्नलिखित 5 प्रशिक्षण केन्द्र भी कार्यरत है:

(1) गोरखपुर (2) गोण्डा (3) वाराणसी (4) शाहजहांपुर (5) मुजफ्फरनगर

वर्तमान में उत्तर प्रदेश में चीनी की प्रमुख मिल. गोरखपुर, मेरठ,कानपुर, गाजियाबाद, लखनऊ, अयोध्या, वाराणसी, शाहजहांपुर, बरेली, बस्ती में हैं तथा गुड़ उत्पादन के प्रमुख केन्द्र मुजफ्फरनगर, मेरठ, बरेली, सीतापुर है।

सूती वस्त्र उद्योग/हथकरघा उद्योग:

सूती वस्त्र उद्योग की दृष्टि से उत्तर प्रदेश का भारत में तीसरा स्थान है। सूती वस्त्र एवं हथकरघा उद्योग को उत्तर प्रदेश का सबसे बड़ा उद्योग माना जाता है। साथ ही प्रदेश में कृषि के बाद हथकरघा उद्योग रोजगार उपलब्ध कराने की दृष्टि से दूसरा सबसे बड़ा क्षेत्र है। प्रदेश में सूती वस्त्र निर्माण की प्रमुख मिलें कानपुर, मेरठ, आगरा, मिर्जापुर, गाजियाबाद, मुरादाबाद, मोदीनगर, रामपुर, हरदोई आदि है। कानपुर को 'उत्तर भारत का मैनचेस्टर' भी कहा जाता है। यहाँ सूती वस्त्र मिलों की संख्या एक दर्जन से भी अधिक है।

रेशम उद्योग:

- रेशम की 4 किस्मों (शहतूती, अरंडी, टसर तथा मूंगा) में से मूंगा के अलावा अन्य तीनों किस्म का उत्पादन उत्तर प्रदेश में होता है। उत्तर प्रदेश में रेशमी वस्त्र उद्योग के प्रमुख केन्द्र वाराणसी, इटावा, मिर्जापुर, मोदीनगर तथा कानपुर है। बनारसी साड़ियों के लिए वाराणसी विश्व विख्यात है।
- ऊनी वस्त्र उद्योग के प्रमुख केन्द्र कानपुर, मिर्जापुर, शाहजहाँपुर, भदोही, आगरा तथा इलाहाबाद है। प्रसिद्ध लाल इमली मिल का सम्बंध ऊनी वस्त्र से है जोकि कानपुर में स्थित है।
- पूर्वी उत्तर प्रदेश के मैदानी भागों में जूट का उत्पादन किया जाता है। प्रदेश की तीन जूट मीलों में से दो मिल कानपुर में है तथा तीसरी मिल गोरखपुर में है।

कागज उद्योगः

- उत्तर प्रदेश में कागज की प्रमुख मिलें सहारनपुर, मुजफ्फरनगर, कानपुर, मुरादाबाद, मेरठ, गाजियाबाद, लखनऊ तथा इलाहाबाद (प्रयागराज) में हैं। उत्तर प्रदेश में 'पेपर टेक्नोलॉजी संस्थान' सहारनपुर में स्थित है। प्रदेश में सर्वाधिक कागज मिलें मुजफ्फरनगर में है। प्रदेश में दफ्ती कागज (Card Board) बनाने की मिलें सहारनपुर, कानपुर, लखनऊ, मेरठ, (गन्ने की खोई से निर्मित) तथा प्रयागराज में हैं।

चमड़ा उद्योगः

- भारत में चमड़ा उद्योग के प्रमुख केन्द्र कानपुर तथा आगरा है एवं अन्य केन्द्र मेरठ, लखनऊ और बरेली में स्थित है।

सीमेंट उद्योगः

उत्तर प्रदेश में स्थित प्रमुख सीमेंट उद्योग कारखाने व उनकी अवस्थिति

कारखाना	अवस्थिति/संबंधित जनपद
चुनार एवं कजराहट	मिर्जापुर
गौरीगंज एवं जगदीशपुर	अमेठी
टांडा	अम्बेडकर नगर
चुर्क एवं डल्ला	सोनभद्र
दादरी	गौतमबुद्ध नगर
सिकन्दराबाद	बुलंदशहर
शंकरगढ़	प्रयागराज

- इनके अतिरिक्त प्रदेश में झाँसी, कासगंज तथा रायबरेली जनपद में भी सीमेंट उद्योग कारखाने स्थित हैं।

काँच उद्योगः

- उत्तर प्रदेश में काँच उद्योग के प्रमुख केंद्र बहजोई, नैनी (प्रयागराज), फिरोजाबाद, गाजियाबाद, वाराणसी, मेरठ, लखनऊ तथा हाथरस है।

नोटः **फिरोजाबाद** काँच की चूड़ियां बनाने के लिए प्रसिद्ध है।

उत्तर प्रदेश के कुछ अन्य उद्योग तथा उनके केन्द्र

उद्योग	केन्द्र
ताला निर्माण	अलीगढ़
विद्युत ट्रांसफॉर्मर	झाँसी
सिगरेट निर्माण	सहारनपुर
लोहे के बाँट	सहारनपुर, आगरा
कृत्रिम रबड़	मोदीनगर (गाजियाबाद), बरेली
काँच की चूड़ियाँ	फिरोजाबाद
दियासलाई	प्रमुख केन्द्र : बरेली अन्य केन्द्र : मेरठ, लखनऊ, प्रयागराज, सहारनपुर तथा रामपुर
पीतल के बर्तन व मूर्तियाँ	मुरादाबाद
खेल का सामान निर्माण	प्रमुख केन्द्र : मेरठ अन्य केन्द्र : आगरा, बरेली
कृत्रिम अंग निर्माण	कानपुर
मिट्टी के खिलौने	आगरा
चीनी मिट्टी के बर्तन	खुर्जा, गाजियाबाद
पीतल की मूर्तियाँ व ताँबे के बर्तनों का निर्माण	मथुरा
इत्र	प्रमुख केन्द्र : कन्नौज अन्य केन्द्र : जौनपुर, लखनऊ, गाजीपुर तथा प्रयागराज
गंधक का तेजाब	कानपुर

साबुन निर्माण	कानपुर, चंदौसी, आगरा, मोदीनगर, मेरठ, तथा गाजियाबाद
औषधि निर्माण	कानपुर, सहारनपुर, वाराणसी तथा बरेली
लकड़ी पर नक्काशी	सहारनपुर तथा नगीना
साइकिल निर्माण	प्रयागराज, कानपुर, आगरा, रामपुर, वाराणसी तथा लखनऊ
वनस्पति घी निर्माण	कानपुर, गाजियाबाद, अलीगढ़, प्रयागराज, मेरठ तथा मोदीनगर
कंबल निर्माण	मेरठ, नजीबाबाद तथा मुजफ्फरनगर
इलैक्ट्रॉनिक निर्माण (मोबाइल फोन)	नोएडा, ग्रेटर नोएडा

- प्रदेश में प्लाईवुड निर्माण के मुख्य केन्द्र सीतापुर तथा बिजनौर है।
- मुरादाबाद को पीतल नगरी के नाम से भी जाना जाता है क्योंकि यहाँ पीतल के बर्तन, मूर्तियां तथा अन्य सजावटी सामान का कारोबार वृहद् स्तर पर किया जाता है।
- प्रदेश में यूरिया उर्वरक बनाने के कारखाने फूलपुर (प्रयागराज), कानपुर, गोरखपुर तथा बरेली में स्थित है।
- सोनभद्र जिले में स्थित रेणुकूट एल्यूमिनियम उद्योग के लिए प्रसिद्ध है। यहाँ हिन्दुस्तान एल्यूमीनियम कॉरपोरेशन (हिंडाल्को) का बॉक्साइट से एल्यूमीनियम बनाने का विशाल कारखाना है।
- उत्तर प्रदेश का लखनऊ शहर चिकनकारी कढ़ाई (जो महीन धागों से की जाती है) के लिए विश्व विख्यात है।
- उत्तर प्रदेश के भदोही को कालीनों का शहर (कारपेट सिटी) भी कहा जाता है तथा मिर्जापुर भी हस्तनिर्मित कालीन व दरियों का सबसे बड़ा उत्पादक है।
- उत्तर प्रदेश के रायबरेली में भारतीय रेल की कोच निर्माण फैक्ट्री स्थित है तथा भारतीय रेल इंजन कारखाना वाराणसी में स्थित है।
- उत्तर प्रदेश के मेरठ, अलीगढ़, मथुरा तथा हाथरस में चाकू, कैंची, पीतल के सरौंते व ताले बनाने के प्रमुख केन्द्र स्थित हैं।
- उत्तर प्रदेश में इलैक्ट्रॉनिक सिटी की स्थापना नोएडा में की गई है।
- उत्तर प्रदेश के फिरोजाबाद को 'सुहाग नगरी' भी कहा जाता है। यह शहर काँच की चूड़ियाँ बनाने के लिए प्रसिद्ध है।

औद्योगिक क्षेत्र/पार्क

- राज्य औद्योगिक विकास निगम द्वारा उत्पाद विशेष हेतु औद्योगिक पार्क विकसित किए गए हैं।
- हापुड़, लखनऊ, वाराणसी व सहारनपुर में एग्रो प्रोसेसिंग जोन स्थापित किया गया है।
- वाराणसी, लखनऊ तथा कुर्सी रोड (बाराबंकी) में कृषि आधारित उद्योगों को गति देने के लिए एग्रो पार्क स्थापित किया गया है।
- शिल्प वस्तुओं के लिए शिल्प ग्राम की स्थापना आगरा में की गई है।
- कानपुर में एपैरल (टेक्सटाइल) व होजरी पार्क की स्थापना की गई है।
- गाजियाबाद तथा कानपुर में आई.टी./आई.टी.ई.एस. हेतु ट्रोनिका सिटी की स्थापना की गई है।
- औरेया तथा कानपुर देहात में प्लास्टिक उद्योगों हेतु प्लास्टिक सिटी की स्थापना की गई है।
- आगरा में चमड़े की वस्तुओं के निर्यात के लिए निर्यात संवर्धन औद्योगिक पार्क की स्थापना की गई है। साथ ही आगरा में लेदर पार्क की भी स्थापना की गई है।
- चर्म प्रौद्योगिकी पार्क की स्थापना बंथरा (उन्नाव) में की गई है।
- उत्तर प्रदेश ने राज्य में 31 SEZ-विशेष आर्थिक क्षेत्र को स्वीकृत किया है जिसके माध्यम से विभिन्न सेक्टरों/आईटीईएस, वस्त्र उद्योग, हस्तशिल्प उद्योग एवं गैर-पारंपरिक ऊर्जा की पूर्ति व संचालित किया गया है।
- 31 SEZ में लगभग 74 प्रतिशत आईटी/आईटीईएस, 20 प्रतिशत बहु उत्पाद, 3 प्रतिशत वस्त्र/हस्तशिल्प एवं गैर-पारंपरिक ऊर्जा 3 प्रतिशत है।

उत्तर प्रदेश में संचालित विशेष आर्थिक क्षेत्र

नाम/डेवेलपर	क्षेत्र	प्राथमिक उद्योग
नोएडा विशेष आर्थिक क्षेत्र	नोएडा	मल्टी-प्रोडक्ट
एचसीएल टेक्नोलॉजी क्षेत्र	नोएडा	आईटी/आईटीईएस
मोजर बियर विशेष आर्थिक क्षेत्र	ग्रेटर नोएडा	गैर-पारंपरिक ऊर्जा
विप्रो लिमिटेड	ग्रेटर नोएडा	आईटी/आईटीईएस
मुरादाबाद विशेष आर्थिक क्षेत्र	मुरादाबाद	हस्तशिल्प
सीव्यू डेवलपर लिमिटेड	नोएडा	आईटी/आईटीईएस
एनआईआईटी टेक्नोलॉजी लिमिटेड विशेष आर्थिक क्षेत्र	ग्रेटर नोएडा	आईटी/आईटीईएस
आचविस सॉफ्टटेक प्राइवेट लिमिटेड	नोएडा	आईटी/आईटीईएस
अर्शिया नॉर्दन एफटीडब्लूजेड लिमिटेड	खुर्जा, बुलंदशहर	एफटीडब्लूजेड

एक जिला एक उत्पाद योजना के तहत जिला और उत्पादों की सूची

- इस योजना को 24 जनवरी 2018 को लॉन्च किया गया। राज्य में हर जिले का अपना एक विशेष उत्पाद है जिसके लिए वह प्रसिद्ध है। उत्पादों के साथ सभी जिलों का विवरण इस प्रकार है।

जिला	उत्पाद
आगरा	चमड़ा
फिरोजाबाद	ग्लास चूड़ियाँ
मथुरा	बाथरुम फिटिंग
मैनपुरी	तारकाशी
अलीगढ़	ताले और हार्डवेयर
हाथरस	हींग प्रसंस्करण
एटा	बेल और घंटी
कासगंज	जरी और जरदोजी
इलाहाबाद (प्रयागराज)	मूंज उत्पाद तथा फूड प्रोसेसिंग
प्रतापगढ़	खाद्य प्रसंस्करण (आँवला)
कौशाम्बी	खाद्य संस्करण (केले)
आजमगढ़	काली मिट्टी के बर्तन व कलाकृतियाँ
बलिया	बिंदी उत्पाद
मऊ	वस्त्र उत्पाद
बरेली	जरी वर्क एवं बांस उत्पाद
बदायूं	जरी वर्क
पीलीभीत	बांसुरी एवं लकड़ी उत्पाद
शाहजहाँपुर	जरी वर्क
संत कबीर नगर	पीतल पॉट
सिद्धार्थनगर	खाद्य प्रसंस्करण (चावल एवं काला नमक)
चित्रकूट	लकड़ी के खिलौने
बांदा	शजर पत्थर शिल्प
महोबा	गोरा पत्थर शिल्प
हमीरपुर	जूते
गोंडा	खाद्य प्रसंस्करण (दाल)
बहराइच	गेहूँ के डंठल (हस्तकला) एवं खाद्य प्रसंस्करण
बलरामपुर	खाद्य प्रसंस्करण (दाल)
फैजाबाद (अयोध्या)	गुड़ (जैगरी)
बाराबंकी	स्कार्फ (वस्त्र उत्पाद)
अम्बेडकर नगर	पावर लूम (वस्त्र उत्पाद)
अमेठी	मूंज उत्पाद
सुल्तानपुर	मूंज उत्पाद
गोरखपुर	टेराकोटा एवं रेडीमेड गार्मेंट्स
कुशीनगर	कलाकृतियों व केले से बने उत्पाद
देवरिया	प्लास्टिक के दरवाजे व सजावट के सामान
महराजगंज	फर्नीचर
झाँसी	मुलायम खिलौने
जालौन	हस्तनिर्मित कागज कला
ललितपुर	होजरी/जरी सिल्क साड़ी एवं खाद्य प्रसंस्करण
कानपुर नगर	चमड़ा उत्पाद
इटावा	वस्त्र उद्योग एवं सिलाई तथा कढ़ाई
औरेया	देसी घी
फर्रुखाबाद	ब्लॉक प्रिंटिंग (वस्त्र छपाई)
कन्नौज	इत्र और चिकन
उन्नाव	जरी (जरदोजी) व चर्म उत्पाद
रायबरेली	वुडक्राफ्ट
सीतापुर	दरी
लखीमपुर खीरी	जनजातीय शिल्प
हरदोई	हैंडलूम उत्पाद
गाजियाबाद	इंजीनियरिंग सामान
बुलंदशहर	सिरेमिक उत्पाद
गौतमबुद्ध नगर	रेडीमेड गार्मेंट्स
हापुड़	होम फर्निशिंग
मुरादाबाद	मेटलक्राफ्ट (अर्थात धातु शिल्प)
रामपुर	जरी पैच वर्क एवं मेंथा
बिजनौर	लकड़ी नक्काशी
अमरोहा	संगीत वाद्ययंत्र
संभल	हॉर्न और हड्डी से हस्त शिल्प
मिर्जापुर	दरी और कालीन
सोनभद्र	कालीन
भदोही	दरी और कालीन
सहारनपुर	वुडन वर्क (लकड़ी की नक्काशी)

मुजफ्फरनगर	जेगेरी उत्पाद (गुड़)
शामली	हब और धुरी (लौह कला)
वाराणसी	रेशम उत्पाद (बनारसी साड़ी)
गाजीपुर	जूट वॉल हैंगिंग
जौनपुर	ऊनी कालीन (दरी)
चंदौली	जरी-जरदोजी एवं काला चावल

उत्तर प्रदेश में स्थित प्रमुख औद्योगिक विकास प्राधिकरण

औद्योगिक विकास प्राधिकरण	संक्षिप्त रूप
उत्तर प्रदेश एक्सप्रेसवे औद्योगिक विकास प्राधिकरण	यूपीडा
लखनऊ औद्योगिक विकास प्राधिकरण	लीडा
गोरखपुर औद्योगिक विकास प्राधिकरण	गीडा
यमुना एक्सप्रेसवे औद्योगिक विकास प्राधिकरण	यीडा
नवीन ओखला औद्योगिक विकास प्राधिकरण	नोएडा
वृहद् नवीन ओखला औद्योगिक विकास प्राधिकरण	ग्रेटर नोएडा
भदोही औद्योगिक विकास प्राधिकरण	बीडा

परीक्षोपयोगी महत्त्वपूर्ण प्रश्न

1. आगरा की सबसे प्रसिद्ध मिठाई कौन-सी है?

UPSSSC विधान भवन रक्षक 02/12/2018

(a) बालुशाही (b) गाजर का हलवा
(c) पेठा (d) मालपुआ

2. उत्तर प्रदेश डिफेंस इंडस्ट्रियल कॉरिडोर में इकाइयाँ स्थापित करने के लिए सहायता प्रदान करने के लिए किस वित्तीय संस्थान ने मंजूरी दी है?

UPSSSC बोरिंग टेक्नीशियन 03/07/2022

(a) एन एच बी (b) सिडबी
(c) एक्जिम बैंक (d) नैबफिड

3. उत्तर प्रदेश राज्य में 'इलैक्ट्रॉनिक्स सिटी' की स्थापना कहाँ की जा रही है?

UPSSSC Forest Guard 11/12/2015

(a) आगरा (b) नोएडा
(c) बरेली (d) कानपुर

4. उत्तर प्रदेश में कौन-से शहर को चर्मोद्योग की राजधानी के रूप में जाना जाता है?

UPSSSC ग्राम विकास अधिकारी 22/12/2018

(a) आगरा (b) कानपुर
(c) इटावा (d) सीतापुर

5. इनमें से कौन-सा स्थान धातु की कला, रंगीन तामचीनी और जटिल नक्काशी के लिए प्रसिद्ध है?

UPSSSC ग्राम विकास अधिकारी 23/12/2018

(a) उत्तर प्रदेश में लखनऊ
(b) उत्तर प्रदेश में वाराणसी
(c) उत्तर प्रदेश में मुरादाबाद
(d) उत्तर प्रदेश में खुर्जा

6. निम्नलिखित में से उत्तर प्रदेश के किस शहर में लकड़ी से बने तालवाद्य ढोलक बनाने की लगभग 300 छोटी-छोटी इकाईयाँ हैं।

UPSSSC मण्डी परिषद् 30/05/2019

(a) अमरोहा (b) जौनपुर
(c) बुलंदशहर (d) हरदोई

7. निम्नलिखित में से कौन-सा युग्म असंगत है?

UPSSSC Lower Exam 21/10/2021

(a) कृत्रिम अंग निर्माण - कानपुर
(b) काँच उद्योग - फिरोजाबाद
(c) परमाणु विद्युत संयंत्र - लखनऊ
(d) डीजल लोकोमोटिव वर्क्स - वाराणसी

8. उत्तर प्रदेश राज्य में .... शहर पीतल के बर्तन और हस्तशिल्प के लिए प्रसिद्ध है।

UPSSSC Jr. Assist. 04/01/2020

(a) सहारनपुर (b) मुरादाबाद
(c) आगरा (d) लखनऊ

9. उत्तर प्रदेश राज्य में कौन-सा जनपद तेल रिफाइनरी के लिए प्रसिद्ध है?

UPSSSC Forest Guard 11/12/2015

(a) बरेली (b) वाराणसी
(c) महोबा (d) मथुरा

10. उत्तर प्रदेश का लखनऊ शहर निम्नलिखित में से किस हथकरघा (हैंडलूम) उत्पादन केन्द्रों के लिए प्रसिद्ध है?

UPSSSC Lower Exam 01/10/2019

(a) खड़ी प्रिंटिंग (b) साड़ी
(c) चिकन कारीगरी (d) जरी के कपड़े

11. उत्तर प्रदेश का सहारनपुर शहर निम्नलिखित में से किस कला और शिल्प के लिए विश्व-प्रसिद्ध है?

UPSSSC Lower Exam 30/09/2019

(a) चूड़ियाँ बनाना (b) इत्र और सुगंधित उत्पाद
(c) लकड़ी की नक्काशी (d) कालीन निर्माण

12. उत्तर प्रदेश .... के लिए प्रसिद्ध है।

UPSSSC कनिष्ठ सहायक 31/05/2019

(a) चुनार काली मिट्टी के बर्तन
(b) हसुना मिट्टी के बर्तन
(c) हलफ मिट्टी के बर्तन
(d) उबैद मिट्टी के बर्तन

13. उत्तर प्रदेश का एक छोटा-सा शहर, ... अपनी लाल मिट्टी के सजावटी बर्तनों के लिए जाना जाता है।

UPSSSC Jr. Assist. 04/01/2020

(a) बरेली (b) मेरठ
(c) चुनार (d) फिरोजाबाद

14. उत्तर प्रदेश सरकार ने वर्ष 2018 में 'यूपी खादी' नामक ब्रांड के तहत राज्य में निर्मित खादी वस्त्र के संवर्धन हेतु .... के साथ समझौता ज्ञापन **(MoU)** पर हस्ताक्षर किए हैं।

UPSSSC Jr. Assist. 04/01/2020

(a) वालमार्ट (b) रिलायंस
(c) पंतजलि (d) अमेजॉन

15. उत्तर प्रदेश में फिरोजाबाद किसके लिए प्रसिद्ध है?

UPSSSC Supply Inspector 17/07/2022

(a) मिट्टी के बर्तन (b) काँच की चूड़ियाँ
(c) सीमेंट (d) मीनाकारी काम

16. उत्तर प्रदेश में भारतीय वाणिज्य एवं उद्योग मंडल (एसोचैम यू.पी.) की स्थापना किस वर्ष की गई थी?

UPSSSC Jr. Assist. 04/01/2020

(a) 1991 (b) 1994
(c) 1999 (d) 2001

17. फरुखाबाद .... कला का पर्याय बन गया है।

UPSSSC मण्डी परिषद् 22/05/2022

(a) हाथ छापाई (b) चूड़ियाँ
(c) मिट्टी के बर्तन (d) चित्रकला

18. उत्तर प्रदेश का कौन-सा शहर 'चिकनकारी साड़ियाँ' नामक सुंदर कढ़ाई वाली साड़ियों के लिए प्रसिद्ध है?

UPSSSC Lower Exam 01/10/2019

(a) मुरादाबाद (b) लखनऊ
(c) मेरठ (d) प्रयागराज (इलाहाबाद)

19. इंडियन ऑयल कॉर्पोरेशन की तेल रिफाइनरी उत्तर प्रदेश में कहाँ स्थित है?

UPSSSC गन्ना पर्यवेक्षक 31/08/2019

(a) इलाहाबाद (b) कानपुर
(c) झाँसी (d) मथुरा

20. उत्तर प्रदेश का बुलंदशहर जिले में कौन-सा स्थान चीनी मिट्टी की चीजों के लिए जाना जाता है?

(a) सिकंदराबाद (b) डंकौर
(c) खुर्जा (d) मेरठ

21. बदायूँ अपने जरी-जरदोजी उत्पादों के लिए प्रसिद्ध है। यह काम मुख्य रूप से बदायूँ, बिसोली और दातागंज तहसील में किया जाता है। लगभग 35% परिवार उस उद्योग में लगे हुए है। स्थानीय रूप से, इस काम को .... भी कहा जाता है।

UPSSSC मण्डी परिषद् 30/05/2019

(a) फद्‌दी (b) कलमकारी
(c) तंजोरी (d) कारचोबी

22. उत्तर प्रदेश राज्य हथकरघा निगम **(UPSHC)** की स्थापना निम्न में किस स्थान पर की गई?

(a) लखनऊ (b) कानपुर
(c) आगरा (d) मेरठ

23. उत्तर प्रदेश औद्योगिक विकास निगम स्थापित है-

(a) कानपुर में (b) लखनऊ में
(c) आगरा में (d) नोएडा में

24. राष्ट्रीय ताप विद्युत निगम **(NTPC)** द्वारा उत्तर प्रदेश राज्य में पहला संयन्त्र किस स्थान पर लगाया गया?

(a) दादरी (b) सिंगरौली
(c) मुगलसराय (d) बरेली

25. सूती वस्त्र उद्योग की दृष्टि से उत्तर प्रदेश का भारत में कौन सा स्थान है?

(a) प्रथम (b) द्वितीय
(c) तृतीय (d) चतुर्थ

26. उत्तर प्रदेश में दियासलाई उद्योग का प्रमुख केन्द्र है?

(a) बरेली (b) मुरादाबाद
(c) सहारनपुर (d) मिर्जापुर

27. चीनी उत्पादन की दृष्टि से उत्तर प्रदेश का देश में स्थान है-

(a) प्रथम (b) द्वितीय
(c) तृतीय (d) चतुर्थ

28. उत्तर प्रदेश का सबसे बड़ा उद्योग है-

(a) चीनी उद्योग (b) उर्वरक उद्योग
(c) सूती वस्त्र उद्योग (d) सीमेंट उद्योग

29. रोजगार की दृष्टि से उत्तर प्रदेश का सबसे बड़ा उद्योग है-
(a) सूती मिल (b) हथकरघा
(c) चमड़ा (d) सीमेंट

30. 1903 में भारत की प्रथम चीनी मिल कहाँ स्थापित की गई थी?
(a) प्रतापगढ़ में (b) प्रतापपुर में
(c) मवाना में (d) बलरामपुर में

31. रेणुकूट निम्न में से किसके लिए जाना जाता है?
(a) ताप बिजलीघर (b) इस्पात उद्योग
(c) एल्यूमीनियम उद्योग (d) सीमेंट उद्योग

32. निम्न में से किसके उत्पादन का केन्द्र मेरठ है-
(a) जूते चप्पल का (b) खेल के सामान का
(c) मिट्टी के बर्तन का (d) रबड़ उत्पादन का

33. चमड़े की वस्तुओं के लिए प्रसिद्ध जिले .... हैं।
UPSSSC राजस्व लेखपाल 13/09/2015
(a) आगरा और कानपुर (b) सोनभद्र और प्रयागराज
(c) जौनपुर और रामनगर (d) मुरादाबाद और लखनऊ

34. निम्न में किस नगर को 'उत्तर भारत का मैनचेस्टर' कहा जाता है?
(a) आगरा (b) कानपुर
(c) वाराणसी (d) मेरठ

35. 'उत्तर प्रदेश खादी ग्रामोद्योग बोर्ड' का गठन कब किया गया?
(a) 1960 ई. (b) 1955 ई.
(c) 1966 ई. (d) 1978 ई.

36. उत्तर प्रदेश में परमाणु ऊर्जा केन्द्र स्थापित है-
(a) मथुरा में (b) सिंगरौली में
(c) नरौरा में (d) अलीगढ़ में

37. दादरी, चुनार, चुर्क तथा डल्ला; सभी में कारखाने हैं जो उत्पादित करते हैं-
(a) सीमेन्ट (b) चीनी
(c) कागज (d) उर्वरक

38. उत्तर प्रदेश में कृत्रिम रबड़ का कारखाना अवस्थित है-
(a) उन्नाव में (b) मुरादाबाद में
(c) गाजियाबाद में (d) बरेली में

39. उत्तर प्रदेश में किस प्रकार की मिलें सबसे अधिक संख्या में हैं?
UPSSSC राजस्व लेखपाल 13/09/2015
(a) चावल (b) इस्पात बेलनी
(c) कपड़ा (d) चीनी

40. उत्तर प्रदेश में प्रमुख रेल इंजन संयंत्र कहाँ पर स्थित है?
UPSSSC राजस्व लेखपाल 13/09/2015
(a) अलीगढ़ क्षेत्र (b) फतेहपुर क्षेत्र
(c) मुगलसराय क्षेत्र (d) कानपुर क्षेत्र

41. देश की तीसरी रेल कोच फैक्ट्री स्थापित की गई है-
(a) अमेठी में (b) रायबरेली में
(c) चंपारण में (d) कपूरथला में

42. उत्तर प्रदेश के किस नगर में कृत्रिम अंग बनते हैं?
UPPSC ACF/RFO 2018
(a) गोरखपुर (b) कानपुर
(c) सीतापुर (d) प्रयागराज

43. सॉफ्टवेयर एवं बिजनेस प्रोसेस आउटसोर्सिंग उद्योग का सबसे बड़ा केन्द्र उत्तर प्रदेश में निम्नलिखित शहरों में से किसमें स्थित है?
UPPSC BEO 2019
(a) मेरठ (b) कानपुर
(c) वाराणसी (d) नोएडा

44. निम्नलिखित में से किस शहर को कालीन का शहर (कारपेट सिटी) भी कहा जाता है?
UPSI 2021
(a) भदोही (b) चेन्नई
(c) वाराणसी (d) मेरठ

45. यूपीएसआईडीए का फुल फॉर्म क्या है?
UPSSSC मण्डी परिषद् 22/05/2022
(a) उत्तर प्रदेश राज्य औद्योगिक विकास प्राधिकरण
(b) उत्तर प्रदेश राज्य औद्योगिक विकास एजेंसी
(c) उत्तर प्रदेश राज्य बुनियादी ढाँचा विकास प्राधिकरण
(d) उत्तर प्रदेश राज्य सूचना-विज्ञान विकास प्राधिकरण

46. प्रमुख आभूषण बाजार उत्तर प्रदेश के किस शहर में स्थित है?
UPSSSC Supply Inspector 17/07/2022
(a) मेरठ (b) कानपुर
(c) आगरा (d) इनमें से कोई नहीं

47. औरैया जिला निम्न में से किस वस्तु का प्रमुख उत्पादक है-
(a) गुड (b) शहद
(c) देसी घी (d) हींग

48. उत्तर प्रदेश में ...., चमड़ा व्यवसाय का एक प्रमुख केन्द्र है।
(a) कानपुर (b) लखनऊ
(c) गाजियाबाद (d) वाराणसी

49. निम्नलिखित में से कौन-सा उत्तर प्रदेश के उद्यमियों को उद्योगों में एवं उद्योग लगाने में सहायता करता है?

UPPSC RO/ARO Mains 22/10/2020

(a) उद्योग बंधु
(b) उत्तर प्रदेश राज्य वित्त निगम
(c) उत्तर प्रदेश राज्य औद्योगिक विकास प्राधिकरण
(d) आधारभूत संरचना एवं औद्योगिक विकास विभाग

50. तीव्र औद्योगीकरण हेतु निवेश करने तथा रोजगार के अवसरों के सृजन के लिए उत्तर प्रदेश सरकार द्वारा राज्य का पहला आँकड़ा केन्द्र स्थापित किया गया?

UPPSC RO/ARO Mains 22/10/2020

(a) गाजीपुर में (b) गाजियाबाद में
(c) ग्रेटर नोएडा में (d) गौतमबुद्ध नगर में

51. व्यापार सुविधा केन्द्र एवं क्राफ्ट म्यूजियम की स्थापना उत्तर प्रदेश के किस जनपद में हुई?

UPPSC RO/ARO Pre. 20/09/2020

(a) प्रयागराज (b) वाराणसी
(c) अयोध्या (d) अमेठी

52. उत्तर प्रदेश में निम्नलिखित में से कौन-सा शहर निर्यात-विकास केंद्र नहीं है?

UPPSC RO/ARO Pre. 08/04/2018

(a) मेरठ (b) खुर्जा
(c) आगरा (d) इलाहाबाद

53. प्रथम 'दीन दयाल हस्तकला संकुल' व्यापार सुविधा केन्द्र अवस्थित है?

UPPSC RO/ARO Pre. 08/04/2018

(a) वाराणसी (b) गोरखपुर
(c) कानपुर (d) आगरा

54. निम्नलिखित में से कौन सही सुमेलित नहीं है?

UPPSC RO/ARO Pre. 27/11/2016

	स्थान	उत्पाद
(a)	जलेसर	ढलवी घण्टियाँ
(b)	मेरठ	खेलकूद के सामान
(c)	खुर्जा	मृत्तिका शिल्प
(d)	लखीमपुर खीरी	नक्काशीदार काष्ठ शिल्प

55. निम्नलिखित में से कौन सही सुमेलित नहीं है?

UPPSC RO/ARO Pre. 27/11/2016

	स्थान	उत्पाद
(a)	फिरोजाबाद	चूड़ियाँ
(b)	मुरादाबाद	पीतल के बर्तन
(c)	अलीगढ़	कैंची
(d)	टाँडा	विद्युत करघा के उत्पाद

56. गीडा है-

UPPSC Mains 2014

(a) गंगा औद्योगिक विकास प्राधिकरण
(b) गाजियाबाद औद्योगिक विकास प्राधिकरण
(c) गोमती औद्योगिक विकास प्राधिकरण
(d) गोरखपुर औद्योगिक विकास प्राधिकरण

57. औद्योगिक विकास की दृष्टि से उत्तर प्रदेश का कौन-सा क्षेत्र सर्वाधिक विकसित हुआ है?

UPPSC 2018

(a) पूर्वी (b) पश्चिमी
(c) मध्य (d) बुन्देलखंड

उत्तरमाला

1.	(c)	2.	(b)	3.	(b)	4.	(b)	5.	(c)	6.	(a)	7.	(c)	8.	(b)	9.	(d)	10.	(c)
11.	(c)	12.	(a)	13.	(c)	14.	(d)	15.	(b)	16.	(b)	17.	(a)	18.	(b)	19.	(d)	20.	(c)
21.	(d)	22.	(b)	23.	(a)	24.	(b)	25.	(c)	26.	(a)	27.	(a)	28.	(c)	29.	(b)	30.	(b)
31.	(c)	32.	(b)	33.	(a)	34.	(b)	35.	(a)	36.	(c)	37.	(a)	38.	(d)	39.	(d)	40.	(c)
41.	(b)	42.	(b)	43.	(d)	44.	(a)	45.	(a)	46.	(a)	47.	(c)	48.	(a)	49.	(a)	50.	(c)
51.	(b)	52.	(d)	53.	(a)	54.	(d)	55.	(c)	56.	(d)	57.	(b)						

7 अध्याय उत्तर प्रदेश: परिवहन एवं संचार

परिवहन एवं संचार

- प्रदेश में सड़क, रेल, वायु तथा जल परिवहन के मुख्य साधन हैं।

सड़क परिवहन: भारत में किसी प्रदेश से गुजरने वाले राष्ट्रीय राजमार्गों की कुल लम्बाई के अनुसार उत्तर प्रदेश का स्थान दूसरा (11590 किमी.) तथा महाराष्ट्र (17757 किमी.) का स्थान पहला है।

- NH-19 (पुराना नाम NH-2) उत्तर प्रदेश से गुजरने वाला सबसे लम्बा राजमार्ग है जोकि आगरा से कलकत्ता तक जाता है।

नोट: NH-19 के दिल्ली से आगरा तक के हिस्से को अब NH-44 के एक भाग के रूप में जाना जाता है।

उत्तर प्रदेश आर्थिक समीक्षा 2022-23 के अनुसार

मार्ग का वर्गीकरण	लम्बाई (किमी. में)-मार्च 2022 तक
राष्ट्रीय मार्ग	11590
राज्य मार्ग	10901
प्रमुख जिला मार्ग	6749
अन्य जिला मार्ग	54244
ग्रामीण मार्ग	204148
	कुल 287632

उत्तर प्रदेश से होकर गुजरने वाले राष्ट्रीय राजमार्ग

राष्ट्रीय राजमार्ग		कहाँ से कहाँ तक	प्रदेश में लम्बाई (किमी. में)
नयी संख्या	पुरानी संख्या		
19 (G.Q)	2	आगरा - कानपुर - प्रयागराज - कलकत्ता	655
21	11	जयपुर - भरतपुर - आगरा - बरेली	265
27 (E.W. Corridor)	8A, 8B, 14, 15, 76, 25, 28, 29, 57, 31, 36, 37 & 54 से मिलकर	पोरबंदर (गुजरात) - उदयपुर - चित्तौड़गढ़ - कोटा - झाँसी - कानपुर - लखनऊ - गोरखपुर (उत्तर प्रदेश)- गोपालगंज, मुजफ्फरपुर, दरभंगा (बिहार) - सिलीगुड़ी (पश्चिम बंगाल) - सिलचर (असम)	581
509	93	मुरादाबाद - अलीगढ़ - आगरा (NH-44 तक)	220
28	28 & 233	भारत/नेपाल बार्डर - नौगढ़ - सिद्धार्थनगर - आजमगढ़ - वाराणसी	292
30	74, 75, 24, 27, 7, 12A, 200, 43, 16 & 221 से मिलकर	सितारगंज (उत्तराखण्ड) - पीलीभीत - बरेली - शाहजहाँपुर - सीतापुर - लखनऊ - रायबरेली - प्रयागराज (उत्तर प्रदेश) - रीवा - जबलपुर (मध्य प्रदेश) - रायपुर (छत्तीसगढ़) - कोंडपल्ली (आंध्र प्रदेश)	624
31	231, 232A, 56, 29, 19, 30, 31 & 81 से मिलकर	उन्नाव - रायबरेली - जौनपुर - वाराणसी - गाजीपुर (उत्तर प्रदेश) - छपरा - बेगूसराय - कटिहार (बिहार) - माल्दा (पश्चिम बंगाल)	522
731	56	सैदपुर (NH-31 से) – जौनपुर - लखनऊ - हरदोई - शाहजहाँपुर - पलिया (उत्तर प्रदेश)	557

34	108, 94, 58, 74, 119, 58, 91, 86, 12A & 7 से मिलकर	गंगोत्री धाम - उत्तरकाशी - ऋषिकेश - हरिद्वार (उत्तराखंड) - बिजनौर - मेरठ - हापुड़ - बुलंदशहर - अलीगढ़ - एटा कन्नौज - महोबा (उत्तर प्रदेश) - छत्तरपुर - जबलपुर - लखनादौन (मध्य प्रदेश)	723
35	76, 27 & 7	बांदा - मऊ - प्रयागराज - मिर्जापुर - वाराणसी	629
44 (N.S. Corridor) (भारत का सबसे लम्बा राजमार्ग)	1A, 1, 2, 3, 75, 26 & 7 से मिलकर	श्रीनगर (NH-1 के निकट से) - पंजाब - हरियाणा - दिल्ली - उत्तर प्रदेश (मथुरा से आगरा तथा झाँसी से ललितपुर) - राजस्थान - मध्य प्रदेश - महाराष्ट्र - तेलंगाना - आन्ध्र प्रदेश - तमिलनाडु (कन्याकुमारी तक)	269
135A	—	मिर्जापुर - भदोही - जौनपुर - अयोध्या	256
9	10,24, 87, 74 & 125 से मिलकर	पंजाब - हरियाणा - दिल्ली - उत्तर प्रदेश - (गाजियाबाद - मुरादाबाद) - उत्तराखंड - (बिलासपुर)	147

- भारत का सबसे लम्बा राष्ट्रीय राजमार्ग NH-44 तथा सबसे छोटा राष्ट्रीय राजमार्ग 47A (केरल) है।
- उत्तर प्रदेश राज्य राजमार्ग प्राधिकरण का गठन 13 अगस्त 2004 को राज्य राजमार्गों के विकास, अनुरक्षण तथा प्रबंधन हेतु किया गया।

सड़क परिवहन:

- उत्तर प्रदेश में पहली बस सेवा राजकीय रोडवेज के द्वारा लखनऊ से बाराबंकी के लिए 15 मई 1947 को प्रारम्भ की गयी।
- उत्तर प्रदेश राज्य सड़क परिवहन निगम की स्थापना 1972 में की गयी। उत्तर प्रदेश राज्य सड़क परिवहन निगम का मुख्यालय लखनऊ में है।
- उत्तर प्रदेश राज्य सड़क परिवहन निगम द्वारा संपूर्ण उत्तर प्रदेश को कुल 21 क्षेत्रों में विभाजित किया तथा उत्तर प्रदेश में कुल 106 रोडवेज डिपो है।
- 6 जुलाई 1992 को उत्तर प्रदेश में सर्वप्रथम कानपुर में महानगर बस सेवा प्रारम्भ की गयी।

उत्तर प्रदेश में एक्सप्रेसवे:

- उत्तर प्रदेश में एक्सप्रेसवे की संख्या सबसे अधिक 13 है।

नोएडा-ग्रेटर नोएडा एक्सप्रेसवे

- प्रदेश का पहला एक्सप्रेसवे नोएडा और ग्रेटर नोएडा एक्सप्रेसवे है। यह 6 लेन का 24.5 किमी. लम्बा हाईवे है। यह महामाया फ्लाईओवर नोएडा से आरम्भ होकर परी चौक, ग्रेटर नोएडा पर समाप्त होता है।

यमुना एक्सप्रेसवे

- इसे ताज एक्सप्रेसवे भी कहा जाता है। यह 6 लेन का 165 किमी. लम्बा हाईवे है, जिसे 8 लेन तक बढ़ाया जा सकता है। यह ग्रेटर नोएडा में परी चौक से आरम्भ होकर आगरा पर समाप्त होता है।

दिल्ली-मेरठ एक्सप्रेसवे

- यह भारत का सबसे अधिक लेन (14 लेन) का हाईवे है। इसकी लम्बाई 96 किमी. है। यह हाईवे दिल्ली में निजामुद्दीन पुल से आरम्भ होकर मेरठ के बाय-पास पर समाप्त होता है।
- **चरण-I:** दिल्ली-मेरठ एक्सप्रेसवे के अंतर्गत 14 लेन तथा 28 किमी. लम्बाई वाले निजामुद्दीन (दिल्ली) तथा डासना (उत्तर प्रदेश) खंड का निर्माण।
- **चरण-II:** 6 लेन तथा 46 किमी. लम्बाई वाले डासना-मेरठ खंड का निर्माण।
- राष्ट्रीय राजमार्ग संख्या-24 के 22 किमी. लम्बाई वाले डासना-हापुड़ खंड को 6 लेन करना।

आगरा-लखनऊ एक्सप्रेसवे

- यह 6 लेन का 302 किमी. लम्बा हाईवे है। यह प्रदेश के 10 जिलों से होकर गुजरता है। इस पर आपात लैंडिग के लिए 3 किमी. लम्बी हवाई पट्टी भी बनाई गई है।

पूर्वांचल एक्सप्रेसवे

- यह 241 किमी. लम्बा 6 लेन हाईवे है। ये हाईवे लखनऊ से आरम्भ होकर गाजीपुर में समाप्त होता है।

बुंदेलखण्ड एक्सप्रेसवे

- यह 296 किमी. लम्बा 4 लेन हाईवे है। ये हाईवे चित्रकूट से आरम्भ होकर इटावा में समाप्त होता है।

कुछ अन्य निर्माणाधीन एक्सप्रेसवेः

1. गंगा एक्सप्रेसवेः लम्बाई 594 किमी. (प्रदेश का सबसे लंबा) मेरठ से प्रयागराज तक
2. लखनऊ-कानपुर एक्सप्रेसवेः लम्बाई 63 किमी. शहीद पथ, लखनऊ से कानपुर तक
3. गाजियाबाद-कानपुर एक्सप्रेसवेः लम्बाई 380 किमी. गाजियाबाद से कानपुर तक
4. गोरखपुर लिंक एक्सप्रेसवेः लम्बाई 91 किमी. जैतपुर (गोरखपुर) से सलारपुर तक
5. गोरखपुर-सिलीगुड़ी एक्सप्रेसवेः लम्बाई 519 किमी. जगदीशपुर (गोरखपुर) से सिलीगुड़ी तक
6. दिल्ली-सहारनपुर-देहरादून एक्सप्रेसवेः लम्बाई 210 किमी.
7. गाजीपुर-बलिया-मांझीघाट एक्सप्रेसवेः लम्बाई 117 किमी.

ईस्टर्न पेरिफेरल एक्सप्रेसवेः

- ईस्टर्न पेरिफेरल एक्सप्रेसवे को KGP एक्सप्रेसवे/(कुंडली - गाजियाबाद - पलवल) एक्सप्रेसवे के नाम से भी जाना जाता है।
- ईस्टर्न पेरिफेरल एक्सप्रेसवे का उद्घाटन भारत के प्रधानमंत्री नरेंद्र मोदी द्वारा 27 मई 2018 को किया गया था।
- ईस्टर्न पेरिफेरल एक्सप्रेसवे की कुल लम्बाई 135 किमी. है।
- ईस्टर्न पेरिफेरल एक्सप्रेसवे; 6 लेन एक्सेस-कंट्रोल राजमार्ग एक बड़ी, पेरिफेरल एक्सप्रेसवे प्रोजेक्ट का हिस्सा है। इसमें दो राजमार्ग सम्मिलित है-

  1. ईस्टर्न पेरिफेरल एक्सप्रेसवे
  2. वेस्टर्न पेरिफेरल एक्सप्रेसवे

- यह एक्सप्रेसवे भारत का प्रथम सौर-ऊर्जा संचालित एक्सप्रेसवे है।

रेल परिवहनः

- उत्तर प्रदेश में पहली यात्री रेलगाड़ी 1859 में प्रयागराज (इलाहाबाद) से कानपुर के मध्य चलाई गयी थी।
- हुबली (कर्नाटक) रेलवे स्टेशन का 1507 मीटर लम्बा प्लेटफार्म विश्व का सबसे लम्बा प्लेटफार्म है।
- भारत तथा एशिया का सबसे बड़ा विद्युत लोको शेड पं. दीनदयाल उपाध्याय जंक्शन (पुराना नामः मुगलसराय) है।
- उत्तर प्रदेश में रेलवे ट्रैक की कुल लम्बाई लगभग 16000 किमी. है जो कि देश में सबसे अधिक है।
- भारत के 18 रेलवे जोन में से पाँच रेलवे जोन (उत्तर रेलवे, उत्तर-मध्य रेलवे, मध्य रेलवे, पश्चिम रेलवे, पूर्वोत्तर रेलवे) की लाइनें उत्तर प्रदेश से गुजरती हैं। साथ ही दो जोनों उत्तर-मध्य रेलवे तथा पूर्वोत्तर रेलवे के मुख्यालय क्रमशः प्रयागराज तथा गोरखपुर में है।
- भारतीय रेल का डीजल इंजन बनाने का कारखाना मंडुआडीह (वाराणसी) में है तथा लालगंज (रायबरेली) में भारतीय रेल कोच फैक्ट्री है।
- रेलवे सुरक्षा आयोग का मुख्यालय लखनऊ में है।
- राज्य में विद्युत रेल ड्राइवर प्रशिक्षण केन्द्र गाजियाबाद में है।
- राज्य में दो रेलवे भर्ती बोर्ड इलाहाबाद (प्रयागराज) तथा गोरखपुर है।
- प्रदेश में महामना पं. मदन मोहन मालवीय के नाम पर वाराणसी-नई दिल्ली सुपरफास्ट (महामना एक्सप्रेस) वाराणसी से नई दिल्ली के मध्य चलती है। **(वर्ष 2016 में प्रारंभ)**
- भारत की प्रथम सेमी हाई स्पीड ट्रेन 'वंदे भारत' वाराणसी से नई दिल्ली के मध्य प्रारंभ हुई।

उत्तर प्रदेश में स्थित प्रमुख रेल मंडल तथा उनसे संबंधित रेलवे जोन

रेलवे जोन	रेल मंडल
उत्तर रेलवे	मुरादाबाद, लखनऊ
उत्तर-मध्य रेलवे	झाँसी, आगरा, प्रयागराज
पूर्वोत्तर रेलवे	लखनऊ, वाराणसी, बरेली
पूर्व-मध्य रेलवे	मुगलसराय (पं. दीनदयाल उपाध्याय)

उत्तर प्रदेश में स्थित प्रमुख रेलवे शेड तथा कारखाने

शेड/कारखाना	अवस्थिति (शहर/जनपद)
DMU का शेड	गोरखपुर
EMU कार शेड	गाजियाबाद
बिजली लोको शेड	मुगलसराय, गोंडा, झाँसी, लखनऊ
डीजल लोको शेड	मुगलसराय, गाजियाबाद, झाँसी, कानुपर
लोको कारखाना	लखनऊ, इज्जतनगर
फ्लेश बट वेल्डिंग प्लांट	मुगलसराय, गोंडा

उत्तर प्रदेश में स्थित प्रमुख रेलवे कार्यालय तथा प्रशिक्षण केन्द्र

रेलवे कार्यालय तथा प्रशिक्षण केन्द्र	संबंधित रेलवे जोन	मुख्यालय की अवस्थिति
क्षेत्रीय प्रशिक्षण केन्द्र	उत्तर रेलवे	चंदौसी
तकनीकी प्रशिक्षण केन्द्र	उत्तर-पूर्वी रेलवे	वाराणसी
रेलवे सुरक्षा आयुक्त	उत्तर-पूर्वी रेलवे	गोरखपुर
केन्द्रीय प्रशासनिक प्राधिकरण	उत्तर-पूर्वी रेलवे	लखनऊ तथा प्रयागराज
रेलवे सुरक्षा आयुक्त	उत्तर रेलवे	लखनऊ
केन्द्रीय प्रशासनिक प्राधिकरण	उत्तर रेलवे	प्रयागराज

उत्तर प्रदेश में मैट्रो ट्रेन नेटवर्कः

- उत्तर प्रदेश मैट्रो रेल कॉर्पोरेशन (UPMRC) की स्थापना 2013 में लखनऊ मेट्रो रेल कॉर्पोरेशन के रूप में हुई थी। इसका मुख्यालय लखनऊ में है। लखनऊ में मैट्रो रेल सेवा का आरम्भ 27 सितंबर 2014 से आरम्भ हुआ।
- **प्रदेश में मैट्रो रेल नेटवर्कः** लखनऊ, कानपुर, आगरा, गाजियाबाद, नोएडा, ग्रेटर नोएडा के अलावा मेरठ, वाराणसी, गोरखपुर तथा इलाहाबाद (प्रयागराज) में मैट्रो रेल परियोजना शुरू करने की दिशा में काम चल रहा है। तब, उत्तर प्रदेश सर्वाधिक शहरों में मैट्रो चलाने वाला देश का पहला राज्य होगा।

जल परिवहनः

उत्तर प्रदेश की गंगा, यमुना, घाघरा तथा गोमती नदियों में आंतरिक जल परिवहन की सुविधा उपलब्ध है। देश में राष्ट्रीय जलमार्गो के विकास, संरक्षण एंव नियमन हेतु वर्ष 1986 में भारतीय अंतर्देशीय जलमार्ग प्राधिकरण **(Inland Waterways Authority of India)** स्थापित किया गया था। इसका मुख्यालय नोएडा में है।

राष्ट्रीय जलमार्ग संख्या-1: इलाहाबाद (प्रयागराज) से हल्दिया के बीच तक गंगा-भागीरथी एवं हुगली नदी के अंतर्गत है। इसकी लम्बाई 1620 किमी. है। यह भारत का सबसे लम्बा आंतरिक जलमार्ग है।

उत्तर प्रदेश के प्रमुख राष्ट्रीय जलमार्गः

राष्ट्रीय जलमार्ग संख्या-110: दिल्ली **(यमुना नदी)** से प्रयागराज **(गंगा-यमुना के संगम)** तक 1080 किमी. लम्बा है। यह राष्ट्रीय जल मार्ग दिल्ली, हरियाणा तथा उत्तर प्रदेश राज्यों से गुजरता है।

राष्ट्रीय जलमार्ग संख्या-42: यह गोमती नदी पर बना 514 किमी. लम्बाई का राष्ट्रीय जलमार्ग है।

राष्ट्रीय जलमार्ग संख्या-103: यह टोंस नदी पर बना 73 किमी. लम्बाई का राष्ट्रीय जल मार्ग है।

- देश का प्रथम मल्टी मॉडल टर्मिनल वाराणसी में स्थापित किया गया है। यह टर्मिनल नदियों पर बना पहला ऐसा टर्मिनल है जो कंटेनर कार्गो हैडलिंग में सक्षम है।

वायु परिवहनः

- भारत की पहली हवाई डाक सेवा 1911 में प्रयागराज से नैनी के मध्य शुरू की गई थी।
- उत्तर प्रदेश में लखनऊ, वाराणसी तथा कुशीनगर में तीन अंतर्राष्ट्रीय हवाई अड्डे स्थित हैं तथा गौतमबुद्ध नगर एवं अयोध्या में शेष दो अंतर्राष्ट्रीय हवाई अड्डे निर्माणाधीन है।
- उत्तर प्रदेश में नागरिक उड्डयन प्रशिक्षण केन्द्र बमरौली (प्रयागराज) में स्थित है।
- नेशनल पैराशूट ट्रेनिंग कॉलेज आगरा में स्थित है तथा फ्लाइंग स्कूल मेरठ, अलीगढ़ तथा इटावा में स्थित है।
- इंदिरा गाँधी राष्ट्रीय उड़ान अकादमी फुर्सतगंज (अमेठी) में स्थित है तथा राजीव गाँधी राष्ट्रीय विमानन विश्वविद्यालय भी फुर्सतगंज (अमेठी) में स्थित है।
- झाँसी हवाई अड्डा उत्तर प्रदेश में बुन्देलखण्ड के झाँसी शहर में एक सैन्य हवाई पट्टी है जो आर्मी एविएशन कोर द्वारा संचालित है।

उत्तर प्रदेश के प्रमुख हवाई अड्डे	शहर
चौधरी चरण सिंह अंतर्राष्ट्रीय हवाई अड्डा	लखनऊ
लाल बहादुर शास्त्री अंतर्राष्ट्रीय हवाई अड्डा	बाबतपुर (वाराणसी)
कुशीनगर अंतर्राष्ट्रीय हवाई अड्डा	कुशीनगर
मर्यादा पुरुषोत्तम श्रीराम अंतर्राष्ट्रीय हवाई अड्डा (निर्माणाधीन)	अयोध्या
नोएडा इंटरनेशनल ग्रीनफील्ड अंतर्राष्ट्रीय एयरपोर्ट (निर्माणाधीन)	जेवर (गौतम बुद्ध नगर)
चकेरी हवाई अड्डा	कानपुर
सरसावा हवाई अड्डा	सहारनपुर
बमरौली हवाई अड्डा	प्रयागराज
हिंडन हवाई अड्डा	गाजियाबाद
झाँसी हवाई अड्डा (भारतीय सेना)	झाँसी
बरेली हवाई अड्डा	बरेली
महायोगी गोरखनाथ हवाई अड्डा	गोरखपुर
डॉ. अम्बेडकर हवाई अड्डा	मेरठ
पं. दीनदयाल उपाध्याय हवाई अड्डा	खेरिया (आगरा)

परीक्षोपयोगी महत्त्वपूर्ण प्रश्न

1. जुलाई 2018 की स्थिति के अनुसार, उत्तर प्रदेश में सबसे लंबी ऊँचाई वाली सड़क कहाँ तक फैली हुई है-
UPSSSC ग्राम विकास अधिकारी 22/12/2018
(a) जेवर से ग्रेटर नोएडा
(b) यूपी गेट से गाजियाबाद में राजनगर विस्तार
(c) सैफई से एटा
(d) नोएडा एक्सटेंशन से नोएडा में बॉटनिकल गार्डन स्टेशन

2. उत्तर प्रदेश राज्य में यमुना एक्सप्रेसवे निम्नलिखित किन दो शहरों को जोड़ने के लिए बनाया गया है?
UPSRTC परिचालक 23/08/2015
(a) आगरा और लखनऊ (b) आगरा और इलाहाबाद
(c) आगरा और ग्रेटर नोएडा (d) आगरा और बरेली

3. लाल बहादुर शास्त्री अंतर्राष्ट्रीय हवाई अड्डा स्थित है।
(a) बाबतपुर, वाराणसी में (b) कल्याणपुर, कानपुर में
(c) बमरौली, प्रयागराज में (d) खेरिया, आगरा में

4. गंगा नदी के निम्न में से किस भाग को राष्ट्रीय जल मार्ग घोषित किया गया है?
UPPSC RO/ARO Mains 22/12/2020
(a) प्रयागराज से हल्दिया तक
(b) कानपुर से प्रयागराज तक
(c) नरौरा से पटना तक
(d) हरिद्वार से कानपुर तक

5. उत्तर प्रदेश में लखनऊ मैट्रो के प्रथम चरण में कहाँ से कहाँ तक मैट्रो का चलना प्रस्तावित है?
UPSSSC वन रक्षक परीक्षा 11/12/2015
(a) सचिवालय से गोमती नगर
(b) सचिवालय से मुंशी पुलिया
(c) चारबाग से ट्रांसपोर्ट नगर
(d) चारबाग से हजरतगंज

6. UPRRDA (उत्तर प्रदेश ग्रामीण सड़क विकास एजेंसी) की स्थापना कब की गई थी?
UPSSSC लेखपाल परीक्षा 2022
(a) 2003 (b) 2007
(c) 2011 (d) 2017

7. भारत की प्रथम हवाई डाक सेवा शुरू की गई।
(a) 1911 (b) 1912
(c) 1913 (d) 1914

8. "उत्तर प्रदेश राज्य पर्यटन विकास निगम लिमिटेड" की स्थापना हुई थी- **UPPSC ACF/RFO 2019**
(a) 1974 (b) 1978
(c) 2018 (d) 2020

9. प्रदेश राज्य सड़क परिवहन निगम का मुख्यालय स्थित है।
(a) कानपुर (b) आगरा
(c) लखनऊ (d) गाजियाबाद

10. उत्तर प्रदेश में 'पूर्वांचल एक्सप्रेस मार्ग' निम्नलिखित में किस नगर से नहीं गुजरेगा? **UPPSC Pre. 2018**
(a) फैजाबाद (b) बस्ती
(c) आजमगढ़ (d) मऊ

11. देश के 18 रेल जोनों में से कितने रेल जोनों की लाइनें उत्तर प्रदेश से गुजरती हैं।
(a) 3 (b) 4
(c) 5 (d) 6

12. कितने रेल जोनों का मुख्यालय उत्तर प्रदेश में है।
(a) 1 (b) 2
(c) 3 (d) 4

13. 'उत्तर प्रदेश राज्य सड़क परिवहन निगम **(UPSRTC)**' की स्थापना कब की गई?
(a) 1966 ई. (b) 1972 ई.
(c) 1976 ई. (d) 1978 ई.

14. भारत का पहला 14-लेन महामार्ग (एक्सप्रेसवे) कौन-सा है?
(a) यमुना एक्सप्रेसवे
(b) दिल्ली - मेरठ एक्सप्रेसवे
(c) मुम्बई - पुणे एक्सप्रेसवे
(d) आगरा - लखनऊ

15. ताज अंतर्राष्ट्रीय हवाई अड्डे का निर्माण कहाँ किया जा रहा है?
(a) आगरा (b) कुशीनगर
(c) गौतमबुद्ध नगर (d) मेरठ

16. उत्तर प्रदेश में पिन कोड की शुरूआत किस अंक से होती है?
(a) 2 (b) 3
(c) 4 (d) 7

17. राष्ट्रीय राजमार्गों की कुल लंबाई के हिसाब से उत्तर प्रदेश का स्थान देश में है।
(a) प्रथम (b) द्वितीय
(c) तृतीय (d) चतुर्थ

18. उ.प्र. से शुरू होने वाला सबसे लम्बा राष्ट्रीय राजमार्ग है-

(a) NH-19 (b) NH-11
(c) NH-3 (d) NH-7

19. उत्तर प्रदेश में प्रथम बार रेलगाड़ी कब चली थी?

(a) वर्ष 1853 में (b) वर्ष 1854 में
(c) वर्ष 1856 में (d) वर्ष 1859 में

20. उत्तर प्रदेश में कुल कितने अंतर्राष्ट्रीय एयरपोर्ट (कार्यान्वित + प्रस्तावित) है?

(a) 4 (b) 5
(c) 3 (d) 6

21. राष्ट्रीय राजमार्ग विकास परियोजना के उत्तर-दक्षिण तथा पूर्व-पश्चिम गलियारे मिलते हैं-

(a) कानपुर में (b) झाँसी में
(c) लखनऊ में (d) वाराणसी में

22. 'ग्राण्ड ट्रंक रोड' अमृतसर से कोलकाता तक जाती है। बताइए उत्तर प्रदेश का निम्नलिखित में से कौन-सा नगर इसके अन्तर्गत नहीं आता है?

(a) अलीगढ़ (b) कानपुर
(c) लखनऊ (d) इलाहाबाद

23. प्रदेश में सर्वप्रथम महानगर बस सेवा की शुरूआत की गई

(a) लखनऊ (b) वाराणसी
(c) कानपुर (d) गाजियाबाद

24. यमुना नदी में प्रयागराज से नई दिल्ली तक घोषित किया गया है।

(a) राष्ट्रीय जलमार्ग संख्या 110
(b) राष्ट्रीय जलमार्ग संख्या 111
(c) राष्ट्रीय जलमार्ग संख्या 109
(d) राष्ट्रीय जलमार्ग संख्या 108

25. उत्तर-मध्य रेलवे क्षेत्र का मुख्यालय कहाँ स्थित है?

(a) गोरखपुर में (b) लखनऊ में
(c) वाराणसी में (d) इलाहाबाद (प्रयागराज) में

26. उत्तर प्रदेश में नागरिक उड्डयन प्रशिक्षण केन्द्र कहाँ स्थित है?

(a) आगरा में
(b) लखनऊ में
(c) गोरखपुर में
(d) इलाहाबाद (प्रयागराज) में

27. राष्ट्रीय जलमार्ग संख्या-1 का कौन-सा खंड उत्तर प्रदेश में पड़ता है?

(a) इलाहाबाद से हल्दिया (b) वाराणसी से मऊ
(c) इलाहाबाद से कानपुर (d) वाराणसी से लखनऊ

28. वर्तमान में, ग्रांड ट्रक रोड भारत में .... तक फैली हुई है। **SSC CGL 02/12/2022**

(a) कश्मीर से कन्याकुमारी (b) अमृतसर से कोलकाता
(c) चेन्नई से कोलकाता (d) आगरा से कोलकाता

29. लखनऊ योजना किसके विकास से संबंधित हैं? **UPPSC 2020**

(a) सड़कों के (b) आवासों के
(c) स्वास्थ्य के (d) विद्युत/शक्ति के

30. भारत की प्रथम सेमी हाई स्पीड ट्रेन 'वंदे भारत' चलती है- **UPPSC 2020**

(a) नई दिल्ली से जम्मू के मध्य
(b) नई दिल्ली से वाराणसी के मध्य
(c) नई दिल्ली से लखनऊ के मध्य
(d) नई दिल्ली से मुम्बई के मध्य

उत्तरमाला

1.	(b)	2.	(c)	3.	(a)	4.	(a)	5.	(c)	6.	(a)	7.	(a)	8.	(a)	9.	(c)	10.	(b)
11.	(c)	12.	(b)	13.	(b)	14.	(b)	15.	(c)	16.	(a)	17.	(a)	18.	(a)	19.	(d)	20.	(b)
21.	(b)	22.	(c)	23.	(c)	24.	(a)	25.	(d)	26.	(d)	27.	(a)	28.	(b)	29.	(a)	30.	(b)

8 अध्याय

उत्तर प्रदेश: जनगणना

- भारत की पहली जनगणना वर्ष 1872 (मेयो के काल) में हुई, लेकिन रिपन के काल में वर्ष 1881 में आधिकारिक तौर पर इसकी शुरुआत हुई।
- प्रत्येक दस वर्ष के अंतराल पर नियमित रुप से जनगणना होती है। यह जनगणना, जनगणना अधिनियम - 1948 के तहत होती है।
- वर्ष 2011 की अंतिम जनसंख्या रिपोर्ट के अनुसार उत्तर प्रदेश राज्य की कुल जनसंख्या 199812341 है। (देश की कुल जनसंख्या का 16.5% है।)

महिला	95331831 (47.71%)
पुरुष	104480510 (52.29%)

- देश के सभी राज्यों में सर्वाधिक जनसंख्या उत्तर प्रदेश में है।
- क्षेत्रफल के दृष्टिकोण उत्तर प्रदेश राज्य राजस्थान, महाराष्ट्र व मध्य प्रदेश के बाद चौथे स्थान पर है। उत्तर प्रदेश का क्षेत्रफल देश के क्षेत्रफल का 7.33% है।
- देश की कुल शहरी जनसंख्या में यह महाराष्ट्र के बाद दूसरे स्थान (11.79%) पर है।

सर्वाधिक जनसंख्या वाले 5 जिले	
प्रयागराज (इलाहाबाद)	5954391
मुरादाबाद	4772006
गाजियाबाद	4681645
आजमगढ़	4613913
लखनऊ	4589838

न्यूनतम जनसंख्या वाले 5 जिले	
महोबा	875958
चित्रकूट	991730
हमीरपुर	1104285
श्रावस्ती	1117361
ललितपुर	1221592

उत्तर प्रदेश में दशकीय वृद्धि दर

- 2001-2011 जनगणना के दौरान जनसंख्या की दशकीय वृद्धि दर 20.22% थी (देश में औसत दशकीय वृद्धि दर 17.7%)।
- 2001-11 के दौरान प्रदेश में पुरुष एवं महिला की दशकीय वृद्धि 19.31% तथा 21.23 % रही है।
- दशकीय वृद्धि दर से उत्तर प्रदेश का भारत में स्थान - 14वाँ

उत्तर प्रदेश की दशकीय जनसंख्या वृद्धि

- 1951-1961 - 16.38% (सबसे कम)
- 1961-1971 - 19.54%
- 1971-1981 - 25.39%
- 1981-1991 - 25.55%
- 1991-2001 - 25.85% (सबसे अधिक)
- 2001-2011 - 20.22%

सर्वाधिक दशकीय वृद्धि दर वाले 5 जिले	
गौतमबुद्ध नगर	49.1%
गाजियाबाद	41.3%
श्रावस्ती	30.5%
बहराइच	29.3%
बलरामपुर	27.7%

न्यूनतम दशकीय वृद्धि दर वाले 5 जिले	
कानपुर नगर	9.9%
हमीरपुर	11.1%
बागपत	11.9%
फतेहपुर	14.1%
देवरिया	14.4%

जनसंख्या घनत्व (Population Density)

- जनसंख्या घनत्व का तात्पर्य प्रति वर्ग किमी में रहने वाले व्यक्तियों की संख्या से है।

$$\text{जनघनत्व} = \frac{\text{स्थान विशेष की कुल जनसंख्या}}{\text{स्थान विशेष का कुल क्षेत्रफल}}$$

- 2011 जनगणना के अनुसार उत्तर प्रदेश का जनसंख्या घनत्व 829 व्यक्ति प्रति वर्ग किमी. है। (सम्पूर्ण देश का जनसंख्या घनत्व = 382 व्यक्ति/वर्ग किमी.)
- उत्तर प्रदेश का जनसंख्या घनत्व राष्ट्रीय जनसंख्या घनत्व से 447 अधिक है।
- 2011 जनगणना के अनुसार जनसंख्या घनत्व की दृष्टि से उत्तर प्रदेश राज्यों / केन्द्रशासित प्रदेशों में 9वें स्थान पर है।

सर्वाधिक जनसंख्या घनत्व वाले 5 जिले	
गाजियाबाद	3971
वाराणसी	2395
लखनऊ	1816
भदोही	1555
कानपुर नगर	1452

न्यूनतम जनसंख्या घनत्व वाले 5 जिले	
ललितपुर	242
सोनभद्र	270
हमीरपुर	275
महोबा	279
चित्रकूट	308

उत्तर प्रदेश की साक्षरता दर

- वर्ष 2011 की जनगणना के अनुसार उत्तर प्रदेश की साक्षरता दर 67.7% है।

साक्षरता दर

पुरुष साक्षरता दर 77.3% | महिला साक्षरता दर 57.2%

- प्रदेश में पुरुष व महिला साक्षरता दर में अंतर - 20.1%
- पुरुष व महिला साक्षरता दर में सर्वाधिक अंतर वाला जिला - महराजगंज
- उत्तर प्रदेश की साक्षरता दर में वृद्धि (2001-11) - 11.4%
- सर्वाधिक नगरीय साक्षरता दर वाला जिला - औरैया (85.7%)
- न्यूनतम नगरीय साक्षरता दर वाला जिला - रामपुर (56%)
- सर्वाधिक ग्रामीण साक्षरता दर वाला जिला - औरैया (77.5%)
- न्यूनतम ग्रामीण साक्षरता दर वाला जिला - श्रावस्ती (46.1%)

सर्वाधिक साक्षरता दर वाले 5 जिले	
गौतमबुद्ध नगर	80.1%
कानपुर नगर	79.9%
औरैया	78.9%
इटावा	78.4%
गाजियाबाद	78.1%

न्यूनतम साक्षरता दर वाले 5 जिले	
श्रावस्ती	46.74%
बहराइच	49.36%
बलरामपुर	49.51%
बदायूँ	51.3%
रामपुर	53.3%

सर्वाधिक पुरुष साक्षरता दर वाले 5 जिले	
गौतम बुद्ध नगर	88.06%
औरैया	86.11%
इटावा	86.06%
गाजियाबाद	85.42%
झाँसी	85.38%

न्यूनतम पुरुष साक्षरता दर वाले 5 जिले	
श्रावस्ती	57.16%
बहराइच	58.34%
बलरामपुर	59.73%
बदायूँ	60.98%
रामपुर	61.40%

सर्वाधिक महिला साक्षरता दर वाले 5 जिले	
कानपुर नगर	75.05%
लखनऊ	71.54%
गौतम बुद्ध नगर	70.82%
औरैया	70.61%
गाजियाबाद	69.79%

न्यूनतम महिला साक्षरता दर वाले 5 जिले	
श्रावस्ती	34.78%
बलरामपुर	38.43%
बहराइच	39.18%
बदायूँ	40.09%
रामपुर	44.44%

उत्तर प्रदेश लिंगानुपात

- किसी क्षेत्र में प्रति एक हजार पुरुषों की तुलना में स्त्रियों की संख्या को लिंगानुपात कहते हैं।
- लिंगानुपात (Sex Ratio) = $\frac{\text{स्त्रियों की संख्या}}{\text{पुरुषों की संख्या}} \times 1000$
- जनगणना 2011 के अनुसार उत्तर प्रदेश का लिंगानुपात 912 है, (भारत का सम्पूर्ण लिंगानुपात - 943)
- वयस्क लिंगानुपात तथा शिशु लिंगानुपात की दृष्टि से उत्तर प्रदेश राज्यों व केंद्रशासित प्रदेशों में 26वें स्थान पर है।

सर्वाधिक लिंगानुपात वाले 5 जिले	
जौनपुर	1024
आजमगढ़	1019
देवरिया	1017
प्रतापगढ़	998
सुल्तानपुर	983

न्यूनतम लिंगानुपात वाले 5 जिले	
गौतम बुद्ध नगर	851
हमीरपुर/बागपत	861
मथुरा/कानपुर नगर/बाँदा	863
औरैया	864
जालौन	865

शिशु लिंगानुपात (0-6 वर्ष)

- जनसंख्या में 0-6 आयु समूह में प्रति 1000 बालकों की तुलना में उसी आयु समूह में बालिकाओं की संख्या को शिशु लिंगानुपात कहा जाता है।
- 2011 की जनगणना के अनुसार उत्तर प्रदेश राज्य में शिशु जनसंख्या (0-6 आयु समूह) - 30791331 (उत्तर प्रदेश की कुल जनसंख्या का 15.4%)
- 2011 की जनगणना के अनुसार उत्तर प्रदेश राज्य के लिये शिशु लिंगानुपात (0-6 आयु समूह) - 902

सर्वाधिक शिशु लिंगानुपात वाले 5 जिले	
बलरामपुर	950
संत कबीर नगर	942
बहराइच/सिद्धार्थ नगर	935
बाराबंकी/अंबेडकर नगर	932
महराजगंज/फैजाबाद	931

न्यूनतम शिशु लिंगानुपात वाले 5 जिले	
बागपत	841
गौतम बुद्ध नगर	843
गाजियाबाद	850
मेरठ	852
बुलंदशहर	854

उत्तर प्रदेश अनुसूचित जातियाँ (2011)

- 2011 की जनगणना के अनुसार, अनुसूचित जातियों की जनसंख्या 41357608 है, जोकि प्रदेश की जनसंख्या का 20.69% है। (भारत की कुल जनसंख्या में अनुसूचित जाति का प्रतिशत 16.6% हैं।)
- 2011 की जनगणना के अनुसार उत्तर प्रदेश में अनुसूचित जातियों का लिंगानुपात-907
- देश में जनसंख्या की दृष्टि से सर्वाधिक अनुसूचित जाति जनसंख्या वाला राज्य उत्तर प्रदेश है।

सर्वाधिक अनुसूचित जाति वाले 5 जिले	
सीतापुर	1446427
प्रयागराज	1309851
हरदोई	1274505
आजमगढ़	1171378
लखीमपुर खीरी	1061782

न्यूनतम अनुसूचित जाति वाले 5 जिले	
बागपत	149060
श्रावस्ती	189334
गौतम बुद्ध नगर	216105
महोबा	220898
ललितपुर	240519

सर्वाधिक अनुसूचित जाति जनसंख्या प्रतिशत वाले 5 जिले	
कौशाम्बी	34.72%
सीतापुर	32.26%
हरदोई	31.14%
उन्नाव	30.52%
रायबरेली	30.26%

उत्तर प्रदेश: अनुसूचित जनजातियाँ

- 2011 की अंतिम जनगणना के अनुसार राज्य में अनुसूचित जनजातियों की जनसंख्या 1134273 है। जिसमें पुरुष 581083 तथा स्त्रियाँ 553190 है।
- 2011 के अनुसार उत्तर प्रदेश में अनुसूचित जनजातियों में लिंगानुपात 951 है, जबकि 2001 में 934 था।

सर्वाधिक अनुसूचित जनजाति वाले 5 जिले	
सोनभद्र	385018
बलिया	110114
देवरिया	109894
कुशीनगर	80269
ललितपुर	71610

न्यूनतम अनुसूचित जनजाति वाले 5 जिले	
बागपत	14
कन्नौज	15
बदायूँ	58
एटा	140
कासगंज	150

सर्वाधिक अनुसूचित जनजाति प्रतिशतता वाले 5 जिले	
सोनभद्र	20.7%

ललितपुर	5.9%
देवरिया	3.5%
बलिया	3.4%
कुशीनगर	2.3%

न्यूनतम अनुसूचित जनजाति प्रतिशतता वाले 5 जिले	
बागपत	.001%
कन्नौज	.001%
बदायूँ	.002%
बुलंदशहर	.006%
मुजफ्फरनगर	.008%

उत्तर प्रदेश में धर्म आधारित जनगणना

धर्म	प्रतिशत	जनसंख्या
हिन्दू	79.73%	159312654
मुस्लिम	19.26%	38483967
सिख	.32%	643500
ईसाई	.18%	356448
जैन	.11%	213267
बौद्ध	.10%	206285
अन्य	.01%	13598

नगरीय एवं ग्रामीण जनसंख्या (उत्तर प्रदेश)

- वर्ष 2011 की जनगणना के अनुसार उत्तर प्रदेश की कुल जनसंख्या (199812341) में से ग्रामीण जनसंख्या 155317278 (77.73%) और नगरीय जनसंख्या 44495063 (22.27%) है।
- 2011 जनगणना के अनुसार उत्तर प्रदेश में 10 लाख से अधिक आबादी वाले नगरों की संख्या 12 है।

सर्वाधिक नगरीय जनसंख्या वाले 5 जिले	
गाजियाबाद	3162547
लखनऊ	3038996
कानपुर नगर	3015645
आगरा	2024195
मेरठ	1759182

न्यूनतम नगरीय जनसंख्या वाले 5 जिले	
श्रावस्ती	38649
चित्रकूट	96332
कौशाम्बी	124456
संत कबीर नगर	128531
महराजगंज	134730

सर्वाधिक ग्रामीण जनसंख्या वाले 5 जिले	
प्रयागराज	4481518
आजमगढ़	4220512
जौनपुर	4147624
सीतापुर	3953208
गोरखपुर	3604766

न्यूनतम ग्रामीण जनसंख्या वाले 5 जिले	
गौतम बुद्ध नगर	673806
महोबा	690577
हमीरपुर	894437
चित्रकूट	895398
बागपत	1028023

सर्वाधिक नगरीय जनसंख्या प्रतिशतता वाले 5 जिले	
गाजियाबाद	67.6%
लखनऊ	66.2%
कानपुर	65.8%
गौतम बुद्ध नगर	59.1%
मेरठ	51.1%

न्यूनतम नगरीय जनसंख्या प्रतिशतता वाले 5 जिले	
श्रावस्ती	3.5%
कुशीनगर	4.7%
महराजगंज	5%
सुल्तानपुर	5.3%
प्रतापगढ़	5.5%

सर्वाधिक ग्रामीण जनसंख्या प्रतिशतता वाले 5 जिले	
श्रावस्ती	96.5%
कुशीनगर	95.3%
महराजगंज	95.0%
सुल्तानपुर	94.7%
प्रतापगढ़	94.5%

न्यूनतम ग्रामीण जनसंख्या प्रतिशतता वाले 5 जिले	
गाजियाबाद	32.4%
लखनऊ	33.8%
कानपुर	34.2%
गौतम बुद्ध नगर	40.9%
मेरठ	48.9%

परीक्षोपयोगी महत्त्वपूर्ण प्रश्न

1. 2011 की जनगणना के अनुसार, निम्नलिखित में से उत्तर प्रदेश के किस जिले की जनसंख्या सबसे अधिक थी?
UPPCS ACF RFO 2021
(a) लखनऊ (b) गोरखपुर
(c) प्रयागराज (d) कानपुर

2. जनगणना, 2011 के अनुमानों के अनुसार भारत में, निम्न में से कौन-सा सर्वाधिक जनसंख्या वाला राज्य है?
UPPCS Pre. 2021
(a) बिहार (b) मध्य प्रदेश
(c) महाराष्ट्र (d) उत्तर प्रदेश

3. भारत की जनगणना 2011 के अनुसार उत्तर प्रदेश के निम्नलिखित शहरों में से कौन-सा शहर 'मिलियन शहर' नहीं है?
UPPCS RO/ARO Pre. 2021
(a) आगरा (b) प्रयागराज
(c) मेरठ (d) मुरादाबाद

4. भारत के किस राज्य में अनुसूचित जातियों की जनसंख्या सर्वाधिक है?
UP UDA/LDA Pre. 2010
(a) बिहार (b) तमिलनाडु
(c) उत्तर प्रदेश (d) पश्चिम बंगाल

5. उत्तर प्रदेश के निम्नलिखित जिलों में से वर्ष 2011 की जनगणना के अनुसार किसमें जनसंख्या सबसे कम थी?
UP Lower Sub Pre. 2015
(a) चित्रकूट (b) महोबा
(c) हमीरपुर (d) ललितपुर

6. वर्ष 2011 की जनगणना के अनुसार उत्तर प्रदेश में महिला साक्षरता दर क्या थी?
UPPCS ACF/RFO. 2020
(a) 57.20% (b) 52.10%
(c) 59.10 % (d) उपरोक्त में से कोई नहीं

7. निम्नलिखित जनपदों में से किसमें साक्षरता दर सबसे कम है?
UPPCS RO/ARO Pre. 2016
(a) बुलंदशहर (b) श्रावस्ती
(c) कुशीनगर (d) उन्नाव

8. 2011 की जनगणना के अनुसार उत्तर प्रदेश में किस जनपद में जनसंख्या घनत्व सर्वाधिक है?
UPPCS Health Inspector. 2013
(a) प्रयागराज (b) कानपुर
(c) वाराणसी (d) गाजियाबाद

9. भारत की 2011 जनगणना के अनुसार उत्तर प्रदेश में लिंगानुपात है?
UPPCS ACF Pre. 2017
(a) 912 (b) 925
(c) 935 (d) 940

10. उत्तर प्रदेश में निम्नलिखित में से सर्वाधिक जनजातीय जनसंख्या वाला जनपद कौन है?
UPPCS Pre. 2011
(a) सोनभद्र (b) मिर्जापुर
(c) खीरी (d) बिजनौर

11. वर्ष 2011 की जनगणना के अनुसार उत्तर प्रदेश में साक्षरता दर में 2001 से 2011 तक वृद्धि हुई थी-
UPPCS RO/ARO Pre. 2017
(a) 11.45% (b) 14.45%
(c) 13.45% (d) 14.54%

12. जनगणना 2011 के अनुसार, उत्तर प्रदेश राज्य की कुल जनसंख्या में ग्रामीण जनसंख्या का प्रतिशत कितना है?
UPPCS ACF 2013
(a) 68.8 (b) 77.7
(c) 78.8 (d) 83.3

13. उत्तर प्रदेश की कुल जनसंख्या भारत की जनसंख्या का ....% है।
UPP Constable 2013
(a) 16.5 (b) 23.2
(c) 11.1 (d) 13.2

14. वर्ष 2011 की जनगणना के अनुसार, उत्तर प्रदेश की जनसंख्या का वृद्धि प्रतिशत क्या है?
UP Lower Sub Pre. 2019
(a) 20.21% (b) 20.22%
(c) 20.30% (d) 20.32%

15. उत्तर प्रदेश भारत का सबसे अधिक जनसंख्या वाला राज्य है, और जनगणना 2011 तक दी गई संख्या के अनुसार इसकी जनसंख्या घनत्व .... प्रति किमी है।
UPSSSC व्यायाम प्रशिक्षक 2018
(a) 829 (b) 330
(c) 760 (d) 650

16. 2011 की जनगणना के अनुसार, उत्तर प्रदेश के निम्नलिखित जनपदों में किसमें महिला साक्षरता दर सबसे कम है?
UPPCS Pre. 2018
(a) रामपुर (b) बलरामपुर
(c) श्रावस्ती (d) बहराइच

17. उत्तर प्रदेश में जनसंख्या में दशकीय वृद्धि दर सर्वाधिक थी-
UPPCS Mains. 2005

(a) 1961-71 (b) 1971-81
(c) 1981-91 (d) 1991-2001

18. निम्नलिखित में से किस धार्मिक समुदाय का उत्तर प्रदेश में तीसरा प्रमुख स्थान है?

UPPCS Mains. 2002, 2004

(a) बौद्ध (b) ईसाई
(c) जैन (d) सिख

19. जनगणना, 2011 के अनुसार उत्तर प्रदेश में सर्वाधिक लिंगानुपात वाला जिला है-

UPPCS Pre. 2007 UPSSSC VDO 2016

(a) आजमगढ़ (b) देवरिया
(c) जौनपुर (d) प्रतापगढ़

20. सन् 2001-2011 की अवधि में उत्तर प्रदेश की दशकीय जनसंख्या वृद्धि दर रही है-

UP Lower Sub. Pre. 2009

(a) 20.46% (b) 20.22%
(c) 22.19% (d) 18.69%

21. जनगणना 2011 के अनुरूप निम्नांकित उत्तर प्रदेश के जिलों में से किस जिले में ग्रामीण क्षेत्र में रहने वाले लोगों की संख्या अधिकतम है?

UPPCS Pre. 2017

(a) इलाहाबाद (प्रयागराज) (b) बनारस
(c) हमीरपुर (d) उन्नाव

22. जनगणना 2011 के आंकड़ों के अनुसार, उत्तर प्रदेश में बालिका शिशुओं की संख्या प्रति 1000 बालक शिशुओं पर (शिशु लिंगानुपात)है-

UP Lower Sub. Pre. 2019

(a) 933 (b) 902
(c) 916 (d) 892

23. भारत की जनगणना 2011 के अनुसार, उत्तर प्रदेश के निम्नलिखित में से किस जिले की साक्षरता दर सर्वाधिक है?

UPPCS Pre. 2017

(a) इलाहाबाद (b) वाराणसी
(c) बरेली (d) गौतमबुद्ध नगर

24. 2011 की जनगणना के अनुसार, उत्तर प्रदेश में पुरुष साक्षरता दर है-

(a) 59.26% (b) 60.34%
(c) 69.72% (d) 77.3%

25. उत्तर प्रदेश में 2011 की भारत की जनगणना के अनुसार, साक्षरता दर है-

(a) 70.05% (b) 68.21%
(c) 67.68% (d) 65.41%

26. 2011 की जनगणना के अनुसार, उत्तर प्रदेश के अधिकतम घनी आबादी एवं न्यूनतम घनी आबादी वाले जिले क्रमशः हैं-

(a) इलाहाबाद तथा महोबा
(b) गाजियाबाद तथा ललितपुर
(c) कानपुर नगर तथा सोनभद्र
(d) वाराणसी तथा बागपत

27. निम्नलिखित युग्मों में से कौन-सा सुमेलित नहीं है?

UPPCS Mains. 2013

(जनपद)	(महिला साक्षरता)
(a) कानपुर नगर	- 75.05%
(b) लखनऊ	- 71.54%
(c) गाजियाबाद	- 69.69%
(d) इटावा	- 69.79%

28. जनगणना 2011 के अनुसार, सर्वाधिक औसत साक्षरता वाले निम्नलिखित चार जिलों का सही अवरोही क्रम है-

UPPCS Mains. 2017

(a) गौतमबुद्ध नगर, कानपुर नगर, औरैया, गाजियाबाद
(b) गौतमबुद्ध नगर, कानपुर नगर, औरैया, इटावा
(c) गाजियाबाद, गौतमबुद्ध नगर, औरैया, कानपुर नगर
(d) गाजियाबाद, कानपुर नगर, औरैया, गौतमबुद्ध नगर

29. 2011 जनगणना के अनंतिम आंकड़ों के अनुसार, निम्नलिखित में से उत्तर प्रदेश के किस जिले में सबसे कम महिला साक्षरता है?

UPPCS Mains. 2010

(a) बलिया में (b) देवरिया में
(c) गोरखपुर में (d) रामपुर में

30. उत्तर प्रदेश की जनसंख्या वृद्धि की दर राष्ट्रीय औसत से अधिक रही-

UPPCS Mains. 2009

(a) 1941-51 के दशक में (b) 1951-61 के दशक में
(c) 1961-71 के दशक में (d) 1971-81 के दशक में

31. 2011 की जनगणना के अनुसार, उत्तर प्रदेश की जनसंख्या भारत की जनसंख्या की कितनी प्रतिशत है?

UPPCS Pre. (Re-Exam), 2015

(a) 14.2 (b) 15.5
(c) 16.50 (d) 18.2

32. जनसंख्या 2001 के अनुसार, उत्तर प्रदेश के निम्नलिखित दस लाख नगरों का सही क्रम है-

(a) कानपुर, लखनऊ, वाराणसी तथा आगरा
(b) कानपुर, लखनऊ, आगरा तथा वाराणसी
(c) लखनऊ, कानपुर, आगरा तथा वाराणसी
(d) लखनऊ, कानपुर, वाराणसी तथा आगरा

33. उत्तर प्रदेश के कानपुर और लखनऊ नगर किस भारतीय जनगणना वर्ष में दस लाखीय नगर बने?

(a) क्रमश: 1951 और 1961 में

(b) क्रमश: 1961 और 1971 में

(c) क्रमश: 1971 और 1981 में

(d) क्रमश: 1981 और 1991 में

34. 2011 की जनगणना के अनुसार, उत्तर प्रदेश में महिला आबादी कुल आबादी का लगभग है-

(a) 50% (b) 48%

(c) 45% (d) 51%

35. जनगणना 2011 के अनुसार, निम्नांकित उत्तर प्रदेश के जिलों में से किस जिले में ग्रामीण क्षेत्र में रहने वाले लोगों की संख्या अधिकतम है?

UPPCS Mains. 2014

(a) इलाहाबाद (b) बनारस

(c) हमीरपुर (d) उन्नाव

36. निम्नलिखित में से कौन उत्तर प्रदेश का (जनसंख्या की दृष्टि से) सबसे बड़ा जनपद है?

UP RO/ARO Mains. 2013

(a) मुरादाबाद (b) लखनऊ

(c) इलाहाबाद (प्रयागराज) (d) गाजियाबाद

37. निम्नलिखित कथनों में से कौन 2011 की जनगणना के अनंतिम आंकड़ों के आधार पर उत्तर प्रदेश के लिए सही नहीं है?

UPPCS Pre. 2011

(a) यहां देश की जनसंख्या का 16.5 प्रतिशत निवास करता है।

(b) यहां देश के सर्वाधिक बच्चे पाए जाते हैं।

(c) इसकी दशकीय वृद्धि दर 18.4 प्रतिशत है।

(d) इसका लिंगानुपात 912 है।

38. जनगणना 2011 के अनंतिम आंकड़ों के अनुसार, निम्नलिखित में से उत्तर प्रदेश के किस जनपद की जनसंख्या न्यूनतम है?

(a) चित्रकूट (b) हमीरपुर

(c) महोबा (d) श्रावस्ती

उत्तरमाला

1.	(c)	**2.**	(d)	**3.**	(d)	**4.**	(c)	**5.**	(b)	**6.**	(a)	**7.**	(b)	**8.**	(d)	**9.**	(a)	**10.**	(a)
11.	(a)	**12.**	(b)	**13.**	(a)	**14.**	(b)	**15.**	(a)	**16.**	(c)	**17.**	(d)	**18.**	(d)	**19.**	(c)	**20.**	(b)
21.	(a)	**22.**	(b)	**23.**	(d)	**24.**	(d)	**25.**	(c)	**26.**	(b)	**27.**	(d)	**28.**	(b)	**29.**	(d)	**30.**	(d)
31.	(c)	**32.**	(b)	**33.**	(c)	**34.**	(b)	**35.**	(a)	**36.**	(c)	**37.**	(c)	**38.**	(c)				

9
अध्याय

उत्तर प्रदेशः जनजातियाँ

उ. प्र. की प्रमुख जनजाति

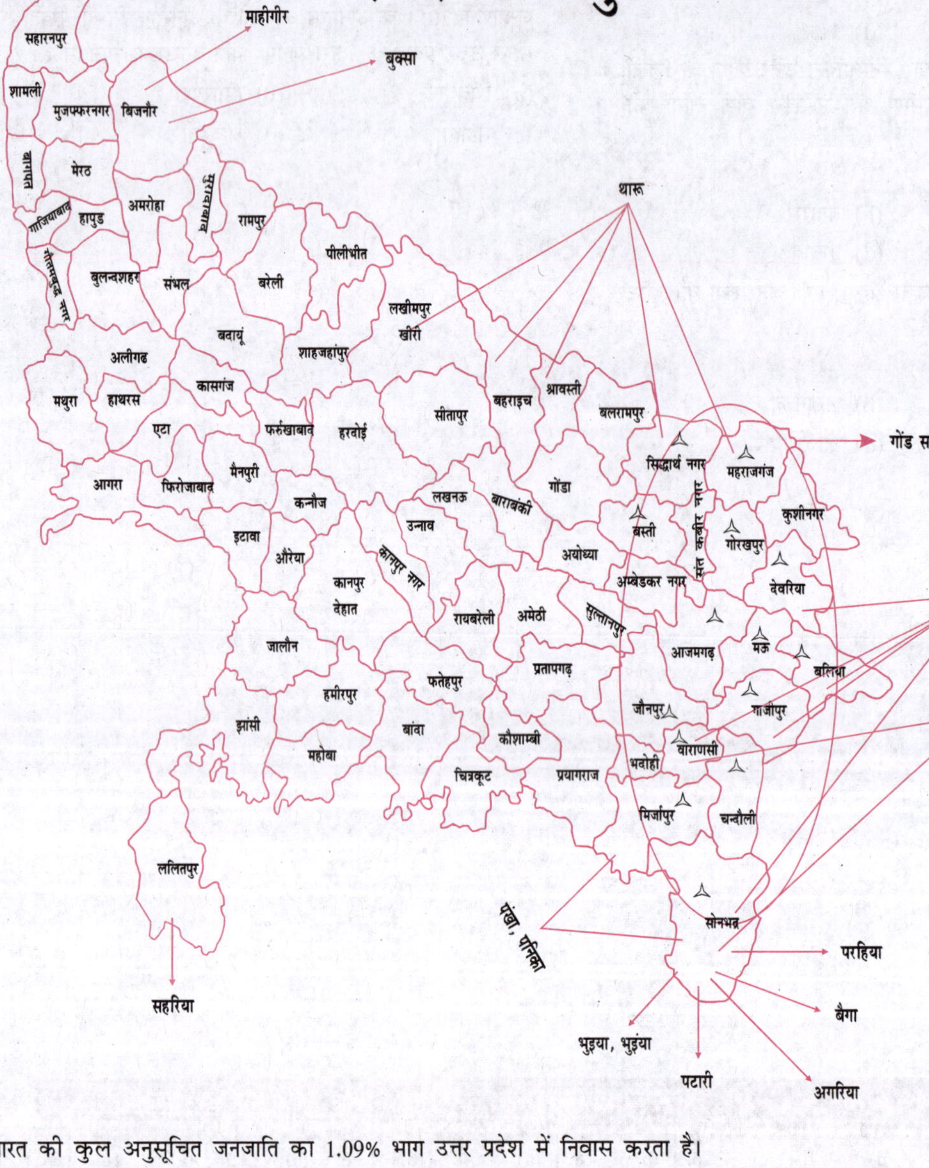

- भारत की कुल अनुसूचित जनजाति का 1.09% भाग उत्तर प्रदेश में निवास करता है।
- जनगणना 2011 के अनुसार उत्तर प्रदेश में अनुसूचित जनजाति की जनसंख्या 1134273 है, (पुरुष- 581083, महिलाएं- 553190)
- जनगणना 2011 के अनुसार, उत्तर प्रदेश की कुल जनसंख्या में अनुसूचित जनजातियों का प्रतिशत 0.6% है।

उत्तर प्रदेश की प्रमुख जनजातियाँ

थारू जनजाति

- थारू जनजाति उत्तर प्रदेश में निवास करने वाली एक प्रमुख जनजाति है। जनसंख्या की दृष्टि से यह उत्तर प्रदेश की सबसे बड़ी जनजाति है।
- 'थारू' शब्द की उत्पत्ति 'स्थविर' से हुई है, जिसका शाब्दिक अर्थ- 'बौद्ध धर्म की थेरवाद परपंरा को मानने वाला' होता है।
- थारू लोग होली का पर्व फाल्गुन मास की पूर्णिमा से लेकर आठ दिनों तक मनाते हैं। इस दिन स्त्री-पुरुष मदिरा सेवन करके नृत्य करते हैं। इस मदिरा को 'जाड़' कहते हैं।
- थारू जनजाति के लोग भूत-प्रेत, जादू टोना में विश्वास करते हैं।
- पीपल समेत कई वृक्षों तथा गाय, बन्दर एवं सांप आदि की पूजा भी इस समुदाय के द्वारा की जाती है।
- थारू जनजाति के लोग कद में छोटे, पीले वर्ण, चौड़े मुखमण्डल वाले होते हैं।
- थारू समुदाय शिवालिक या निम्न हिमालय की पर्वत श्रृंखला के बीच तराई क्षेत्र से संबंधित है।
- थारू जनजाति के लोग भारत और नेपाल दोनों देशों में निवास करते हैं। ये भारत में अधिकांशत: उत्तराखण्ड, बिहार एवं उत्तर प्रदेश में निवास करते हैं।
- इस समुदाय के लोग अपनी आजीविका चलाने के लिए वनों पर आश्रित होते हैं, लेकिन कुछ लोग खेती भी करते हैं।
- थारू समुदाय के लोग भगवान शिव को महादेव के नाम से पूजते हैं।
- थारू समुदाय के मानक पकवानों में प्रमुख बगिया या ढिकरी तथा घोंघी हैं।
- संविधान के अनुच्छेद-366 (25) में अनुसूचित जनजाति को उन समुदायों के रूप में संदर्भित किया गया है जिन्हें संविधान के अनुच्छेद-342 के तहत सूचीबद्ध किया गया है।
- थारू जनजाति के लोगों का संबंध 'किरात वंश' से है।
- थारू जनजाति के लोग मुख्य भोजन के रूप में चावल और मछली खाते हैं। साथ ही दाल, दूध, दही तथा मांस भी खाते हैं। इस जनजाति के लोगों के सुबह के नाश्ते को कलेवा, दोपहर के भोजन को मिझनी तथा शाम के भोजन को बरी या बेरी कहा जाता है।
- इस जनजाति के लोग दीपावली को 'शोक पर्व' के रूप में मनाते हैं।
- बजहर नामक त्यौहार थारू जनजाति द्वारा मनाया जाता है।
- थारू जनजाति के लोग अनेक जातियों में विभाजित हैं, जिसमें सबसे बड़ी जाति 'बडवायक' है।
- थारू जनजाति में 'संयुक्त परिवार' प्रथा का प्रचलन है।
- थारू विकास परियोजना का प्रारंभ 2 अक्टूबर 1980 को किया गया था।
- उत्तर प्रदेश सरकार द्वारा इस जनजाति के लोगों को शिक्षा प्रदान करने हेतु लखीमपुर खीरी जिले में एक महाविद्यालय की स्थापना की गई।
- थारू पुरुष अपने शरीर पर धोती लपेटते हैं और बड़ी चोटी रखते हैं, जो हिन्दुत्व का प्रतीक है।
- प्रदेश के तराई क्षेत्र बहराइच, श्रावस्ती, सिद्धार्थनगर, महाराजगंज एवं लखीमपुर खीरी के उत्तरी भागों में थारू जनजाति के लोग निवास करते हैं।
- इस जनजाति के लोग मुख्य रूप से सुअर तथा मुर्गीपालन करते हैं।
- इस जनजाति में लोगों की विवाह रस्म अदायगी भर्रा (पुरोहित) द्वारा संपन्न कराई जाती है।
- विवाह के लिए वर पक्ष को विवाह हेतु कन्या पक्ष के घर जाना होता है। जब विवाह निश्चित होता है, तो उसे पक्की पोढ़ी कहा जाता है।
- इस जनजाति में विधवा पुनर्विवाह भी प्रचलित है।
- इस जनजाति के लोग काली माता, भैरव तथा महादेव में आस्था रखते हैं। इस जनजाति का 'शिवलिंग' पत्थर का न होकर बाँस का होता है।

गोंड जनजाति

- गोंड भारत की दूसरी सबसे बड़ी जनजाति है।
- गोंड शब्द की उत्पत्ति तमिल भाषा के शब्द 'कोड' या 'खोद' से हुई है। कोड शब्द का शाब्दिक अर्थ "पर्वत" है।
- गोंड जनजाति के लोग स्वंय को गोंड की जगह 'कोयतोर' कहलाना पसंद करते हैं।
- गोंड जनजाति का मुख्य संबंध द्रविड़ प्रजाति से है तथा इनकी मुख्य भाषा 'गोंडी' है।
- गोंड जनजाति के लोग पहनने के लिए सूती वस्त्रों का प्रयोग करते हैं।
- गोंड जनजाति के प्रमुख देवता दूल्हादेव, नागदेव, नारायण देव आदि हैं।
- गोंड जनजाति में बहु-विवाह का प्रचलन है।
- गोंड जनजाति क्षेत्र में महुआ के वृक्षों की बहुलता पायी जाती है और ये लोग महुआ के फलों की शराब बनाते हैं।
- गोंड जनजाति का मुख्य व्यवसाय कृषि है किंतु ये कृषि के साथ-साथ पशुपालन भी करते हैं।
- यह जनजाति प्रदेश के महाराजगंज, बस्ती, गोरखपुर, सिद्धार्थनगर, देवरिया, मऊ, जौनपुर, गाजीपुर, आजमगढ़, बलिया और सोनभद्र समेत कई जिलों में निवास करती है।

खरवार/खैरवार जनजाति

- खरवार बाँदा जिले के पाठा क्षेत्र के मुख्य निवासी हैं।

- खरवार जनजाति के लोग मुख्यत: उत्तर प्रदेश के सोनभद्र मिर्जापुर, गाजीपुर, देवरिया, चंदौली और बलिया जिलों में निवास करते हैं।
- इस जनजाति का मूल निवास क्षेत्र पलामू (झारखण्ड) है।
- करमा, खरवार जनजाति का प्रसिद्ध नृत्य है।
- खरवार जनजाति की प्रमुख उपजातियाँ दौलतबंदी, मौगती, पटबंदी, सूरजवंशी, राऊत आदि हैं।
- इस जनजाति के लोग मुख्यत: हिन्दू धर्म के रीति रिवाजों का पालन करते हैं।
- खरवार जनजाति के प्रमुख देवता वनसन्ती, घमसान, दूल्हादेव, गोरइया, हनुमान, दुर्गा आदि हैं।
- इस जनजाति के लोगों द्वारा पीपल, नीम, नाग तथा बिच्छू आदि की पूजा भी की जाती है।

बुक्सा या भोक्सा जनजाति

- बुक्सा जनजाति के लोग उत्तराखण्ड राज्य के तराई-भाबर क्षेत्र के साथ-साथ उत्तर प्रदेश के बिजनौर जिले में निवास करते हैं।
- उत्तर प्रदेश के बिजनौर जिले में छोटी ग्रामीण बस्तियों में निवास करने वाली जनजाति को भोक्सा या बुक्सा कहा जाता है।
- बुक्सा जनजाति की भाषा हिन्दी और लिपि देवनागरी है।
- इस जनजाति के लोग चामुंडा देवी की पूजा करते हैं। इनके द्वारा काली माता, महादेव, राम और कृष्ण की भी पूजा की जाती है।
- इस जनजाति का संबंध "पटवार" राजपूत घराने से माना जाता है। विलियम क्रुक ने बुक्सा जनजाति को राजपूतों का वंशज माना है।
- बुक्सा जनजाति में परिवार पितृसत्तात्मक एवं पितृवंशीय होता है। परिवार का ज्येष्ठ पुरुष ही मुखिया होता है।
- बुक्सा लोगों की बिरादरी पंचायत चार स्तरों में बंटी होती है, जिनके सर्वोच्च अधिकारी तखत, मुंसिफ, दरोगा तथा सिपाही नाम से जाने जाते हैं। यह सभी पद वशांनुगत होते हैं।
- इस जनजाति के लोग पीपल के वृक्ष की पूजा करते हैं।
- बुक्सा जनजाति में क्रय विवाह पद्धति प्रचलित है। वधू प्राप्त करने के लिए वधू का मूल्य देना पड़ता है जिसे मालगति कहते हैं।
- उत्तर प्रदेश में बुक्सा जनजाति विकास परियोजना वर्ष 1983-84 में प्रारंभ की गई थी।

जौनसारी जनजाति

- जौनसारी अपनी एक विशेष प्रकार की संस्कृति, खानपान, रहन-सहन और वेशभूषा के कारण दुनिया भर में प्रसिद्ध है।
- जनसंख्या की दृष्टि से यह उत्तराखण्ड का दूसरा सबसे बड़ा जनजातीय समूह है। इस जनजाति का मुख्य क्षेत्र उत्तर पश्चिम का क्षेत्र है।
- जौनसारी जनजाति के लोगों का आवास लकड़ी और पत्थर का का बना होता है।
- जौनसारी समाज में पितृसत्तात्मक संयुक्त परिवार की सामाजिक व्यवस्था पाई जाती है।
- इस जनजाति के लोग स्वयं को पाण्डवों का वंशज बताते हैं।
- जौनसारी लोगों के मुख्य देवता महासू हैं।
- रासो, झेला, घूमसू, हारुल, सराई आदि इस जनजाति के प्रमुख नृत्य हैं।
- इस जनजाति के प्रमुख सांस्कृतिक त्यौहार बिस्सू (वैशाखी), पंचाई (दशहरा), दियाई (दिवाली), माघ त्यौहार, नुणाई आदि हैं।
- इस जनजाति को आर्थिक पिछड़ेपन के आधार पर वर्ष 1967 में जनजाति का दर्जा दिया गया।

बैगा जनजाति

- बैगा जनजाति उत्तर प्रदेश के सोनभद्र जनपद में निवास करती है।
- बैगा जनजाति, द्रविड़ समुदाय की जनजाति हैं।
- बैगा जनजाति के लोग 'नागा बैगा' को अपना पूर्वज मानते हैं।
- बैगा जनजाति का मुख्य व्यवसाय कृषि है तथा वनों की उपज पर जीवनयापन करने वाले इस जनजाति के लोग साधारण जीवन जीते हैं।

सहरिया जनजाति

- सहरिया जनजाति का संबंध बुंदेलखण्ड के ललितपुर जिले से है।
- सहरिया समुदाय के पारंपरिक व्यवसाय में शहद इकट्ठा करना, लकड़ी काटना, खनन करना, टोकरियाँ बनाना, पत्थर तोड़ना आदि शामिल हैं।
- सहरिया समुदाय के लोग मुख्यत: हिन्दू धर्म के अनुयायी होते है।

अगरिया जनजाति

- अगरिया शब्द की उत्पत्ति 'अग्नि' शब्द से हुई है।
- अगरिया अपने को 'लोहार' भी कहते हैं।
- इस जनजाति का मुख्य व्यवसाय लौह अयस्क पिघलाना है।
- अगरिया जनजाति भारत में मध्य प्रदेश और उत्तर प्रदेश राज्यों में निवास करने वाला एक जनजाति समुदाय है।

उत्तर प्रदेश में पाई जाने वाली अन्य जनजातियाँ	
घासिया	सोनभद्र, मिर्जापुर
कोल	सोनभद्र, मिर्जापुर
कोरवा	सोनभद्र, मिर्जापुर
पनिका	सोनभद्र, मिर्जापुर
भुइया/भुइंया	सोनभद्र
पटारी	सोनभद्र

माहीगीर जनजाति

- माहीगीर जनजाति उत्तर प्रदेश के बिजनौर जिले के नजीबाबाद क्षेत्र में निवास करती है।

❒ माहीगीर जनजाति के लोग मछुआरे होते हैं। इनका प्रमुख व्यवसाय मछली पकड़ना है।

❒ इस जनजाति में पंचायतों का प्रचलन होता है जिसमें बादशाह व वजीर की भूमिका निर्णायक होती है।

❒ इस जनजाति के लोग मुस्लिम समुदाय से होते हैं।

❒ इस जनजाति के लोग स्प्रिट का प्रयोग शराब के रूप में करते हैं।

विविध

❒ सोनभद्र जिले में अनुसूचित जनजातियों की जनसंख्या (385018) सबसे अधिक है।

❒ सोनभद्र के बाद बलिया जनपद अनुसूचित जनजातियों की जनसंख्या के मामलें में दूसरे स्थान पर है।

❒ सबसे कम अनुसूचित जनजातियों की जनसंख्या (14) बागपत जिले में है।

❒ भारत सरकार द्वारा वर्ष 1967 में प्रदेश की 5 जातियों (थारू, भोटिया, बुक्सा, जौनसारी व राजी) को अनुसूचित जनजाति में सम्मिलित किया गया।

अनुसूचित जनजातियाँ (वर्ष 2003 में घोषित)

जनजाति	जनपद
गोंड समूह (गोंड, नायक, ओझा, पथारी, धुरिया, राजगोंड)	महराजगंज, सिद्धार्थनगर, बस्ती, देवरिया, मऊ, आजमगढ़, जौनपुर, चंदौली, गाजीपुर, वाराणसी, गोरखपुर, मिर्जापुर, सोनभद्र
खरवार/खैरवार	देवरिया, बलिया, वाराणसी, सोनभद्र एवं गाजीपुर
सहरिया	ललितपुर
बैगा	सोनभद्र
परहिया	सोनभद्र
अगरिया	सोनभद्र
पटारी	सोनभद्र
पंखा, पनिका	सोनभद्र एवं मिर्जापुर
भुइया/भुइंया	सोनभद्र
चेरो	सोनभद्र एवं वाराणसी

परीक्षोपयोगी महत्त्वपूर्ण प्रश्न

1. निम्नलिखित जनजातियों में से किसकी जनसंख्या उत्तर प्रदेश में सर्वाधिक है?
UPPSC (Spl.) Pre. 2008
(a) बनरावत (b) थारू
(c) सहरिया (d) धुरिया

2. उत्तर प्रदेश में सर्वाधिक जनसंख्या वाली जनजाति है-
UPPSC Mains. 2014
(a) थारू (b) बुक्सा
(c) कोरवा (d) चेरो

3. निम्नलिखित में से कौन-सी जनजाति उत्तर प्रदेश की अधिसूचित अनुसूचित जनजाति की सूची में शामिल नहीं है?
Cane Supervisor 31/08/2019
(a) राजी (b) तडवी
(c) थारू (d) बुक्सा

4. उत्तर प्रदेश के निम्नलिखित में से किस जनपद में 'अगरिया' जनजाति निवास करती है?
UPPSC Mains. 2017
(a) गाजियाबाद (b) गाजीपुर
(c) मिर्जापुर (d) सोनभद्र

5. भारत के निम्नलिखित में से किन राज्यों में 'थारू जनजाति' निवास कर रही है?
UPPSC RO/ARO Pre. 2017
UPPSC (J) 2015
UPPSC Pre. GS 1991
(a) बिहार तथा मध्यप्रदेश
(b) झारखंड तथा बिहार
(c) छत्तीसगढ़ तथा हिमाचल प्रदेश
(d) उत्तराखंड तथा उत्तर प्रदेश

6. उत्तराखण्ड के अलग हो जाने के पश्चात् उत्तर प्रदेश में कौन-सी जनजातियाँ रहती हैं?
UPPSC Pre. GS 2003
1. थारू 2. खासी
3. बुक्सा 4. राजी
नीचे दिए गए कूट से सही उत्तर का चयन कीजिए।
(a) 1 तथा 2 (b) 2 तथा 3
(c) 3 तथा 4 (d) 1 तथा 3

7. निम्नलिखित में से कौन-सा युग्म सही सुमेलित है?
UPPSC RO/ARO Mains. 2010
(a) भोटिया - बाराबंकी (b) बुक्सा - बिजनौर
(c) राजी - गोरखपुर (d) थारू - बांदा

8. निम्नलिखित में से कौन-सा युग्म सही सुमेलित है?
UPPSC Mains. 2004
(a) भोक्सा - बिजनौर (b) खरवार - ललितपुर
(c) माहीगीर - बहराइच (d) थारू - बाराबंकी

9. परहिया जनजाति निवास करती है-
UPPSC Mains. 2011
(a) बहराइच में (b) ललितपुर में
(c) पीलीभीत में (d) सोनभद्र में

10. निम्नलिखित में से कौन-सी अनुसूचित जनजाति बिजनौर जिले में निवास करती है?

UPPSC Mains. 2010

(a) बैगा (b) खरवार
(c) माहीगीर (d) थारू

11. निम्न में से किस जनजाति में ब्राह्मणों का स्थान सबसे ऊँचा है?

(a) थारू (b) बुक्सा
(c) पनिका (d) खरवार

12. निम्नलिखित उत्तर प्रदेश के जनपदों में 'भोक्सा' जनजाति कहाँ पाई जाती है?

UPPSC Mains. 2013

(a) बिजनौर और आगरा में
(b) बहराइच और लखीमपुर में
(c) मिर्जापुर और सोनभद्र में
(d) ललितपुर और जालौन में

13. उत्तर प्रदेश के किस जनपद में बुक्सा जनजाति का संकेंद्रण है?

(a) लखीमपुर खीरी (b) बिजनौर
(c) ललितपुर (d) गाजीपुर

14. सर्वाधिक अनुसूचित जनजातियों के प्रतिशत वाला जिला कौन-सा है?

UPPSC Pre. 2018

(a) मिर्जापुर (b) सोनभद्र
(c) गोरखपुर (d) बिजनौर

15. भारत सरकार ने किस वर्ष में उत्तर प्रदेश की दस नई आदिवासी जातियों को अनुसूचित जनजातियों के रूप में सूचीबद्ध किया?

UPPSC Pre. 2010

(a) 2004 (b) 2003
(c) 2002 (d) 2001

16. उत्तर प्रदेश के तराई क्षेत्र में निम्नलिखित में से कौन-सी अनुसूचित जनजाति पाई जाती है?

UPPSC Mains, GS 2013
UPPSC RO/ARO Pre. Re-Exam 2016
UPPSC ACF/RFO Mains, 2018

(a) बुक्सा (b) भोटिया
(c) खासी (d) गोंड

17. बाँदा जनपद के पाठा क्षेत्र के मुख्य निवासी हैं-

UPPSC Pre. 2002

(a) भील (b) गोंड
(c) खरिया (d) खरवार

18. निम्नलिखित में से कौन-सी अनुसूचित जनजाति दीपावली को शोक के रूप में मनाती है?

UPPSC Mains. 2015

(a) सहरिया (b) बैगा
(c) परहिया (d) थारू

19. बुक्सा जनजाति के पंचायती प्रशासन का सबसे बड़ा अधिकारी कहलाता है-

(a) तखत (b) अटक
(c) बजहर (d) बनबसा

20. बुक्सा जनजाति के लोग किस वृक्ष की पूजा करते हैं?

(a) पीपल (b) बरगद
(c) नीम (d) बबूल

21. थारू जनजाति द्वारा मदिरा को कहा जाता है।

(a) कलेवा (b) जाड़
(c) मिझनी (d) बेरी

22. उत्तर प्रदेश में अनुसूचित जाति एवं अनुसूचित जनजाति शोध एवं प्रशिक्षण संस्थान की स्थापना कब हुई थी?

(a) 1987-88 (b) 1986-87
(c) 1988-89 (d) 1989-90

23. बैगा जनजाति उत्तर प्रदेश के किस जिले में पायी जाती है?

(a) ललितपुर (b) सोनभद्र
(c) मिर्जापुर (d) जौनपुर

24. थारू जनजाति में शिवलिंग बना होता है।

(a) कागज का (b) लोहे का
(c) बांस का (d) पत्थर का

25. उत्तर प्रदेश की कौन-सी जनजाति स्वयं को राजपूत वंशज मानती है?

(a) जौनसारी (b) बुक्सा
(c) थारू (d) माहीगीर

26. थारू जनजाति में वर एवं वधू पक्ष की तरफ से विवाह तय कर लिये जाने को क्या कहते है?

(a) बदला प्रथा (b) पक्की पोढ़ी
(c) छोका (d) गढजोड

27. उत्तर प्रदेश के निम्नलिखित में से किस क्षेत्र में थारू जनजाति पायी जाती है?

(a) तराई (b) बांगर
(c) मैदानी (d) पठारी

28. निम्न में से कौन-सी जनजाति किरात वंश से संबंधित है?

(a) बुक्सा (b) खरवार
(c) थारू (d) सहरिया

29. माहीगीर जनजाति ने किस धर्म को अपना लिया है?
(a) बौद्ध धर्म (b) हिन्दू धर्म
(c) इस्लाम धर्म (d) ईसाई धर्म

30. बजहर, होली, माघ-खिचड़ी, गुड़िया आदि त्यौहार निम्नलिखित में से किस जनजाति द्वारा मनाए जाते हैं।
(a) थारू (b) भोंटिया
(c) जौनसारी (d) राजी

31. अगरिया, बैगा तथा भुईया अनुसूचित जनजातियाँ मुख्यत: निवास करते हैं।
UPPSC Mains, 2017
(a) अम्बेडकर नगर (b) जालौन
(c) सोनभद्र (d) ललितपुर

32. 'करमा' लोक नृत्य किस जनजाति का है?
(a) थारू (b) खरवार
(c) बैगा (d) बुक्सा

33. किस जनजाति के पुरूष बड़ी चोटी रखते हैं?
(a) गोंड (b) बैगा
(c) थारू (d) अगरिया

34. किस जनजाति में बदला विवाह की प्रथा पाई जाती है?
(a) गोंड (b) भुइया
(c) थारू (d) खरवार

35. किस जनजाति के लोग लठभरवा भोज देते हैं?
(a) थारू (b) बैगा
(c) सहरिया (d) अगरिया

36. उत्तर प्रदेश में पाए जाने वाला सबसे बड़ा जनजातीय समूह कौन-सा है?
(a) गोंड (b) थारू
(c) खरवार (d) बुक्सा

37. निम्नलिखित में से कौन-सी जनजाति उत्तर प्रदेश और उत्तराखण्ड से संबंधित है?
UPPSC (J) 2015
(a) इतनार (b) थारू
(c) भील (d) मुण्डा

38. उत्तर प्रदेश और उत्तराखण्ड राज्यों की निम्नलिखित जनजातियों में से किसमें युवागृह प्रथा प्रचलित है?
UPPSC ACF/RFO Mains, 2019
(a) शौका (b) राजी
(c) थारू (d) भोटिया

उत्तरमाला

1.	(b)	2.	(a)	3.	(b)	4.	(d)	5.	(d)	6.	(d)	7.	(b)	8.	(a)	9.	(d)	10.	(c)
11.	(b)	12.	(a)	13.	(b)	14.	(b)	15.	(b)	16.	(a)	17.	(d)	18.	(d)	19.	(a)	20.	(a)
21.	(b)	22.	(b)	23.	(b)	24.	(c)	25.	(b)	26.	(b)	27.	(a)	28.	(c)	29.	(c)	30.	(a)
31.	(c)	32.	(b)	33.	(c)	34.	(c)	35.	(a)	36.	(a)	37.	(b)	38.	(d)				

अध्याय 10

उत्तर प्रदेश: राजनीतिक एवं प्रशासनिक व्यवस्था

उत्तर प्रदेश: राजनीतिक एवं प्रशासनिक ढांचा
(UP: Political and Administrative Structure)

भारत में राज्यों का शासन-प्रशासन, संविधान के भाग-6 में अनुच्छेद 152 से 237 तक वर्णित है। केन्द्र की तरह उत्तर प्रदेश में संसदात्मक प्रणाली लागू होती है, जिनके तीन प्रमुख अंग हैं :-

- कार्यपालिका (राज्यपाल, मुख्यमंत्री, मंत्रिपरिषद, महाधिवक्ता)
- विधायिका (राज्यपाल, विधानसभा तथा विधानपरिषद्)
- न्यायपालिका (उच्च न्यायालय, अधीनस्थ न्यायालय)

- भारत के प्रत्येक राज्य में द्विसदनात्मक शासन व्यवस्था नहीं है।
- महाराष्ट्र, बिहार, कर्नाटक, तेलंगाना, आन्ध्र प्रदेश तथा उत्तर प्रदेश राज्य में द्विसदनात्मक शासन व्यवस्था है।

कार्यपालिका

- राज्यपाल, राज्य की कार्यपालिका का प्रमुख होता है, जो मंत्रिपरिषद् की सलाह के अनुसार कार्य करता है।
- राज्यपाल राज्यों के विश्वविद्यालयों का कुलाधिपति होता है।
- वर्ष 1966 में मोरारजी देसाई की अध्यक्षता मे बने प्रथम प्रशासनिक सुधार आयोग ने राज्यपाल के पद पर अनुशंसा की थी कि राज्यपाल पद पर किसी गैर राजनैतिक व्यक्ति को होना चाहिए।
- राज्यपाल के पद हेतु व्यक्ति की आयु 35 वर्ष पूर्ण तथा उसे भारत का नागरिक होना चाहिए। (अनुच्छेद 157)
- राज्यपाल का कार्यकाल उसके पद ग्रहण करने की तिथि से 5 वर्ष तक होता है किन्तु वह अपने पद को राष्ट्रपति के प्रसाद पर्यन्त धारण करता है। (अनुच्छेद 156)
- राज्यपाल को उच्च न्यायालय का मुख्य न्यायाधीश शपथ दिलाता है। यदि मुख्य न्यायाधीश अनुपस्थित हो तो उनके द्वारा नियुक्त वरिष्ठ न्यायाधीश शपथ दिलाता है।

राज्यपाल द्वारा प्रमुख नियुक्तियाँ

- राज्य के मुख्यमंत्री एवं मंत्रियों की नियुक्ति
- राज्य के महाधिवक्ता (एडवोकेट जनरल) की नियुक्ति
- राज्य निर्वाचन आयुक्त की नियुक्ति
- राज्य लोकसेवा आयोग के अध्यक्ष की नियुक्ति तथा
- राज्यपाल राज्य विधानसभा में एक आंग्ल-भारतीय सदस्य की नियुक्ति कर सकता है।

राज्यपाल को संविधान द्वारा प्रदत्त शक्तियाँ

- विधानसभा सत्र को आहूत या सत्रावसान या विघटित करना।
- राज्य विधानपरिषद में कुल सदस्यों के 1/6 भाग को नामित करना। ये सदस्य साहित्य, विज्ञान, कला, सहकारिता तथा समाज सेवा से संबंधित होते हैं।
- विधानसभा सत्र न चलने की स्थिति में राज्यपाल अध्यादेश की घोषणा कर सकता है। (अनुच्छेद 213)
- राज्यपाल की अनुमति के बिना धन विधेयक को विधानसभा के पटल पर प्रस्तुत नहीं किया जा सकता।
- वर्ष 1921 में उत्तर प्रदेश (संयुक्त प्रान्त) का प्रथम राज्यपाल सर हरकोर्ट बटलर को नियुक्त किया गया था। स्वतंत्रता के पश्चात् प्रथम राज्यपाल सरोजिनी नायडू को नियुक्त किया गया था।
- राज्य विधानमंडल के सत्र को आहूत, स्थगित एवं राज्य विधानसभा को भंग करने की शक्ति।
- राज्यपाल राज्यसूची एवं समवर्ती सूची पर अध्यादेश जारी कर सकता है। राज्यपाल द्वारा जारी अध्यादेश छः माह तक प्रभावी रहता है।
- राज्यपाल को किसी अपराध में दोषसिद्ध अपराधी के दण्ड को क्षमा करने, स्थगित करने तथा दूसरे दण्ड में परिवर्तित करने का अधिकार है।
- मई 2022 से उत्तर प्रदेश की राज्यपाल आनंदी बेन पटेल हैं।

महत्त्वपूर्ण अनुच्छेद	
अनुच्छेद 153	राज्यों के राज्यपाल
अनुच्छेद 154	राज्य की कार्यपालिका शक्ति
अनुच्छेद 155	राज्यपाल की नियुक्ति
अनुच्छेद 156	राज्यपाल का कार्यकाल
अनुच्छेद 157	राज्यपाल के नियुक्त होने के लिए अर्हताएं
अनुच्छेद 159	राज्यपाल द्वारा शपथ ग्रहण
अनुच्छेद 161	राज्यपाल को क्षमादान की शक्ति
अनुच्छेद 167	राज्यपाल को सूचना देने इत्यादि का मुख्यमंत्री का दायित्व
अनुच्छेद 200	विधेयक पर सहमति

उत्तर प्रदेश के राज्यपाल एवं उनके कार्यकाल

क्र. संख्या	राज्यपाल के नाम	कार्यकाल
1.	श्रीमती सरोजिनी नायडू	15.08.1947 से 02.03.1949
2.	श्री विधुभूषण मलिक (कार्यकारी)	03.03.1949 से 01.05.1949
3.	श्री हारमसजी पेरोशा मोदी	02.05.1949 से 01.06.1952
4.	श्री कन्हैयालाल मणिकलाल मुंशी	02.06.1952 से 09.06.1957
5.	श्री वराहगिरी व्यंकट गिरी	10.06.1957 से 30.06.1960
6.	डॉ. बूरूगुल रामकृष्ण राव	01.07.1960 से 15.04.1962
7.	श्री विश्वनाथ दास	16.04.1962 से 30.04.1967
8.	डॉ. बेजवाडा गोपाल रेड्डी	01.05.1967 से 30.06.1972
9.	श्री शशिकांत वर्मा (कार्यकारी)	01.07.1972 से 13.11.1972
10.	श्री अकबर अली खाँ	14.11.1972 से 24.10.1974
11.	डॉ. मर्रि चेन्ना रेड्डी	25.10.1974 से 01.10.1977
12.	श्री गणपतराव देवजी तपासे	02.10.1977 से 27.02.1980
13.	श्री चन्द्रेश्वर प्रसाद नारायण सिंह	28.02.1980 से 31.03.1985
14.	श्री मोहम्मद उस्मान आरिफ	31.03.1985 से 11.02.1990
15.	श्री बी. सत्य नारायण रेड्डी	12.02.1990 से 26.05.1993
16.	श्री मोतीलाल वोरा	26.05.1993 से 03.05.1996
17.	श्री मुहम्मद शफी कुरैशी (कार्यकारी)	03.05.1996 से 19.07.1996
18.	श्री रोमेश भण्डारी	19.07.1996 से 17.03.1998
19.	श्री मुहम्मद शफी कुरैशी (कार्यकारी)	17.03.1998 से 19.04.1998
20.	श्री सूरज भान	20.04.1998 से 23.11.2000
21.	श्री विष्णुकान्त शास्त्री	24.11.2000 से 02.07.2004
22.	श्री सुदर्शन अग्रवाल (कार्यकारी)	03.07.2004 से 07.07.2004
23.	श्री टी. वी. राजेश्वर	08.07.2004 से 28.07.2009
24.	श्री बी. एल. जोशी	28.07.2009 से 23.06.2014
25.	श्री अजीज कुरैशी (कार्यकारी)	23.06.2014 से 22.07.2014
26.	श्री राम नाईक	22.07.2014 से 28.07.2019
27.	श्रीमती आनंदीबेन पटेल	29.07.2019 से पदासीन

मुख्यमंत्री

राज्यपाल, राज्य का संवैधानिक प्रमुख होता है, किन्तु राज्य कार्यपालिका का वास्तविक प्रमुख 'मुख्यमंत्री' होता है, जो केन्द्र में स्थित प्रधानमंत्री की भांति कार्य करता है।

- संविधान का अनुच्छेद 164 यह प्रावधान करता है कि मुख्यमंत्री की नियुक्ति राज्यपाल करेगा और अन्य मंत्रियों की नियुक्ति राज्यपाल द्वारा मुख्यमंत्री की सलाह पर की जाएगी।
- एक व्यक्ति जो राज्य विधानसभा या विधानपरिषद का सदस्य नहीं है, उसे छह माह के लिए मुख्यमंत्री के रूप में नियुक्त किया जा सकता है। इस समय के अंदर, उसे राज्य विधानमंडल के लिए चुना जाना चाहिए, अन्यथा वह मुख्यमंत्री नहीं रह जाएगा।
- राज्यपाल उन्हीं लोगों को मंत्री नियुक्त करेगा, जिनकी सिफारिश मुख्यमंत्री द्वारा होगी।
- संविधान के अनुच्छेद 167 के तहत राज्यपाल और राज्य मंत्रिपरिषद के बीच मुख्यमंत्री एक कड़ी के रूप में कार्य करता है।
- मुख्यमंत्री को पद एवं गोपनीयता की शपथ राज्यपाल द्वारा दिलाई जाती है।
- मुख्यमंत्री राज्य योजना बोर्ड के अध्यक्ष के रूप में कार्य करता है।
- वह संबंधित क्षेत्रीय परिषद के उपाध्यक्ष के रूप में कार्य करता है, तथा इसका कार्यकाल एक वर्ष का होता है।
- उत्तर प्रदेश के प्रथम मुख्यमंत्री पण्डित गोविन्द वल्लभ पंत थे।
- उत्तर प्रदेश व भारत की पहली महिला मुख्यमंत्री श्रीमति सुचेता कृपलानी थी।
- उत्तर प्रदेश में सर्वाधिक मुख्यमंत्री पद धारण करने वाली सुश्री मायावती (4 बार) हैं।
    - चन्द्रभानु गुप्त - 3 बार
    - मुलायम सिंह यादव - 3 बार
    - नारायण दत्त तिवारी - 3 बार
- वर्तमान में योगी आदित्यनाथ (BJP) 22वें मुख्यमंत्री के रूप में कार्यरत हैं।
- उत्तर प्रदेश से प्रधानमंत्री बनने वाले राजनेता–
    - जवाहरलाल नेहरू (इलाहाबाद की फूलपुर सीट)
    - लाल बहादुर शास्त्री
    - इंदिरा गांधी
    - राजीव गांधी
    - विश्वनाथ प्रताप सिंह

- चन्द्रशेखर
- अटल बिहारी वाजपेयी
- नरेन्द्र मोदी (वाराणसी)
- चौ. चरण सिंह

उत्तर प्रदेश के मुख्यमंत्री एवं उनके कार्यकाल

क्र. संख्या	मुख्यमंत्री/प्रीमियर	कार्यकाल
1.	पंडित गोविन्द वल्लभ पंत	17.07.1937 से 02.11.1939 01.04.1946 से 25.01.1950 26.01.1950 से 20.05.1952 20.05.1952 से 27.12.1954
2.	डॉ. सम्पूर्णानन्द	28.12.1954 से 09.04.1957 10.04.1957 से 06.12.1960
3.	श्री चन्द्रभानु गुप्त	07.12.1960 से 14.03.1962 14.03.1962 से 01.10.1963
4.	श्रीमती सुचेता कृपलानी	02.10.1963 से 13.03.1967
5.	श्री चन्द्रभानु गुप्त	14.03.1967 से 02.04.1967
6.	चौधरी चरण सिंह	03.04.1967 से 25.02.1968
7.	श्री चन्द्रभानु गुप्त	26.02.1969 से 17.02.1970
8.	चौधरी चरण सिंह	18.02.1970 से 01.10.1970
9.	श्री त्रिभुवन नारायण सिंह	18.10.1970 से 03.04.1971
10.	श्री कमलापति त्रिपाठी	04.04.1971 से 12.06.1973
11.	श्रीमती हेमवती नन्दन बहुगुणा	08.11.1973 से 04.03.1974 05.03.1974 से 29.11.1975
12.	श्री नारायण दत्त तिवारी	21.01.1976 से 30.04.1977
13.	श्री राम नरेश यादव	23.06.1977 से 27.02.1979
14.	श्री बाबू बनारसी दास	28.02.1979 से 17.02.1980
15.	श्री विश्वनाथ प्रताप सिंह	09.06.1980 से 18.07.1982
16.	श्री श्रीपति मिश्र	19.07.1982 से 02.08.1984
17.	श्री नारायण दत्त तिवारी	03.08.1984 से 10.03.1985 11.03.1985 से 24.09.1985
18.	श्री वीर बहादुर सिंह	24.09.1985 से 24.06.1988
19.	श्री नारायण दत्त तिवारी	25.06.1988 से 05.12.1989
20.	श्री मुलायम सिंह यादव	05.12.1989 से 24.06.1991
21.	श्री कल्याण सिंह	24.06.1991 से 06.12.1992
22.	श्री मुलायम सिंह यादव	04.12.1993 से 03.06.1995
23.	सुश्री मायावती	03.06.1995 से 18.10.1995 21.03.1997 से 21.09.1997
24.	श्री कल्याण सिंह	21.09.1997 से 12.11.1999
25.	श्री राम प्रकाश	12.11.1999 से 28.10.2000
26.	श्री राजनाथ सिंह	28.10.2000 से 08.03.2002
27.	सुश्री मायावती	03.05.2002 से 29.08.2003
28.	श्री मुलायमं सिंह यादव	29.08.2003 से 13.05.2007
29.	सुश्री मायावती	13.05.2007 से 15.03.2012
30.	श्री अखिलेश यादव	15.03.2012 से 19.03.2017
31.	श्री योगी आदित्यनाथ	19.03.2017 से 25.03.2022
32.	श्री योगी आदित्यनाथ	25.03.2022 से वर्तमान

महाधिवक्ता

- ❒ महाधिवक्ता राज्य का सर्वोच्च विधिक अधिकारी होता है।
- ❒ अनुच्छेद 165 के अनुसार राज्य सरकार को विधिक परामर्श देने हेतु एक महाधिवक्ता होगा।
- ❒ राज्य के महाधिवक्ता की नियुक्ति राज्यपाल द्वारा की जाती है तथा वह राज्यपाल के प्रसादपर्यन्त ही पद धारण करता है।
- ❒ महाधिवक्ता राज्य प्रमुख को विधि संबंधी सलाह देने का कार्य करता है वह राज्य के दोनों सदनों (विधानसभा तथा विधानपरिषद) की कार्यवाही में तथा सदन में बोलने का अधिकार रखता है लेकिन वह मतदान नहीं कर सकता है। (अनुच्छेद 177)
- ❒ महान्यायवादी का उल्लेख संविधान के अनुच्छेद 76 में किया गया है। राष्ट्रपति अनुच्छेद 76(1) के तहत महान्यायवादी की नियुक्ति करता है।

उच्च न्यायालय

भारत में उच्च न्यायालय संस्था का सर्वप्रथम गठन वर्ष 1862 में तब हुआ, जब कलकत्ता, बंबई और मद्रास उच्च न्यायालयों की स्थापना हुई।

- ❒ इलाहाबाद उच्च न्यायालय की स्थापना वर्ष 1866 में हुई। (खण्डपीठ-लखनऊ)
- ❒ वर्तमान में देश में 25 उच्च न्यायालय हैं। देश का सबसे नवीनतम उच्च न्यायालय आन्ध्र प्रदेश का "अमरावती उच्च न्यायालय" है।
- ❒ संविधान के अनुच्छेद 214 के अन्तर्गत प्रत्येक राज्य में एक न्यायालय होगा। उसी प्रकार संविधान के अनुच्छेद 215 के अनुसार प्रत्येक राज्य के उच्च न्यायालय को अभिलेख न्यायालय के रूप में स्वीकार किया जायेगा।
- ❒ उच्च न्यायालय के न्यायधीशों की नियुक्ति राष्ट्रपति द्वारा की जाती है।

किसी भी व्यक्ति को उच्च न्यायालय के न्यायाधीश के रूप में नियुक्त होने के लिए अनुच्छेद 217 के अनुसार निम्न योग्ताएं अनिवार्य हैं–

- उसे भारत का नागरिक होना चाहिए।
- व्यक्ति को न्यायिक सेवा में कम से कम 10 वर्ष का अनुभव होना चाहिए। या,
- किसी उच्च न्यायालय में कम से कम 10 वर्षों तक अधिवक्ता रहा हो।

❒ उच्च न्यायालय का न्यायाधीश 62 वर्ष की आयु तक पद पर बना रहता है।

❒ उच्च न्यायालय को अनुच्छेद 226 के तहत नागरिकों के मूल अधिकारों के प्रवर्तन तथा अन्य विशेष उद्देश्य हेतु पाँच प्रकार की रिट जारी करने का अधिकार प्राप्त है–
- बंदी प्रत्यक्षीकरण
- परमादेश
- उत्प्रेषण
- प्रतिषेध
- अधिकार पृच्छा

❒ स्वतंत्रता के पश्चात् इलाहाबाद उच्च न्यायालय के प्रथम न्यायाधीश न्यायमूर्ति कमलाकांत वर्मा (1946-47) थे।

❒ उच्च न्यायालय का न्यायाधीश संबंधित राज्य के राज्यपाल के समक्ष शपथ ग्रहण करता है।

❒ मुख्य न्यायाधीश की नियुक्ति राष्ट्रपति, भारत के मुख्य न्यायाधीश और संबंधित राज्य के राज्यपाल से परामर्श के पश्चात् करता है।

❒ प्रदेश की राजधानी लखनऊ में वर्ष 1986 में न्यायिक प्रशिक्षण एवं अनुसंधान संस्थान की स्थापना की गई।

अधीनस्थ न्यायालय

❒ जिला न्यायालय

❒ जिला मुसिफ न्यायालय

❒ प्रथम श्रेणी न्यायिक मजिस्ट्रेट का न्यायालय

❒ द्वितीय श्रेणी न्यायिक मजिस्ट्रेट का न्यायालय

लोक अदालत

❒ 'लोक अदालत' शब्द का अर्थ 'पीपुल्स कोर्ट' है, यह गांधीवादी सिद्धांतों पर आधारित है।

❒ आमतौर पर यह वैकल्पिक विवाद समाधान प्रणाली के घटकों में शामिल है।

❒ पहला लोक अदालत शिविर वर्ष 1982 में गुजरात में एक स्वैच्छिक एवं सुलह एजेंसी के रूप में आयोजित किया गया था। वर्ष 2002 से लोक अदालतों को स्थायी बना दिया गया।

❒ इसे कानूनी सेवा प्राधिकरण अधिनियम 1987 के तहत वैधानिक दर्जा प्रदान किया गया।

❒ लोक अदालत के पास वही शक्तियां होंगी, जो सिविल प्रक्रिया संहिता (1908) के तहत एक सिविल कोर्ट में निहित हैं।

❒ लोक अदालत के समक्ष सभी कार्यवाही भारतीय दण्ड संहिता (1860) के तहत न्यायिक कार्यवाही मानी जायेगी।

विधानसभा

❒ विधानसभा के प्रतिनिधि जनता द्वारा प्रत्यक्ष रूप से वयस्क मताधिकार के माध्यम से चुने जाते हैं। विधानसभा के सदस्यों की संख्या 500 से अधिक नहीं हो सकती तथा न्यूनतम संख्या 60 होगी।

❒ प्रत्येक विधानसभा का कार्यकाल 5 वर्ष का होता है।

❒ उत्तर प्रदेश विधानसभा का गठन 8 मार्च 1952 को हुआ था।

❒ विधानसभा का सदस्य बनने के लिए न्यूनतम आयु 25 वर्ष होनी चाहिए।

❒ उत्तर प्रदेश विधानसभा के प्रथम अध्यक्ष राजर्षि पुरुषोत्तम दास टण्डन थे।

❒ उत्तर प्रदेश विधानसभा के वर्तमान अध्यक्ष सतीश महाना है।

❒ प्रयागराज, उत्तर प्रदेश का सर्वाधिक विधानसभा सीट वाला जिला है।

❒ विधानसभा अध्यक्ष का चुनाव विधानसभा के सदस्यों द्वारा सदन में से ही किसी सदस्य का किया जाता है।

महत्त्वपूर्ण अनुच्छेद	
अनुच्छेद 170	विधानसभा की संरचना।
अनुच्छेद 171	विधानपरिषद की संरचना।
अनुच्छेद 173	राज्य विधायिका की सदस्यता के लिए योग्यता।
अनुच्छेद 178	विधानसभा के अध्यक्ष तथा उपाध्यक्ष की नियुक्ति सम्बन्धी प्रावधान।
अनुच्छेद 188	सदस्यों द्वारा शपथ ग्रहण।
अनुच्छेद 189	सदन में मतदान, सदस्यों की रिक्तियों एवं कोरम का विचार किये बिना कार्य करने की शक्ति।

विधान परिषद

❒ विधान परिषद् में सदस्यों की संख्या उस राज्य की विधानसभा सदस्यों की संख्या के 1/3 से अधिक एवं 40 से कम नहीं होनी चाहिए।

❒ उत्तर प्रदेश की विधान परिषद् में वर्तमान में 100 सदस्य हैं।

❒ विधान परिषद के सदस्यों को मेम्बर ऑफ लेजिस्लेटिव काउंसिल (MLC) कहा जाता है।

❒ 'चंद्रभाल' उत्तर प्रदेश की विधानपरिषद् के प्रथम सभापति थे।

❒ विधान परिषद् का सदस्य बनने के लिए न्यूनतम आयु 30 वर्ष होनी चाहिए।

विधान परिषद् के सदस्यों का निर्वाचन

❒ विधान परिषद् की कुल सदस्य संख्या के 1/6 सदस्य राज्यपाल के स्वविवेक के आधार पर साहित्य, कला, सामाजिक सेवा के क्षेत्र, विज्ञान या सहकारी आन्दोलन के क्षेत्र से मनोनीत होते हैं।

❒ विधानपरिषद के एक-तिहाई सदस्यों को विधानसभा सदस्यों के निर्वाचन मण्डल द्वारा चुना जाता है।

- ❐ विधान परिषद के 1/12 सदस्य राज्य के अन्दर माध्यमिक विद्यालयों या उच्च शिक्षण संस्थाओं में न्यूनतम 3 वर्ष का शिक्षण अनुभव प्राप्त व्यक्ति में से चुने जाते हैं।
- ❐ विधान परिषद् में एक-तिहाई सदस्यों का चुनाव जिला पंचायतों, नगर-पालिकाओं तथा अन्य स्थानीय स्वायत्त शासन संस्थाओं के सदस्यों के निर्वाचक मण्डल द्वारा होता है।
- ❐ विधान परिषद के 1/12 सदस्यों का चुनाव ऐसे व्यक्तियों द्वारा होता है, जिन्होंने किसी मान्यता प्राप्त विश्वविद्यालय से तीन वर्ष पूर्व स्नातक कर लिया हो या संसद द्वारा निर्मित विधि द्वारा स्नातक तुल्य मान लिया गया हो।

विधानसभा चुनाव 2022	
सरकार	भाजपा (255 सीट)
चुनाव के कुल चरण	7 चरण (10 फरवरी पहला चरण)
मुख्यमंत्री	योगी आदित्यनाथ (गोरखपुर अर्बन सीट)
मतगणना	10 मार्च 2022
भाजपा गठबंधन	273 (भाजपा-255, अपना दल-12, निषाद पार्टी-6)
सपा गठबंधन	25 (सपा-111, सुभासपा-6, RLD-8)
कांग्रेस	2
बसपा	1
अन्य	2
महिला सदस्य	47 (विधायक)

- ◆ योगी आदित्यनाथ ने 25 मार्च 2022 को इकाना स्टेडियम में लगातार दूसरी बार मुख्यमंत्री पद की शपथ ली।
- ◆ 37 वर्ष बाद किसी भी पार्टी को दोबारा मौका मिला है।
- ◆ उपमुख्यमंत्री - श्री केशव प्रसाद मौर्य एवं श्री ब्रजेश पाठक।
- ◆ उपमुख्यमंत्री सहित 52 मंत्रियों ने शपथ ली थी।
- ◆ श्री रमापति शास्त्री को प्रोटेम स्पीकर चुना गया।
- ◆ विधानसभा के 23वें अध्यक्ष सतीश महाना है।
- ◆ नेता प्रतिपक्ष - श्री अखिलेश यादव (विधानसभा)
- ◆ नेता प्रतिपक्ष - संजय लाठर (विधानपरिषद)

स्थानीय स्वशासन

- ❐ स्थानीय स्वशासन से तात्पर्य शासन की उस प्रणाली से है, जिसमें ग्राम और जिला स्तर पर लोगों को भागीदार बनाकर लोकतान्त्रिक विकेन्द्रीकरण की प्रक्रिया को सुनिश्चित किया जाता है ताकि स्थानीय समस्याओं का निराकरण स्वयं करने के लिए सक्षम बनाया जा सके।

भारत में स्थानीय स्वशासन का विकास

- ◆ भारत में स्थानीय स्वशासन का अस्तित्व प्राचीन भारत में **चोल साम्राज्य** और **विजयनगर साम्राज्य की आयंगर व्यवस्था** से ही देखने को मिलता है।
- ◆ लॉर्ड रिपन को 'स्थानीय स्वशासन का जनक' कहा जाता है। सन् 1882 में लॉर्ड रिपन द्वारा स्थानीय स्वशासन संबंधी प्रस्ताव दिये गये, जिन्हें **'स्थानीय स्वशासन का मैग्नाकार्टा'** कहा जाता है। यह प्रथम अवसर था, जब स्थानीय स्वशासन का निर्वाचित निकाय अस्तित्व में आया।
- ◆ 1919 के भारत सरकार अधिनियम जिसके तहत प्रांतों में द्वैध शासन की व्यवस्था की गयी, उसमें स्थानीय स्वशासन को हस्तान्तरित विषयों की सूची में रखा गया।
- ◆ 2 अक्टूबर 1952 को तत्कालीन प्रधानमंत्री पंडित जवाहर लाल नेहरू द्वारा देश के 55 विकास खण्डों में **'सामुदायिक विकास कार्यक्रम'** की शुरुआत की गयी, जिसका मुख्य उद्देश्य ग्रामीण जीवन का सर्वांगीण विकास करना था।

पंचायती राज से संबंधित प्रमुख समितियाँ

1. बलवंत राय मेहता समिति (1957):-

सामुदायिक विकास कार्यक्रम (1952) और राष्ट्रीय विस्तार सेवा कार्यक्रम (1953) के अध्ययन हेतु योजना आयोग द्वारा सन् 1957 में बलवंत राय मेहता की अध्यक्षता में एक समिति गठित की। जिसने निम्नलिखित सुझाव दिये-

- ◆ गांवों से लेकर जिला स्तर तक 'त्रिस्तरीय पंचायती राज' को अपनाने का सुझाव दिया जिसमें ग्राम स्तर पर ग्राम पंचायत, प्रखण्ड या ब्लॉक स्तर पर पंचायत समिति तथा जिला स्तर पर जिला परिषद के गठन का सुझाव दिया गया।
- ◆ सरकार का कार्य सिर्फ मार्गदर्शन, निरीक्षण तथा योजना निर्माण तक सीमित रखने का एवं योजनाओं के संचालन का कार्य स्थानीय स्वशासन की संस्थाओं का होना चाहिए।
- ◆ 12 जनवरी 1958 में 'राष्ट्रीय विकास परिषद' ने बलवंत राय मेहता समिति की सिफारिशों को स्वीकार कर लिया इसलिए बलवंत राय मेहता (बी.आर. मेहता) को भारत के 'पंचायती राज व्यवस्था' का वास्तुकार या शिल्पी कहा जाता है।

नोट: 2 अक्टूबर, 1959 को तत्कालीन प्रधानमंत्री पंडित जवाहर लाल नेहरू द्वारा राजस्थान के नागौर जिले (बगदरी गाँव) में देश की पहली त्रिस्तरीय पंचायत का औपचारिक उद्घाटन किया। तत्पश्चात् आन्ध्र प्रदेश में इसकी शुरूआत की गयी।

2. अशोक मेहता समिति (1977):-

दिसम्बर 1977 में तत्कालीन प्रधानमंत्री मोरारजी देसाई (जनता पार्टी) की सरकार द्वारा इस समिति का गठन किया गया। इस समिति में कुल 13 सदस्य थे। इस समिति द्वारा निम्नलिखित सुझाव दिये गये-

- पंचायती राज व्यवस्था हेतु द्विस्तरीय मॉडल (मंडल स्तर पर मंडल पंचायत तथा जिला स्तर पर जिला परिषद) को अपनाने का सुझाव दिया गया।
- पंचायतों का चुनाव दलगत आधार पर होना तथा राजनैतिक दलों द्वारा खुलकर पंचायतों के चुनाव में प्रतिभाग करने का समर्थन किया।
- पंचायती राज संस्थाओं को संवैधाानिक संस्थाओं का दर्जा प्रदान किया जाए।
- पंचायती राज संस्थाओं के पास अपने आर्थिक स्रोतों की पूर्ति हेतु कराधान की अनिवार्य शक्ति होनी चाहिए।
- भारत के मुख्य निर्वाचन आयुक्त की सलाह से राज्य मुख्य निर्वाचन आयुक्त को पंचायतों के चुनाव आयोजित करवाने होंगे तथा पंचायतों के विघटन के पश्चात् चुनाव 6 महीने की अवधि के अंतर्गत ही हो जाने चाहिए।

3. जी. वी. के राव समिति (1985) :-

ग्रामीण विकास और गरीबी उन्मूलन से सम्बन्धित प्रशासनिक व्यवस्था की समीक्षा करने हेतु तथा पंचायती राज निकायों के प्रशासनिक निकायों से सम्बन्धों के अध्ययन हेतु मार्च 1985 में योजना आयोग की सिफारिश पर तत्कालीन प्रधानमंत्री राजीव गांधी की सरकार द्वारा डॉ. जी. वी. के. राव की अध्यक्षता में इस समिति का गठन किया गया। इस समिति द्वारा निम्नलिखित सिफारिशें प्रस्तुत की गयी-

- त्रिस्तरीय पंचायती राज व्यवस्था (ग्राम, प्रखण्ड या ब्लॉक, जिला) के गठन की बात की गयी तथा सर्वाधिक महत्वपूर्ण स्तर जिला परिषद् को बताया गया।
- अनुसूचित जाति, अनुसूचित जनजाति तथा महिलाओं के आरक्षण संबंधी सिफारिश की गयी।
- पंचायतों के नियमित चुनाव, पंचायतों का कार्यकाल पाँच वर्ष करने की सिफारिश भी की गयी।

4. एल.एम. सिंघवी समिति (1986):-

जून 1986 में तत्कालीन प्रधानमंत्री राजीव गांधी की सरकार के अंतर्गत ग्रामीण विकास विभाग द्वारा पंचायती राज व्यवस्था के पुनरुत्थान हेतु डॉ. लक्ष्मीमल्ल सिंघवी (एल. एम. सिंघवी) की अध्यक्षता में एक समिति का गठन किया। इस समिति द्वारा दिये गये सुझाव निम्नलिखित हैं-

- पंचायती राज संस्थाओं को संवैधानिक संस्थाओं का दर्जा प्रदान किया जाए।
- पंचायत चुनाव गैर-दलीय आधार पर एवं नियमित रूप से करवाए जाएं।
- ग्रामीण स्तर पर न्याय पंचायतों का गठन किया जाए।
- राज्य वित्त आयोग का गठन एवं पंचायतों को आर्थिक रूप से सशक्त बनाने हेतु करारोपण का अधिकार दिया जाए।

5. पी. के. थुंगन समिति (1988):-

पंचायती राज संस्थाओं पर विचार करने हेतु पी. के. थुंगन समिति का गठन 1988 में किया गया। इस समिति द्वारा निम्नलिखित सुझाव दिये गये-

- पंचायती राज संस्थाओं को संवैधानिक संस्था का दर्जा दिया जाये।
- पंचायतों का सीधा सम्बन्ध केन्द्र सरकार (संघ) से होना चाहिए, न कि राज्य सरकारों से।
- प्रत्येक राज्य में एक वित्त आयोग तथा नियोजन एवं समन्वय समिति का गठन होना चाहिए।

73 वाँ संवैधानिक संशोधन अधिनियम, 1922 :-

- ❒ तत्कालीन प्रधानमंत्री पी. वी. नरसिम्हा राव के कार्यकाल में 73 वें संवैधानिक संशोधन अधिनियम, 1992 के द्वारा पंचायती राज संस्थाओं को संवैधानिक संस्था का दर्जा प्राप्त हुआ।
- ❒ 73वाँ संवैधानिक संशोधन अधिनियम 24 अप्रैल, 1993 से लागू हुआ, इसलिए ही 24 अप्रैल को **'राष्ट्रीय पंचायत दिवस'** के रूप में मनाया जाता है। इस संशोधन अधिनियम का अभिपालन करने वाला प्रथम राज्य मध्य प्रदेश है।
- ❒ 73वें संवैधानिक संशोधन अधिनियम, 1992 द्वारा संविधान में भाग IX (भाग 9) को पुन: स्थापित कर पंचायत नामक शीर्षक 16 नये अनुच्छेद (अनुच्छेद 243 A से अनुच्छेद 243O) तक को जोड़ा गया। साथ ही 11वीं अनुसूची (पंचायतों से संबंधित) को भी मूल संविधान में जोड़ा गया।

73 वें संवैधानिक संशोधन के प्रमुख उपबंध:-

अनुच्छेद 243 A 'ग्राम सभा'

- इस अधिनियम के द्वारा ग्राम सभा को संवैधानिक संस्था का दर्जा अनुच्छेद 243 A के अंतर्गत दिया गया। 'ग्राम सभा नामक निकाय के अंतर्गत ग्राम स्तर पर पंचायत के क्षेत्र में शामिल एक ग्राम की मतदाता सूची मे पंजीकृत सभी व्यक्ति शामिल होते है।' ग्राम पंचायत, ग्राम सभा की कार्यकारी संस्था है तथा ग्राम सभा ग्राम पंचायत के कार्यों का निरीक्षण एवं मूल्यांकन करती है।

अनुच्छेद 243 B पंचायतों का गठन

- अनुच्छेद 243 B के द्वारा भारत में त्रिस्तरीय पंचायती राज व्यवस्था का प्रावधान किया गया। प्रत्येक राज्य में ग्राम स्तर पर ग्राम पंचायत, मध्यवर्ती या प्रखण्ड स्तर पर क्षेत्र पंचायत और जिला स्तर पर जिला पंचायत के गठन का प्रावधान किया गया, परन्तु मध्यवर्ती या प्रखण्ड स्तर पर क्षेत्र पंचायत का गठन उस राज्य में ही किया जायेगा, जिसकी न्यूनतम जनसंख्या 20 लाख होगी।

अनुच्छेद 243 C पंचायतों की संरचना

- अनुच्छेद 243 C के तहत **राज्य विधानमण्डल** को विधि बनाकर पंचायतों की संरचना के सम्बन्ध में उपबन्ध करने की शक्ति प्रदान की गयी है। पंचायत के सभी

स्थान प्रादेशिक निर्वाचन क्षेत्रों से प्रत्यक्ष निर्वाचन द्वारा चुने गये प्रतिनिधियों द्वारा भरे जायेंगे।

स्तर	संरचना	प्रमुख अधिकारी	निर्वाचन
ग्राम स्तर	ग्राम पंचायत	प्रधान/मुखिया/ सरपंच	प्रत्यक्ष
खण्ड या ब्लॉक स्तर	क्षेत्र पंचायत	ब्लॉक प्रमुख	अप्रत्यक्ष (ब्लॉक विकास समिति के सदस्यों द्वारा)
जिला स्तर	जिला पंचायत (जिला परिषद्)	जिला पंचायत अध्यक्ष (चेयरमैन)	अप्रत्यक्ष (जिला पंचायत के सदस्यों द्वारा)

अनुच्छेद 243 D पंचायतों में स्थानों का आरक्षण

- अनुच्छेद 243 D के अंतर्गत पंचायतों में अनुसूचित जाति, अनुसूचित जनजाति और महिलाओं को आरक्षण देना अनिवार्य है।
- महिलाओं के लिए प्रत्येक पंचायत क्षेत्र में कम से कम एक तिहाई (1/3) स्थान आरक्षित करना अनिवार्य है। राज्य विधानमंडल चाहे तो इस संख्या को बढ़ा सकती है, लेकिन कम नहीं कर सकती है।
- अनुसूचित जातियों तथा अनुसूचित जनजातियों के लिए आरक्षित स्थान उनकी जनसंख्या के अनुपात में किये जायेंगे। साथ ही अनुसूचित जातियों व अनुसूचित जनजातियों के लिए आरक्षित स्थानों में भी कम से कम एक तिहाई स्थान उसी वर्ग से संबंधित महिलाओं के लिए आरक्षित किये जायेंगे।
- पिछड़े वर्गों के आरक्षण का फैसला राज्य विधानमंडल के स्वविवेक पर है।

अनुच्छेद 243 E पंचायतों का कार्यकाल

- सभी स्तरों की पंचायतों का कार्यकाल प्रथम अधिवेशन की तिथि से पाँच वर्ष निर्धारित किया गया है। अनुच्छेद 243 E (3) के अनुसार पंचायत के नये निर्वाचन कार्यकाल समाप्ति के पूर्व ही हो जाने चाहिए। यदि किसी कारण से पंचायत समय से पहले भंग या समाप्त हो गयी तो 6 माह की अवधि के भीतर ही पंचायत का पुनः मतदान हो जाना चाहिए।

अनुच्छेद 243 F सदस्यता के लिए अयोग्यताएँ

- यदि व्यक्ति की न्यूनतम आयु 21 वर्ष से कम है।
- यदि वह व्यक्ति राज्य विधानमण्डल द्वारा बनाई गयी किसी विधि के अधीन अयोग्य हो।
- यदि वह किसी प्रवृत्त विधि के अधीन सम्बन्धित राज्य विधानमण्डल के लिए निर्वाचित होने के लिए अयोग्य है।

अनुच्छेद 243 G पंचायतों की शक्तियाँ और प्राधिकार आदि

- राज्य विधानमंडल को यह शक्ति दी गयी है कि वह स्थानीय स्वशासन संस्थाओं के लिए आर्थिक विकास और सामाजिक न्याय हेतु योजनाओं का निर्माण करे।
- अनुच्छेद 243 G में ही 11 वीं अनुसूची में सूचीबद्ध 29 विषय सम्मिलित हैं।

क्रम संख्या	विषय
1.	कृषि और कृषि विस्तार
2.	भूमि विकास, भूमि सुधार कार्यान्वयन, चकबंदी, भूमि संरक्षण
3.	लघु सिंचाई, जल प्रबंधन और जल-विभाजक क्षेत्र का विकास
4.	पशुपालन, डेयरी उद्योग तथा कुक्कुट पालन
5.	मत्स्य उद्योग
6.	सामाजिक वानिकी और फार्म वानिकी
7.	लघु वन उपज
8.	लघु उद्योग खाद्य प्रसंस्करण उद्योग शामिल
9.	खादी ग्रामोद्योग और कुटीर उद्योग
10.	ग्रामीण आवास
11.	पेयजल
12.	ईंधन और चारा
13.	सड़के, पुलिया, पुल, फेरी मार्ग, जलमार्ग और अन्य संचार साधन
14.	ग्रामीण विद्युतीकरण
15.	अपारंपरिक ऊर्जा स्त्रोत
16.	गरीबी उन्मूलन कार्यक्रम
17.	शिक्षा: प्राथमिक और माध्यमिक विद्यालय शिक्षा सहित
18.	तकनीकी प्रशिक्षण और व्यावसायिक शिक्षा
19.	प्रौढ़ और अनौपचारिक शिक्षा
20.	पुस्तकालय
21.	सांस्कृतिक क्रियाकलाप
22.	बाजार और मेले
23.	स्वास्थ्य और स्वच्छता
24.	परिवार कल्याण
25.	महिला व बाल कल्याण
26.	समाज कल्याण (विकलांग और मानसिक मंद व्यक्तियों सहित)
27.	दुर्बल वर्गों (अनुसूचित जातियों और जनजातियों) का कल्याण
28.	सार्वजनिक वितरण प्रणाली
29.	सामुदायिक आस्तियों का अनुरक्षण

अनुच्छेद 243 I राज्य वित्त आयोग

- अनुच्छेद 243 I के अंतर्गत राज्य वित्त आयोग के गठन का प्रावधान किया गया है। राज्य वित्त आयोग की संरचना के संबंध में विधानमंडलों को शक्ति प्राप्त है और प्रत्येक राज्य के लिए राज्य वित्त आयोग के गठन को अनिवार्य बनाया गया।
- राज्य के राज्यपाल को प्रत्येक 5 वर्ष में राज्य वित्त आयोग के गठन की शक्ति प्राप्त है।
- राज्य वित्त आयोग का मुख्य कार्य पंचायतों की वित्तीय स्थिति की समीक्षा करना तथा इसकी रिपोर्ट राज्य के राज्यपाल द्वारा राज्य विधानमंडल के समक्ष प्रस्तुत की जाएगी।

अनुच्छेद 243 K राज्य निर्वाचन आयोग

- प्रत्येक राज्य के लिए राज्य निर्वाचन आयोग का गठन किया जायेगा, जिसमे एक राज्य निर्वाचन आयुक्त (राज्यपाल द्वारा नियुक्त) होगा।
- राज्यपाल राज्य निर्वाचन आयुक्त की सेवा शर्तें तथा पदावधि का निर्धारण करेगा। साथ ही राज्य निर्वाचन आयुक्त को उन्हीं आधारों पर हटाया जा सकता है, जैसा कि उच्च न्यायालय के न्यायाधीश को हटाया जा सकता है।
- राज्य निर्वाचन आयोग पंचायतों के सभी चुनावों के लिए मतदाता सूची तैयार करने तथा पंचायतों के सभी चुनावों के संचालन हेतु उत्तरदायी होगा।

74 वाँ संवैधानिक संशोधन अधिनियम, 1992

- तत्कालीन प्रधानमंत्री पी. वी. नरसिम्हा राव के कार्यकाल में 74वें संवैधानिक संशोधन अधिनियम, 1992 के द्वारा नगरीय स्थानीय स्वशासन संस्थाओं (नगर निगम, नगर पालिका, नगर पंचायत) को संवैधानिक संस्था का दर्जा प्राप्त हुआ।
- 74वें संविधान संशोधन अधिनियम को 1 जून 1993 से लागू किया गया। 74वें संविधान संशोधन अधिनियम द्वारा संविधान में एक नया भाग IX A (9 A) नगर पालिकाएँ नामक शीर्षक द्वारा जोड़ा गया। भाग IX A में अनुच्छेद 243P से लेकर अनुच्छेद 243ZG तक (कुल 18 अनुच्छेद) नगरपालिकाओं से संबंधित उपबंध किये गये हैं। साथ ही 74वें संविधान संशोधन द्वारा 12 वीं अनुसूची को भी जोड़ा गया, जिसके अंतर्गत नगर-पालिकाओं को 18 विषय की सूची दी गयी है।

74 वें संविधान संशोधन के प्रमुख उपबंधः-

अनुच्छेद 243 Q नगर पालिकाओं का गठन

- नगरपालिकाओं के तीन स्तरों के संदर्भ में अनुच्छेद 243Q में उपबंध है।

नगरपालिका		
नगर पंचायत	नगरपालिका परिषद्	नगर निगम
ऐसे संक्रमणशील क्षेत्र जो ग्रामीण क्षेत्र से शहरी क्षेत्रों में परिवर्तित हो रहे है, वहाँ नगर पंचायत का गठन किया जायेगा।	लघु नगरीय क्षेत्रों में नगरपालिका परिषद का गठन किया जायेगा।	बड़े नगरीय क्षेत्रों में नगर निगम का गठन किया जायेगा।

अनुच्छेद 243 R नगर-पालिकाओं की संरचना

- नगरपालिका के सभी स्थान प्रादेशिक निर्वाचन क्षेत्रों से प्रत्यक्ष निर्वाचन द्वारा चुने व्यक्तियों द्वारा भरे जायेंगे।

अनुच्छेद 243 T नगर-पालिकाओं में स्थानों का आरक्षण

- नगर पालिकाओं में अनुसूचित जातियों, अनुसूचित जनजातियों तथा स्त्रियों के लिए आरक्षण का प्रावधान अनुच्छेद 243 T के तहत किया जाता है।
- अनुसूचित जातियों और अनुसूचित जनजातियों के लिए आरक्षण उनकी जनसंख्या के आधार पर होगा तथा इन आरक्षित स्थानों में एक-तिहाई स्थान महिला वर्ग के लिए आरक्षित होगा।

अनुच्छेद 243 U नगर-पालिकाओं की अवधि

- नगर पालिकाओं की अवधि प्रथम अधिवेशन की तिथि से पाँच वर्ष निर्धारित की गयी। इसे 5 वर्ष से पूर्व भी भंग किया जा सकता है। यदि कोई नगर-पालिका समय से पूर्व विघटित कर दी जाती है, तो विघटन की तिथि से 6 माह के भीतर उसके लिए निर्वाचन कराना चाहिए तथा इस प्रकार जो गठित नगर-पालिका है वह शेष अवधि तक ही कार्य करेगी।

अनुच्छेद 243 V संदस्यता के लिए अयोग्यताएं

- यदि वह व्यक्ति संबद्ध राज्य विधानमण्डल के निर्वाचन के प्रयोजन लिए बनायी गयी किसी विधि द्वारा अयोग्य हो।
- कोई व्यक्ति इस आधार पर अयोग्य नहीं होगा कि वह 25 वर्ष से कम आयु का है। यदि उसने 21 वर्ष की आयु प्राप्त कर ली हो।

अनुच्छेद 243 W नगरपालिकाओं की शक्तियाँ, प्राधिकार और उत्तरदायित्व

अनुच्छेद 243 W में 12 वीं अनुसूची के 18 विषय सम्मिलित है-

क्रम संख्या	विषय
1.	नगरीय योजना (शहरी योजना शामिल)
2.	भूमि उपयोग का विनियमन और भवनों का निर्माण

3.	आर्थिक व सामाजिक विकास योजना
4.	सड़के व पुल
5.	घरेलू, वाणिज्यिक व औद्योगिक प्रयोजनों हेतु जल आपूर्ति
6.	लोक स्वास्थ्य, स्वच्छता व कूड़ा प्रबन्धन
7.	अग्निशमन सेवायें
8.	नगरीय वानिकी व पर्यावरण का सरंक्षण
9.	समाज के दुर्बल वर्गों (दिव्यांग व मानसिक रूप से कमजोर शामिल) के हितों की रक्षा
10.	मलिन बस्ती सुधार एवं उन्नयन
11.	नगरीय निर्धनता उन्मूलन
12.	नगरीय सुख सुविधाओं जैसे- पार्क, उद्यान, खेल के मैदानों की व्यवस्था
13.	सांस्कृतिक, शैक्षणिक और सौन्दर्यपरक पहलुओं की वृद्धि करना
14.	कब्रिस्तान, श्मशान, शवदाह के लिए विद्युत शवदाह गृह की स्थापना
15.	कांजी हाउस, पशुओं के प्रति क्रूरता का निवारण
16.	जन्म एवं मृत्यु पंजीकरण
17.	लोक सुख सुविधाओं; जिसके अन्तर्गत पथ प्रकाश, पार्किंग, बस स्टाप शामिल हैं।
18.	बूचड़खानों और चर्मशोधन कारखानों का विनियमन

अनुच्छेद 243 X नगर-पालिकाओं के कर अधिरोपण की शक्ति

- राज्य विधानमंडल द्वारा नगर-पालिकाओं को कर, शुल्क, पथकर, लगान वसूलने तथा उनका उपभोग करने की शक्ति दी जाती है।

अनुच्छेद 243 Y नगर-पालिकाओं के लिए राज्य वित्त आयोग

- नगर-पालिकाओं की वित्तीय स्थिति का पुनर्विलोकन, राज्य एवं नगर-पालिकाओं के मध्य करों के वितरण तथा राज्य की संचित निधि से नगर-पालिकाओं को मिलने वाले अनुदान का निर्धारण राज्य वित्त आयोग द्वारा किया जायेगा।

अनुच्छेद 243 ZA नगर-पालिकाओं के लिए निर्वाचन

- नगर-पालिकाओं की निर्वाचक नामावली तैयार करना, सभी निर्वाचनो के संचालन का अधीक्षण, निर्देशन और नियंत्रण अनुच्छेद 243 K के तहत राज्य निर्वाचन आयोग (पंचायतों के लिए गठित) में निहित होगा।

अनुच्छेद 243 ZD जिला योजना समिति

- अनुच्छेद 243 ZD के अनुसार प्रत्येक राज्य में जिला स्तर पर एक जिला योजना समिति का गठन किया जायेगा, जो जिले में पंचायतों और नगर-पालिकाओं द्वारा बनायी गयी योजनाओं को समेकित करेगी एवं एक विकास योजना का प्रारूप तैयार करेगी।

लोक आयुक्त

- उत्तर प्रदेश लोकायुक्त तथा उपलोकायुक्त अधिनियम, उत्तर प्रदेश सरकार द्वारा वर्ष 1975 में पारित किया गया जिसके माध्यम से वर्ष 1977 में उत्तरप्रदेश का पहला लोकायुक्त 'न्यायमूर्ति विश्वम्भर दयाल' को नियुक्त किया गया।
- एन. के. मेहरोत्रा प्रदेश के सर्वाधिक समय तक रहने वाले लोकायुक्त हैं।
- महाराष्ट्र प्रथम राज्य था जिसने वर्ष 1971 में लोकायुक्त निकाय स्थापित किया था।
- लोकायुक्त तथा उप-लोकायुक्त की नियुक्ति राज्य के राज्यपाल द्वारा की जाती है।
- उत्तर प्रदेश लोकायुक्त एवं उपलोकायुक्त का कार्यकाल पहले 6 वर्ष का था, लेकिन वर्ष 2012 के पश्चात् इसे बढ़ाकर 8 वर्ष कर दिया गया है।
- उत्तर प्रदेश के वर्तमान लोकायुक्त 'न्यायमूर्ति संजय मिश्रा' हैं।

उत्तर प्रदेश के लोकायुक्त

लोकायुक्त	कार्यकाल
न्यायमूर्ति श्री विश्वम्भर दयाल	14 सितम्बर, 1977 से 13 सितम्बर, 1982 तक
पद रिक्त	14 सितम्बर, 1982 से 09 जनवरी, 1983 तक
न्यायमूर्ति श्री मिर्जा मु. मुर्तजा हुसैन	10 जनवरी, 1983 से 10 जनवरी, 1989 तक
पद रिक्त	11 जनवरी, 1989 से 27 जनवरी, 1989 तक
न्यायमूर्ति श्री कैलाश नाथ गोयल	28 जनवरी, 1989 से 28 जनवरी, 1995 तक
पद रिक्त	29 जनवरी, 1995 से 08 फरवरी, 1995 तक
न्यायमूर्ति श्री राजेश्वर सिंह	09 फरवरी, 1995 से 13 जनवरी, 2000 तक
पद रिक्त	14 जनवरी, 2000 से 15 मार्च, 2006 तक
न्यायमूर्ति श्री सुधीर चन्द्र वर्मा	16 मार्च, 2000 से 15 मार्च, 2006 तक
न्यायमूर्ति श्री एन.के. मेहरोत्रा	16 मार्च, 2006 से 31 जनवरी, 2016
न्यायमूर्ति श्री संजय मिश्रा	31 जनवरी, 2016 से वर्तमान तक

राज्य सूचना आयोग

- राज्य सूचना आयोग का गठन सूचना का अधिकार (RTI) 2005 की धारा 15 के तहत उत्तर प्रदेश सरकार द्वारा 14 सितम्बर 2005 में किया गया था।
- राज्य मुख्य सूचना आयुक्त तथा अन्य सूचना आयुक्तों को शपथ राज्यपाल द्वारा दिलायी जाती है।
- न्यायमूर्ति एम. ए. खान उत्तर प्रदेश राज्य के प्रथम मुख्य सूचना आयुक्त थे।
- उत्तर प्रदेश राज्य सूचना आयोग का मुख्यालय लखनऊ में स्थित है।
- राज्य मुख्य सूचना आयुक्त का कार्यकाल 5 वर्ष अथवा 65 वर्ष (जो भी पहले हो) तक होगा। राज्य मुख्य सूचना आयुक्त की पुनः नियुक्ति नहीं की जाएगी।

राज्य महिला आयोग

- प्रदेश में महिलाओं के उत्पीड़न संबंधी शिकायतों के निस्तारण विकास के प्रक्रम में सरकार को परामर्श देने एवं उनके सशक्तिकरण हेतु आवश्यक कदम उठाने के उद्देश्य से उत्तर प्रदेश राज्य महिला आयोग अधिनियम, 2004 यथासंशोधित 2013 के तहत उत्तर प्रदेश राज्य महिला आयोग का गठन 26 अप्रैल 2013 में किया गया।
- वर्तमान (मई, 2022) में इस आयोग की अध्यक्ष श्रीमती विमला बाथम तथा उपाध्यक्ष श्रीमती सुषमा सिंह एवं अंजु चौधरी हैं।

परीक्षोपयोगी महत्त्वपूर्ण प्रश्न

1. संसद में उत्तर प्रदेश के प्रतिनिधित्व के संदर्भ में निम्नलिखित कथनों में से कौन सा/से सही है/हैं?

UPPSC Pre. 2023

1. राज्य सभा के लिए उत्तर प्रदेश में 31 सीटें आवण्टित हैं।
2. लोकसभा के 80 सदस्य उत्तर प्रदेश से निर्वाचित होते हैं।

(a) केवल 1 (b) केवल 2
(c) 1 और 2 दोनों (d) न तो 1 न ही 2

2. उत्तर प्रदेश के राज्य लोक सेवा आयोग के कार्यों का विस्तार किया जा सकता है?

UPPSC Pre. 2021

(a) प्रधानमंत्री द्वारा
(b) केंद्रीय कार्मिक, लोक शिकायत तथा पेंशन मंत्रालय द्वारा
(c) राष्ट्रपति द्वारा
(d) उत्तर प्रदेश विधानमंडल द्वारा

3. राज्य विधानमंडल की बैठक आयोजित करने के लिए 'कोरम' (गणपूर्ति) क्या है?

UPRO/ARO 2021

(a) तीस सदस्य या कुल सदस्यता का दसवां हिस्सा, जो भी कम हो।
(b) सदन की कुल सदस्यता का आधा
(c) सदन की कुल सदस्यता का एक चौथाई
(d) दस सदस्य या कुल सदस्यता का दसवां हिस्सा, जो भी अधिक हो।

4. निम्नलिखित अनुच्छेदों में से कौन एक राज्य सरकार के ग्राम पंचायतों को संगठित करने के लिए निर्देशित करता है?

UPPSC Pre. 2014

(a) अनुच्छेद 32 (b) अनुच्छेद 40
(c) अनुच्छेद 48 (d) अनुच्छेद 51

5. उत्तर प्रदेश में उच्च न्यायालय ने कैसे कार्य निर्धारित किए हैं?

AHC-RO/ARO 2020

(a) उच्च न्यायालय और उसकी न्यायपीठ दोनों इलाहाबाद में हैं।
(b) उच्च न्यायालय इलाहाबाद में और उसकी न्यायपीठ लखनऊ में है।
(c) उच्च न्यायालय लखनऊ में और उसकी न्यायपीठ इलाहाबाद में है।
(d) उच्च न्यायालय और उसकी न्यायपीठ दोनों लखनऊ में है।

6. भारतीय संविधान के निम्नलिखित अनुच्छेदों में से किस एक के अंतर्गत विधान परिषद की स्थापना या समाप्ति की व्यवस्था की गई है?

UPPSC Pre. 2013

(a) अनुच्छेद 168 (b) अनुच्छेद 169
(c) अनुच्छेद 70 (d) अनुच्छेद 171

7. उत्तर प्रदेश लोक सेवा आयोग के व्यय किस निधि पर भारित होते हैं?

UPPSC Pre. 2010

(a) भारत की संचित निधि पर
(b) राज्य की संचित निधि पर
(c) शुल्क द्वारा इसके स्वयं की एकत्र निधि पर
(d) आकस्मिक निधि पर

8. निम्नलिखित में से कौन राज्यपाल की नियुक्ति करता है?

UPPSC Pre. 2012

(a) केंद्रीय मंत्रिमंडल
(b) उच्चतम न्यायालय के मुख्य न्यायाधीश
(c) लोकसभा के अध्यक्ष
(d) भारत का राष्ट्रपति

9. भारतीय संविधान के निम्नलिखित में से किस अनुच्छेद के अंतर्गत विधानसभा को विधान परिषद का सृजन करने का प्रस्ताव पास करने की इजाजत मिलती है-

UPPSC Pre. 2011

(a) 168 (b) 169
(c) 170 (d) 171

10. राज्य विधान सभा में कोई भी धन विधेयक पुन: स्थापित नहीं किया जा सकता, बैगर-

UPPSC Pre. 2012

(a) संसद की संस्तुति के
(b) राज्य के राज्यपाल की संस्तुति के
(c) भारत के राष्ट्रपति की संस्तुति के
(d) मंत्रियों की विशेष समिति की संस्तुति के

11. भारत में त्रि-स्तरीय पंचायती राजतंत्र की सिफारिश की थी?

UPPSC Pre. 2005

(a) अशोक मेहता समिति ने
(b) बलवंत राय मेहता समिति ने
(c) जी. वी. के. राव समिति ने
(d) एल. एम. सिंघवी समिति ने

12. राज्य का राज्यपाल मंत्रिपरिषद के परामर्श से स्वतंत्र कार्य कर सकता है।

UPPSC Pre. 2009

1. विधानसभा में सरकार को अपना बहुमत सिद्ध करने को कहने के लिए
2. मुख्यमंत्री को बर्खास्त करने के लिए
3. भारत के राष्ट्रपति के विचारार्थ किसी विधेयक को आरक्षित करने के लिए
4. उच्च न्यायालय का परामर्श मांगने के लिए

कूट:

(a) 1, 2, 3 और 4 (b) 2, 3 और 4
(c) 1, 2 और 4 (d) उपरोक्त सभी

13. संविधान के अनुच्छेद 226 के अंतर्गत उच्च न्यायालय द्वारा दिया गया निर्देश परिवर्तित किया जा सकता है।

UPPSC Pre. 2006

(a) राज्य के विधि मंत्री द्वारा
(b) राज्य सरकार द्वारा
(c) राज्य के राज्यपाल द्वारा
(d) उपरोक्त किसी के द्वारा नहीं

14. उत्तर प्रदेश के प्रथम राज्यपाल थे-

UPPSC Mains, 2010

(a) बी. जी. रेड्डी (b) के. एम. मुंशी
(c) सरोजिनी नायडू (d) वी. वी. गिरी

15. निम्न में से कौन जनता द्वारा प्रत्यक्ष निर्वाचित होते हैं?

UPPSC Pre. 2004

1. प्रधान 2. क्षेत्र प्रमुख
3. जिला पंचायत अध्यक्ष 4. सरपंच
5. पंच

नीचे दिए गए कूट का प्रयोग करते हुए सही उत्तर का चयन कीजिए।

(a) 1, 2 और 3 (b) 1, 2 और 5
(c) 1, 4 और 5 (d) 1 और 5

16. भारत के किसी राज्य में विधान परिषद का सृजन अथवा समाप्ति की जा सकती है।

UPPSC Pre. 2004

(a) संसद द्वारा
(b) किसी राज्य के राज्यपाल की संस्तुति पर राष्ट्रपति द्वारा
(c) मंत्रिपरिषद की संस्तुति पर राज्य के राज्यपाल द्वारा
(d) राज्य विधान सभा के तत्संबंधी संकल्प को पारित करने पर संसद द्वारा

17. उत्तर प्रदेश में किसी नगर का मेयर-

UPPSC Pre. 2009

1. नगर का प्रथम नागरिक होता है।
2. नगर निगम का पदेन सदस्य होता है।
3. कार्यकारिणी समिति का देन सभापति होता है।
4. कार्यपालक मशीनरी का पूर्ण नियंत्रण करता है।

नीचे दिए गए कूट में से सही उत्तर का चयन कीजिए:

कूट:

(a) 1 और 2 (b) 1, 2 और 3
(c) 2, 3 और 4 (d) उपर्युक्त सभी

18. अब तक उत्तर प्रदेश में कितनी महिलाएं मुख्यमंत्री के पद पर रहीं?

UPPSC Mains, 2015

(a) 0 (b) 1
(c) 2 (d) 3

19. निम्नलिखित में कौन उत्तर प्रदेश के मुख्यमंत्री नहीं थे?

Uttarakhand PCS Mains, 2006

(a) गोविंद बल्लभ पंत (b) हेमवती नंदन बहुगुणा
(c) कृष्ण चंद्र पंत (d) नारायण दत्त तिवारी

20. उत्तर प्रदेश विधानसभा के प्रथम अध्यक्ष थे-

UPPSC Mains, 2015

(a) मदन मोहन वर्मा (b) पुरुषोत्तम दास टंडन
(c) आत्माराम गोविन्द खेर (d) नफीसुल हसन

21. निम्नलिखित में से कौन उत्तर प्रदेश की प्रथम महिला मुख्यमंत्री थीं?

UPRO/ARO Pre. 2016

(a) श्रीमती राजेंद्रकुमारी बाजपेयी
(b) श्रीमती सुचेता कृपलानी
(c) सुश्री मायावती
(d) श्रीमती सरोजिनी नायडू

22. **कथन (A):** उत्तर प्रदेश में जिला पंचायत द्वारा मुख्य कर परिस्थिति तथा संपत्ति पर लगाया गया होता है।

कारण (R): यह कर जिला पंचायत के क्षेत्र में रहने वाले सभी लोगों पर लगाया जाता है।

नीचे दिए गए कूट का प्रयोग कर सही उत्तर चुनिए-

कूटः

UPPSC (Spl.) Mains, 2004

(a) (A) तथा (R) दोनों सही हैं तथा (R), (A) की सही व्याख्या है।
(b) (A) तथा (R) दोनों सही हैं तथा (R), (A) की सही व्याख्या नहीं है।
(c) (A) सही है, परंतु (R) गलत है।
(d) (A) गलत है, परंतु (R) सही है।

23. उत्तर प्रदेश विधान परिषद की कुल सदस्य संख्या है-

(a) 105 (b) 106
(c) 100 (d) 108

24. उत्तर प्रदेश को 4 छोटे प्रदेशों में बांटने का प्रस्ताव उत्तर प्रदेश विधानसभा में कब पारित हुआ।

UPPSC Pre. 2011

(a) 24 नवंबर 2011 (b) 21 नवंबर 2011
(c) 22 नवंबर 2011 (d) 23 नवंबर 2011

25. वर्तमान में उत्तर प्रदेश विधानसभा के सदस्यों की कुल संख्या है।

(a) 403 (b) 405
(c) 404 (d) 406

26. उत्तर प्रदेश के प्रथम मुख्यमंत्री हैं–

(a) चन्द्रभान गुप्ता
(b) गोविंद बल्लभ पंत
(c) टी०वी० राजेश्वर
(d) कन्हैया माणिक लाल मुंशी

27. उत्तर प्रदेश में सर्वप्रथम विधानसभा का गठन किया गया था।

(a) 8 मार्च 1950 (b) 8 मार्च 1952
(c) 8 मार्च 1951 (d) 8 मार्च 1955

28. उत्तर प्रदेश का सर्वाधिक चार बार मुख्यमंत्री बना/बनी है-

(a) सुश्री मायावती (b) मुलायम सिंह यादव
(c) नारायणदत्त तिवारी (d) कल्याण सिंह

29. उत्तर प्रदेश में लोकायुक्त पद का सृजन किस वर्ष किया गया था?

(a) 1975 (b) 1978
(c) 1974 (d) 1972

30. विधानसभा अध्यक्ष, जिन्होंने मुख्यमंत्री के तौर पर कार्य किया था।

(a) श्री बनारसी दास
(b) श्री आत्माराम गोविंद
(c) श्री केशरी नाथ त्रिपाठी
(d) श्री राजर्षि पुरुषोत्तम दास टंडन

31. उत्तर प्रदेश राज्य पहली बार कब अस्तित्व में आया था?

(a) 1 अप्रैल 1937 (b) 9 नवम्बर 2005
(c) 2 जून 1960 (d) 5 सितंबर 1945

32. निम्नलिखित में से कौन कभी भी उत्तर प्रदेश का राज्यपाल नहीं रहा है?

(a) एन. डी. तिवारी (b) मोतीलाल वोहरा
(c) वी. वी. गिरि (d) रोमेश भंडारी

33. वर्तमान में उत्तर प्रदेश राज्य में कितने ग्राम पंचायत हैं?

(a) लगभग 25000 (b) लगभग 32000
(c) लगभग 42000 (d) लगभग 52000

नोटः- इस प्रश्न के समय उत्तर प्रदेश में 52000 ग्राम पंचायतें थीं। वर्तमान में लगभग 58189 ग्राम पंचायतें हैं।

34. उत्तर प्रदेश का प्रथम लोकायुक्त कौन था?

गन्ना पर्यवेक्षक - 2016

(a) कैलाशनाथ गोयल (b) पं. द्वारका प्रसाद मिश्रा
(c) विजय लक्ष्मी पंडित (d) विश्वम्भर दयाल

35. निम्न में से किसने उत्तर प्रदेश राज्य के राज्यपाल का पदभार कभी नहीं संभाला?

ग्राम विकास अधिकारी - 2016

(a) श्री चन्द्र भानु गुप्ता
(b) श्री एच. पी. मोदी
(c) श्री कन्हैयालाल माणिकलाल मुन्शी
(d) श्री बुर्गुला रामकृष्ण राव

36. उत्तर प्रदेश दिवस निम्नलिखित में से किस तारीख को मनाया जाता है?

Lower Exam - 2019

(a) 25 मार्च (b) 2 अप्रैल
(c) 10 अप्रैल (d) 24 जनवरी

37. संयुक्त प्रांत से उत्तर प्रदेश के रूप में नाम बदलने के बाद उत्तर प्रदेश का पहला राज्यपाल कौन था?

(a) वराहगिरि वेंकट गिरि
(b) होर्मासजी फिरोजशाह मोदी

(c) विश्वनाथ दास
(d) अकबर अली खान

38. स्वतंत्र भारत में उत्तर प्रदेश के प्रथम विधानसभा अध्यक्ष कौन थे?
(a) पुरुषोत्त्म दास टण्डन (b) मदन मोहन वर्मा
(c) दरबारी लाल शर्मा (d) नफीसुल हसन

39. किस जनपद में सर्वाधिक विधानसभा सीटें है।
(a) लखनऊ (b) कानपुर
(c) आगरा (d) प्रयागराज

40. उत्तर प्रदेश विधानपरिषद के प्रथम सभापति थे?
(a) कमलकांत त्रिपाठी (b) सरोजनी नायडू
(c) चन्द्रभाल (d) कन्हैया लाल

41. उत्तर प्रदेश से राज्य सभा में कितनी सीटें हैं।
(a) 50 (b) 45
(c) 31 (d) 35

42. राज्य सचिवालय का प्रशासनिक अध्यक्ष कौन होता है।
(a) शासन सचिव (b) मुख्य सचिव
(c) अपर सचिव (d) निजी सचिव

43. उत्तर प्रदेश में राज्य के विश्वविद्यालयों का कुलाधिपति कौन होता है।
(a) मुख्यमंत्री (b) मुख्य सचिव
(c) राज्यपाल (d) विधानसभा अध्यक्ष

44. इलाहाबाद उच्च न्यायालय की स्थापना कब हुई?
(a) 1864 ई. (b) 1865 ई.
(c) 1866 ई. (d) 1867 ई.

45. उत्तर प्रदेश में नगरीय स्वायत्त शासन कब से प्रारंभ हुआ?
(a) 1915 (b) 1916
(c) 1917 (d) 1918

46. उत्तर प्रदेश में पंचायतों की त्रिस्तरीय प्रणाली कब प्रारंभ की गई?
(a) 1961–62 (b) 1962–63
(c) 1963–64 (d) 1964–65

47. राज्य मानवाधिकार आयोग का गठन उत्तर प्रदेश में कब किया?
(a) 2000 (b) 2002
(c) 2004 (d) 2005

48. राज्य सूचना आयोग का गठन कब किया गया?
(a) 2004 (b) 2005
(c) 2006 (d) 2009

49. भारत में 'स्थानीय स्वशासन के जनक कौन थे।
(a) लॉर्ड कैनिंग (b) लॉर्ड मेयो
(c) लॉर्ड डलहौजी (d) लॉर्ड रिपन

50. पंचायती राज व्यवस्था का उद्घाटन किसके द्वारा किया गया था।
(a) पंडित जवाहर लाल नेहरू
(b) राजीव गाँधी
(c) इंदिरा गाँधी
(d) महात्मा गाँधी

51. निम्नलिखित में से कौन-सी समिति भारत में पंचायती राज्य से संबंधित नहीं है?
(a) अशोक मेहता समिति
(b) एल.एम. सिंघवी समिति
(c) जी. वी. के. राव समिति
(d) एन. आर. नारायण मूर्ति समिति

52. भारतीय संविधान में ऐतिहासिक 73वें और 74वें संवैधानिक संशोधन अधिनियम के समय भारत के प्रधानमंत्री कौन थे।
(a) राजीव गाँधी (b) पी.वी. नरसिम्हा राव
(c) वी.पी.सिंह (d) आई. के गुजराल

53. भारतीय संविधान के किस अनुच्छेद में 'ग्राम सभा' के संबंध में प्रावधान है?
(a) अनुच्छेद 243 (b) अनुच्छेद 243 (B)
(c) अनुच्छेद 243 (A) (d) अनुच्छेद 243 (D)

54. उस निकाय का नाम बताइये, जिसमें गांव स्तर पर पंचायत के क्षेत्र में शामिल एक गाँव की मतदाता सूची में पंजीकृत सभी व्यक्ति शामिल होते हैं?
(a) क्षेत्र पंचायत (b) ग्राम सभा
(c) नगर पालिका (d) जिला परिषद

55. ग्राम पंचायत का सामान्य कार्यकाल क्या है?
(a) 1 वर्ष (b) 5 वर्ष
(c) 4 वर्ष (d) 3 वर्ष

56. किस संवैधानिक संशोधन अधिनियम के तहत "पंचायतों में महिलाओं का आरक्षण" सुनिश्चित किया गया है?
(a) 103 वां संवैधानिक संशोधन अधिनियम
(b) 73 वां संवैधानिक संशोधन अधिनियम
(c) 74 वां संवैधानिक संशोधन अधिनियम
(d) 105 वां संवैधानिक संशोधन अधिनियम

57. भारतीय संविधान के निम्नलिखित में से किस अनुच्छेद में 'पंचायतों में सीटों के आरक्षण' का प्रावधान दिया गया है।
(a) अनुच्छेद 265 (b) अनुच्छेद 243 (D)
(c) अनुच्छेद 265 (I) (d) अनुच्छेद 239 (A)

58. भारतीय संविधान के किस अनुच्छेद के तहत, पंचायतों में अध्यक्षों के पदों के लिए एक तिहाई सीटें महिलाओं के लिए आरक्षित है?

(a) अनुच्छेद 74 (b) अनुच्छेद 243 (D)
(c) अनुच्छेद 73 (d) अनुच्छेद 248

59. 'राज्य वित्त आयोग' का गठन कौन करता है, जो राज्यों में पंचायतों की वित्तीय स्थिति की समीक्षा करता है?

(a) राज्य निर्वाचन आयुक्त (b) राज्य के राज्यपाल
(c) राज्य के मुख्यमंत्री (d) भारत के राष्ट्रपति

60. भारतीय संविधान का कौन-सा अनुच्छेद 'राज्य निर्वाचन आयोग' या पंचायतों के चुनाव से संबंधित था?

(a) अनुच्छेद 246 (D) (b) अनुच्छेद 243 (I)
(c) अनुच्छेद 243 (B) (d) अनुच्छेद 243 (K)

61. भारतीय संविधान की किस अनुसूची में नगरपालिकाओं की शक्तियों और जिम्मेदारियों से संबंधित प्रावधान है।

(a) 12 वीं अनुसूची (b) 9 वीं अनुसूची
(c) 11 वीं अनुसूची (d) 10 वीं अनूसूची

उत्तरमाला

1.	(c)	**2.**	(d)	**3.**	(d)	**4.**	(b)	**5.**	(b)	**6.**	(b)	**7.**	(b)	**8.**	(d)	**9.**	(b)	**10.**	(b)
11.	(b)	**12.**	(a)	**13.**	(d)	**14.**	(c)	**15.**	(c)	**16.**	(d)	**17.**	(b)	**18.**	(c)	**19.**	(c)	**20.**	(b)
21.	(b)	**22.**	(c)	**23.**	(c)	**24.**	(b)	**25.**	(a)	**26.**	(b)	**27.**	(b)	**28.**	(a)	**29.**	(a)	**30.**	(a)
31.	(a)	**32.**	(a)	**33.**	(d)	**34.**	(d)	**35.**	(a)	**36.**	(d)	**37.**	(b)	**38.**	(a)	**39.**	(d)	**40.**	(c)
41.	(c)	**42.**	(b)	**43.**	(c)	**44.**	(c)	**45.**	(b)	**46.**	(a)	**47.**	(b)	**48.**	(b)	**49.**	(d)	**50.**	(a)
51.	(d)	**52.**	(b)	**53.**	(c)	**54.**	(b)	**55.**	(b)	**56.**	(b)	**57.**	(b)	**58.**	(b)	**59.**	(b)	**60.**	(d)
61.	(a)																		

11 अध्याय

उत्तर प्रदेश का इतिहास

प्रागैतिहासिक काल

- मानव सभ्यता का आरम्भ पाषाण काल में हुआ। इसे तीन काल में विभाजित किया गया है-
    - पुरापाषाण काल
    - मध्यपाषाण काल
    - नवपाषाण काल
- रार्बट ब्रुस फुट (परातत्व विज्ञानी) ने वर्ष 1863 ई. में भारत के तमिलनाडु के पल्लवरम नामक स्थान पर पुरापाषाण कालीन औजारों की प्रमुख खोज की थी।
- आग का आविष्कार पुरापाषाण काल में हुआ था।
- उत्तर प्रदेश में पुरापाषाण कालीन सभ्यता के अवशेष चकिया (चन्दौली), सिंगरौली घाटी तथा बेलन घाटी (प्रयागराज) से प्राप्त हुए हैं।
- पुरापाषाण काल में मानव की स्थिति पूरी तरह 'असभ्य, बर्बर एवं जंगली' अवस्था में थी।
- पुरापाषाण कालीन स्थलों में प्रमुख नाम- **'बेलन घाटी'** है।
- बेलन घाटी दुनिया के उन प्राचीनतम स्थलों में से एक है, जहां मानव ने प्रथम बसाव किया। यह सोनभद्र से निकलने वाली और यहां बहने वाली बेलन नदी (टोंस की सहायक नदी) की घाटी में स्थित है।
- इस पुरास्थल की खोज एवं उत्खनन कार्य का श्रेय इलाहाबाद विश्वविद्यालय के पूर्व अध्यक्ष, प्रो. जी.आर. शर्मा को दिया जाता है। यहाँ लोंहदा नाले के समीप अस्थिनिर्मित 'मातृदेवी' की एक सुन्दर मूर्ति मिली है।
- यहां के निवासी आरम्भ में आखेट आदि के लिए क्वार्टजाइट (कठोर एवं रूपांतरित से बने पत्थर) से बने औजारों का प्रयोग करते थे।
- पुरापाषाण कालीन अवशेष सोनभद्र स्थित सिंगरौली घाटी तथा वाराणसी क्षेत्र के चकिया (जनपद-चंदौली) में भी प्राप्त हुए हैं।
- मध्यपाषाण कालीन सभ्यता के उत्तर प्रदेश में प्रमुख क्षेत्र- सराय नाहर राय, महादाहा और दमदमा (तीनों प्रतापगढ़ जिले में हैं) और चौपानी माण्डो।
- प्रयागराज के मेजा, करछाना, फूलपुर, बारा तथा कोंरापुर सरायनहर (प्रतापगढ़) में 15 शवाधानों की खोज हुई। (जिसमें मृतक का सिर पश्चिम दिशा की ओर है।)
- प्रयागराज जनपद की मेजा तहसील में चौपानी माण्डो से मध्यपाषाण कालीन झोपड़ियों तथा मिट्टी के बर्तन के अवशेष प्राप्त हुए हैं।
- मध्यपाषाण कालीन उपकरणों के साथ गर्त चुल्हे, सींग के आभूषण प्रतापगढ़ जनपद से प्राप्त हुए।
- सराय नाहर राय से प्राप्त साक्ष्य- झोपड़ी का फर्श एवं अस्थाई निवास स्थान, युद्ध अथवा अथवा मानवीय आक्रमण तथा 14 शवाधान एवं 8 गर्त चूल्हे (शवों का सिर पश्चिम और पैर पूरब दिशा में रखा गया है।)
- महादाहा से प्राप्त साक्ष्य- इसमें युगल समाधियां, हड्डी से बने बाणाग्र एवं आभूषण, लघु पाषाण उपकरण आदि है।
- दमदमा से प्राप्त साक्ष्य- 41 शवाधान, गर्त चूल्हे, 5 युगल समाधियां जबकि एक समाधि में तीन मानव ककांल एक साथ प्राप्त हुए।
- प्रयागराज के निकट लेखहिया नामक शिलाश्रय से सर्वाधिक 17 मानव कंकाल प्राप्त हुए हैं।
- कोलडिहवा में 7000-6000 ई.पू. धान की खेती के साक्ष्य मिले हैं।

उत्तर प्रदेश में मृदभांड संस्कृतियां

प्राचीन इतिहास की जानकारी पुरातात्विक स्रोतों पर निर्भर है। पुरातात्विक स्रोतों में मृदभांड (मिट्टी के बर्तन) महत्वपूर्ण स्थान रखते हैं।

गैरिक मृदभांड संस्कृति

काल- 2000 ई.पू. से 15000 ई.पू. तक

स्थल- बिषौली (बदायूँ), परसू, साईपई, राजपुर, मायापुर, बिठुर, अतरंजीखेड़ा, अहिच्छत्र, हस्तिनापुर आदि।

काले एवं लाल मृदभांड संस्कृति

काल- हड़प्पाकलीन

स्थल- अतरंजीखेड़ा, आलमगीरपुर, अहिच्छत्र, हस्तिनापुर आदि।

चित्रित धूसर मृदभांड संस्कृति

काल- वैदिक काल (ऋग्वैदिक एवं उत्तर वैदिक)

स्थल- आलमगीर, अहिच्छत्र, हस्तिनापुर, मथुरा, अतरंजीखेड़ा आदि।

उत्तरी काले पॉलिश युक्त मृदभांड संस्कृति

काल- उत्तर वैदिक काल से मौर्यकाल (500-100 ई.पू.)

स्थल- हस्तिनापुर, कौशाम्बी, अहिच्छत्र, श्रावस्ती आदि।

आद्य ऐतिहासिक काल

- इस काल में सर्वप्रथम तांबा का प्रयोग किया गया। बाद में कांसा और फिर लोहे का उपयोग शुरू किया गया। आरम्भिक दिनों में मनुष्य ने पाषाण उपकरणों के साथ तांबा का उपयोग किया। इसलिए इसे 'ताम्र पाषणिक संस्कृति' कहा गया। इसका काल समय 3000-500 ई.पू. निर्धारित किया जाता है। इस संस्कृति का बड़ा भाग हड़प्पा संस्कृति (सिंधु सभ्यता) के रूप में जाना जाता है।
- यह दक्षिण एशिया की 'प्रथम नगरीय संस्कृति' थी, जिसका समय निर्धारण रेडियोकार्बन काल निर्माण विधि से 3500-1300 ई.पू. के मध्य निर्धारित किया गया है।
- आलमगीरपुर के अतिरिक्त उत्तर प्रदेश में हुलास (सहारनपुर), बड़ागांव (बागपत), मानपुरा (बुलन्दशहर), कैराना (शामली) तथा माण्डी गांव (मुजफ्फरनगर) आदि स्थलों की पहचान हड़प्पाकालीन बस्तियों के रूप में की गई।
- आलमगीरपुर में मनके, रोटी बेलने की चौकी तथा कटोरी के अनेक टुकड़े के अवशेष मिले हैं। मिट्टी के बर्तनों पर मोर, गिलहरी आदि के चित्रों के अलावा कुछ लिपियाँ भी प्राप्त हुई है, जिससे ज्ञात होता है कि यहां के निवासी लेखनकला से परिचित थे।
- रामायण की रचना महर्षि बाल्मीकि ने ब्राह्मवर्त (बिठूर कानपुर) में की थी।
- रामायण की कथा का संबंध अयोध्या राज्य के इक्ष्वाकु वंश से संबंधित था।
- महाभारत की रचना महर्षि वेदव्यास ने की थी इसका पुराना नाम जयसंहिता था। यह विश्व का सबसे बड़ा महाकाव्य है।

ऐतिहासिक काल

- ऋग्वैदिक अथवा पूर्व वैदिक काल (1500-1000 ई.पू.)
- प्राचीन भारत में सिंधु घाटी सभ्यता के बाद वैदिक सभ्यता का विकास हुआ, इस काल को वैदिक सभ्यता के नाम से जाना जाता है।
- आर्यों द्वारा निर्मित सभ्यता वैदिक सभ्यता थी।
- आर्यों की भाषा संस्कृत थी।
- आर्यों द्वारा खोजी गई धातु लोहा थी, जिसे श्याम अयस कहा जाता था।
- तांबे को लोहित अयस कहा जाता है।
- उत्तर वैदिक कालीन संस्कृति का मुख्य केन्द्र उत्तर प्रदेश था। उस समय इसे मध्य देश कहा जाता था।
- मध्य देश का विस्तार सरस्वती नदी से लेकर गंगा नदी के दोआब क्षेत्र तक विस्तृत था।
- उत्तर वैदिक कालीन लाल मृदभाण्डो के अवशेष संपूर्ण उत्तर प्रदेश से प्राप्त हुए है।
- पांचाल राज्य की राजधानी काम्पिलय थी तथा इस राज्य का विस्तार बरेली, फरुखाबाद बदाँयू आदि क्षेत्रों तक सीमित था।
- गोत्र नामक संस्था का जन्म उत्तरवैदिक काल में हुआ था।
- उत्तर वैदिक काल के अंतिम चरण को महाकाव्य काल कहा जाता है।
    - महाकाव्य
    - रामायण
    - महाभारत
- उत्तर वैदिक काल (1000-600 ई.पू.)
- ऋग्वैदिक कालीन सभ्यता का ज्ञान ऋग्वेद से प्राप्त होता है। इसके प्रवर्तक आर्य थे, जिनका निवास गंगा की ऊपरी घाटी क्षेत्र से अफगानिस्तान एवं वर्तमान पंजाब तक फैला हुआ था। सात नदियों का क्षेत्र होने के कारण इसे 'सप्त सैंधव' कहा गया। यह नदियां थीं- सिंधु, सरस्वती, शतुद्रि (सतलज), परूष्णी (रावी), विपासा (व्यास), अस्किनी (चेनाब) एवं वितस्ता (झेलम)।
- इसमें वर्तमान उत्तर प्रदेश के कुरू, पांचाल और काशी जैसे राज्य शामिल थे।
- कुरू राज्य का विस्तार मेरठ से दिल्ली व हरियाणा तक विस्तृत था। इसकी राजधानी इंद्रप्रस्थ (आसंदीवत) थी, जिसकी पहचान हस्तिनापुर के रूप में की जाती है। यहां के प्रसिद्ध राजा उद्दालक आरूणि का उल्लेख छांदोग्य उपनिषद में प्राप्त होता है।
- काशी वर्तमान वाराणसी क्षेत्र में स्थित थी। उत्तर वैदिक काल में अजातशत्रु काशी का राजा था।

महाजनपद काल

- महाजनपद काल अथवा छठी शताब्दी ईसा पूर्व का काल भारतीय इतिहास में एक महत्वपूर्ण काल खण्ड है।
- बौद्ध ग्रंथ अगुत्तर निकाय, महावस्तु एवं जैन ग्रंथ में उस समय के 16 महाजनपद थे।
- महाजनपद (उत्तर प्रदेश परिपेक्ष्य)

जनपद	राजधानी	क्षेत्र
वत्स	कौशाम्बी	इलाहाबाद (उ.प्र.)
काशी	वाराणसी	वाराणसी (उत्तर प्रदेश)
कौशल	श्रावस्ती	फैजाबाद (उत्तर प्रदेश)
मल्ल	कुशनारा, पावा	देवरिया (उत्तर प्रदेश)
पांचाल	अहिच्छत्र	बरेली (उत्तर प्रदेश)
चेदि	सुक्तिमती	बुंदेलखंड (उत्तर प्रदेश)
कम्बोज	हाटक	राजोरी व हजारा
शूरशेन	मथुरा	मथुरा

जैन धर्म

- छठी शताब्दी ई. पू. भारतवर्ष में दो नये धर्मों का मध्य देश (उत्तर प्रदेश) पर व्यापक प्रभाव पड़ा।
- जैन धर्म के संस्थापक एवं प्रथम तीर्थंकर ऋषभदेव थे।

- जैन धर्म के 24वें अंतिम तीर्थकर महावीर स्वामी का जन्म कुण्डलग्राम (वैशाली, बिहार) में हुआ था।
- जैन धर्म के सबसे ज्यादा अनुयायी उत्तर प्रदेश से थे।
- महावीर स्वामी के बचपन का नाम वर्द्धमान, पत्नी का नाम यशोदा एंव पुत्री का नाम अन्नोज्जा प्रियदर्शनी था।
- महावीर स्वामी ने 30 वर्ष की अवस्था में माता-पिता की मृत्यु के पश्चात् बड़े भाई नदिवर्धन से अनुमति लेकर सन्यास जीवन स्वीकार किया।
- मौर्योत्तर युग मथुरा (उत्तर प्रदेश) जैन धर्म का प्रसिद्ध केन्द्र था।
- मथुरा कला का संबंध बौद्ध धर्म के अतिरिक्त जैन धर्म से भी है।
- 468 ई. पू. बिहार राज्य के पावापुरी (राजगीर) में मल्ल राजा सृस्तिपाल के राजप्रसाद में 72 वर्ष की आयु में महावीर स्वामी को निर्वाण प्राप्त हुआ। (कुछ स्त्रोतों में 527 ई.पू.)

बौद्ध धर्म

- बौद्ध धर्म प्रणेता बुद्ध का जन्म नेपाल के लुम्बिनी नामक स्थान पर हुआ था।
- गौतम बुद्ध के पिता का नाम शुद्धोधन था तथा वह कपिलवस्तु के शासक थे।
- गौतम बुद्ध की माता का नाम माया देवी था।
- बिना अन्न जल ग्रहण किए 6 वर्षो की कठिन तपस्या के बाद 35 वर्ष की आयु में वैशाख पूर्णिमा की रात पीपल वृक्ष के नीचे निरंजना (फल्गु) नदी के किनारे पर सिद्धार्थ को ज्ञान की प्राप्ति हुई।
- ज्ञान-प्राप्ति के पश्चात् सिद्धार्थ बुद्ध नाम से जाने गये तथा वह स्थान जहाँ उन्हें ज्ञान की प्राप्ति हुई बोधगया कहलाया।
- बुद्ध ने अपने उपदेश कौशल, वैशाली, कौशाम्बी में दिए। लेकिन उन्होंने सर्वाधिक उपदेश कौशल देश की राजधानी श्रावस्ती में दिए।
- 483 ई. पू. 80 वर्ष की अवस्था में कुशीनगर (देवरिया, उत्तर प्रदेश) में चुन्द द्वारा अर्पित भोजन ग्रहण करने के पश्चात् महात्मा बुद्ध की मृत्यु हो गयी, जिसे बौद्ध धर्म में महापरिनिर्वाण कहा गया।
- उत्तर प्रदेश को बौद्ध धर्म का प्रमुख केंद्र इसलिए कहा जाता है क्योंकि अधिकांश समय इन्होंने उत्तर प्रदेश में व्यतीत किया था।
- बुद्ध काल में उत्तर प्रदेश के सात प्रमुख गणराज्य थे। कपिलवस्तु के शाक्य, अलकप्पा का बुल्ली, सुम्सुगिरी का भाग, रामग्राम का कोलिया, पिप्पालिवन का मोरिया, मिथिला का विदेह, कुशीनारा के मल्ल, पावा के मल्ल।
- उत्तर प्रदेश में प्रमुख बौद्ध स्थल- कपिलवस्तु, सारनाथ, कुशीनगर, श्रावस्ती, रामग्राम, देवदह, पावा।

बुद्ध के अस्थि अवशेष पर निर्मित उत्तर प्रदेश के स्तूप

स्तूप	निर्माता
कपिलवस्तु	शाक्य
कुशीनगर	मल्ल
रामग्राम	कोलिय
पावा	मल्ल

भागवत/वैष्णव/शैव धर्म

- जैन और बौद्ध धर्म की भांति भागवत, वैष्णव, शैव तथा शाक्य धर्म के लिए भी उत्तर प्रदेश एक महत्वपूर्ण क्षेत्र रहा है।
- वैष्णव सम्प्रदाय, भगवान विष्णु की आराधना करने वाले लोगों का सम्प्रदाय है। इसके अन्तर्गत चार सम्प्रदाय मुख्य रुप से आते हैं।
  - आचार्य रामानुज
  - निम्बकाचार्य
  - बल्लभाचार्य
  - माधवाचार्य
- इस सम्प्रदाय के प्रधान उपास्थ देव वासुदेव है। वैष्णव सम्प्रदाय का प्राचीन नाम भागवत धर्म या पांचरात्र मत है।

मगध साम्राज्य के प्रमुख राजवंश	
हर्यक वंश	(544 ई. पू. – 412 ई. पू.)
शिशुनाग वंश	(412 ई. पू. – 344 ई. पू.)
नंद वंश	(344 ई. पू. – 322 ई. पू.)
मौर्य वंश	(322 ई. पू. – 185 ई. पू.)

मगध राज्य का उत्कर्ष

- प्राचीन भारत के 16 महाजनपदों में सर्वाधिक शक्तिशाली राज्य मगध का था।
- मगध साम्राज्य का वास्तविक संस्थापक बिम्बिसार (हर्यक वंश) था।
- बिम्बिसार 544 ई. पू. में मगध की गद्दी पर बैठा था। वह बौद्ध धर्म का अनुयायी था।
- बिम्बिसार ने लिच्छवि गणराज्य के शासक चेतक की पुत्रि चेलना के साथ विवाह करके मगध की उत्तरी सीमा को सुरक्षित किया।
- 492 ई. पू. में बिम्बिसार की हत्या करके उसका पुत्र अजातशत्रु मगध की गद्दी पर बैठा। इसने बिहार के साथ-साथ आधे उत्तर प्रदेश पर आधिपत्य स्थापित कर लिया।
- हर्यक वंश का अंतिम राजा नागदशक हुआ तथा इसकी हत्या उसके अमात्य शिशुनाग ने 412 ई. में कर दी तथा शिशुनाग वंश की स्थापना की।
- कौशाम्बी अभिलेख को "रानी का अभिलेख" कहा जाता है। चीनी यात्री हेनसांग ने उत्तर प्रदेश के मथुरा कन्नौज कौशाम्बी काशी आदि स्थानों पर अशोक कालीन अनेक स्तूपों के होने का उल्लेख किया।

शिशुनाग वंश

- शिशुनाग वंश संस्थापक शिशुनाग था।
- शिशुनाग ने अवन्ति राज्य को जीतकर मगध में मिला लिया।
- इसने अपनी राजधानी वैशाली को बनाया।

कालाशोक

- यह शिशुनाग का पुत्र था जो शिशुनाग के बाद राजा बना।
- इसने वैशाली के स्थान पर पुन: पाटलिपुत्र को अपनी राजधानी बनाया।
- द्वितीय बौद्ध संगीति (383 ई. पू.) का आयोजन कालाशोक के काल में वैशाली में हुई।

नोट: नागवंश का अंतिम राजा नंदिवर्धन था जिसकी मृत्यु के बाद नागवंश समाप्त हो गया था।

- कालाशोक ने कौशल नरेश प्रसेनजित की बहन महाकोशला के साथ विवाह किया, जिससे कोशल नरेश के साथ मैत्रीपूर्ण संबंध स्थापित हुआ।

नंद वंश (344 ई. पू. - 322 ई. पू.)

- महापदमनंद वंश का संस्थापक एंव शक्तिशाली राजा था।
- महापदमनंद को केन्द्रीय शासन पद्धति के जन्मदाता के रूप में जाना जाता है।
- नंद वंश का अंतिम शासक घनानंद था।
- घनांनद के समय में भारत की उत्तरी पश्चिमी सीमा पर सिकंदर का आक्रमण (326 ई. पू.) हुआ।

शुंग वंश

- पुष्यमित्र शुंग ने 184 ई. पू. मगध में शुंग वंश की नीव डाली।
- शुंग शासकों ने अपनी राजधानी पाटलिपुत्र से राजधानी स्थापित की।
- भरहूत स्तूप का निर्माण पुष्यमित्र शुंग ने करवाया।
- शुंग कालीन साम्राज्य की सीमा चन्द्रगुप्त मौर्य के शासन के समान थी।

हिन्द यवन (इण्डो-ग्रीक) आक्रमण

- हिन्द यूनानी शासकों में सबसे अधिक विख्यात मिनान्डर (165-145 ई. पू.) हुआ।
- इसकी राजधानी शाकल शिक्षा का प्रमुख केन्द्र थी।
- मिनान्डर का साम्राज्य झेलम से मथुरा तक विस्तृत रूप से फैला हुआ था।
- सोने के सिक्के सर्वप्रथम हिंद यूनानियों ने जारी किये थे।
- हिन्द-यूनानी शासकों ने भारत के पश्चिमोत्तर सीमा प्रांत मे यूनान की प्राचीन कला चलाई जिसे हेलोनास्टिक आर्ट कहते है। भारत में गंधार कला का यह उत्तम उदाहरण है। मथुरा कला में भी इसके कुछ प्रभाव दिखते है।
- मथुरा (उत्तर प्रदेश) को भारतीय मूर्तिकला का जन्म स्थल कहा जाता है।

मौर्य वंश (322 ई. पू. - 185 ई. पू.)

- मौर्य वंश मगध का एक शक्ति शाली एवं महान राजवंश था, जिसकी स्थापना 322 ई. पू. में चन्द्रगुप्त मौर्य ने चाणक्य की सहायता से घनानंद को पराजित किया।
- चन्द्रगुप्त मौर्य मगध की गद्दी पर 322 ई. पू. में बैठा
- चन्द्रगुप्त मौर्य ने 298 ई. पू. में श्रवणबेलगोला में सल्लेखना विधि (उपवास द्वारा) अपना शरीर त्याग दिया।
- प्रथम जैन संगीति का आयोजन चन्द्रगुप्त मौर्य के समय पाटलिपुत्र में हुआ था।
- चन्द्रगुप्त मौर्य जैन धर्म का अनुयायी था। इसने जैन धर्म गुरु भद्रबाहु से जैन धर्म की दीक्षा ली थी।

अशोक (269 ई. पू. - 232 ई. पू.)

- 269 ई. पू. मगध की राजगद्दी पर अशोक महान बैठा।
- बिंदुसार की मृत्यु के समय यह अवंति का राज्यपाल था।
- तृतीय बौद्ध संगीति का आयोजन अशोक के समय पाटलिपुत्र था।

मध्यकालीन भारत में उत्तर प्रदेश

- कुतुबद्दीन ऐबक (मुहम्मद गोरी का गुलाम) ने 1206 ई. में गुलाम वंश की स्थापना की थी।
- मेरठ के विद्रोह को 1192 ई. में ऐबक द्वारा दबाया गया।
- ऐबक को मुहम्मद गोरी द्वारा **"मलिक"** की उपाधि प्रदान की गई।
- ऐबक का उत्तराधिकारी आरामशाह था।
- आरामशाह को परास्त कर इल्तुतमिश 1211 में दिल्ली की गद्दी पर बैठा था।
- इल्तुतमिश को तुर्क साम्राज्य का वास्तविक संस्थापक माना जाता है।
- सुल्तान बनने से पूर्व वह बदायूं का इक्तेदार (गर्वनर) था।
- इल्तुतमिश ने दिल्ली को अपनी राजधानी बनाया।
- इल्तुतमिश को दिल्ली का प्रथम सुल्तान माना गया है।
- **"गुलाम का गुलाम"** इल्तुमिश को कहा गया है।
- शुद्ध अरब शैली के सिक्के इल्तुतमिश द्वारा जारी किए गए।
- चाँदी के सिक्के (175 ग्रेन) टका कहे जाते थे।
- ताबें के सिक्के-जीतल
- इल्तुतमिश ने चालीस विश्वसनीय तुर्क सरदार का एक दल गठित किया था। जिसे तुर्कान-ए-चहालगानी कहा जाता था।
- बलबन ने (1265-1286) तक दिल्ली पर शासन किया।
- इसने **'तुर्कान-ए-चहालगानी'** को समाप्त करके दैवीय राजस्व के सिद्धान्त तथा नियामत-ए-खुदाई जैसे सिद्धान्तों की पहल की गई।

दिल्ली सल्तनत पर शासन करने वाले पांच वंश-

- गुलाम वंश
- खिलजी वंश
- तुगलक वंश
- सैय्यद वंश
- लोदी वंश

नोट: वर्तमान उत्तर प्रदेश का सम्पूर्ण क्षेत्र दिल्ली सल्तनत का भाग रहा है।

- तुगलक वंश के सुल्तान फिरोज तुगलक ने उत्तर प्रदेश के दो प्रसिद्ध नगर की स्थापना की- जौनपुर (जौना खाँ की स्मृति में) एवं फिरोजाबाद।
- फिरोज शाह तुगलक ने मेरठ स्थित अशोक स्तंभ लेख को दिल्ली में स्थापित किया।
- तुगलक वंश के पतन के दौर में मलिक हुसैन शर्की के नेतृत्व में 1394 ई. में जौनपुर स्वतंत्र हो गया। जौनपुर को पूर्व का शिराज या शिराज-ए-हिन्द कहा जाता था।
- आगरा की स्थापना 1504 ई. में सिकन्दर लोदी द्वारा की गई, तथा इसने इसे अपनी राजधानी बनाया।
- मुगल साम्राज्य के संस्थापक बाबर ने आगरा को अपनी राजधानी बनाया था।
- फतेहपुर सीकरी में बुलन्द दरवाजा का निर्माण अकबर ने गुजरात विजय के उपलक्ष्य में करवाया।
- जहाँगीर (सलीम) के आदेश पर 1602 ई. में दक्षिण से आगरा प्रस्थान के समय बीर सिंह बुन्देला नामक एक सरदार ने अबुल फजल की हत्या कर दी थी।
- शेख सलीम चिश्ती, अकबर के समकालीन थे। अकबर अकसर वहाँ इनके दर्शन हेतु फतेहपुर सीकरी जाया करते थे।
- जहाँगीर (सलीम) का जन्म फतेहपुर सीकरी स्थित शेख सलीम चिश्ती के खानकाह में आमेर के राजा भारमल की पुत्री मरयित उज्जमानी (जोधाबाई) से हुआ था।
- आगरा में एत्माउद्दौला का मकबरा नूरजहाँ ने बनवाया था। यह पूर्णतया संगमरमर से बनी पहली इमारत है तथा इसी मकबरे में सर्वप्रथम पित्रादुरा शैली का प्रयोग मिलता है।
- आगरा की मोती मस्जिद का निर्माण शाहजहाँ द्वारा 1647-54 ई. में करवाया गया था।
- दीवाने आम का निर्माण 1627 ई. में शाहजहाँ द्वारा आगरा के किले में कराया गया था।
- जामा मस्जिद का निर्माण 1648 ई. में आगरा के किले में शाहजहाँ की पुत्री जहाँआरा द्वारा करवाया गया था।
- आगरा में शाहजहाँ की देख-रेख में ताजमहल का निर्माण उस्ताद ईसा खाँ द्वारा करवाया गया। इसकी योजना उस्ताद अहमद लाहौरी ने तैयार की थी। लाहौरी को नादिर-उल-अस्त्र की उपाधि प्रदान की गई थी।
- अकबर के दरबार को सुशोभित करने वाले नौ रत्नों में से दो बीरबल और टोडरमल उत्तर प्रदेश से संबंध रखते थे।

उत्तरकालीन मुगल सम्राट

नाम	कार्यकाल
बहादुर शाह प्रथम	1707 - 1712 ई.
फर्रूखसियर	1713 - 1719 ई.
मुहम्मद शाह	1719 - 1748 ई.
अहमदशाह बहादुर	1748 - 1754 ई.
आलमगीर द्वितीय	1754 - 1758 ई.
शाह आलम द्वितीय	1759 - 1806 ई.
अकबर द्वितीय	1806 - 1837 ई.
बहादुर शाह द्वितीय	1837 - 1857 ई.

उत्तर प्रदेश में भक्ति आंदोलन

नाम	विवरण
रामानंद (1486-1533)	रामानंद उत्तरी भारत में वैष्णव भक्ति के सबसे प्रमुख विद्वान संत थे। वे पहले दक्षिण भारत में रहे लेकिन बाद में बनारस में जाकर बस गये।
	◆ उन्हें दक्षिण भारतीय भक्ति परंपरा और उत्तर भारतीय वैष्णव भक्ति के बीच का स्तंभ माना जाता है।
	◆ उन्होंने राम को भक्ति की रूप में देखा उनके लिए, राम सर्वोच्च भगवान थे।
	◆ रामानंद की शिक्षाएं रामानुज के समान थीं, उन्होंने अंतर्जातीय भोजन पर प्रतिबंध हटा दिया।
	◆ उनके मूल बारह शिष्यों में कम से कम एक महिला या निचली जाति के सदस्य और एक मुस्लिम शामिल थे।
वल्लभाचार्य (1479-1531)	◆ वह बनारस में पैदा हुए एक तेलुगु ब्राह्मण थे।
	◆ उन्होंने शुद्ध-द्वैत (पूर्ण द्वैत) का दर्शन दिया।
	◆ व्यक्तिगत आत्माएं ब्रह्म के साथ सर्वोत्कृष्ट हैं।
	◆ **वह पुष्टिमार्ग** (अनुग्रह का मार्ग) के संस्थापक थे। इसे वल्लभ संप्रदाय के नाम से भी जाना जाने लगा था।
	◆ उन्होंने कृष्ण भक्ति पर जोर दिया।
	◆ वह एक प्रसिद्ध कृष्ण भक्ति संत कवि थे; माना जाता है कि सूरदास और अष्टछाप से संबंधित सात अन्य कृष्ण भक्ति कवि वल्लभ के शिष्य थे।

	◆ संप्रदाय का मुख्य मंदिर राजस्थान राज्य के नाथद्वारा में स्थित है, जहां कृष्ण की एक विशिष्ट छवि को श्री नाथ जी कहा जाता है।
सूरदास (1483-1563)	◆ वे प्रसिद्ध गुरु वल्लभाचार्य के शिष्य थे।
	◆ वह एक अंधे कवि थे जिनके गीत कृष्ण भक्ति पर केंद्रित हैं।
	◆ उनके द्वारा रचित सूरसागर कृष्ण के बचपन और युवावस्था के दौरान कोमल स्नेह और आनंद के साथ उनके कारनामों का वर्णन करता है।
कबीर	◆ वह 15वीं शताब्दी में शुरू हुए एकेश्वरवादी आंदोलनों के सबसे शुरुआती व्यक्ति थे।
	◆ उन्हें रहस्यवादी संतों में सबसे अग्रणी माना जाता है और उनके अनुयायियों को कबीरपंथी कहा जाता है।
	◆ कबीर निर्गुण भक्ति (रूप और गुण के बिना सर्वोच्च सत्ता) के भी समर्थक हैं।
	◆ कबीर को मूर्तिपूजा का प्रबल विरोध मान जाता है।
	◆ कबीर की रचनाओं के संकलनों में बीजक सबसे प्रसिद्ध है।
	◆ उनके छंद सिख पवित्र ग्रंथ, आदि ग्रंथ में पाए जाते हैं।
	◆ पंजाब, उत्तर प्रदेश, महाराष्ट्र, राजस्थान और मध्य प्रदेश के क्षेत्र में गुरु (शिक्षक) के रूप में सम्मानित, रविदास के भक्ति गीतों का भक्ति आंदोलन पर स्थाई प्रभाव पड़ा है।
	◆ वह एक कवि, संत, समाज सुधारक और आध्यात्मिक व्यक्ति थे।
	◆ रविदास भक्ति संत कवि रामानंद के शिष्यों में से एक थे और भक्ति संत-कवि कबीर के समकालीन थे।
	◆ रविदास के भक्ति गीतों को सिख धर्मग्रंथ, गुरु ग्रंथ साहिब में शामिल किया गया था।
गुरु नानक	गुरु नानक की शिक्षाएँ और दर्शन भारतीय दार्शनिक चिंतन का एक महत्त्वपूर्ण हिस्सा हैं।
	◆ वह पहले सिख गुरु और सिख धर्म के निर्माता होने के साथ-साथ निर्गुण भक्ति संत और समाज सुधारक भी थे।
	◆ उन्होंने निर्गुण भक्ति (रूप और गुणों के बिना सर्वोच्च सत्ता) का उपदेश दिया।
	◆ उन्होंने कबीर और अन्य एकेश्वरवादियों की तरह ही अपने विचारों का प्रचार किया, लेकिन बाद में विभिन्न विकासों के कारण, उनकी शिक्षाओं के कारण एक सामूहिक धर्म, सिख धर्म का उदय हुआ।
	◆ उन्होंने मूर्ति पूजा का खंडन किया और तीर्थयात्रा का समर्थन नहीं किया और न ही अवतारवाद के सिद्धांत को स्वीकार किया।

आधुनिक उत्तर प्रदेश

- 1857 की क्रांति की शुरुआत 10 मई 1857 को उत्तर प्रदेश के मेरठ से हुई।
- 34वीं नेटिव इन्फेन्ट्री के सैनिक बलिया निवासी मंगल पाण्डे ने बैरकपुर छावनी में 29 मार्च 1857 को अपने सार्जेण्ट मेजर पर गोली चला दी।
- 12 मई 1857 को दिल्ली पर अधिकार करके सेना ने बहादुर शाह जफर द्वितीय को भारत का सम्राट घोषित कर दिया।
- कानपुर में तात्या तोपे के साथ नाना साहेब तथा झांसी में विद्रोह का नेतृत्व रानी लक्ष्मी बाई ने किया।

उत्तर प्रदेश में 1857 की क्रांति के प्रमुख केन्द्र, नेतृत्वकर्ता एवं दमनकर्ता

केन्द्र	नेतृत्वकर्ता	विद्रोह के दमनकर्ता
लखनऊ	बेगम हजरत महल, बिरजिस कादिर	कोलिन कैम्पबेल
गोरखपुर	गजोधर सिंह	
कानपुर	नाना साहब, तात्या टोपे	जनरल हैबलॉक
जगदीशपुर	बाबू वीर कुंवर सिंह	विलियम टेलर एवं विसेंट आथर
झांसी	रानी लक्ष्मीबाई	जनरल ह्यूरोज
प्रयागराज	मौलवी लियाकत अली	कर्नल नील
काल्पी	तात्या टोपे	कर्नल नील
फैजाबाद	मौलवी अहमदुल्लाह	कर्नल नील
मथुरा	देवी सिंह	कर्नल नील
बरेली	खान बहादुर खान	कोलिन कैम्पवेल

- 7 अप्रैल 1859 को तात्या टोपे को गिरफ्तार करके उन पर मुकदमा चलाकर 18 अप्रैल, 1859 को उन्हें फांसी दी गई।
- 1 नवंबर, 1858 को ब्रिटेन की महारानी विक्टोरिया की एक उद्घोषणा के तहत ब्रिटिश ईस्ट इंडिया कंपनी के हाथों से ब्रिटिश भारतीय सत्ता को ब्रिटिश ताज के अधीन स्थापित कर दिया गया।
- वर्ष 1858 ई. में दिल्ली के अंतर्गत क्षेत्र को उत्तर-पश्चिमी प्रदेश से पृथक करके प्रदेश की राजधानी को आगरा से इलाहाबाद स्थानांतरित कर दिया गया।

- महात्मा गांधी की अध्यक्षता में इलाहाबाद में आयोजित वर्ष 1920 ई. के खिलाफत कमेटी के सम्मेलन में 'खिलाफत आंदोलन' का प्रस्ताव पास किया गया।
- उत्तर प्रदेश के गोरखपुर जनपद में स्थित चौरी-चौरा नामक स्थान पर 04-05 फरवरी, 1922 ई. को हुई हिंसक घटना से व्यथित होकर महात्मा गांधी ने 12 फरवरी, 1922 ई. को असहयोग आंदोलन को स्थगित कर दिया।
- महात्मा गांधी काशी विद्यापीठ की स्थापना असहयोग आंदोलन के दौरान 10 फरवरी, 1920 को बाबू शिव प्रसाद गुप्त के द्वारा रखी गई थी और महात्मा गांधी ने इसकी आधारशिला रखी थी।
- वर्ष 1928 में लखनऊ में साइमन कमीशन का बहिष्कार जवाहरलाल नेहरू के नेतृत्व में किया गया।
- स्वराज पार्टी की स्थापना जनवरी, वर्ष 1923 ई. में चितरंजन दास तथा मोतीलाल नेहरू ने की थी।
- वर्ष 1875 ई. में सर सैय्यद अहमद खाँ के नेतृत्व में अलीगढ़ आंदोलन चलाया गया।
- भारतीय कम्युनिस्ट पार्टी की स्थापना 26 दिसंबर, 1925 ई. को मानवेन्द्र नाथ राय के नेतृत्व में कानपुर में की गई थी।
- उत्तर प्रदेश किसान सभा का गठन फरवरी, वर्ष 1918 में गौरी शंकर मिश्रा, इन्द्रनारायण द्विवेदी और मदनमोहन मालवीय ने संयुक्त रूप से की थी।
- महाराष्ट्र के एक ब्राह्मण बाबा रामचन्द्र ने 17 अक्टूबर, 1920 को प्रतापगढ़ में **अवध किसान सभा** का गठन किया। इन्होंने 'रामचरितमानस का पाठ' करके किसानों में गर्व की भावना विकसित की।
- मदारी पासी के नेतृत्व में एका आंदोलन की शुरुआत उत्तर प्रदेश के बहराइच, हरदोई, सीतापुर जिले के किसानों ने लगान में वृद्धि एवं उपज के रूप में लगान वसूली के विरोध को लेकर किया था। सहदेव ने इस आंदोलन में अपनी महत्त्वपूर्ण सक्रिय भूमिका निभाई।
- हिन्दुस्तान रिपब्लिकन एसोसिएशन की स्थापना अक्टूबर, 1924 में कानपुर में हुई थी। रामप्रसाद बिस्मिल, जोगेश्वरचन्द्र चटर्जी और सचिन सान्याल ने इसका नेतृत्व किया। चन्द्रशेखर आजाद ने वर्ष 1928 ई. में दिल्ली के फिरोजशाह कोटला मैदान में इसका नाम परिवर्तित करके हिन्दुस्तान सोशलिस्ट रिपब्लिकन एसोसिएशन कर दिया। इस संगठन का मुख्यालय आगरा बनाया गया।
- हिन्दुस्तान रिपब्लिकन एसोसिएशन के सदस्यों ने 9 अगस्त, 1925 ई. को लखनऊ के निकट काकोरी में '8 डाउन' ट्रेन को रोककर सरकारी खजाने को लूट लिया। इस घटना में मुख्य रूप से रामप्रसाद बिस्मिल, अशफाक उल्ला खाँ, राजेन्द्र लाहिड़ी को फांसी की सजा हुई। इस घटना में 40 क्रांतिकारियों को गिरफ्तार किया गया।
- चंद्रशेखर आजाद इस घटना के बाद फरार होने में सफल रहे। इलाहाबाद के अल्फ्रेड पार्क में 27 फरवरी, 1931 को पुलिस मुठभेड़ में चंद्रशेखर ने स्वयं को गोली मार ली।
- काकोरी ट्रेन एक्शन में गिरफ्तार क्रांतिकारियों का मुकदमा चंद्रभानु गुप्त नामक एक युवा वकील ने निःशुल्क लड़ा था। जो बाद में उत्तर प्रदेश के मुख्यमंत्री बने।
- साइमन कमीशन के विरोध के समय लाला लाजपत राय अंग्रेजों द्वारा लाठी बरसाई गयी। जिसमें उनकी मृत्यु हो गई। सरदार भगत सिंह, चंद्रशेखर आजाद एवं उनके अन्य साथियों ने 17 दिसंबर, 1928 ई. को जे.पी. सॉण्डर्स नामक पुलिस अधिकारी की हत्या करके इस घटना का बदला लिया।
- सरदार भगत सिंह और बटुकेश्वर दत्त ने 8 अप्रैल, 1929 ई. को केन्द्रीय मंत्रीमण्डल में बम फेंककर स्वयं की गिरफ्तारी दी। इस घटना में उनका सहयोग संयुक्त प्रांत से संबंध रखने वाले शिव शर्मा तथा जयदेव कपूर ने किया था। बाद में इन्हें सहारनपुर से गिरफ्तार किया।
- बलिया में चित्तू पाण्डे के नेतृत्व में एक अस्थायी राष्ट्रीय सरकार की स्थापना कर दी गई।

स्वाधीनता संघर्ष में उत्तर प्रदेश का योगदान

- भारतीय राष्ट्रीय कांग्रेस की स्थापना वर्ष 1885 ई. में एक सेवानिवृत्त अंग्रेज सिविल सर्वेण्ट ए.ओ. ह्यूम द्वारा की गई। पहले इसका नाम भारतीय राष्ट्रीय संघ था, बाद में नाम बदलकर भारतीय राष्ट्रीय कांग्रेस कर दिया गया।
- भारतीय राष्ट्रीय कांग्रेस का प्रथम अधिवेशन 28 दिसंबर, 1885 को बम्बई में आयोजित हुआ। जिसमें कुल 72 प्रतिनिधियों ने भाग लिया। इस अधिवेशन में उत्तर प्रदेश का प्रतिनिधित्व गंगा प्रसाद वर्मा, मुंशी ज्वाला प्रसाद, रामकली चौधरी, बाबू जमुनादास, बाबू शिव प्रसाद, जानकीनाथ घोषाल तथा लाला बैजनाथ ने किया।

प्रदेश में भारतीय राष्ट्रीय कांग्रेस के प्रमुख अधिवेशन

वर्ष	स्थान	अध्यक्ष
1888 ई.	इलाहाबाद (प्रयागराज)	जॉर्ज यूले (पहला अंग्रेज)
1892 ई.	इलाहाबाद (प्रयागराज)	डब्ल्यू. सी. बनर्जी
1899 ई.	लखनऊ	रोमेश चन्द्र दत्त
1905 ई.	बनारस (वाराणसी)	गोपाल कृष्ण गोखले
1910 ई.	इलाहाबाद (प्रयागराज)	सर विलियम वेडरबर्न
1916 ई.	लखनऊ	अम्बिका चरण मजूमदार
1925 ई.	कानपुर	श्रीमती सरोजिनी नायडू
1936 ई.	लखनऊ	पं. जवाहर लाल नेहरू
1946 ई.	मेरठ	आचार्य जे.बी. कृपलानी

- गांधी जी दक्षिण अफ्रीका से 9 जनवरी, 1915 को भारत लौटे थे। स्थानीय परिस्थितियों को समझने के लिए उन्होंने एक वर्ष तक भारत के विभिन्न स्थानों का भ्रमण किया।
- गांधी जी ने कांग्रेस के 1916 के 31वें अधिवेशन में लखनऊ में भाग लिया। यहीं पर चम्पारण के किसान राजकुमार शुक्ल ने उनसे मुलाकात की और चम्पारण में नील की खेती करने वाले

किसानों का अंग्रेजों द्वारा तिनकठिया पद्धति से किये जा रहे शोषण से अवगत कराकर उन्हें चम्पारण आने का आग्रह किया।

- इसके बाद गांधी जी ने भारत में सत्याग्रह का अपना पहला प्रयोग 1917 ई. में बिहार के चम्पारण जिले में किया।
- अक्टूबर, 1920 में उत्तर प्रदेश कांग्रेस का प्रान्तीय सम्मेलन मुरादाबाद में आयोजित हुआ। इस सम्मेलन की अध्यक्षता डॉ. भगवान दास ने की। सम्मेलन में गांधी, मालवीय, मोतीलाल, जवाहरलाल, श्रद्धानंद, हकीम अजमल खाँ, मौलाना शौकत अली, मौलाना मुहम्मद अली आदि ने भाग लिया। इस सम्मेलन में गांधी के असहयोग आंदोलन का प्रस्ताव को स्वीकार कर लिया।
- गांधी जी ने 12 फरवरी 1922 को बारदोली में कांग्रेस कार्यसमिति की बैठक बुलाकर असहयोग आंदोलन स्थगित कर दिया।

विविध

- द्वितीय गोलमेज सम्मेलन के बाद महात्मा गाँधी ने सविनय अवज्ञा आंदोलन की शुरूआत की।
- वर्ष 1937 में कांग्रेस ने संयुक्त प्रांत में अपनी सरकार बनाई।
- 2 सितंबर, 1946 को जवाहर लाल नेहरू के नेतृत्व में अन्तरिम सरकार गठित हुई।
- 15 अगस्त 1947 को भारत आजाद हो गया।

परीक्षोपयोगी महत्त्वपूर्ण प्रश्न

1. 1857 में बरेली, उत्तर प्रदेश में क्रांति का नेता कौन था?

UPPCS Pre. 2023

(a) नाना साहब (b) खान बहादुर खान
(c) हजरत महल (d) कुँवर सिंह

2. इखलास खान को रोजा (मकबरा) उत्तर प्रदेश के निम्नलिखित किस जिले में स्थित है?

Lower Exam - 30/09/2019

(a) मेरठ (b) सहारनपुर
(c) झाँसी (d) बदायूँ

3. निम्नलिखित में से कौन एक (1857 के विद्रोह का स्थान-विद्रोह का आरंभ) सही सुमेलित नहीं है?

UPPCS Pre. 2023

(a) लखनऊ-4 जून, 1857 (b) झांसी-11 मई, 1857
(c) मेरठ-10 मई, 1857 (d) बैरकपुर-29 मार्च, 1857

4. किस मुगल शासक ने बनारस के संस्कृत और हिंदी के महान विद्वान कविन्द्र आचार्य सरस्वती को राजकीय संरक्षण प्रदान किया था?

UPPCS Pre. 2022

(a) हुमायूं (b) जहाँगीर
(c) अकबर (d) शाहजहाँ

5. हड़प्पा सभ्यता का स्थल माण्डी, भारत के किस राज्य में स्थित है?

UPPCS Pre. 2021

(a) गुजरात (b) हरियाणा
(c) राजस्थान (d) उत्तर प्रदेश

6. काकोरी षड्यंत्र केस में, प्रधान आरोपी पंडित राम प्रसाद बिस्मिल को उत्तर प्रदेश के किस शहर में फांसी दी गई थी?

UP RO/ARO 2021

(a) कानपुर (b) गोरखपुर
(c) वाराणसी (d) लखनऊ

7. अंग्रेजों के विरूद्ध 'बनारस विद्रोह' का नेतृत्व किसने किया था?

UP RO/ARO 2021

(a) शुजाउद्दौला (b) आसफउद्दौला
(c) राजा चेत सिंह (d) राजा महीप नारायण सिंह

8. निम्नलिखित में से किस वर्ष वर्तमान उत्तर प्रदेश का प्रायः सम्पूर्ण क्षेत्र बंगाल प्रेसीडेंसी से अलग करके आगरा प्रेसीडेंसी के अधीन कर दिया गया?

UP RO/ARO 2021

(a) 1832 ई. (b) 1833 ई.
(c) 1834 ई. (d) 1835 ई.

9. वर्तमान उत्तर प्रदेश में भारत के प्राचीनतम सोलह महाजनपद में से कुल कितने महाजनपद स्थित थे?

UP RO/ARO 2021

(a) 06 (b) 07
(c) 08 (d) 09

10. उत्तर प्रदेश के विभिन्न स्थानों में आयोजित भारतीय राष्ट्रीय कांग्रेस के अधिवेशन के संदर्भ में, सूची-I को सूची-II से सुमेलित कीजिए एवं नीचे दिए कूट का प्रयोग करके सही उत्तर का चयन कीजिए-

UP RO/ARO 2021

सूची-I (स्थान)	सूची-II (वर्ष)
A. मेरठ	1. 1916
B. कानपुर	2. 1905
C. लखनऊ	3. 1946
D. बनारस	4. 1925

कूट:

	A	B	C	D
(a)	1	4	3	2
(b)	3	1	2	4
(c)	3	4	1	2
(d)	2	3	4	1

11. निम्नलिखित में से किस वर्ष प्रयागराज (उत्तर प्रदेश) के किले पर अंग्रेजों का अधिकार स्थापित हुआ?
UP RO/ARO 2021
(a) 1790 ई. (b) 1792 ई.
(c) 1796 ई. (d) 1797 ई.

12. स्वतंत्र भारत के उत्तर प्रदेश (विगत काल के संयुक्त प्रांत) के पहले गवर्नर कौन थे?
AHC RO/ARO 2020
(a) फ्रांसिस वर्नर विली
(b) सरोजिनी नायडू
(c) न्यायाधीश श्री बी.बी. मलिक
(d) एच.पी. मोदी

13. मौर्यकाल में 'एग्रोनोमई' अधिकारी निम्नलिखित में से किस क्षेत्र से संबंधित थे?
UPPCS Pre. 2020
(a) माप और तौल (b) प्रशासन प्रबंधन
(c) मार्ग निर्माण (d) राजस्व प्रबंधन

14. निम्नलिखित में से किस वंश के शासकों को पुराणों में 'श्रीपर्वतीय' कहा गया है?
UPPCS Pre. 2020
(a) वाकाटक (b) इक्ष्वाकु
(c) शक (d) खारवेल

15. हठ योग के संदर्भ में निम्नलिखित में से कौन-सा कथन सही है?
1. हठ योग नागपंथियों द्वारा अपनाया जाता था।
2. हठ योग क्रिया को सूफी संतों ने भी अपनाया था।
नीचे दिए कूटों में से सही उत्तर का चयन कीजिए-
UPPCS Pre. 2019
कूट:
(a) केवल 1 (b) केवल 2
(c) 1 और 2 दोनों (d) न तो, 1 न ही 2

16. सूची-I को सूची-II से सुमेलित कीजिए तथा सूचियों के नीचे दिए कूट से सही उत्तर चुनिए-
UPPCS Pre. 2020

सूची-I	सूची-II
A. सिंधु घाटी सभ्यता	1. चारागाह
B. उत्तर वैदिक काल	2. जमींदारी
C. ऋग्वैदिक समाज	3. कृषक
D. मध्यकाल	4. नगरीय

कूट:

	A	B	C	D
(a)	4	2	3	1
(b)	2	1	4	3
(c)	3	4	1	2
(d)	4	3	1	2

17. एक ही कब्र में तीन मानव कंकाल कहाँ निकले हैं?
UPPCS Pre. 2016
(a) सराय नाहर राय से (b) दमदमा से
(c) माहादहा से (d) लंघनाज से

18. प्रथम गुप्त शासक जिसने 'परम भागवत' की उपाधि धारण की थी, वह था-
UPPCS Pre. 2010, 2015
(a) चन्द्रगुप्त प्रथम (b) समुद्रगुप्त
(c) चन्द्रगुप्त द्वितीय (d) श्रीगुप्त

19. पहला गुप्त शासक जिसने सिक्के जारी किए थे?
UPPCS Pre. 2011
(a) श्रीगुप्त था (b) चन्द्रगुप्त प्रथम था
(c) समुद्र गुप्त था (d) चन्द्रगुप्त द्वितीय था

20. किसके सिक्कों पर बुद्ध का अंकन हुआ है?
UPPCS Pre. 2010
(a) विम कडफिसस (b) कनिष्क
(c) नहपाण (d) बुधगुप्त

21. हर्ष ने अपनी राजधानी थानेश्वर से कहाँ स्थानांतरित की?
UPPCS Pre. 1992
(a) प्रयाग (b) दिल्ली
(c) कन्नौज (d) राजगृह

22. पुष्यमित्र शुंग द्वारा दो अश्वमेध यज्ञ किए जाने के बारे में जानकारी किस लेख से मिलती है?
UPPCS Pre. 2018
(a) सारनाथ लेख (b) बेस नगर लेख
(c) अयोध्या लेख (d) हाथीगुम्फा लेख

23. निम्नलिखित में कौन 'त्रिकोणात्मक संघर्ष' का हिस्सा नहीं था?
UPPCS Pre. 2015
(a) प्रतिहार (b) पाल
(c) राष्ट्रकूट (d) चोल

24. निम्नलिखित में विक्रमशिला विश्वविद्यालय के संस्थापक थे-
UPPCS Pre. 2015, 2016
(a) गोपाल (b) धर्मपाल
(c) देवपाल (d) महिपाल

25. उच्च पुरापाषाण युगीन हड्डी की बनी मातृदेवी की प्रतिमा कहाँ से प्राप्त हुई है?
UPPCS Pre. 2004
(a) उत्तर प्रदेश में बेलन घाटी से
(b) मध्य प्रदेश में सोन घाटी से
(c) मध्य प्रदेश में नर्मदा घाटी से
(d) महाराष्ट्र में गोदावरी घाटी से

26. दिल्ली का प्रथम मुस्लिम शासक कौन था?

UPPCS Pre. 2002

(a) कुतुबुद्दीन ऐबक (b) इल्तुतमिश
(c) रज़िया (d) बलबन

27. निम्नलिखित में से किसने भारत में प्रसिद्ध फारसी त्यौहार 'नौरोज' को आरंभ करवाया?

IAS Pre. 1993

(a) बलबन (b) इल्तुतमिश
(c) फिरोज तुगलक (d) अलाउद्दीन खिलजी

28. मंगोल आक्रमणकारी चंगेज खाँ भारत की उत्तर-पश्चिम सीमा पर निम्न में से किसके काल में आया था?

UPPCS Pre. 1993

(a) अलाउद्दीन खिलजी (b) इल्तुतमिश
(c) बलबन (d) कुतुबुद्दीन ऐबक

29. दिल्ली के किस सुल्तान के विषय में कहा गया है कि उसने "रक्त और लौह" की नीति अपनाई थी?

UPPCS Mains 2009

(a) इल्तुतमिश
(b) बलबन
(c) जलालुद्दीन फिरोज खिलजी
(d) फिरोजशाह तुगलक

30. टोपरा तथा मेरठ से दो अशोक स्तंभ लेख दिल्ली कौन लाया?

UPPCS Pre. 1996

(a) अलाउद्दीन खिलजी (b) मुहम्मद गोरी
(c) फिरोजशाह तुगलक (d) सिकंदर लोदी

31. "कोई व्यक्ति किसी व्यक्ति से उसका धर्म संप्रदाय या जाति न पूछे।" यह कथन किसका है?

UPPCS Pre. 2009

(a) कबीर का (b) रामानंद का
(c) रामानुज का (d) चैतन्य का

32. निम्नलिखित में से किस सुलतान ने एक नगर बसाया जहाँ अब आगरा है?

UPPCS Pre. 1993

(a) मुहम्मद बिन तुगलक (b) फिरोज तुगलक
(c) बहलोल लोदी (d) सिकंदर लोदी

33. अकबर कालीन सैन्य व्यवस्था आधारित थी–

UPPCS Pre. 1992

(a) मनसबदारी (b) जमींदारी
(c) सामंतवादी (d) आइन-ए-दहशाला

34. निम्नलिखित में से किस युद्ध में एक पक्ष द्वारा प्रथम बार तोपों का उपयोग किया गया था?

UPPCS Pre. 1996

(a) प्लासी का युद्ध (b) खानवा युद्ध
(c) पानीपत का प्रथम युद्ध (d) पानीपत का तीसरा युद्ध

35. अकबर द्वारा अपनाई गई 'सुलह-ए-कुल' की अवधारणा निम्नांकित में से किस पर आधारित थी?

UPPCS Pre. 1998

(a) राजनीतिक उदारता
(b) धार्मिक सहनशीलता
(c) उदारवादी सांस्कृतिक दृष्टिकोण
(d) उपरोक्त सभी

36. निम्न में से कौन इलाहाबाद में 1857 के संग्राम का नेता था?

UPPCS Mains 2015

(a) नाना साहेब (b) अजीमुल्ला
(c) तात्या टोपे (d) मौलवी लियाकत अली

37. ईस्ट इंडिया कंपनी ने जहांगीर के दरबार में पहले निम्न में से किसे भेजा था?

UPPCS Pre. 1993

(a) सर थॉमस रो (b) वास्कोडिगामा
(c) हॉकिंस (d) जॉब चार्नाक

38. हिंदुस्तान रिपब्लिकन एसोसिएशन संगठन की स्थापना की गई थी–

UPUA/LDA Mains 2014

(a) इलाहाबाद में (b) कानपुर में
(c) लखनऊ में (d) नई दिल्ली में

39. लखनऊ में 1857 के स्वतंत्रता संग्राम का नेतृत्व किसने किया?

UPPCS Pre. 2015

(a) जीनत महल (b) नाना साहेब
(c) बेगम हजरत महल (d) तात्या टोपे

40. देवबंद आंदोलन, उत्तर प्रदेश (संयुक्त प्रांत) में कब आरंभ हुआ?

UPPCS Pre. 2016

(a) 1900 ई. (b) 1888 ई.
(c) 1885 ई. (d) 1866 ई.

41. वह कौन-सी जगह थी, जहाँ अखिल भारतीय किसान सभा का पहला अधिवेशन हुआ था?

UPPCS Pre. 2008

(a) इलाहाबाद (b) कलकत्ता
(c) लखनऊ (d) पटना

42. चन्द्रशेखर आजाद की मृत्यु कहाँ हुई?

UPPCS Pre. 2009

(a) कानपुर (b) लखनऊ
(c) इलाहाबाद (d) सहारनपुर

43. निम्नलिखित में से सिंधु सभ्यता से संबंधित कौन-से केन्द्र उत्तर प्रदेश में स्थित हैं?

UP RO/ARO 2018

1. कालीबंगा 2. लोथल
3. आलमगीरपुर 4. हुलास

कूटः

(a) 1, 2, 3 एवं 4 (b) 1 और 2
(c) 2 और 3 (d) 3 और 4

44. 1857 की क्रांति का प्रमुख कारण क्या था?

UPPCS Pre. 1900

(a) जन आक्रोश
(b) सैनिक असंतोष
(c) ईसाई मिशनरी का प्रबंध
(d) ब्रिटिश साम्राज्य की नीति

45. 1857 की क्रांति सर्वप्रथम कहाँ से प्रारंभ हुई?

UPPCS Pre. 1994

(a) लखनऊ (b) झाँसी
(c) मेरठ (d) कानपुर

46. रानी लक्ष्मीबाई को अंतिम युद्ध में सामना करना पड़ा-

(a) ह्यूरोज (b) गफ
(c) नील (d) हैवलॉक

47. 1857 के बरेली विद्रोह का नेता कौन था?

UPPCS Pre. 1998

(a) खान बहादुर (b) कुंवर सिंह
(c) मौलाना अहमदशाह (d) विरजिस कादिर

48. 1857 के स्वाधीनता संघर्ष की वीरांगना महारानी लक्ष्मीबाई की जन्मस्थली है-

UPPCS (Spl) Pre. 2008

(a) आगरा (b) झांसी
(c) वाराणसी (d) वृन्दावन

49. नाना साहब का "कमांडर-इन-चीफ" कौन था?

UP Lower Sub. Pre. 2008

(a) अजीम उल्लाह (b) विरजिस कादिर
(c) तात्या टोपे (d) उक्त में से कोई नहीं

50. 1857 के संघर्ष में भाग लेने वाले सिपाहियों की सर्वाधिक संख्या थी-

UP Lower Sub. Pre. 2015

(a) बंगाल से (b) अवध से
(c) बिहार से (d) राजस्थान से

51. 1857 के निम्नलिखित क्रांतिकारियों में से किसका वास्तविक नाम 'रामचंद्र पांडुरंग' था?

UPPCS Pre. 2011

(a) कुंवर सिंह (b) तात्या टोपे
(c) नाना साहेब (d) मंगल पांडेय

52. 1857 का प्रथम स्वतंत्रता संग्राम असफल हुआ क्योंकि-

UP Lower Sub. Pre. 1998

(a) भारतीय सिपाहियों में उद्देश्य की एकता की कमी थी।
(b) प्रायः भारतीय राजाओं ने ब्रिटिश सरकार का साथ दिया।
(c) ब्रिटिश सिपाही कहीं अच्छे सज्जित तथा संगठित थे।
(d) उपर्युक्त सभी

53. 1857 के विद्रोह से निम्नांकित में कौन संबद्ध नहीं था?

UPPCS Pre. 1996

(a) बेगम हजरत महल (b) कुंवर सिंह
(c) ऊधम सिंह (d) मौलवी अहमदुल्लाह

54. भारत में शिक्षित मध्यवर्ग ने-

UPPCS Pre. 1998

(a) 1857 के विद्रोह का विरोध किया था।
(b) 1857 के विद्रोह का समर्थन किया था।
(c) 1857 के विद्रोह से तटस्थता बनाए रखी थी।
(d) देशी शासकों के विरुद्ध युद्ध किया था।

55. भारतीय स्वाधीनता आंदोलन का सरकारी इतिहासकार था-

UPPCS Pre. 2010

(a) आर.सी. मजुमदार (b) ताराचंद्र
(c) वी.डी. सावरकर (d) एस.एन. सेन

56. अपनी फांसी से पूर्व निम्नलिखित क्रांतिकारियों में से किस एक ने पीने हेतु दिए गए दूध को अस्वीकार कर दिया था और कहा, "अब मैं केवल अपनी मां का दूध लूंगा।"?

UPPCS Pre. 2014

(a) राजगुरू (b) अशफाक उल्लाह
(c) रामप्रसाद बिस्मिल (d) भगत सिंह

57. 1924 में संयुक्त प्रांत (वर्तमान उत्तर प्रदेश) के किस शहर में सम्पूर्ण भारत से क्रांतिकारियों की बैठक बुलाई गई थी?

UPPCS (J) 2022 (12/02/2023)

(a) बरेली (b) लखनऊ
(c) मेरठ (d) कानपुर

58. उत्तर प्रदेश के किस नगर में सर्वप्रथम भारतीय राष्ट्रीय कांग्रेस का वार्षिक अधिवेशन हुआ था?

UPPCS Mines Inspector-2022

(a) लखनऊ (b) वाराणसी
(c) मेरठ (d) इलाहाबाद

59. उत्तर प्रदेश में वैष्णववाद के सनकादि सम्प्रदाय का संस्थापक कौन था?

UPPCS Mines Inspector-2022

(a) निम्बार्क (b) रामानुज
(c) विष्णुस्वामी (d) माधवाचार्य

60. किस फ्रांसीसी यात्री ने काशी को 'भारत का एथेन्स' कहा था?

UPPCS AE Paper-II 2021
UPPCS AE 2021

(a) थेवेनाट (b) मनूची
(c) टैवर्नियर (d) बर्नियर

61. चंदावर के युद्ध (1194 ई.) में राजा जयचंद मुहम्मद गोरी से पराजित हुआ। चंदावर की वर्तमान में भौगोलिक स्थिति है

UPPCS (J) 2022 (12/02/2023)

(a) उ.प्र. के इटावा जनपद में यमुना नदी के तट पर
(b) वाराणसी, उ.प्र. में गंगा नदी के तट पर
(c) कन्नौज, उ.प्र. में यमुना नदी के तट पर
(d) प्रयागराज जनपद में यमुना नदी के तट पर

62. निम्नलिखित में से कौन-सा सिन्धु घाटी सभ्यता का स्थल उत्तर प्रदेश में स्थित है?

UPPCS Husbandary Medical Officer 2021

(a) रोपड़ (b) मांडा
(c) बनवाली (d) हुलास

63. निम्नलिखित में से कौन-सा एक क्रान्तिकारी "काकोरी ट्रेन काण्ड" से सम्बन्धित नहीं था?

UPPCS Polytechnic Lect. 2021

(a) राजेन्द्र लाहिडी (b) अशफाकउल्ला खाँ
(c) खुदीराम बोस (d) रोशन सिंह

64. वर्तमान उत्तर प्रदेश में भारत के प्राचीनतम् सोलह महाजनपद में से कुल कितने महाजनपद स्थित थे?

UPPCS RO/ARO Pre 2021

(a) 06 (b) 07
(c) 08 (d) 09

65. नवाब शुजाउद्दौला की बेगम का प्रसिद्ध मकबरा, 'बहू-बेगम का मकबरा' निम्नलिखित में से किस स्थान पर अवस्थित है?

UPPCS RO/ARO Mains 2016

(a) आजमगढ़ (b) लखनऊ
(c) प्रयागराज (d) फैजाबाद

66. हड़प्पा सभ्यता का स्थल माण्डी, भारत के किस राज्य में स्थित है?

UPPCS (Pre) 2021

(a) गुजरात (b) हरियाण
(c) राजस्थान (d) उत्तर प्रदेश

67. निम्नलिखित में से कौन हड़प्पीय पुरास्थल उत्तर प्रदेश में स्थित नहीं है?

UPPCS GIC Lecturer 2021

(a) हुलास (b) देसलपुर
(c) आलमगीरपुर (d) माण्डी

68. कन्नौज पर महमूद गजनवी के आक्रमण के समय वहाँ का शासक था?

UPPCS GIC Lecturer 2021

(a) राज्यपाल (b) आनंदपाल
(c) विद्याधर (d) त्रिलोचनपाल

69. उ.प्र. में स्वाधीनता आंदोलन के समय ही एक अन्य 'एका' बृहद जनआंदोलन प्रारम्भ हुआ जिसका नेतृत्व किया था।

UPPCS ACF/RFO (Mains) 2018

(a) सी.बी. गुप्ता (b) सी. राजगोपालचारी
(c) हसरत मोहनी (d) मदारी पासी

70. 'अखिल भारतीय किसान सभा' की स्थापना हुई थी:

UPPCS ACF (Pre) 2017

(a) बाराबंकी (1918 ई.) में (b) प्रयागराज (1928 ई.) में
(c) लखनऊ (1936 ई.) में (d) पटना (1937 ई.) में

71. अवध राज्य का ब्रिटिश साम्राज्य में विलय हुआ था–

UPPCS Food Safety Inspector Exam. 2013

(a) 1856 ई. में (b) 1855 ई. में
(c) 1854 ई. में (d) 1853 ई. में

72. परमहंस योगानंद गिरि, जिन्होंने पश्चिम को योग के ज्ञान से परिचित किया, का जन्म .... में हुआ था।

UPSSSC Homeo. Pharmacist 24/10/2019

(a) प्रयागराज (इलाहाबाद) (b) वाराणसी
(c) गोरखपुर (d) कुशीनगर

73. सूची I को सूची II से सुमेलित कीजिए तथा नीचे दिए गए कूट से सही उत्तर चुनिए –

UPPCS (Mains) G.S. 2010

सूची-I (स्थान)	सूची-II (स्मारक/भग्नावशेष)
(A) कौशाम्बी	1. धमेक स्तूप
(B) कुशीनगर	2. घोसिताराम मठ
(C) सारनाथ	3. रामाभर स्तूप
(D) श्रावस्ती	4. सहेत महेत

	A	B	C	D
(a)	2	1	3	4
(b)	4	3	2	1
(c)	2	3	1	4
(d)	4	2	1	3

74. उत्तर प्रदेश का प्राचीनतम जीवन्त नगर है:

UPPCS Helalth Inspector 2013

(a) अयोध्या (b) कन्नौज
(c) इलाहाबाद (d) वाराणसी

75. गुप्तकाल में टेराकोटा (पक्की मिट्‌टी) ईंटो से बना भीतरगाँव मंदिर उत्तर प्रदेश के ....

UPP Constable, 18/06/2018

(a) चित्रकूट (b) कानपुर
(c) गोरखपुर (d) वाराणसी

76. वाराणसी के विश्वनाथ मंदिर का निर्माण .... द्वारा किया गया।

UPP Constable, 18/06/2018

(a) रानी अहिल्याबाई (b) हरीशचंद्र
(c) रानो जी सिंधिया (d) मोरोपंत पिंगल

77. महर्षि वाल्मीकि का आश्रम ब्रह्मवर्त में स्थित था जो वर्तमान में उत्तर प्रदेश के .... में है?

UPP Constable, 18/06/2018

(a) बिठूर (b) सीतापुर
(c) वाराणसी (d) इलाहाबाद

78. आगरा की मोती मस्जिद का निर्माण .... द्वारा करवाया गया।

UPP Constable, 18/06/2018

(a) अकबर (b) शाहजहाँ
(c) औरंगजेब (d) दारा शिकोह

79. निम्नलिखित में से किसे शेर-ए-बलिया के नाम से जाना जाता था?

Lower Exam - 30/09/2019

(a) भगत सिंह (b) चन्द्रशेखर आजाद
(c) चित्तू पांडे (d) मंगल पांडे

80. नृसिंह की सबसे ऊंची शैलोत्कीर्ण प्रतिमा कहाँ पाई गई है?

UPPCS (J) 2018

(a) चाँदपुर (b) दुधई
(c) देवगढ़ (d) चन्देरी

81. अवध की रियासत से उस प्रसिद्ध योद्धा बेगम का नाम क्या है जिन्होंने 1857 के विद्रोह में अंग्रेजों के साथ होने वाली लड़ाई में भाग लिया था?

Lower Exam - 01/10/2019

(a) बेगम हजरत महल (b) बेगम रजिया सुल्तान
(c) बेगम जहाँआरा (d) बेगम मेहरुन्निसा

82. 'घोषिताराम' जहाँ बुद्ध कुछ समय के लिए रूके थे, स्थित था-

UPPCS (J) 2006

(a) राजगृह में (b) चम्पा में
(c) श्रावस्ती में (d) कौशाम्बी में

83. भव्य जैन स्तूप के अवशेष को कंकाली टीला के पास खोद कर निकाला गया है,

Lower-II (Re-exam) (28/07/2019)

(a) वाराणसी (b) देवरिया
(c) मथुरा (d) कौशाम्बी

84. प्रसिद्ध सूफी संत शेख सलीम चिश्ती की दरगाह उत्तर प्रदेश के .... में स्थित है।

UPP Constable, 18/06/2018

(a) जौनपुर (b) कन्नौज
(c) फतेहपुर सीकरी (d) बाराबंकी

85. छठी सदी ई.पू. के दौरान उत्तर प्रदेश के किन क्षेत्रों को 'चेदी' कहा जाता था-

UPP Constable, 19/06/2018

(a) बुंदेलखण्ड (b) अवध
(c) अंग (d) अवंती

86. राजा हर्षवर्धन ने .... में, भद्र-विहार' नामक ज्ञान के एक बृहत केंद्र की स्थापना की थी-

UPP Constable, 19/06/2018

(a) मथुरा (b) काशी
(c) कन्नौज (d) हरिद्वार

87. अशोक स्तम्भ में उत्कीर्ण किए हुए शेर का मुख, जिसे भारत सरकार द्वारा राष्ट्रीय प्रतीक के रूप में अपनया गया है, ... के संग्रहालय में संरक्षित है।

UPP Constable, 25/10/2018

(a) कुशी नगर (b) सारनाथ
(c) कन्नौज (d) लुम्बिनी

88. चंदेल शासन के दौरान उत्तर प्रदेश को निम्नलिखित में से कौन-सा क्षेत्र जेजाक-भुक्ति या जयहोटी के नाम से जाना जाता था?

UPP Constable, 25/10/2018

(a) अवध (b) बुंदेलखण्ड
(c) काशी (d) दो-आब

89. आगरा और अवध के संयुक्त प्रांत, जिन्हे अब उत्तर प्रदेश के नाम से जाना जाता है, ने वर्ष 1921 में अपनी राजधानी को .... से लखनऊ में स्थानांतरित किया था।

UPP Constable, 26/10/2018

(a) आगरा (b) देहरादून
(c) इलाहाबाद (d) कानपुर

90. गौतम बुद्ध की मां देवदह राज्य के शासक परिवार से थी जो अब उत्तर प्रदेश के .... जिले में है।

UPP Constable, 26/10/2018

(a) देवरिया (b) गोरखपुर
(c) बस्ती (d) गोंडा

91. भेड़ कुंड, जहाँ अर्जुन ने द्रौपदी से शादी करने के लिए मछली को निशाना बनाया था, उत्तर प्रदेश के .... में है।

UPP Constable, 26/10/2018

(a) इटावा (b) फिरोजाबाद
(c) फर्रुखाबाद (d) बाराबंकी

92. सूफी कवि अमीर खुसरों का जन्म उत्तर के .... जिले में हुआ था।

UPP Constable, 26/10/2018

(a) बुलंदशहर (b) अलीगढ़
(c) एटा (d) फैजाबाद

93. उत्तर प्रदेश के वर्तमान मुख्यमंत्री योगी आदित्यनाथ .... संप्रदाय से संबंधित है।

UPP Constable, 26/10/2018

(a) नागा (b) नाथ
(c) कालमुख (d) माधव

94. बहू बेगम का मकबरा उत्तर प्रदेश के .... में स्थित है।

UPP Constable, 26/10/2018

(a) लखनऊ (b) आगरा
(c) फतेहपुर सीकरी (d) फैजाबाद

95. उत्तर प्रदेश के निम्नलिखित में से किस जिले को 'नवाबो का शहर' भी कहा जाता है?

UPSI 20/11/2021

(a) इलाहाबाद (b) लखनऊ
(c) झांसी (d) आगरा

96. उत्तर प्रदेश में किस धर्म के अनुयायी सबसे कम है?

व्यायाम प्रशिक्षक - 16/09/2018

(a) इस्लाम धर्म (b) हिंदू धर्म
(c) पारसी धर्म (d) बुद्ध धर्म

97. अवध राज्य (जिसे औध भी कहा जाता है) पर 1722 से 1856 तक मुस्लिम शासकों का शासन था। अवध पर शासन करते समय शासकों ने निम्नलिखित में से कौन-सी उपाधि अपनाई थी?

Lower Exam - 30/09/2019

(a) सुल्तान (b) बादशाह
(c) नवाब (d) साहिब

98. उत्तर प्रदेश वु किस शहर ऐतिहासिक स्मारक जैसे बड़ा इमामबाड़ा ओर छोटा इमामबाड़ा स्थित है?

UPSSSC Mandi Parishad 22/05/2022

(a) वाराणसी (b) लखनऊ
(c) कानपुर (d) अलीगढ़

99. रामायण के रचयिता वाल्मीकि का आश्रम निम्नलिखित में से कहाँ स्थित था?

Cane Supervisor (31/08/2019)

(a) आर्यावर्त (b) ब्रह्मवर्त
(c) श्रावण (d) पडरौना

उत्तरमाला

1.	(b)	2.	(d)	3.	(d)	4.	(d)	5.	(d)	6.	(b)	7.	(c)	8.	(c)	9.	(c)	10.	(c)
11.	(d)	12.	(b)	13.	(c)	14.	(b)	15.	(c)	16.	(d)	17.	(b)	18.	(c)	19.	(b)	20.	(b)
21.	(c)	22.	(c)	23.	(d)	24.	(b)	25.	(a)	26.	(a)	27.	(a)	28.	(b)	29.	(b)	30.	(c)
31.	(b)	32.	(d)	33.	(a)	34.	(c)	35.	(d)	36.	(d)	37.	(c)	38.	(b)	39.	(c)	40.	(d)
41.	(c)	42.	(c)	43.	(d)	44.	(d)	45.	(c)	46.	(a)	47.	(a)	48.	(c)	49.	(c)	50.	(b)
51.	(b)	52.	(d)	53.	(c)	54.	(c)	55.	(d)	56.	(c)	57.	(d)	58.	(d)	59.	(a)	60.	(d)
61.	(a)	62.	(d)	63.	(c)	64.	(c)	65.	(d)	66.	(d)	67.	(b)	68.	(a)	69.	(d)	70.	(c)
71.	(a)	72.	(c)	73.	(c)	74.	(d)	75.	(b)	76.	(a)	77.	(a)	78.	(b)	79.	(c)	80.	(b)
81.	(a)	82.	(d)	83.	(c)	84.	(c)	85.	(a)	86.	(c)	87.	(b)	88.	(b)	89.	(c)	90.	(c)
91.	(c)	92.	(c)	93.	(b)	94.	(d)	95.	(b)	96.	(c)	97.	(c)	98.	(b)	99.	(b)		

अध्याय 12 उत्तर प्रदेशः कला एवं संस्कृति

- उत्तर प्रदेश में संस्कृति विभाग की स्थापना वर्ष 1957 में हुई तथा जिला स्तर पर गतिविधियों के संचालन के लिए वर्ष 1996 में क्षेत्रीय सांस्कृतिक केन्द्रों की स्थापना की गई
- संगीत की बाइबिल - भरत मुनि का नाट्यशास्त्र
- अष्टछाप के आठ कवियों में चार बल्लभ (सूरदास, परमानन्द दास, कुम्भनदास तथा कृष्णदास) तथा चार विट्ठलनाथ (नन्ददास, चतुर्भुजदास, गोविन्दस्वामी तथा छीतस्वामी) के शिष्य थे।
- अमीर खुसरों ने सितार एवं तबले का आविष्कार किया। ख्याल गायन शैली अमीर खुसरों द्वारा विकसित की गई।

उत्तर प्रदेश में प्रमुख सांस्कृतिक संस्थान

भातखंडे संगीत संस्थान

- पं. विष्णु नारायण के प्रयासों से 15 जुलाई 1926 को मैरिस कॉलिज ऑफ हिन्दुस्तानी म्युजिक की नींव पड़ी।
- वर्ष 1960 में भातखंडे की जन्म शताब्दी के उपलक्ष्य में इसका नाम बदलकर भातखंडे हिन्दुस्तानी संगीत महाविद्यालय रखा।
- 26 मार्च 1966 को संस्कृति विभाग ने इसके संचालन को अपने अधीन ले लिया।
- 24 अक्टूबर 2000 को इसे महाविद्यालय का दर्जा दिया गया।

उत्तर प्रदेश राज्य ललित कला अकादमी:

- उत्तर प्रदेश ललित कला अकादमी की स्थापना 8 फरवरी 1962 को हुई।
- यह अकादमी संस्कृति विभाग के अधीनस्थ कार्य करती है।
- इसके द्वारा कला प्रदर्शनियों, प्रतियोगिताओं व व्याख्यानों आदि का आयोजन किया जाता है।

कला एवं शिल्प महाविद्यालय:

- कला एवं शिल्प महाविद्यालय की स्थापना वर्ष 1911 में लखनऊ में हुई।

उत्तर प्रदेश की स्थापत्य कला:

- उत्तर प्रदेश में स्थापत्य कला के प्राचीनतम अवशेष मौर्य काल से संबंधित है।
- उत्खनन से प्राप्त साक्ष्यों एवं मेगस्थनीज की पुस्तक इंडिका से ज्ञात होता है कि भवन निर्माण हेतु ईंट पत्थर की जगह काष्ठ का प्रयोग होता था।
- स्थापत्य कला का उत्कृष्ट नमूना मौर्यकालीन सारनाथ का **सिंह स्तंभ** है। इसे एकाश्म पत्थर कला का अद्भूत नमूना माना जाता है।
- सारनाथ का सिंह स्तंभ बुद्ध के प्रथम उपदेश का स्मारक है।
- सिंहों के मस्तक पर महाधर्मचक्र स्थापित था, जिसमें 32 तीलियां थीं।

सारनाथ स्थित अशोक स्तंभ

- स्तंभ में नीचे अवांगमुखी कमल बना है, जिसके नीचे स्तंभ का शेष भाग विद्यमान है।
- स्तूप का शाब्दिक अर्थ-ढेर है।
- उत्तर प्रदेश में प्राप्त अशोक के स्तूपों में सर्वाधिक महत्त्वपूर्ण धर्मराजिका स्तूप है। इस स्तूप की ऊंचाई 39 मी. है।

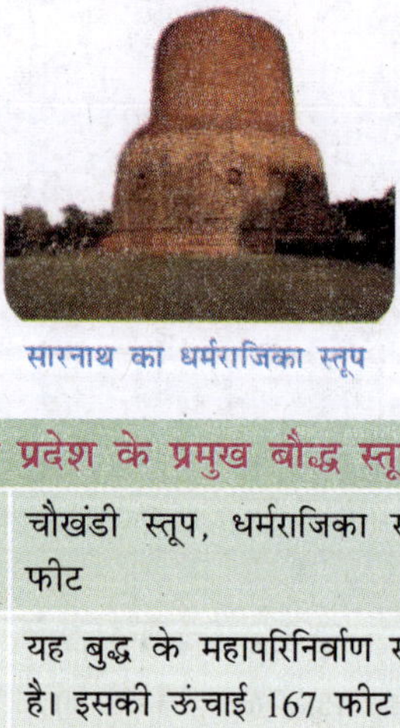

सारनाथ का धर्मराजिका स्तूप

उत्तर प्रदेश के प्रमुख बौद्ध स्तूप	
सारनाथ	चौखंडी स्तूप, धर्मराजिका स्तूप ऊंचाई-84 फीट
कुशीनगर	यह बुद्ध के महापरिनिर्वाण स्थल पर निर्मित है। इसकी ऊंचाई 167 फीट है।
श्रावस्ती	बुद्ध ने यहाँ अपने जीवन के 24 वर्ष व्यतीत किए (लखनऊ के निकट)
कपिलवस्तु	इस स्तूप का निर्माण बुद्ध के अस्थि अवशेष पर हुआ था।
रामग्राम	बौद्ध मान्यता के अनुसार बुद्ध का अंतिम संस्कार यहाँ हुआ था।

मथुरा शैली

- मथुरा शैली कुषाणकाल में अपने चरमोत्कर्ष पर थी।
- बुद्ध की प्रथम मूर्ति मथुरा शैली में निर्मित है।
- मथुरा शैली में बुद्ध के अलावा जैन तीर्थंकरों, यक्ष, नाग, शिव और कार्तिकेय की भी मूर्तिंया बनाई गई है।
- मथुरा शैली की मूर्तियों में प्रायः बलुआ तथा चित्तीदार पत्थरों का प्रयोग हुआ है।
- इस शैली में बुद्ध को प्रायः राजकुमार की भांति दर्शाया गया है।
- मथुरा शैली में मूर्तियों के अतिरिक्त वैदिक स्तंभ विशिष्ट स्थान रखते हैं।

मथुरा शैली में बनी बुद्ध की मूर्ति

गुप्तकालीन स्थापत्य कलाः

- मंदिर निर्माण प्रक्रिया का आरम्भ गुप्तकाल में हुआ।
- मंदिरों में देवमूर्ति की स्थापना के लिए चौकोर या वर्गाकार कक्ष को गर्भगृह कहा जाता था।
- मंदिर निर्माण में ईंटों का प्रयोग इसी काल में हुआ।

गुप्तकालीन स्थापत्य कला द्वारा निर्मित मंदिरः

दशावतार मंदिर

देवगढ़ का दशावतार मंदिर

- गुप्तकालीन स्थापत्य में देवगढ़ के दशावतार मंदिर का महत्त्वपूर्ण स्थान है।
- उत्तर भारत का यह प्रथम मंदिर है जिसमें शिखर का निर्माण किया गया।
- पंचायतन शैली में निर्मित इस मंदिर में विष्णु को शैय्या पर लेटा हुआ दिखाया गया है।

भीतरगांव का मंदिरः

- यह कानपुर के निकट भीतरगांव में ईंटों से बना मंदिर है।

कहोम का मंदिरः

- इस मंदिर का निर्माण स्कन्दगुप्त के शासनकाल में हुआ। यहां पांच जैन तीर्थंकरों की मूर्तियों की स्थापना का उल्लेख मिलता है।

मध्यकालीन स्थापत्य एवं मूर्तिकलाः

- उत्तर प्रदेश में मध्यकालीन स्थापत्य कला की शुरुआत वर्ष 1504 ई. में सिकंदर लोदी द्वारा स्थापित आगरा नगर से हुई।
- उसने यहां कई महल, कुएं, सड़क और मस्जिद का निर्माण कराया।
- शर्की शैली की विशेषताओं में वर्गाकार स्तंभ एवं छोटी गैलरी के अतिरिक्त मीनारों का अभाव है।

शर्की शैली की प्रमुख स्थापत्य कला	
अटाला मस्जिद (अटाला देवी मंदिर को तोड़कर)	इब्राहिम शाह
झंझीरी मस्जिद	इब्राहिम शाह
लाल दरवाजा मस्जिद	मुहम्मद शाह

नोटः **ख्वाजा जहां** ने उत्तर प्रदेश के जौनपुर में अपनी स्वतंत्र **'शर्की राजवंश'** की स्थापना की।

मुगल काल

- उत्तर प्रदेश में स्थापत्य कला का वास्तविक विकास अकबर व शाहजहां के शासनकाल में हुआ।
- संगमरमर पर हीरे-जवाहरात के साथ की गई जड़ावत को पच्चीकारी अथवा पित्र-ड्यूरा कहा जाता है।
- बाबर ने वर्ष 1528 में आगरा में आरामबाग का निर्माण ज्यामितिय विधि से कराया था।
- बाबरी मस्जिद का निर्माण-मियां मीर बाकी ने कराया जहां अब भव्य राम मंदिर का निर्माण किया जा रहा है।
- आगरा के किले का निर्माण अकबर द्वारा कासिम खां के नेतृत्व में किया गया इसमें दो मुख्य द्वार है- पश्चिम में दिल्ली द्वार और पूर्व में अमर सिंह द्वार।
- इलाहाबाद किले का निर्माण अकबर ने कराया।
- अकबर के शासनकाल की सर्वोत्तम कृति फतेहपुर सीकरी (आगरा के निकट) में देखने को मिलती है।
- गुजरात विजय के बाद इस नगर को मुगल साम्राज्य की राजधानी बनाया गया।

जहाँगीर

- अकबर का मकबरा- इस मकबरे का गुम्बद विहीन होना इसकी प्रमुख विशेषता है।
- एत्मादउद्दौला का मकबरा - इसका निर्माण नूरजहाँ ने वर्ष 1626 ई. में कराया। यह मुगल काल की पूर्ण संगमरमर से बनी पहली इमारत है। इसी इमारत में पहली बार पच्चीकारी की 'पित्र-डयूरा शैली' का प्रयोग किया जाता है।

शाहजहाँ

- शाहजहाँ के शासनकाल को स्थापत्य कला का स्वर्णकाल कहा जाता है।
- वर्तमान उत्तर प्रदेश में इसके निर्माण कार्य को दो भागों में बांटा जा सकता है।
    - आगरा के किले के भीतर का निर्माण
    - किले के बाहर का निर्माण (ताजमहल)

दीवान-ए-आम:

- इसी भवन में तख्ते-ए-ताउस (मयूर सिंहासन) स्थापित था। (संगमरमर जोधपुर के मकराना से लाकर प्रयोग हुआ)।

दीवान-ए-आम

- यह यमुना नदी के तट पर स्थित है।
- तख्ते-ए-ताउस को किबला के रूप में वर्णित किया जाता था।

मुसम्मन बुर्ज

- यह छः मंजिला भवन था, जिसमें औरंगजेब बंदी बनाये जाने के बाद ताजमहल को यही से निहारता था।
- यहां बैठकर शाही परिवार की स्त्रियां पशुओं का युद्ध देखा करती थी।

जामा मस्जिद (आगरा के किले में)

- इस मस्जिद का निर्माण जहांआरा बेगम ने वर्ष 1648 ई. में कराया।
- वर्ष 1983 में यूनेस्को ने इसे विश्व धरोहर स्थल घोषित किया था।

मोती मस्जिद

- उत्कृष्ट सफेद संगमरमर से बनी मोती मस्जिद आगरा के किले की सर्वश्रेष्ठ संरचना है।

मोती मस्जिद

- मस्जिद की छत पर तीन गुंबद विद्यमान हैं, जो सफेद संगमरमर से बने हैं। गुंबद की दीवारें लाल बलुआ पत्थर से बनी हैं।

फतेहपुर सीकरी की प्रमुख स्थापत्य कला

बुलंद दरवाजा

- बुलंद दरवाजे का निर्माण सम्राट अकबर ने गुजरात पर विजय प्राप्त करने की स्मृति में 1575 ई. में करवाया था।

बुलंद दरवाजा

- इसका निर्माण लाल और पीले बलुआ पत्थर से हुआ। गुजरात विजय के उपलक्ष्य में निर्मित यह भूमि से 176 फीट ऊंचा है। दरवाजे की ऊंचाई लगभग 134 फीट है।
- इसमें सीढ़ियों की संख्या 42 है। बुलंद दरवाजा दुनिया का सबसे ऊंचा प्रवेश द्वार है और मुगल वास्तुकला का एक शानदार उदाहरण है।

सलीम चिश्ती का मकबरा

- लाल + बलुआ पत्थर से निर्मित
- सीपियों से बने स्तंभ

सलीम चिश्ती का मकबरा

- मकबरे का निर्माण अकबर द्वारा सूफी संत के प्रति सम्मान के रूप में किया गया था।
- पंचमहल (पांच मंजिला भवन)
- जोधाबाई का महल (गुजरात शैली का प्रभाव)
- जामा मस्जिद – अकबर ने दीन-ए-इलाही धर्म की घोषणा वर्ष 1582 ई. में इसी मस्जिद से की।

ताजमहल

- ताजमहल की वास्तु योजना उस्ताद अहमद लाहौरी ने तैयार की थी, जिसे शाहजहाँ ने बनवाया था।

ताजमहल

- ताजमहल (यमुना नदी के तट पर) का निर्माण शाहजहाँ ने अपनी प्रिय पत्नी अर्जुमद बानो बेगम (मुमताज महल) की स्मृति में कराया।
- इसका निर्माण वर्ष 1632 ई. से आरम्भ होकर 1643 ई. में पूर्ण हुआ।
- यह भूमि से 22 फीट ऊंचा चबूतरे पर निर्मित 108 फीट ऊंची इमारत है।
- इमारत के शीर्ष पर खूबसूरत गुम्बद बने है। जिनके ऊपर उलटन कमल-कलश स्थित है। मध्य के नीचे भाग में मुमताज महल और शाहजहाँ की कब्र है।
- ताजमहल को वर्ष 1983 ई. में यूनेस्को की विश्व विरासत सूची में शामिल किया गया। इस सूची में शामिल होने वाला यह भारत का प्रथम स्मारक है।

आधुनिक काल में स्थापत्य कला:

आसुफद्दौला का इमामबाड़ा (बड़ा इमामबाड़ा)

- गोमती नदी के किनारे पर स्थित यह इमारत 1784 ई. में बनवाई गयी।
- इसके निर्माण में लोहे और सीमेंट का बिल्कुल प्रयोग नहीं हुआ।
- सुविख्यात भूल भुलैया इसका बड़ा भाग है।

छोटा इमामबाड़ा

- निर्माण - 1837 (मुहम्मद अली शाह)

रुमी दरवाजा

- निर्माण - 1784-86 (नवाब आसुफद्दौला)
- ऊंचाई - 62 फीट

नोट: इसे तुर्किश गेट भी कहते हैं। हिन्दु वास्तुकला का सर्वोत्तम उदाहरण काशी विश्वनाथ मंदिर है।

उत्तर प्रदेश: चित्रकला एवं शिल्प

मिर्जापुर के चित्र

- मिर्जापुर जनपद सोन नदी से लगी कैमूर पर्वत शृंखला तक विद्यमान है, जो प्रयागराज तथा वाराणसी का निकटवर्ती क्षेत्र है।
- लगभग 105 से अधिक शैलाश्रय एवं गुफाएँ, जिन्हें स्थानीय भाषा में **'दरी'** कहा जाता है।
- भित्ति चित्रकला के रूप में गुफाओं की दीवारों एवं छतों पर अंकित आखेट दृश्य, पशुओं के चित्र आदि का वर्णन देखने को मिलता है।
- यहाँ लिखुनियां **(हाथी के शिकार का चित्र)**, कोहवर, विजयगढ़ **(लाल, पीले और सफेद रंग से बने मनुष्य के चित्र)**, घोड़मंगर **(गैंडे के आखेट का चित्र)**, कांडाकोट **(ढोकवा महारानी, साही का आखेट)**, बागापथरी, भंडारिया, खोड़हवा, सोरोघाट **(सुअर का आखेट)**, सौहरीरौप, मोहरापथरी आदि स्थान पर से धाऊ अथवा लाल गेरू पत्थर से बने 5000 ई.पू. के अनेक भितिचित्र प्राप्त हुए हैं।

मिर्जापुर के चित्र

- स्थानीय लोग इन्हें 'रकत की पुतरिया' नाम से पुकारते हैं।
- बांदा क्षेत्र के अंतर्गत अनेक शैलचित्र मिले है, जहां एक चित्र में सुसज्जित द्वार पर एक चोंचदार पुरुष को बैठा दिखाया गया है।
- इन सभी शैल चित्र में मनुष्य तथा पशुओं को दिखाया गया।

मुगल चित्रकला

- बाबर ने अपनी आत्मकथा 'तुजुक-ए-बाबरी' में दो चित्रकारों-बेहजाद तथा शाह मुजफ्फर के चित्रों को सराहा था।
- हुमायूं के दरबार में दो चित्रकार मीर सैय्यद अली तथा ख्वाजा अबदुस्समद को 'शीरी कलम' की उपाधि प्रदान की गई।
- पैगम्बर मुहम्मद साहब के चाचा अमीर हमजा के साहसिक कारनामों वाले ग्रन्थ दास्तान-ए-अमीर हमजा में 1375 चित्र है।
- अकबर ने सौ से अधिक चित्रकारों की नियुक्ति की, जिसके विषय में 'आइने-ए-अकबरी' में वर्णन किया गया है।
- 'आइने-ए-अकबरी' के अनुसार अकबर के तेरह उच्च कोटि के हिन्दू तथा चार मुस्लिम चित्रकार थे।
  - मीर सैय्यद अली
  - जगन्नाथ
  - ख्वाजा अब्दुस्समद
  - महेश
  - फरुख कलम
  - खेमकरन
  - दसवंत
  - हरिवंश राम
  - मिस्कीन
  - केशव
  - बसावन
  - माधव
  - सानवाला
- अकबर ने अपने शासनकाल में अनेक ग्रंथों को चित्रित कराया।
  - रज्मनामा (महाभारत)
  - रामायण
  - हमजानामा
  - तारीख-ए-खानदाने तैमूरिया
  - खम्सा निजामी
  - अनवार-ए-सुहेली
  - बहरिस्तान जामी

- जहांगीर का काल **'चित्रकला का स्वर्णकाल'** के नाम से जाना जाता है।
- जहांगीर के दरबार में अबुल हसन, बिशनदास आगा, मुहम्मद मुराद,माधव मनोहर, फरुखबेग आदि विख्यात चित्रकार थे।
- उस्ताद मंसूर विख्यात पक्षी विशेषज्ञ चित्रकार थे।
- शाहजहां का ज्येष्ठ पुत्र दारा शिकोह चित्रकला का प्रेमी था, उसने चालीस चित्रों का एक संग्रह तैयार कराया था, जो वर्तमान में लंदन लाइब्रेरी में सुरक्षित है।
- औरंगजेब ने चित्रकला को धर्मनिषिद्ध घोषित कर दिया।

बुन्देला चित्रकलाः

- राजा शत्रुजीत (1762-1801) चित्रकला का प्रेमी और संरक्षक था।
- इसे अनेक चित्रों में अश्व पर बैठे दिखाया गया है, जिसके हाथ में लम्बी तलवार थी।
- व्यक्ति विशेष के अलावा इस शैली में कृष्ण लीला, बिहारी सतसई, रसराज, रागमाला, चित्रावली आदि चित्र मिलते हैं।

ब्रज चित्रकलाः

- इस शैली में चित्र मथुरा, वृंदावन तथा गोकुल की पृष्ठभूमि पर तैयार किए जाते हैं। इनमें वासुदेव कृष्ण, गोपी ग्वाल प्रेम, प्रकृति आदि भावना को प्रधानता मिलती है।

शिल्पकलाः

कढ़ाई शिल्प

- **ज़रदोजीः** इसमें सोने और चांदी के धागों से कढ़ाई की जाती है।
- तांबे और स्वर्ण लेपित रेशम के धागों का भी उपयोग होता है।
- आगरा, बरेली, वाराणसी और लखनऊ ज़रदोजी के प्रमुख केन्द्र हैं।
- प्रमुख उत्पाद- चूड़िया, दुपट्टे, टोपियां और परिधान।

कढ़ाई शिल्प ज़रदोजी

बनारसी जरी वस्त्र

- बनारसी वस्त्र अत्यधिक मुलायम होते हैं, जिन्हें रेशम के धागों का प्रयोग कर जीवित रंगों से सजाया जाता है, इसे तीन वर्गों में रखा जाता है।
  - जरी
  - आमरु
  - अवराबन
- इन वस्त्रों को **किनखाब** भी कहते हैं, जिसका अर्थ है- सोने का कपड़ा। बनारस के मदनपुरा और अलरपुरा क्षेत्र जरी के वस्त्रों के लिए प्रसिद्ध है।

बनारसी जरी वस्त्र

चिकनकारीः

- चिकनकारी की शुरुआत नूरजहां से मानी जाती है।
- इसमें सूती और मसलिन कपड़े पर धागे से की जाने वाली कढ़ाई होती है।
- इसमें रंग बिरंगे धागे और शिफॉन, आग्रेन्जा, आर्गेन्डी और रेशम जैसे कपड़े का भी प्रयोग होता है।
- लखनऊ के गर्म कुर्ते और चिकन साड़ियां गर्मी में पहनने के लिए उत्तम माने जाते हैं।

धातु से निर्मित कलाकारीः

- मुरादाबाद पीतल के काम के लिए प्रसिद्ध है।
- यहां खुदाई, नक्काशी, सोने-चाँदी की परत चढ़ाना, ढकाई आदि का काम होता है।
- **काँसे के लिए प्रसिद्ध क्षेत्रः** मुरादाबाद, इटावा, वाराणसी और सीतापुर आदि हैं।
- बनारस धातु के उभारदार काम को सम्पादित करने के लिए प्रसिद्ध है।
- कसेरा समुदाय के लोग धातुओं के बर्तन बनाते हैं।

पत्थर से निर्मित कलाकारीः

- मुख्य केन्द्र - मथुरा और बनारस
- प्राचीन समय में मथुरा और बनारस को लाल बलुआ पत्थर से बनी हिन्दु और बौद्ध मूर्तियों के लिए जाना जाता है।
- आगरा का मोजक, जाली और जड़ाई का काम प्रसिद्ध है।
- जड़ाई के काम के लिए पत्थर से बने खांचों में सुंदर रंग-बिरंगे पत्थर लगाकर आकृतियां बनाई जाती हैं।
- वृंदावन, संगमरमर और सेलखड़ी के उत्पादों के लिए प्रसिद्ध है।
- महोबा गौरा पत्थर पर जाली के काम के लिए प्रसिद्ध जालीदार हाथी इसका उदाहरण है।

कारपेट और हथकरघाः

- गाठयुक्त कारपेट- भदोही और मिर्जापुर।
- देश की अधिकांश कारपेट की मांग को उत्तर प्रदेश का भदोही जिला पूरा करता है।
- शाहजहांपुर और आगरा सूती और ऊनी कारपेटों के लिए जाने जाते हैं। मिर्जापुर की हाथ से बनी दरियां प्रसिद्ध हैं।

❒ गाजीपुर को जूट से बनी वॉल हैंगिंग के लिए जाना जाता है, जिसे विभिन्न रंगों के धागों को मिलाकर हथकरघे पर बुना जाता है।

चमड़े का काम:

❒ चमड़े के काम के लिए कानपुर और आगरा पारंपरिक रूप से प्रसिद्ध है।

लकड़ी का काम:

❒ कश्मीर से प्रभावित आकृतियों को सुंदरतापूर्वक शीशम, शाल और देवदार की लकड़ी पर उकेरा जाता है।

❒ मैनपुरी और बनारस लकड़ी के काम के लिए प्रसिद्ध है।

कांच का काम:

- कांच की चूड़ियां, झूमर - फिरोजाबाद
- पंचकोरा खिलौने - सहारनपुर
- कांच के मनके - वाराणसी

हस्तशिल्प छपाई:

- हस्तब्लॉक छपाई - फर्रुखाबाद

इत्र निर्माण:

- इत्र निर्माण (जलीय आसवन विधि द्वारा) - कन्नौज

हस्तशिल्प विकास के लिए उत्तर प्रदेश सरकार की प्रमुख योजनाएँ:

- एक जिला एक उत्पाद
- मुख्यमंत्री हस्तशिल्प पेंशन योजना
- विशिष्ट हस्तशिल्प प्रादेशिक पुरस्कार योजना
- हस्तशिल्प कौशल विकास उन्नयन योजना
- विश्वकर्मा श्रम सम्मान योजना
- हस्तशिल्प विपणन प्रोत्साहन योजना
- मुख्यमंत्री हथकरघा बुनकर सम्मान योजना
- संत कबीर हथकरघा पुरस्कार योजना

उत्तर प्रदेश के प्रमुख GI टैग
लखनऊ की चिकनकारी
बनारसी जरी का काम और साड़ी
फिरोजाबाद कांच
फर्रुखाबाद छपाई
आगरा की दरियां
भदोही के हस्तनिर्मित कारपेट
लखनऊ की जरदोजी
मेरठ की कैंचियां
चुनार बलुआ पत्थर
कानपुर की चमड़े की काठी
कन्नौज का इत्र
सहारनपुर का लकड़ी का काम
मिर्जापुर की हस्तनिर्मित दरियां
बनारसी लकड़ी के रोगन (लैकर वेयर) और खिलौने
खुर्जा का कुम्हार शिल्प
बनारस की गुलाबी मीनाकारी
निजामाबाद के काले मिट्टी के बर्तन
गाजीपुर का वॉल हैंगिंग
बनारसी कांच मनका
बनारस का पान
बनारसी लंगड़ा आम
बनारस के मुलायम पत्थर की जाली का काम
बखीरा का काँस्य बर्तन
गोरखपुर का टेराकोटा का काम
नगीना लकड़ी शिल्प
अलीगढ़ का ताला
हाथरस हींग
मुजफ्फरनगर का गुड़
आदमीचीनी चावल चंदौली
रामनगर भंटा
बांदा शजर पत्थर क्राफ्ट
प्रतापगढ़ का आंवला
अमरोहा ढोलक
संभल हार्न क्राफ्ट
मैनपुरी तारकशी
बाराबंकी हथकरघा उत्पाद
बागपत होम फर्निशिंग
कालपी हस्तनिर्मित कागज
महोबा गौरा पत्थर शिल्प
आगरा लेदर फुटवियर

उत्तर प्रदेश के प्रमुख संगीत घराने

बनारस घराना

❒ काशी (वाराणसी) के राजाओं ने कई प्रसिद्ध संगीतज्ञों को आश्रय दिया। इन राजाओं के संरक्षणकाल में ही बनारस घराने का विकास हुआ।

❒ यह घराना गायन, वादन और नृत्य तीनों के लिए ख्याति प्राप्त है। यह घराना कत्थक के लिए भी प्रसिद्ध है।

❒ यह घराना मुगल प्रभाव से दूर है।

बनारस घराने के प्रमुख कलाकार		
पं. किशन महाराज (पद्म श्री 1973, पद्म विभूषण 2002) **निपुणता** - सितार, सरोद, ध्रुपद-धमार	 (3 सितंबर 1923 - 4 मई 2008)	तबला वादक
रसूलन बाई (संगीत नाटक अकेडमी अवार्ड 1957)	 (1902 - 15 दिसंबर 1974)	ठुमरी-टप्पा गायिका
गिरिजा देवी (वाराणसी) पुरस्कार: पद्म श्री (1972), पद्म भूषण (1989), (पद्म विभूषण (2016) संगीत नाटक अकादमी पुरस्कार (1977) संगीत नाटक फैलोशिप (2010) महासंगीत सम्मान पुरस्कार (2012)	 (8 मई 1929 - 24 अक्टूबर 2017)	ठुमरी गायिका
मुस्ताक अली खां (संगीत नाटक अकादमी पुरस्कार 1968)		सितार वादक
छज्जू मिश्र		ध्रुपद-धमार
पागल दास		पखावज वादक

सहारनपुर घराना:

- सूफी संत खलीफा मोहम्मद जमां को इस घराने का संस्थापक माना जाता है।
- यह घराना आलाप, होरी ध्रुपद गायन के लिए जाना जाता है। इस घराने का संबंध डागर वाणी से है।
- इस घराने के प्रमुख गायक हैं-
  - रहीमुद्दीन खाँ
  - नसीर मोइनुद्दीन डागर
  - नसीर अमीनुद्दीन डागर
  - बंदे अली खाँ
  - बहराम खाँ

फतेहगढ़पुर-सीकरी घराना:

- यह घराना मुगल बादशाह जहांगीर के शासनकाल में दो भाइयों जैनू खाँ और जोरावर खाँ द्वारा स्थापित किया गया।
- प्रमुख कलाकार
  - घसीट खाँ
  - गुलाम रसूल खाँ
  - मदार बख्श
- यह घराना ध्रुपद के साथ-साथ ख्याल गायन के लिए भी प्रसिद्ध है।

रामपुर घराना:

- इस घराने के संस्थापक नियामत खाँ थे।
- पंडित रविशंकर का संबंध रामपुर घराने से है।
- रामपुर घराने के संगीतकार
  - वजीर खाँ
  - उस्ताद नजीर खाँ
  - उस्ताद अमीर खाँ
  - उस्ताद इनायम हुसैन
  - हैदर खाँ
  - फिदा हुसैन खाँ
  - मुश्ताक हुसैन खाँ

लखनऊ घराना:

- लखनऊ घराना, अवध की राजधानी लखनऊ में विकसित हुआ। यह ख्याल तथा ध्रुपद गायन के लिए प्रसिद्ध है।
- वाजिद अली शाह का काल 'लखनऊ घराने का स्वर्णकाल' माना जाता है।
- लखनऊ ख्याल गायकी के पितामह - मुर्शिद अली खाँ
- टप्पा शैली - मिया गुलाम नबी शौरी
- गजल - बेगम अख्तर
- पखावज वादक - कोउद सिंह, पंडित अयोध्या प्रसाद, पंडित सखाराम
- वीणा वादक - सादिक अली खाँ
- सारंगी वादक - अली खाँ
- लखनऊ घराना के कलाकार- लच्छू महाराज (कथक नृत्य), बिरजू महाराज (कथक नृत्य), बेगम अख्तर (गजल गायिका)

इलाहाबाद घराना:

- इलाहाबाद घराने की प्रसिद्ध गायिकाएं - केसरबाई, कृष्णा देवी मुनीर खातून बेगम तथा जानकी बाई (छप्पन छुरी) आदि है।
  - तबला वादन - युसफ खान
  - बाँसुरी वादन - रघुनाथ सेठ व हरिप्रसाद चौरसिया

आगरा घराना:

- इस घराने का संस्थापक हाजी सुजान खां को माना जाता है।
- आगरा घराना मुगलकाल में संगीत का सबसे बड़ा केन्द्र था।
- गायन परम्परा- ख्याल, ध्रुपद धमार

- प्रमुख गायक
  - फैय्याज खाँ
  - स्वामी बल्लभदास
  - पण्डित विश्भरदीन
  - दिनकर काकिनी
  - लताफत हुसैन खाँ
- आगरा घराना बंदिशों पर विशेष जोर देता है। इसमें ठुमरी गायन भी प्रचलित है तथा इसे 'कव्वाल बच्चा घराना' भी कहते हैं।

किराना घराना:

- गायिकी - ख्याल
- वास्तविक संस्थापक - अब्दुल करीम खाँ और उस्ताद वहीद खाँ
- प्रमुख कलाकार - पं. भीमसेन जोशी (1985 पदम भूषण, भारत रत्न 2008), गंगूबाई हंगल (पदम विभूषण 2002), रोशन आरा बेगम, मन्ने खाँ, प्रभा आत्रे

कानपुर घराना:

- शुरुआत-नियामत खाँ
- प्रमुख गायक - उस्ताद बहादुर खाँ, वजीर खाँ, नजीर खाँ, इनायत हुसैन खाँ।

इटावा घराना:

- यह घराना अपने सितार और सुरबाहर वादकों के लिए जाना जाता है।
- इमदाद खाँ और विलायत खाँ का संबंध इसी घराने से है।
- इसे इमदाद खानी घराना भी कहते हैं।

शाहजहांपुर घराना:

- यह घराना सरोद वादकों के लिए जाना जाता है। उस्ताद काजिम अली, इनायत अली खां सरोदिया इसी घराने से संबंध रखते हैं।

भिंडी बाजार घराना:

- यह घराना मुरादाबाद के छज्जू खाँ और खादिम हुसैन खाँ द्वारा शुरू किया गया था। छज्जू खाँ और खादिम हुसैन खाँ ने मुंबई के भिंडी बाजार घराने की गायकी परंपरा की शुरूआत की थी।
- लता मंगेशकर ने इस घराने के अली खां से शिक्षा ग्रहण की थी।

उत्तर प्रदेश के लोकनृत्य		
धुरिया नृत्य	बुंदेलखण्ड	कुम्हारों जाति द्वारा स्त्री वेश को धारण करके किया जाने वाला नृत्य
राई नृत्य (मयूर नृत्य)	बुंदेलखण्ड	यह नृत्य महिलाओं द्वारा श्री कृष्ण जन्माष्टमी के अवसर पर प्रदर्शित किया जाता है।
देवी नृत्य	बुंदेलखण्ड	देवी का रूप धारण करके किया जाने वाला नृत्य।
कार्तिक नृत्य	बुंदेलखण्ड	कार्तिक मास में नर्तकों द्वारा श्री कृष्ण एवं राधा के रूप में
लठमारी दिवारी नृत्य	बुंदेलखण्ड	ब्रज की लट्ठमार होली की तरह, दीपावली के अवसर पर किया जाने वाला नृत्य
कलाबाजी नृत्य	अवध क्षेत्र	मोर-बाजा वाद्ययंत्र के साथ घोड़ी पर बैठकर प्रदर्शित किया जाने वाला नृत्य
चरकुला नृत्य	ब्रज क्षेत्र	होली के अवसर पर महिलाओं द्वारा 108 दीपक को सिर पर रख कर नृत्य किया जाता है।
रासनृत्य	ब्रज क्षेत्र	रासलीला के दौरान
चौलर नृत्य	सोनभद्र व मिर्जापुर	कृषि के अधिक फसलोत्पादन हेतु इस नृत्य का आयोजन किया जाता है।
बिदेसिया नृत्य	पूर्वांचल	इस नृत्य में पत्नी प्रायः अपने विदेश गए या जाते हुए पति के प्रति प्रेम को प्रदर्शित करती है।
नरसिंह नृत्य	ब्रजभूमि	इस नृत्य में विष्णु जी द्वारा नरसिंहावतार में हिरण्याकश्यप के वध का प्रदर्शन नृत्य के रूप में किया जाता है।
घड़ा नृत्य	ब्रजभूमि	यह नृत्य बैलगाड़ी या रथ के पहिए जिस पर घड़े रखे होते हैं, को सिर पर रखकर किया जाता है।
ख्याल नृत्य	बुन्देलखण्ड	पुत्र जन्मोत्सव के अवसर पर इस नृत्य में रंगीन कागज एवं बाँसो की सहायता से निर्मित मंदिरों को सर पर रखा जाता है।
सौरा/शायरा नृत्य	बुन्देलखण्ड	यह नृत्य बुन्देलखण्ड क्षेत्र के किसानों द्वारा फसलों की कटाई के दौरान किया जाता है।
घोड़ा नृत्य	बुन्देलखण्ड	यह नृत्य मांगलिक अवसरों पर संगीत की धुन पर नर्तक घोड़ों के साथ किया जाता है।
कठघोड़वा नृत्य	पूर्वांचल	इस नृत्य को एक मानव निर्मित लकड़ी की घोड़ी के ऊपर बैठकर किया जाता है।
गोड़उ नृत्य	पूर्वांचल	'हरबोल' शब्दोच्चारण के साथ इस नृत्य का आयोजन किया जाता है।

बढ़इया नृत्य	बुन्देलखण्ड	इसे बधाई नृत्य कहा जाता है। इसे मुख्यत: विवाह, महोत्सव तथा त्योहारों के अवसर पर आयोजित किया जाता है।
राहुला नृत्य	बुन्देलखण्ड	इस नृत्य में लोकनाट्य माध्यम से शिक्षाप्रद लोक कहावतों एवं कहानियों का प्रदर्शन किया जाता है।

उत्तर प्रदेश के प्रमुख मेले एवं वार्षिक उत्सव

ताज महोत्सव	आगरा
लखनऊ महोत्सव	लखनऊ
कल्कि महोत्सव	संभल
कम्पिल उत्सव	फरुर्खाबाद
सरधना उत्सव	मेरठ
कजरी महोत्सव	मिर्जापुर
झांसी महोत्सव	झांसी
सैफई महोत्सव	इटावा
बिठूर गंगा महोत्सव	कानपुर
कन्नौज उत्सव	कन्नौज
वाटर स्पोर्ट्स फेस्टिवल	प्रयागराज
सुलहकुल उत्सव	आगरा
त्रिवेणी महोत्सव	प्रयागराज
यमुना महोत्सव	मथुरा
ददरी मेला	बलिया
माघ मेला	प्रयागराज
झूला मेला	वृन्दावन (मथुरा)
त्रिवेणी महोत्सव	प्रयागराज
कबीर मेला	मगहर (संतकबीर नगर)
सैयद सालार मेला	बहराइच
बटेश्वर पशु मेला	आगरा (पश्चिमांचल)
नौचंदी मेला (हिन्दू-मुस्लिम एकता को समर्पित)	मेरठ
गोला गोकर्णनाथ मेला	लखीमपुर खीरी
देवीपाटन मेला	बलरामपुर
लट्ठमार होली	बरसाना (मथुरा)
शाकम्भरी देवी मेला	सहारनपुर
गोविंद साहब मेला	अम्बेडकर नगर
शुक्रताल का मेला	मुजफ्फरनगर
ध्रुपद मेला	वाराणसी
गंगा महोत्सव	वाराणसी
होलिकोत्सव	मथुरा
रामायण मेला	चित्रकूट
महाकुम्भ मेला (प्रति 12 वर्ष)	प्रयागराज
गढ़मुक्तेश्वर गंगा मेला	हापुड़
देवा शरीफ मेला	बाराबंकी
कालिंजर मेला	बांदा
कैलाश मेला	आगरा
बिठूर गंगा महोत्सव	कानपुर
खिचड़ी मेला	गोरखपुर
रामनवमी मेला	अयोध्या
राम बारात उत्सव	आगरा
कजली महोत्सव	महोबा

उत्तर प्रदेश के धार्मिक त्यौहार

त्यौहार	धर्म
दीपावली	हिन्दू
होली	हिन्दू
नवरात्रि	हिन्दू
रामनवमी	हिन्दू
दशहरा (**ग्रेटर नोएडा के बिसरख गांव में दशहरा नहीं मनाया जाता क्योंकि यहां के लोग इसे रावण का जन्म स्थान मानते हैं।**)	हिन्दू
मकरसक्रांति	हिन्दू
रक्षाबंधन	हिन्दू
महाशिवरात्रि	हिन्दू
देव दीपावली	हिन्दू
करवाचौथ	हिन्दू
छठ	हिन्दू
शरद पूर्णिमा	हिन्दू
गंगा दशहरा	हिन्दू
ईद-उल-फितर	मुस्लिम
ईद उल-अज़हा	मुस्लिम
मुहर्रम	मुस्लिम
बुद्ध पूर्णिमा	बौद्ध
बैसाखी	सिख
लोहड़ी	सिख
प्रकाश उत्सव	सिख
गुरू पर्व	सिख
महावीर जयंती	जैन
पर्यूषण पर्व	जैन
क्षमावाणी पर्व	जैन
मिलाद-उन-नवी	इस्लाम
शब-ए-मिराज	इस्लाम
क्रिसमस	ईसाई

उत्तर प्रदेश के प्रमुख मेले एवं उत्सव

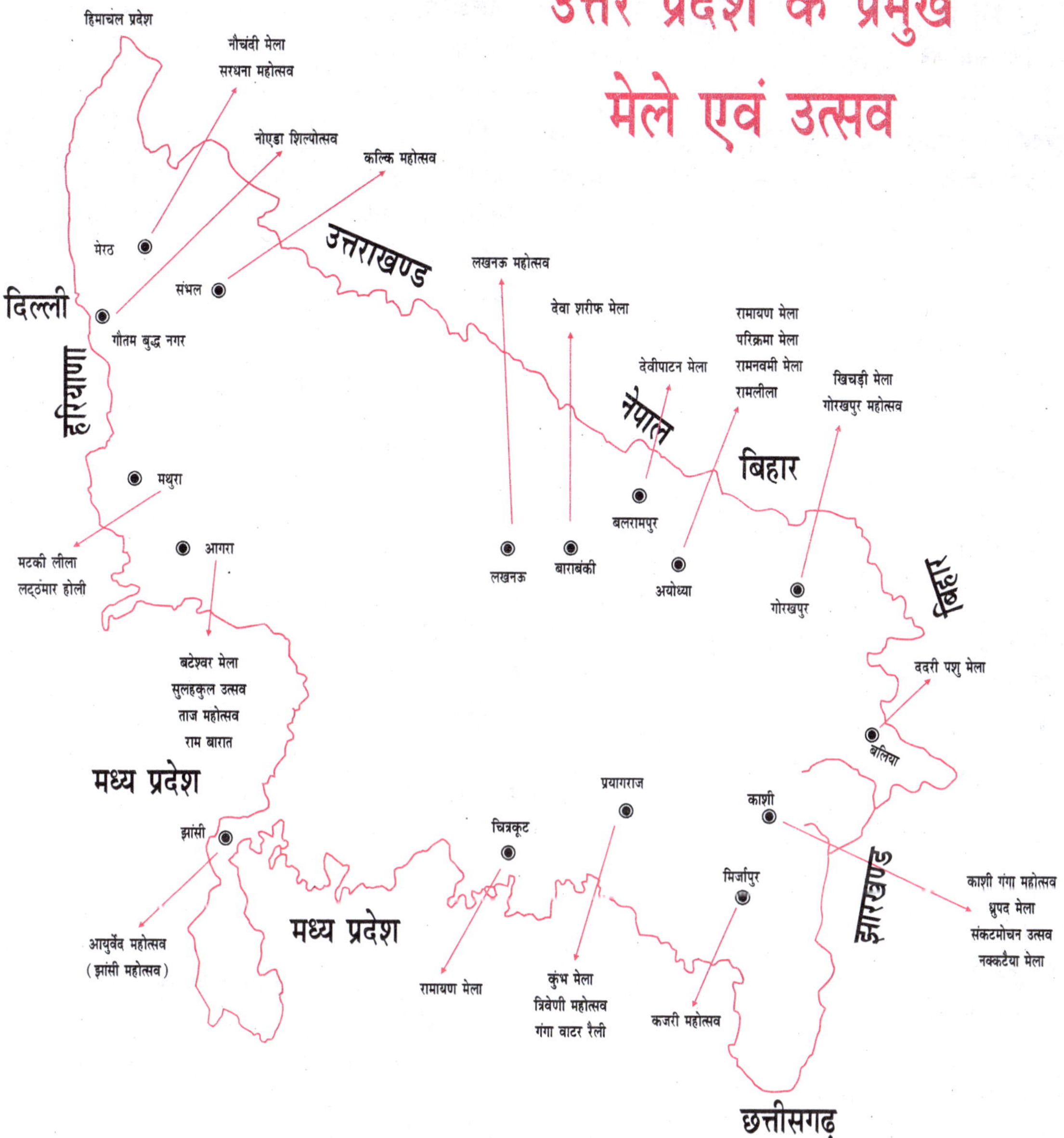

उत्तर प्रदेश के प्रमुख लोकगीत

लोकगीत	क्षेत्र
कजरी	मिर्जापुर, वाराणसी
चैता/चैती	अवध एवं भोजपुरी क्षेत्र
बिरहा (भोजपुरी)	पूर्वांचल
झूमर, दादरा	पूर्वांचल
कहरवां	पूर्वांचल
कव्वाली	अवध
सोहर	अवध
आल्हा	महोबा (मुख्यतः बुन्देलखण्ड)
ईसुरी फाग	बुन्देलखण्ड
हरदौल	बुन्देलखण्ड
पंवारा	बुन्देलखण्ड
लावणी, बहतरबील	रूहेलखण्ड
रसिया (कौरवी)	ब्रजभूमि (बरसाना)
लंगुरिया	ब्रजभूमि
होली या होरी, फाग	ब्रजभूमि
झूला, ब्रज मल्हार	ब्रजभूमि
ढोला, रागिनी	आगरा, मेरठ
नकटा, संस्कार गीत	अवध

उत्तर प्रदेश के प्रमुख मंदिर

वाराणसी के प्रमुख मंदिर

- काशी विश्वनाथ मंदिर
- तुलसी मानस मंदिर
- दशाश्वमेध घाट मंदिर
- संकट मोचन मंदिर
- कालभैरव मंदिर
- धुंडीराज गणेश मंदिर

मथुरा के प्रमुख मंदिर

- कृष्ण जन्म भूमि मंदिर
- द्वारकाधीश मंदिर
- राधा कुंड
- गोवर्धन पहाड़ी

वृंदावन के प्रमुख मंदिर

- बांके बिहारी मंदिर
- प्रेम मंदिर वृंदावन धाम
- इस्कॉन मंदिर वृंदावन
- गोपेश्वर महादेव मंदिर
- शाहजी मंदिर
- श्री रंगनाथजी मंदिर

इलाहाबाद के प्रमुख मंदिर और तीर्थ स्थल

- कुंभ मेला
- त्रिवेणी संगम
- बड़े हनुमान मंदिर
- अलोपी देवी मंदिर
- श्री मनकामेश्वर मंदिर

अयोध्या के प्रमुख मंदिर

- रामजन्म भूमि
- हनुमान गढ़ी
- त्रेता के ठाकुर
- कनक भवन
- सीता की रसोई मंदिर

चित्रकूट के प्रमुख मंदिर

- राम घाट
- सती अनुसुइया आश्रम
- हनुमान धारा
- भरत मिलाप मंदिर
- जानकी कुण्ड

सारनाथ के प्रमुख मंदिर

- चौखंडी स्तूप
- थाई मंदिर
- तिब्बती मंदिर
- अशोक स्तंभ

विंध्याचल के प्रमुख मंदिर

- विन्ध्यवासिनी मंदिर
- काली खोह मंदिर
- अष्टभुजा मंदिर
- रामेश्वर महादेव मंदिर

परीक्षोपयोगी महत्त्वपूर्ण प्रश्न

1. ठुमरी के संदर्भ में निम्नलिखित में से कौन-सा कथन सही है/हैं?

UPPSC RO/ARO Mains, 2016

1. ठुमरी की उत्पत्ति उत्तर प्रदेश में हुयी।
2. ठुमरी सुगम एवं आकर्षक है।

नीचे दिये गये कूट से सही उत्तर चुनिए।

(a) केवल 1 (b) केवल 2
(c) 1 और 2 दोनों (d) न तो 1 न ही 2

2. सूची-I को सूची-II से सुमेलित कीजिए तथा नीचे दिये गये कूट से सही उत्तर चुनिएः

UPPSC Mains, 2014

सूची-I	सूची-II
A. फतेहपुर सीकरी	1. इल्तुतमिश
B. जौनपुर सिटी	2. सिकंदर लोदी
C. आगरा सिटी	3. अकबर
D. जामा मस्जिद, बदायूं	4. फिरोजशाह तुगलक

कूटः

	A	B	C	D
(a)	3	4	2	1
(b)	1	2	4	3
(c)	2	4	1	3
(d)	4	3	2	1

3. निम्नलिखित में से कौन युग्म सुमेलित नहीं है-

UPPSC Mains, 2014

(a) विंध्याचल - मिर्जापुर
(b) देवाशरीफ - बाराबंकी
(c) हस्तिनापुर - मेरठ
(d) श्रृंग्वेरपुर - फैजाबाद

4. निम्नलिखित में से कौन युग्म सुमेलित नहीं है-

UPPSC Pre. 2011

(a) वृंदावन मंदिर - मथुरा
(b) जे. के. मंदिर - लखनऊ
(c) विश्वनाथ मंदिर - वाराणसी
(d) देवीपाटन - तुलसीपुर

5. सूची-I को सूची-II से सुमेलित कीजिए तथा नीचे दिये गये कूट से सही उत्तर चुनिएः

UPPSC Mains, 2008

सूची-I	सूची-II
A. कनक भवन	1. बाराबंकी
B. कामदगिरी पर्वत	2. बांदा
C. कालिंजर दुर्ग	3. चित्रकूट
D. देवाशरीफ	4. अयोध्या

कूटः

	A	B	C	D
(a)	1	2	3	4
(b)	4	3	2	1
(c)	2	4	1	3
(d)	3	2	4	1

6. निम्न नृत्यों में से कौन एक सुमेलित नहीं है?

UPPSC Mains, 2008
UPPSC Pre. 2009

(a) करमा - महोबा
(b) धुरिया - बुंदेलखण्ड
(c) धीवर - कहार
(d) नटवरी - पूर्वांचल

7. निम्न नृत्यों में से कौन एक सुमेलित नहीं है?

UPPSC RO/ARO Pre. 2010

(a) देवा - बाराबंकी
(b) आल्हा - महोबा
(c) करमा - मथुरा
(d) कज़री - मिर्जापुर

8. 'करमा' जिस क्षेत्र का लोक नृत्य है, उसमें समाविष्ट जिला है-

UPPSC Mains, 2005

(a) खीरी (b) महोबा
(c) मथुरा (d) सोनभद्र

9. निम्नलिखित लोक नृत्यों में से कौन उत्तर प्रदेश के बुंदेलखंड क्षेत्र का लोक नृत्य नहीं है?

UPPSC Mains, 2016

(a) रवाला नृत्य (b) डांडिया नृत्य
(c) बढ़इया नृत्य (d) राई नृत्य

10. उत्तर प्रदेश का मुख्य लोक नृत्य है-

UPPSC Mains, 2013

(a) धोबिया (b) राई
(c) भायरा (d) उपयुक्त सभी

11. मिर्जापुर प्रसिद्ध है-

UPPSC Mains, 2014

(a) कज़री के लिए (b) चरकुला नृत्य के लिए
(c) पंवारा के लिए (d) नकटा के लिए

12. निम्नलिखित में से कौन-सा उत्तर प्रदेश का लोक नृत्य नहीं है?

UPPSC Pre. 2010

(a) चरकुला (b) दादरा
(c) करमा (d) मुरिया

13. उत्तर प्रदेश के ब्रजमंडल का संबंध इनमें से किस लोक नृत्य से है?

UPPSC Spl. Pre. 2008

(a) चरकुला (b) छोलिया
(c) जोगिनी (d) नटवरी

14. निम्न में से कौन सुमेलित नहीं है?

UPPSC Pre. 2010

(a) आल्हा - बुंदेलखंड
(b) बिरहा - पूर्वांचल
(c) चैती - रुहेलखंड
(d) कज़री - अवध

15. हरिदास जयंती प्रतिवर्ष मनायी जाती है-

UPPSC Spl. Mains, 2008

(a) झांसी में (b) मथुरा में
(c) वृंदावन में (d) वाराणसी में

16. निम्नलिखित में से कौन एक उत्तर प्रदेश का लोक गीत नहीं है?

UPPSC Pre. 2009

(a) बिरहा (b) ढोला-मारू
(c) कज़री (d) रसिया

17. उत्तर प्रदेश का प्रमुख लोक गीत है-

UPPSC Mains, 2002, 2004

(a) धमार (b) बिरहा
(c) टप्पा (d) कव्वाली

18. निम्नलिखित युग्मों में से कौन एक सही सुमेलित नहीं है?

UPPSC Mains, 2017

(a) हारमोनियम वादक - श्री राम श्रीवास्तव
(b) ब्रज - रास नृत्य
(c) मिर्जापुर - बिरहा
(d) गायकी - मुबारक अली खां

19. हाथरस एवं कानपुर परंपराओं का संबंध है-

UPPSC Pre. 2009

(a) रंगमंच से (b) शास्त्रीय गायन से
(c) लोक नृत्य से (d) कबड्डी से

20. सूची-I को सूची-II से सुमेलित कीजिए तथा नीचे दिये गये कूट से सही उत्तर चुनिए:

UPPSC Pre. 2006,
UPPSC RO/ARO Mains, 2017

सूची-I	सूची-II
A. बिरहा	1. भोजपुरी
B. कज़री	2. अवधी
C. मल्होर	3. ब्रजी
D. रसिया	4. कौरवी

कूट:

	A	B	C	D
(a)	2	1	4	3
(b)	1	2	3	4
(c)	4	2	3	1
(d)	3	1	2	4

21. निम्न में से कौन-सा युग्म सुमेलित नहीं है?

UPPSC Mains, 2014

(a) बिरजू महाराज - कथक
(b) आल्हा - महोबा
(c) अमजद अली खां - सरोद
(d) बिरहा - कन्नौज

22. निम्नलिखित में से किसने लखनऊ के सांस्कृतिक क्रिया-कलापों में योगदान नहीं दिया था?

UPPSC Mains, 2009

(a) बिन्दादीन (b) उस्ताद दूल्हे खां
(c) मेहंदी (d) इलियास खां

23. निम्नलिखित शास्त्रीय नृत्य प्रारूपों में से कौन-सा उत्तर प्रदेश से संबद्ध है?

UPPSC Mains, 2015

(a) कथक (b) भरतनाट्यम
(c) ओडिसी (d) कुचीपुड़ी

24. निम्नलिखित में से किसने शंभू महाराज को हिंदुस्तानी शास्त्रीय संगीत की शिक्षा दी?

UPPSC RO/ARO Pre. 2016

(a) नत्थू खान (b) रहीमुद्दीन खान
(c) सुजान खान (d) अब्दुल करीम खान

25. निम्नलिखित में से कौन बनारस घराने से संबंधित है?

UPPSC Mains, 2005

1. बेगम अख्तर 2. मोती बाई
3. रसूलन बाई 4. सिद्धेश्वरी देवी

नीचे दिये गये कूट से सही उत्तर चुनिए-
(a) केवल 1 तथा 2 (b) केवल 2
(c) केवल 1, 2 तथा 3 (d) केवल 2, 3 तथा 4

26. उत्तर प्रदेश का गुरु पूर्णिमा पर्व किस ऋषि को समर्पित है, ऋषि

UPPSC RO/ARO Mains, 2014

(a) व्यास को (b) वशिष्ठ को
(c) वाल्मीकि को (d) भृगु को

27. प्रसिद्ध 'ठुमरी' गायिका गिरिजा देवी का जन्म किस शहर में हुआ था?

UPPSC Pre. 2017

(a) लखनऊ (b) अलीगढ़
(c) मुरादाबाद (d) वाराणसी

उत्तरमाला

1.	(c)	**2.**	(a)	**3.**	(d)	**4.**	(b)	**5.**	(b)	**6.**	(a)	**7.**	(c)	**8.**	(d)	**9.**	(b)	**10.**	(d)
11.	(a)	**12.**	(d)	**13.**	(a)	**14.**	(d)	**15.**	(c)	**16.**	(b)	**17.**	(b)	**18.**	(c)	**19.**	(a)	**20.**	(b)
21.	(d)	**22.**	(c)	**23.**	(a)	**24.**	(b)	**25.**	(d)	**26.**	(a)	**27.**	(d)						

13 अध्याय
उत्तर प्रदेश के प्रमुख व्यक्तित्व

गौतम बुद्धः

बौद्ध धर्म के संस्थापक **गौतम बुद्ध** का जन्म कपिलवस्तु के लुम्बिनी नामक स्थान पर **563 ई. पू.** में हुआ था। गौतम बुद्ध का बचपन का नाम **सिद्धार्थ** था। बुद्ध के पिता का नाम **शुद्धोधन (शाक्य वंश)**, माता का नाम **महामाया**, पत्नि का नाम **यशोधरा (यशोधरा के पिताः सुप्रबुद्ध - कोलिय वंश और माताः पमिता)** तथा पुत्र का नाम **राहुल** था। गौतम बुद्ध की पत्नि के अन्य नाम गोपा, बिम्बा तथा भद्रकच्छना है। गौतम बुद्ध के जन्म के कुछ समय बाद ही इनकी माता का स्वर्गवास हो गया था। तब इनकी मौसी प्रजापति गौतमी ने इनका पालन-पोषण किया जोकि बुद्ध की मृत्यु के बाद प्रथम बौद्ध भिक्षुणी बनी। गौतम बुद्ध का विवाह 16 वर्ष की आयु में ही हो गया था।

- बुद्ध का सारथी चन्ना व प्रिय घोड़ा **कंथक** था।
- गौतम बुद्ध को चार दृश्यों **(1)** बूढ़ा व्यक्ति **(2)** बीमार व्यक्ति **(3)** मृत व्यक्ति तथा **(4)** एक संन्यासी ने संन्यास की ओर प्रवृत्त किया। इन सांसारिक दु:खों से व्यथित होकर 29 वर्ष की आयु में गृहत्याग कर दिया था जिसे बौद्ध ग्रंथों में महाभिनिष्क्रमण की संज्ञा दी गई।
- 6 वर्षों की कठिन तपस्या के बाद 35 वर्ष की आयु में वैशाख की पूर्णिमा की रात को निरंजना **(फल्गु)** नदी के तट पर उरूवेला **(बोधगया)** में पीपल के वृक्ष **(वृक्ष का नामः अश्वत्थ या बोधिवृक्ष)** के नीचे ज्ञान की प्राप्ति हुई। बुद्ध के ज्ञान प्राप्ति की घटना को बौद्ध धर्म में सम्बोधि की संज्ञा दी गई। यही सुजाता ने बुद्ध को वैशाख पूर्णिमा के दिन खीर खिलाई थी।
- बुद्ध ने अपना प्रथम उपदेश जिसे बौद्ध ग्रंथो में धम्मचक्र प्रवर्तन कहा गया, सारनाथ **(ऋषिपत्तम्)** में पाँच ब्राह्मण संन्यासियों को दिया। इन्होंने अपने उपदेश **पाली भाषा** में दिए। गौतम बुद्ध ने सर्वाधिक उपदेश **श्रावस्ती** में दिए।
- महात्मा बुद्ध ने तपस्स और काल्लिक नामक दो शूद्रों को बौद्ध धर्म का सर्वप्रथम अनुयायी बनाया।
- महात्मा बुद्ध के प्रिय शिष्य **आनंद और उपालि** थे।
- बुद्ध के प्रथम गुरू **आलार कलाम** थे। जोकि सांख्य दर्शन के विशेषज्ञ थे। बुद्ध ने इनसे न केवल सांख्य दर्शन की शिक्षा प्राप्त की बल्कि ध्यान एवं समाधि का भी ज्ञान प्राप्त किया।
- बुद्ध के अनुयायी शासकों में मगध राज्य के शासक बिम्बिसार का पुत्र अजातशत्रु, कोशल राज्य के प्रसेनजीत तथा कौशाम्बी के शासक उदयन आदि प्रमुख है।
- बौद्ध धर्म का प्रचार-प्रसार करते हुए बुद्ध ने अंतिम उपदेश सुभद्द को मल्ल गणराज्य की राजधानी पावापुरी (बिहार) में दिया था।
- 483 ई० पू० 80 वर्ष की आयु में कुशीनारा (देवरिया) जोकि मल्लों की राजधानी थी, में एक शिष्य चुन्द द्वारा दिया गया भोजन खाकर इन्होंने शरीर त्याग दिया। बौद्ध धर्म में इस घटना को महापरिनिर्वाण की संज्ञा दी गई।

  मल्लों ने ही बुद्ध का अंतिम संस्कार किया। बुद्ध के शरीर के अवशेषों को आठ स्थानों पर ले जाकर आठ स्तूपों का निर्माण कराया गया।
- महात्मा बुद्ध को **'लाइट ऑफ एशिया'** भी कहा जाता है।
- बुद्ध ने अपने जीवन काल की अंतिम वर्षा ऋतु वैशाली में बिताई थी।
- बुद्ध की शिक्षाएं त्रिपिटकों में मिलती है। इसमें बुद्ध के उपदेशों का संकलन है। त्रिपिटक के तीन भाग विनय पिटक, सुत्त पिटक तथा अभिधम्म पिटक है।
- **बौद्ध धर्म के त्रिरत्नः** बुद्ध, धम्म तथा संघ

बौद्ध धर्म के चार आर्य सत्यः

1. दु:ख - अर्थात संसार दु:खमय है।
2. दु:ख समुदाय - अर्थात इच्छाएं दु:खों का कारण है।
3. दु:ख निरोध - अर्थात इच्छाओं के त्याग से दु:खों का निवारण संभव है।
4. दु:ख निरोध गामिनी (दु:ख निवारक मार्ग-अष्टांगिक मार्ग) अर्थात इस मार्ग पर चलकर इच्छाओं व दु:खों का अंत होगा।

बौद्ध धर्म के अष्टांगिक मार्गः

1. सम्यक् दृष्टि
2. सम्यक् संकल्प
3. सम्यक् वाक्
4. सम्यक् कर्मांतः

5. सम्यक् आजीविका 6. सम्यक् व्यायाम
7. सम्यक् स्मृति 8. सम्यक् समाधि

❑ **बौद्ध धर्म के दस शील:** महात्मा बुद्ध द्वारा 10 शील बताए गए हैं जिनका मनुष्य को अपने जीवन में पालन करना चाहिए ताकि जीवन नैतिकतापूर्ण बन सके।

(1) सत्य (2) अहिंसा (3) अस्तेय (चोरी न करना) (4) ब्रह्मचर्य (5) अपरिग्रह (आवश्यकता से अधिक संचय न करना) (6) शैय्या त्याग (7) अविलासिता अर्थात व्यभिचार न करना (8) असमय भोजन त्याग (9) मद्यपान त्याग तथा (10) सुगंधित वस्तुओं का सेवन न करना।

❑ **बौद्ध दर्शन:** बौद्ध दर्शन तीन मूल सिद्धातों पर आधारित है-

1. अनीश्वरवाद 2. अनात्मवाद 3. क्षणिकवाद

बुद्ध के जीवन से जुड़े प्रतीक:

- **हाथ:** गौतम बुद्ध के गर्भ में आने का प्रतीक
- **कमल:** जन्म का प्रतीक
- **सांड:** यौवन का प्रतीक
- **घोड़ा:** गृह त्याग का प्रतीक
- **पीपल:** ज्ञान का प्रतीक
- **शेर:** समृद्धि का प्रतीक
- **पदचिह्न:** निर्वाण का प्रतीक
- **स्तूप:** मृत्यु का प्रतीक

बौद्ध संगीतियाँ:

बौद्ध संगीति	स्थान	समय	अध्यक्ष	शासक	उपलब्धि
प्रथम संगीति	राजगृह	483 ई. पू.	महाकश्यप	अजातशत्रु (हर्यक वंश)	सुत्तपिटक और विनयपिटक का संकलन
द्वितीय संगीति	वैशाली	383 ई. पू.	सबाकामी (साबकमीर)	कालाशोक (शिशुनाग वंश)	बौद्ध धर्म का दो भागों में विभाजन-थेरवाद तथा महासंघिक।
तृतीय संगीति	पाटलिपुत्र	251 ई. पू.	मोग्गलि-पुत्ततिस्स	अशोक (मौर्य वंश)	अभिधम्मपिटक का संकलन।
चतुर्थ संगीति	कुंडलवन (कश्मीर)	प्रथम शताब्दी ईस्वी	अध्यक्ष: वसुमित्र उपाध्यक्ष: अश्वघोष	कनिष्क (कुषाण वंश)	बौद्ध धर्म का विभाजन दो भागों में-महायान तथा हीनयान।

कबीरदास: कबीरदास का जन्म 1398 ई० में वाराणसी (उ०प्र०) में हुआ था। इनका पालन पोषण नीरू और नीमा नामक जुलाहा दम्पत्ति ने किया था। संत कबीर की पत्नी का नाम लोई, पुत्र का नाम कमाल तथा पुत्री का नाम कमाली था। कबीरदास के गुरु का नाम स्वामी रामानन्द था। कबीरदास की भाषा साधुक्कड़ी थी।

कबीरदास की रचनाएं: बीजक के रूप में संग्रहित है। इसके तीन भाग साखी, सबद तथा रमैनी है।

❑ कबीरदास की मृत्यु 1518 ई० में मगहर, संत कबीर नगर में हुई थी।

सूरदास: सूरदास का जन्म 1478 ई० में मथुरा के रूनकता नामक ग्राम में हुआ था। इनके पिता का नाम पंडित रामदास तथा माता का नाम जमुनादास बाई था। सूरदास के गुरु का नाम आचार्य बल्लभाचार्य था।

सूरदास की प्रमुख रचनाएं: सूरसारावली, सूरसागर, साहित्य लहरी तथा राधारसकेली आदि है। सूरदास की भाषा ब्रज थी।

❑ सूरदास की मृत्यु गोवर्धन के निकट पारसौली नामक ग्राम में 1583 ई० में हुई थी।

तुलसीदास: गोस्वामी तुलसीदास का जन्म 1532 ई० में बांदा जिले के राजापुर नामक ग्राम में हुआ था। तुलसीदास के पिता का नाम आत्माराम दुबे तथा माता का नाम हुलसी था। इनकी पत्नि का नाम रतनावली था। तुलसीदास के गुरु का नाम नरहरिदास था। तुलसीदास के बचपन का नाम रामबोला था। तुलसीदास की रचनाएं ब्रज एवं अवधी दोनों भाषाओं में है।

तुलसीदास की प्रमुख रचनाएं: रामचरित मानस, पार्वती मंगल, जानकी मंगल, दोहावली, कवितावली, गीतावली, सतसई, बैराग्यसंदीपनी, रामाज्ञाप्रश्न रामललानहछू, बरवै रामायण तथा विनय पत्रिका आदि है।

❑ तुलसीदास की मृत्यु 1623 ई० में वाराणसी में हुई थी।

रैदासः संत रविदास (संत रैदास) जी का जन्म लगभग 1388 ई० में बनारस में हुआ था। ये संत कबीर दास के समकालीन थे। ये भक्तिकाल के वैष्णव संत रामानंद के 12 शिष्यों में से एक थे। रैदास निर्गुण ब्रह्म के उपासक थे। इन्होंने रामदासी संप्रदाय की स्थापना की। रैदास के चालीस पद सिक्खों के पवित्र ग्रंथ **'गुरुग्रंथ साहब'** में भी शामिल हैं। संत रैदास मीराबाई के गुरू थे।

- संत रैदास की मृत्यु 1518 ई० में वाराणसी में हुई थी।

जियाउद्दीन बरनीः जियाउद्दीन बरनी का जन्म 1285 ई० में बुलन्दशहर के बरन नामक स्थान पर हुआ था। इसीलिए वह अपने नाम के बाद बरनी लिखते थे। जियाउद्दीन बरनी अमीर खुसरो के मित्र और निजामुद्दीन औलिया के शिष्य थे। जियाउद्दीन बरनी दिल्ली सल्तनत के मुहम्मद-बिन-तुगलक और फिरोजशाह तुगलक के समय में एक इतिहासकार एवं राजनीतिक विचारक थे।

- **जियाउद्दीन बरनी की प्रमुख रचनाएंः** तारिक-ए-फिरोजशाही तथा फतवा-ए-जहांदरी है। बरनी की मृत्यु 1357 ई० में हुई।

हजरत निजामुद्दीन औलियाः इनका जन्म 1236 ई० में प्रदेश के बदायूं जिले में हुआ था। निजामुद्दीन औलिया को महबूब-ए-इलाही तथा सुल्तान-उल-औलिया की उपधियाँ दी गयी थी। वह चिश्तिया सिलसिले के चौथे सूफी संत थे। निजामुद्दीन औलिया बाबा फरीद के शिष्य थे। शेख नसिरूद्दीन चिराग-ए-देहली, जियाउद्दीन बरनी तथा अमीर खुसरो, निजामुद्दीन औलिया के शिष्य थे।

- निजामुद्दीन औलिया की मृत्यु 1325 में हुई। निजामुद्दीन औलिया की दरगाह दिल्ली में स्थित है।

अमीर खुसरोः अमीर खुसरो जिनको **'तोता-ए-हिन्द'** के नाम से भी जानते है, का जन्म 1253 ई० में पटियाली, कासगंज में हुआ था। इनका वास्तविक नाम अबुल हसन यमीनुद्दीन खुसरो था। अमीर खुसरो फारसी के कवि एवं इतिहासकार थे। खड़ी बोली के आविष्कार का श्रेय भी अमीर खुसरो को ही दिया जाता है।

सर्वप्रथम अमीर खुसरो ने ही **'हिन्दवी'** शब्द का उल्लेख किया। इन्होंने अपनी रचनाओं में हिन्दी एवं फारसी का उपयोग किया है।

इनकी प्रमुख रचनाएंः तुगलकनामा, किरानुस्सादैन, खजाइ उल फुतूह, नुह-ए-सिपहर तथा देवलरानी-खिज्र खाँ आदि है।

- अमीर खुसरो ने दिल्ली के 8 सुल्तानों का शासनकाल देखा था। अमीर खुसरो की मृत्यु 1325 ई० में हुई।

राजा टोडरमलः राजा टोडरमल का जन्म सीतापुर जिले के लहरपुर गाँव में 1503 ई० में हुआ था। टोडरमल, अकबर के नवरत्नों में से एक थे। इससे पहले टोडरमल, शेरशाह सूरी के दरबार में भू-अभिलेख मंत्री थे। अकबर के वित्तमंत्री के रूप में टोडरमल ने आईन-ए-दहसाला एक कृषि राजस्व प्रणाली आरम्भ की थी। राजा टोडरमल की मृत्यु 1589 ई० में लाहौर में हुई।

बीरबलः बीरबल का जन्म 1528 ई० में जालौन जिले के काल्पी में एक ब्राह्मण परिवार में महेश दास के रूप में हुआ था। बीरबल, अकबर के नवरत्नों में से एक थे साथ ही अकबर द्वारा चलाए गए धर्म दीन-ए-इलाही को स्वीकार करने वाले पहले व्यक्ति थे। बादशाह अकबर ने इन्हें कविराज की उपाधि प्रदान की थी। पश्तून के युसूफ जाइयों के साथ पश्चिमोत्तर के एक युद्ध में 1586 ई० में बीरबल की मृत्यु हो गई थी।

शेख फैज़ीः इनका जन्म 1547 ई० में आगरा में हुआ था। फैज़ी अकबर के नवरतनो में से एक है। फैज़ी का पूरा नाम **'शेख अबु अल फैज़'** था। शेख फैज़ी, अबुल फजल के बड़े भाई थे। फैज़ी ने भास्कराचार्य द्वारा संस्कृत भाषा में रचित गणित के सुप्रसिद्ध ग्रन्थ **'लीलावती'** का फारसी में अनुवाद किया। इनकी मृत्यु 1595 ई० में हुई।

अबुल फजलः अबुल फजल का जन्म 1550 ई० में आगरा में हुआ था। अबुलफजल का पूरा नाम अबुल फजल इब्न मुबारक था। अबुल फजल शेख मुबारक का पुत्र एवं फैजी का छोटा भाई था। अबुल फजल अकबर के दरबार में नवरत्नों में से एक था। अबुल फजल तुर्की, फारसी, अरबी, संस्कृत एवं हिन्दी का ज्ञाता था। दक्षिण से आगरा आते समय 1602 ई० में वीर सिंह देव ने आंतरी, मध्यप्रदेश में उनकी हत्या कर दी थी। **अबुल फजल की प्रमुख रचनाएं अकबरनामा तथा आइने अकबरी है।**

नोटः अकबरनामा फारसी में लिखी गई थी इसमें तीसरे खण्ड को आइने अकबरी कहते हैं।

मलिक मोहम्मद जायसीः मलिक मोहम्मद जायसी का जन्म 1492 में जायस, अमेठी के निकट उत्तर प्रदेश में हुआ था। इनकी प्रमुख रचनाएं पद्मावत, अखरावट, आखरी कलाम, कहरनामा तथा चित्ररेखा आदि है।

रानी लक्ष्मीबाई: वीरांगना रानी लक्ष्मीबाई का जन्म 1828 ई० में वाराणसी में हुआ था। इनका बचपन का नाम मणिकर्णिका था। इनके पिता का नाम मोरोपंत तांबे तथा माता का नाम भागीरथी सापरे था। इनका विवाह 1842 ई० में झांसी के राजा गंगाधर राव निवालकर से हुआ था। तभी से इनका नाम झांसी की रानी पड़ा। अपने पुत्र की मृत्यु के पश्चात् इन्होंने एक पुत्र गोद लिया। अपने दत्तक पुत्र का नाम इन्होंने दामोदर राव रखा। ब्रिटिश इंडिया के गवर्नर जनरल डलहौजी की राज्य हड़प नीति के अन्तर्गत अंग्रेजों ने दत्तक पुत्र को उत्तराधिकारी मानने से इंकार कर दिया और **'डॉक्ट्रिन ऑफ लेप्स'** नीति के तहत 7 मार्च 1854 को झांसी का ब्रिटिश राज्य में विलय कर लिया। 18 जून 1958 को रानी लक्ष्मीबाई ग्वालियर में वीरगति को प्राप्त हुई।

तात्या टोपे: तात्या टोपे का जन्म सन 1814 ई० में नासिक (महाराष्ट्र) के येवला नामक गाँव में हुआ था। इनका मूल नाम रामचन्द्र पाण्डुरंग येवलकर था। इनके पिता का नाम पांडुरंग राव तथा माता का नाम रूकमा बाई था। इनके पिता पांडुरंग राव बिठूर के पेशवा मराठा बाजीराव द्वितीय के दरबार में थे। यहीं इनका पालन पोषण नाना साहब तथा मणिकर्णिका के साथ हुआ था। तात्या टोपे के नेतृत्व में नाना साहब की सेना ने अंग्रेजों से खूब संघर्ष किया। 1857 की क्रान्ति में बिठूर, झांसी तथा काल्पी आदि स्थानों पर उन्होंने भयंकर युद्ध किया।

- नरवर के राजा मानसिंह ने 7 अप्रैल 1859 को इन्हें गिरफ्तार करके अंग्रेजों को सौंप दिया गया। 18 अप्रैल 1859 को तात्या टोपे को मध्यप्रदेश के शिवपुरी में फांसी दी गई।

नाना साहब: पेशवा बाजीराव द्वितीय के पुत्र नाना साहब का जन्म 1824 ई० में बिठूर में हुआ था। इनके पिता का नाम माधवनारायण भट्ट तथा माता का नाम गंगाबाई था। नाना साहब का प्रारंम्भिक नाम गोविंद था। कानपुर में 1857 की क्रांति का नेतृत्व नाना साहब ने ही किया था । तात्या टोपे इनके सेनापति थे। 1857 की क्रांति में ब्रिटिश हुकूमत ने नाना साहब पर 1 लाख रुपये का ईनाम रखा था। 1857 की क्रान्ति के विफल होने के बाद नाना साहब नेपाल चले गए थे।

बेगम हजरत महल: **'अवध की बेगम'** नाम से प्रसिद्ध बेगम हजरत महल का जन्म अवध प्रान्त के फैजाबाद (वर्तमान: अयोध्या) जिले में 1820 ई० में हुआ था। इनका वास्तविक नाम मुहम्मदी खानम था। इन्हें महक परी के नाम से भी जाना जाता था। बेगम हजरत महल अवध के नवाब वाजिद अली शाह की दूसरी पत्नी थी। बेगम हजरत महल ने अपने नाबालिग पुत्र बिरजिस कद्र को गद्दी पर बैठाकर लखनऊ से 1857 की क्रांति का नेतृत्व किया था। अवध पर अंग्रेजों का कब्जा होने के पश्चात् हजरत महल अपने पुत्र के साथ नेपाल चली गईं। वहीं 7 अप्रैल 1879 ई० को इनकी मृत्यु हो गई।

अजीजन बेगम: अजीजन बेगम का जन्म 1832 ई० में लखनऊ में हुआ था। अजीजन बेगम कानपुर में पेशेवर नर्तकी का कार्य करती थीं। परन्तु देशप्रेम की भावना ने इन्हें 1857 की क्रांति में कूदने पर विवश कर दिया। अजीजन बेगम ने क्रान्तिकारियों की बैठको में जाना आरम्भ किया और वहाँ नाना साहब के आह्वान पर इन्होंने अंग्रेजों से टक्कर लेने के लिए स्त्रियों का एक दल गठित किया।

- ब्रिटिश कमांडर हेनरी हैवलॉक ने गिरफ्तारी के बाद अजीजन बेगम के सामने अजीमुल्ला खां का पता बताने पर मांफी देने का प्रस्ताव रखा। प्रस्ताव को ठुकराने पर इन्हें मार दिया गया।

पं० मदन मोहन मालवीय: महान देशभक्त, प्रख्यात शिक्षाविद्, राजनेता, सुविख्यात पत्रकार एवं सामाज सुधारक पंडित मदन मोहन मालवीय का जन्म 25 दिसम्बर 1861 को प्रयागराज में हुआ था। इनके पिता का नाम पं. ब्रजनाथ तथा माता का नाम भूनादेवी था। पं. मदन मोहन मालवीय को उनकी हृदय की महानता के कारण, महात्मा गाँधी ने **'महामना'** की उपाधि दी थी। महान राष्ट्रवादी नेता पंडित मदन मोहन मालवीय ने वर्ष 1916 में **'बनारस हिन्दू विश्वविद्यालय'** की स्थापना की थी।

- पं मदन मोहन मालवीय 15 वर्ष की आयु से ही "मकरंद" उपनाम से कविताएं लिखने लगे थे। इन्होंने 1885 से 1907 के बीच तीन पत्रों-हिन्दुस्तान, इंडियन यूनियन और अभ्युदय का संपादन किया। इन्होंने इलाहाबाद जिला विद्यालय में अध्यापन कार्य तथा इलाहाबाद हाईकोर्ट में वकालत भी की।
- पं. मदन मोहन मालवीय भारतीय राष्ट्रीय कांग्रेस के चार बार अध्यक्ष चुने गए। 1909 में लाहौर, 1918 और 1930 में दिल्ली तथा 1932 में कोलकाता में कांग्रेस के अधिवेशन के अध्यक्ष रहे 1919 में इन्होने एक अंग्रेजी अखबार द लीडर की स्थापना की। इन्होने लंदन में आयोजित द्वितीय गोलमेज सम्मेलन में भी भाग लिया। पंडित मदन मोहन मालवीय का निधन 12 नवंबर 1946 को बनारस में हुआ था। देश के लिए उनके महान योगदान को देखते हुए वर्ष 2014 में इन्हें देश के सबसे बड़े नागरिक सम्मान 'भारत रत्न' से अलंकृत किया गया।

मंगल पाण्डे: मंगल पाण्डे का जन्म 19 जुलाई 1827 को बलिया के नगवाँ नामक गाँव में हुआ था। इनके पिता का नाम दिवाकर पाण्डे तथा माता का नाम अभयरानी था। 22 वर्ष की आयु में 1849 में मंगल पाण्डे ईस्ट इंडिया कंपनी की सेना में भर्ती हुए। वह पश्चिम

बंगाल में बैरकपुर स्थित 34 वीं बटालियन के सैनिक थे।

- गाय व सुअर की चर्बी लगे कारतूस को मुँह से काटकर लोड करने के विरोध में मंगल पाण्डे ने सार्जेंट मेजर ह्यूसन व लेफ्टिनेंट बॉब को गोलीमार मौत के घाट उतार दिया। 8 अप्रैल 1857 ई. को बैरकपुर में मंगल पांडे को फांसी दे दी गई। ये भारतीय स्वतन्तत्रा संग्राम के 1857 की क्रान्ति के प्रथम शहीद थे। इसके पश्चात 10 मई 1857 ई. को मेरठ छावनी के सैनिको ने विद्रोह कर दिया था।

रामप्रसाद बिस्मिलः इनका जन्म 11 जून 1897 को शाहजहाँपुर में हुआ था। इनके पिता का नाम पण्डित मुरलीधर तथा माता का नाम मूलमती था। रामप्रसाद एक कवि, शायर, अनुवादक, इतिहासकार व साहित्यकार भी थे। वे उर्दू में बिस्मिल नाम से लिखते थे। बिस्मिल के अतिरिक्त वे राम और अज्ञात के नाम से भी लेख एवं कविताएं लिखते थे।

- **रामप्रसाद बिस्मिल द्वारा लिखी कुछ प्रमुख पुस्तकें:** मैनपुरी षडयन्त्र, स्वदेशी रंग, चीनी षड्यन्त्र (चीन की राजक्रान्ति), अरविन्द घोष की कारावास कहानी, अशफाक की याद में, सोनाखान के अमर शहीद- 'वीर नारायण सिंह', जनरल जार्ज वाशिंगटन तथा अमेरिका कैसे स्वाधीन हुआ?
- रामप्रसाद विस्मिल ने अक्टूबर 1924 में शचींद्रनाथ सांन्याल, योगेश चन्द्र चटर्जी तथा चन्द्रशेखर आजाद के साथ हिंदुस्तान रिपब्लिकन एसोसिएशन की स्थापना की थी।

  सरफरोशी की तमन्ना, अब हमारे दिल में है,

  देखना है जोर कितना, बाजुएं कातिल में है।

इन पंक्तियों की रचना भी रामप्रसाद बिस्मिल ने की थी।

- 9 अगस्त 1925 के **'काकोरी ट्रैन एक्शन'** के नायक पंडित राम प्रसाद बिस्मिल को लखनऊ के सेशन कोर्ट से फांसी की सजा सुनाई गई थी। इसके बाद इन्हें गोरखपुर जेल में 19 दिसंबर 1927 को फांसी दी गई।

चन्द्रशेखर आजादः चन्द्रशेखर आजाद का जन्म 23 जुलाई 1906 को मध्य प्रदेश के अलीराजपुर जिले के भाभरा गाँव (वर्तमान नामः चन्द्रशेखर आजाद नगर) में हुआ था। मूल रूप से उनका परिवार उन्नाव जिले के बदरका गाँव से था। इनके पिता का नाम सीताराम तिवारी तथा माता का नाम जगरानी देवी था। चन्द्रशेखर आजाद मात्र 14 वर्ष की अल्प आयु में ही स्वतंत्रता संग्राम में कूद पड़े थे। रामप्रसाद बिस्मिल, चन्द्रशेखर आजाद को **'क्विक सिल्वर'** कहकर पुकारते थे। झांसी के निकट ओरछा के जंगलों में आजाद अपने साथियों के साथ निशानेबाजी का अभ्यास करते थे। आजाद दूसरे क्रांतिकारियों को प्रशिक्षण देने के साथ ही पंडित हरिशंकर ब्रह्मचारी के छद्म नाम से बच्चों के अध्यापन का कार्य भी करते थे।

- हिन्दुस्तान रिपब्लिकन एसोसिएशन का सदस्य बनने के बाद इन्होंने 9 अगस्त 1925 को अन्य क्रान्तिकारियों के साथ ब्रिटिश राज के खिलाफ काकोरी ट्रैन एक्शन को अंजाम दिया।
- इसके पश्चात् 1927 में बिस्मिल और 4 अन्य क्रांतिकारी साथियों के बलिदान के बाद इन्होंने उत्तर भारत की सभी क्रान्तिकारी पार्टियों को संगठित करते हुए हिन्दुस्तान सोशलिस्ट रिपब्लिकन एसोसिएशन का गठन किया। इन्होने भगत सिंह के साथ मिलकर सॉण्डर्स की हत्या कर लाला लाजपत राय की मौत का बदला लिया।
- 27 फरवरी 1931 ई. को प्रयागराज के अल्फ्रेड पार्क में चन्द्रशेखर आजाद ने अंग्रेजों से मुठभेड़ के दौरान स्वंय को गोली मार ली और देश के लिए शहीद हो गए।

अशफाक उल्ला खाँः इनका जन्म शाहजहाँपुर में 22 अक्टूबर 1900 ई. को हुआ था। ये रामप्रसाद बिस्मिल के घनिष्ठ मित्र थे और साथ ही हिन्दुस्तान रिपब्लिकन ऐसोसिएशन के सदस्य भी थे। ये 9 अगस्त 1925 के काकोरी ट्रैन एक्शन में भी शामिल हुए। काकोरी ट्रैन एक्शन में भागीदारी के लिए अशफाक उल्ला खाँ को 19 दिसम्बर 1927 को फैजाबाद में फाँसी दे दी गई।

रोशन सिंहः रोशन सिंह का जन्म शाहजहांपुर के नबादा गांव में 22 जनवरी 1892 ई. को हुआ था। इनके पिता का नाम ठाकुर जंगी सिंह और माता का नाम कौशल्या देवी था। रोशन सिंह हिन्दुस्तान रिपब्लिकन एसोसिएशन के सक्रिय सदस्य थे। यद्यपि रोशन सिंह 9 अगस्त 1925 के काकोरी ट्रैन एक्शन में शामिल नहीं थे। परन्तु बमरौली डकैती में इनके शामिल होने के साक्ष्य मिलने के पश्चात् अंग्रेजी हुकुमत ने इन्हें फांसी दिलवाने के लिए पूरा जोर लगा दिया। 19 दिसंबर 1927 को इन्हें इलाहाबाद में स्थित मलाका जेल में फांसी दे दी गई।

शिव वर्माः विख्यात क्रांतिकारी शिव वर्मा का जन्म 9 फरवरी 1904 को उत्तर प्रदेश के हरदोई जिले के कलौरी नामक गाँव में हुआ था। इनके पिता कन्हैया लाल वर्मा एक वैद्य थे। शिव वर्मा को कई क्रांतिकारी गतिविधियों में भाग लेने के आरोप में 1929 में गिरफ्तार कर लिया गया था और लाहौर षड्यंत्र केस में आजीवन कारावास की सजा देकर अंडमान निकोबार द्वीप समूह की सेलुलर जेल भेज दिया गया। 10 जनवरी 1997 को इनका कानपुर में निधन हो गया।

भगवती चरण वोहरा: भगवती चरण वोहरा का जन्म 15 नवंबर 1903 को आगरा में हुआ था। इनके पिता शिवचरण वोहरा लाहौर में रेलवे में कार्यरत थे। इनकी प्रारम्भिक शिक्षा-दीक्षा लाहौर में ही हुई। 13 वर्ष की अल्प आयु में ही इनका विवाह 11 वर्षीय दुर्गावती से कर दिया गया था। 1926 में 'लाहौर' में भगवती चरण वोहरा ने भगत सिंह के साथ मिलकर **'नौजवान सभा'** की स्थापना की। भगवती चरण वोहरा काकोरी केस, लाहौर षड्यंत्र केस तथा लाला लाजपत राय को मरवाने वाले अंग्रेजी अफसर सांडर्स की हत्या में भी शामिल थे। इन्होंने 23 दिसबंर 1929 में इरविन की स्पेशल ट्रैन को बम से उड़ाने की कोशिश की जिसमें इरविन बच गए। इन्होंने गांधी जी को हिंसा का महत्व समझाने के लिए **'फिलॉसफी ऑफ द बम'** नामक लेख लिखा। ये बम बनाने में काफी दक्ष थे।

- 28 मई 1930 को रावी नदी के तट पर क्रान्तिकारियों के साथ बम का परीक्षण करते हुए दुर्घटना में उनकी मृत्यु हो गई।

पुरुषोत्तम दास टण्डन: पुरुषोत्तम दास टण्डन (भारत रत्न प्राप्त वर्ष 1961 में) का जन्म 1 अगस्त 1882 को इलाहाबाद में हुआ था। इनके पिता शालिग्राम टण्डन लिपिक थे। 1920 में असहयोग आन्दोलन तथा 1921 में समाज कल्याण हेतु गांधी जी के आह्वान पर ये वकालत छोड़कर स्वतंत्रता संग्राम में कूद पड़े। इन्होंने असहयोग आन्दोलन, सत्याग्रह तथा लंदन गोलमेज सम्मेलन में भी भाग लिया तथा जेल भी गए।

- ये संयुक्त प्रांत (वर्तमान-उत्तर प्रदेश) की विधान सभा के 13 वर्ष (1937-50) तक अध्यक्ष रहे। इन्हें 1946 में संविधान सभा में भी सम्मिलित किया गया। ये वर्ष 1952 में लोकसभा तथा 1956 में उत्तर प्रदेश से राज्यसभा के लिए चुने गए। 1 जुलाई 1962 को इनकी मृत्यु हो गई।

पं दीनदयाल उपाध्याय: इनका जन्म 25 सितम्बर 1916 में मथुरा के नगला चंद्रभान गाँव में हुआ था। इनके पिता भगवती प्रसाद उपाध्याय ज्योतिष थे। वर्ष 1947 में पं. दीनदयाल ने राष्ट्रधर्म प्रकाशन लिमिटेड की स्थापना की जिसमें राष्ट्रधर्म, पांचजन्य व स्वदेशी नामक पत्र प्रकाशित होते थे। 21 अक्टूबर 1951 को डॉ० श्यामा प्रसाद मुखर्जी की अध्यक्षता में भारतीय जनसंघ की स्थापना हुई तथा पं. दीनदयाल उपाध्याय को प्रथम महासचिव नियुक्त किया गया।

- 11 फरवरी 1968 को पं. दीनदयाल उपाध्याय की रहस्यमय तरीके से मौत हो गई। मुगलसराय रेलवे यार्ड में उनकी लाश मिलने से पूरे देश में शोक की लहर दौड़ पड़ी।

राम मनोहर लोहिया: इनका जन्म 23 मार्च 1910 को अम्बेडकर नगर जिले के अकबरपुर गाँव में हुआ था। राम मनोहर लोहिया गांधी जी के व्यक्तित्व से बहुत प्रभावित हुए और जीवन पर्यन्त गांधी जी के आदर्शों का समर्थन किया। 18 वर्ष की आयु में वर्ष 1928 में इन्होंने साइमन कमीशन का विरोध करते हुए छात्र आन्दोलन का नेतृत्व किया। 1929 में कलकत्ता विश्वविद्यालय से स्नातक कर, PHD करने के लिए बर्लिन विश्वविद्यालय, जर्मनी चले गए। 1934 में इन्होंने कांग्रेस सोशलिस्ट पार्टी की स्थापना की।

- 12 अक्टूबर 1967 को इन्होंने विलिंग्डन हॉस्पिटल (वर्तमान नाम: डॉ. राम मनोहर लोहिया हॉस्पिटल), दिल्ली में देह त्याग दिया।
- **'गिल्टी मैन ऑफ इण्डियाज पार्टीशन':** डॉ. राम मनोहर लोहिया की आत्मकथा है।

मोतीलाल नेहरू: मोतीलाल नेहरू का जन्म 6 मई 1861 को प्रयागराज में हुआ था। इनके पिता गंगाधर नेहरू कश्मीरी ब्राह्मण थे। इनकी माता का नाम इंद्राणी था। पं. मोतीलाल नेहरू ने इलाहाबाद हाईकोर्ट की परीक्षा में प्रथम स्थान के साथ ही स्वर्ण पदक भी प्राप्त किया। 1909 में मोतीलाल नेहरू उत्तर प्रदेश परिषद के सदस्य चुने गए। 1919 में अमृतसर में हुए जलियांवाला बाग हत्याकांड. के बाद मोतीलाल नेहरू ने गाँधी जी के आह्वान पर वकालत छोड़ दी और स्वाधीनता संग्राम में कूदने का निर्णय लिया। मोतीलाल नेहरू ने 1919 में अमृतसर तथा 1928 में कोलकाता में भारतीय राष्ट्रीय कांग्रेस के अधिवेशन की अध्यक्षता की।

- गांधीजी के द्वारा असहयोग आन्दोलन वापस लिए जाने के बाद इन्होंने चितरंजन दास के साथ मिलकर कांग्रेस खिलाफत स्वराज पार्टी की स्थापना की। 6 फरवरी 1931 को इनका निधन हो गया।

जवाहरलाल नेहरू: भारत के पहले प्रधानमंत्री जवाहरलाल नेहरू का जन्म 14 नवंबर 1889 को उत्तर प्रदेश के इलाहाबाद में हुआ था। इनके पिता का नाम मोतीलाल नेहरू तथा माता का नाम स्वरूप रानी था। इनकी स्कूली शिक्षा इंग्लैण्ड के हैरो स्कूल से और कॉलेज की शिक्षा ट्रिनिटी कॉलेज, कैम्ब्रिज (लंदन) से पूरी हुई। 1912 में भारत लौटकर जवाहरलाल नेहरू ने वकालत आरम्भ की। जवाहरलाल नेहरू की पत्नी का नाम कमला तथा पुत्री का नाम इंदिरा गांधी था। 1920-22 के असहयोग आंदोलन के सिलसिले में इन्हें दो बार जेल जाना पड़ा था। जवाहरलाल नेहरू 1923 में अखिल भारतीय कांग्रेस कमेटी के महासचिव बने। ये छः बार कांग्रेस पार्टी के अध्यक्ष बने। (लाहौर 1929, लखनऊ 1936, फैजपुर 1937, दिल्ली 1951, हैदराबाद 1953 तथा कल्याणी 1954)।

- 1935 में अल्मोड़ा जेल में अपनी आत्मकथा **'मेरी कहानी-एन ऑटोबायोग्राफी'** का लेखन कार्य पूर्ण किया।

जवाहरलाल नेहरू की रचनाएँ:

- भारत की खोज
- विश्व इतिहास की झलक
- बहुरूपी गांधी

- जवाहरलाल नेहरू को वर्ष 1955 में भारत रत्न से सम्मानित किया गया। 27 मई 1964 को इनका निधन हो गया।

लाल बहादुर शास्त्री: लाल बहादुर शास्त्री का जन्म 2 अक्टूबर 1904 को मुगलसराय में हुआ था। इनके पिता मुंशी शारदा प्रसाद श्रीवास्तव प्राथमिक विद्यालय में शिक्षक थे। इन्होंने जय जवान जय किसान का नारा दिया। शास्त्री जी ने 9 जून 1964 को भारत के दूसरे प्रधानमंत्री के तौर पर पद भार ग्रहण किया था। ताशकन्द (सोवियत संघ) में 11 जनवरी 1966 को रहस्यमय परिस्थितियों में इनकी मृत्यु हो गयी थी। इन्हें मरणोपरान्त 1966 में भारत रत्न से सम्मानित किया गया।

चौधरी चरण सिंह: भारत के पाँचवें क्रम के प्रधानमंत्री (1979-80) चौधरी चरण सिंह का जन्म 23 दिसम्बर, 1902 को मेरठ के नूरपुर गाँव में हुआ था। चौधरी चरण सिंह लोकसभा का सामना न करने वाले इकलौते प्रधानमंत्री थे। इन्होंने 1923 में विज्ञान से स्नातक एवं 1925 में आगरा विश्वविद्यालय से स्नातकोत्तर की उपाधि प्राप्त की। चौधरी चरण सिंह को **'किसानों का मसीहा'** कहा जाता है। चौधरी चरण सिंह की जयंती (23 दिसम्बर) को देश भर में **'किसान दिवस'** के रूप में मनाया जाता है। इनके द्वारा लिखी गई कुछ महत्वपूर्ण पुस्तकें जमींदारी उन्मूलन, भारत की गरीबी और उसका समाधान, किसानों की भूसंपत्ति या किसानों के लिए भूमि, प्रिवेंशन ऑफ डिवीजन ऑफ होल्डिंग्स बिलो ए सर्टेन मिनिमम, को-ऑपरेटिव फार्मिंग एक्स-रयेद् आदि है।

मुंशी प्रेमचन्द: मुंशी प्रेमचन्द का जन्म 31 जुलाई 1880 को वाराणसी जिले के लमही नामक ग्राम में हुआ था। इनका वास्तविक नाम धनपत राय था। इनके पिता मुंशी अजायब राय लमही के डाक विभाग में मुंशी थे तथा माता का नाम आनन्दी देवी था। मुंशी प्रेमचन्द को हिन्दी के अलावा उर्दू एवं फारसी का भी ज्ञान था। मुंशी प्रेमचन्द की दूसरी पत्नी शिवरानी देवी एक बाल विधवा थी। शिवरानी देवी ने प्रेमचन्द की मृत्यु के पश्चात् उनकी जीवनी 'प्रेमचन्द इन हाउस' लिखी। प्रेमचन्द ने हिन्दी समाचार पत्र 'जागरण' तथा मासिक साहित्यिक पत्रिका 'हंस' का भी सम्पादन किया।

प्रेमचन्द के उपन्यास: गोदान, गबन, रंगभूमि, कर्मभूमि, प्रेमाश्रम, निर्मला, रूठीरानी, वरदान, सेवासदन, प्रतिज्ञा तथा मंगल सूत्र (जिसे उनके पुत्र ने पूरा किया था) आदि है।

प्रेमचन्द की प्रमुख कहानियाँ: पंच परमेश्वर, कफन, नमक का दरोगा, पूस की रात, त्रिया-चरित्र, ईदगाह, आल्हा तथा दो बैलों की कथा आदि है।

प्रेमचन्द के प्रमुख नाटक: करबला, प्रेम की वेदी, संग्राम तथा तजुर्बा आदि है।

प्रेमचन्द के निबंध: कुछ विचार, कलम-त्याग और तलवार।

- 8 अक्टूबर 1936 को वाराणसी में प्रेमचन्द की मृत्यु हो गई थी।

महादेवी वर्मा: **'आधुनिक युग की मीरा'** के नाम से विख्यात महादेवी वर्मा का जन्म 26 मार्च 1907 को फर्रूखाबाद, उत्तर प्रदेश में हुआ था। इनके पिता का नाम गोविन्द प्रसाद वर्मा तथा माता का नाम हेमरानी था। 1932 में इन्होंने इलाहाबाद विश्वद्यालय से संस्कृत में एम.ए. करने के पश्चात् प्रयाग महिला विद्यापीठ की स्थापना की और प्रधानाचार्य के रूप में कार्य किया। इन्होंने मासिक पत्रिका 'चाँद' का बिना वेतन लिए संपादन किया।

महादेवी वर्मा की रचनाएं: नीहार, रश्मि, नीरजा, सांध्यगीत, दीपशिखा, अग्निरेखा, यामा, नीलाम्बरा, प्रथम आयाम, सप्तपर्णा तथा सन्धिनी आदि है।

- 11 सितम्बर 1987 को प्रयागराज में इनकी मृत्यु हो गई। इन्हें 1956 में पद्म भूषण, 1982 में ज्ञानपीठ तथा 1988 में पद्म विभूषण पुरस्कार (मरणोपरांत) मिला।।

भारतेन्दु हरिश्चंद्र: भारतेन्दु हरिश्चंद्र का जन्म 9 सितम्बर 1850 को वाराणसी में हुआ था। इनके पिता गोपाल चन्द्र भी एक कवि थे। इन्होंने कवि वचन सुधा, बाल बोधिनी एवं हरिश्चंद्र चंद्रिका का सम्पादन किया। भारतेन्दु हिन्दी साहित्य में आधुनिक काल के पितामह माने जाते है। भारतेन्दु की भाषा शैली बृज भाषा एवं खड़ी बोली थी।

भारतेन्दु हरिश्चंद्र की प्रमुख रचनाएं: प्रेम माधुरी, प्रेम मलिका, मधुमुकुल, वर्षा-विनोद, भारत दुर्दशा, अंधेर नगरी, प्रेम-तरंग, विनय प्रेम पचासा, वैदिक हिंसा-हिंसा न भवति, श्री चंद्रावली, हमीर हठ तथा बादशाह दर्पण आदि हैं। इन्होंने मुद्राराक्षस का भी अनुवाद किया।

- भारतेन्दु की मृत्यु 6 जनवरी 1885 को वाराणसी में हुई।

जयशंकर प्रसाद: जयशंकर प्रसाद का जन्म 30 जनवरी 1890 को काशी, उत्तर प्रदेश में हुआ था। इनके पिता का नाम देवी प्रसाद था।

जयशंकर प्रसाद की रचनाएं: कामायनी, आंसू, झरना, प्रेम पथिक, उर्वशी, इरावती, चित्राधार, लहर, तितली, कंकाल, प्रतिध्वनि, छाया, कानन कुसुम, आकाशदीप, आँधी तथा ध्रुवस्वामिनी आदि हैं।

❒ 15 नवंबर 1937 को इनकी मृत्यु हो गई।

प्रताप नारायण मिश्र: प्रताप नारायण मिश्र का जन्म 24 सितम्बर 1856 ई० में उत्तर प्रदेश के उन्नाव जिले में हुआ था। इनके पिता संकटा प्रसाद एक ज्योतिषी थे। प्रताप नारायण मिश्र ने ब्राह्मण नामक मासिक पत्र में लगभग हर विषय पर निबन्ध लिखे थे।

प्रताप नारायण मिश्र की प्रमुख रचनाएं: गौ संकट, हठी हमीर, कलि कौतुक, कलि प्रभाव, मन की लहर, प्रेम पुष्पावली, मानस विनोद, भारत दुर्दशा (नाटक), जुआरी-खुआरी, बात तथा संगीत शाकुन्तल (छायानुवाद अभिज्ञानशाकुंतलम्-कालीदास) आदि है।

6 जुलाई 1894 को इनकी मृत्यु हो गई।

मैथलीशरण गुप्त: इनका जन्म 3 अगस्त 1886 को झांसी के निकट चिरगाँव में हुआ था। इन्हें 1954 में पद्म भूषण से सम्मानित किया गया था। साहित्य जगत में इन्हें **'दद्दा'** के नाम से सम्बोधित किया जाता था। स्वतंत्रता संग्राम के समय प्रभावशाली सिद्ध हुई इनकी कृति **'भारत-भारती'** के कारण इन्हें महात्मा गाँधी ने **'राष्ट्रकवि'** की उपाधि दी थी। मैथिलीशरण गुप्त की जयन्ती "3 अगस्त" को कवि दिवस के रूप में मनाया जाता है।

मैथलीशरण गुप्त की प्रमुख रचनाएं: भारत-भारती, साकेत, यशोधरा, जयद्रथ वध, पंचवटी, द्वापर तथा त्रिपथक आदि है।

❒ 12 दिसम्बर 1964 को इनका निधन चिरगाँव में ही हो गया।

रामचन्द्र शुक्ल: आचार्य रामचन्द्र शुक्ल का जन्म 1884 ई० में बस्ती जिले के अगोना गाँव में हुआ था। आचार्य रामचन्द्र शुक्ल की प्रमुख रचनाएं चिंतामणि, विचार वीथी, हिन्दी साहित्य का इतिहास तथा आदर्श जीवन आदि है।

❒ इनकी मृत्यु 1941 में हो गई।

हरिवंश राय बच्चन: इनका जन्म 27 नवम्बर 1907 को प्रयागराज के निकट पट्टी गाँव (वर्तमान में प्रतापगढ़ जिले) में हुआ था। इनकी प्रमुख रचनाएं मधुशाला, मधुबाला, मधुकलश, निशा निमंत्रण, एकांत संगीत, मिलन यामिनी, क्या भूलूँ क्या याद करूँ, दो चट्टानें, बसेरे से दूर, प्रवास की डायरी, नीड़ का निर्माण फिर तथा दशद्वार से सोपान तक आदि है। इन्हें 1968 में इनकी रचना दो चट्टानें हेतु साहित्य अकादमी पुरस्कार से सम्मानित किया गया।

❒ इनकी मृत्यु 18 जनवरी 2003 को मुम्बई में हुई।

हजारी प्रसाद द्विवेदी: हजारी प्रसाद द्विवेदी का जन्म 19 अगस्त 1907 में बलिया जिले में हुआ था। इन्हें 1957 में पद्म भूषण से अलंकृत किया गया था। आलोक पर्व निबंध के लिए इन्हें 1973 में साहित्य अकादमी पुरस्कार मिला। इन्होंने काशी हिन्दू विश्वविद्यालय में प्रोफेसर एवं HOD के रूप में भी अपनी सेवाएं दी।

हजारी प्रसाद द्विवेदी की प्रमुख रचनाएं: कल्पलता, विचार और वितर्क, विचार-प्रवाह, आलोक पर्व, कुटज, हिन्दी साहित्य की भूमिका, नाथ सम्प्रदाय, बाणभट्ट की आत्मकथा, सूर साहित्य तथा मेघदूत आदि है।

❒ 19 मई 1979 को इनका निधन हो गया था।

डॉ० सम्पूर्णानन्द: डॉ० सम्पूर्णानन्द का जन्म 1890 ई० में बनारस में हुआ था। इन्होंने मर्यादा और टुडे नामक पत्रों का भी सम्पादन किया। डॉ० सम्पूर्णानन्द ने उत्तर प्रदेश के शिक्षामंत्री, गृहमंत्री तथा मुख्यमंत्री पद को भी सुशोभित किया तथा राजस्थान के राज्यपाल भी रहे। जीवन और दर्शन, चिद्विलास, सप्तर्षि तारामण्डल, भाषा की शक्ति, आर्यों का आदि देश, समाजवाद, अंतर्राष्ट्रीय विधान तथा सम्राट हर्षवर्धन आदि हैं।

❒ इनकी मृत्यु 10 जनवरी 1969 ई० में हुई।

वृन्दालाल वर्मा: वृन्दालाल वर्मा का जन्म 9 जनवरी 1889 को झाँसी, उत्तर प्रदेश में हुआ था। इनके पिता का नाम अयोध्या प्रसाद था।

इनकी प्रमुख रचनाएं: मृगनयनी, झांसी की रानी, भुवन विक्रम, टूटे कांटे, आँचल मेरा कोई, राखी की लाज, संगम, लगान, अहिल्याबाई, माधवजी सिंधिया तथा कचनार आदि हैं।

❒ इनका निधन 23 फरवरी 1969 को हुआ।

सुभद्रा कुमारी चौहान: इनका जन्म 16 अगस्त 1904 को इलाहाबाद, उत्तर प्रदेश में हुआ था। सुभद्रा कुमारी चौहान की प्रमुख रचनाएं बिखरे मोती, उनमादिनी, सीधे-साधे चित्र, अनोखा दान, आराधना, उपेक्षा, उल्लास, यह कदम्ब का पेड़, समर्पण तथा जलियाँवाला बाग में बसंत आदि है।

❒ 15 फरवरी 1948 को सड़क दुर्घटना में इनकी मृत्यु हो गई।

सच्चिदानंद हीरानंद वात्स्यायन 'अज्ञेय': इनका जन्म 7 मार्च 1911 को कसया (वर्तमान नाम: कुशीनगर), उत्तर प्रदेश में हुआ था।

इनकी प्रमुख रचनाएं: शेखर एक जीवनी, कोठरी की बात, परंपरा, एक बूँद सहसा उछली, सबरंग, आत्मनेपद, त्रिशंकु, उत्तर प्रियदर्शी तथा नदी के द्वीप आदि हैं।

- 4 अप्रैल 1987 को इनकी मृत्यु हो गई।

धर्मवीर भारती: धर्मवीर भारती का जन्म 25 सितंबर 1926 को प्रयागराज, उत्तर प्रदेश में हुआ था।

इनकी प्रमुख रचनाएं: गुनाहों का देवता, सूरज का सातवाँ घोड़ा, अंधा युग, बंद गली का आखिरी मकान, ठेले पर हिमालय तथा कुछ चेहरे कुछ चिंतन आदि है। इन्हें वर्ष 1972 में भारत सरकार द्वारा पद्म श्री से अलंकृत किया गया।

- इनकी मृत्यु 4 सितंबर 1997 को हुई।

राहुल सांकृत्यायन: राहुल सांकृत्यायन का जन्म उत्तर प्रदेश के आजमगढ़ जिले के पंदहा गांव (इनके ननिहाल) में 9 अप्रैल 1893 को हुआ था। इन्हें काशी के पंडितों ने महापंडित की उपाधि दी थी।

इनकी प्रमुख रचनाएं: घुमक्कड़ शास्त्र, मेरी लद्दाख यात्रा, वोल्गा से गंगा, मेरी जीवन यात्रा, भागो नहीं दुनिया बदलो, दिमागी गुलामी, किन्नर देश में तथा दर्शन दिग्दर्शन आदि हैं।

- 4 अप्रैल 1963 में दार्जिलिंग में इनकी मृत्यु हो गई।

सुश्री मायावती

- मायावती का जन्म 15 जनवरी 1956 को दिल्ली के सुचेता कृपलानी अस्पताल में हुआ था। मायावती का पैतृक गांव बादलपुर, गौतमबुद्ध नगर जिले में स्थित है।
- भारत की राजनीतिक पार्टी (बहुजन समाज पार्टी) की राष्ट्रीय अध्यक्ष।
- वर्ष (2012-17) तक राज्यसभा की सदस्या रहीं।
- उत्तर प्रदेश राज्य की चार बार मुख्यमंत्री बनीं।

मुलायम सिंह यादव

- भारत की राजनीतिक पार्टी (समाजवादी पार्टी) के संस्थापक।
- उत्तर प्रदेश राज्य के तीन बार मुख्यमंत्री रहे।
- भारत सरकार में रक्षा मंत्री (1996-98) ।
- नेताजी तथा धरतीपुत्र के उपनाम से प्रसिद्ध।
- भारत के द्वितीय सर्वोच्च पुरस्कार पद्म विभूषण से वर्ष 2023 में मरणोपरान्त सम्मानित।

रामनाथ कोविंद

- भारत के 14वें राष्ट्रपति रह चुके हैं। (कार्यकाल: 2017-22)
- बिहार राज्य के गवर्नर रह चुके हैं। (कार्यकाल: 2015-17)
- उत्तर प्रदेश राज्य से भारत के राष्ट्रपति के पद पर आसीन होने वाले प्रथम व्यक्ति।
- हाल ही में केंद्र सरकार ने 'एक राष्ट्र एक चुनाव' पैनल का गठन रामनाथ कोविंद की अध्यक्षता में किया।

मेजर ध्यानचंद

- इनका जन्म 29 अगस्त 1905 ई० को इलाहाबाद में हुआ था।
- द विजार्ड, द मैजीशियन के उपनाम से प्रसिद्ध।
- भारतीय हॉकी के प्रसिद्ध खिलाड़ी।
- 1928, 1932 तथा 1936 के ओलम्पिक खेलों में स्वर्ण पदक विजेता हॉकी टीम के खिलाड़ी।

परीक्षोपयोगी महत्त्वपूर्ण प्रश्न

1. अमीर खुसरो ने किसके विकास में अग्रगामी भूमिका निभाई?

UPPSC ACF/RFO 2018

(a) बृजभाषा (b) अवधी
(c) खड़ी बोली (d) भोजपुरी

2. निम्नलिखित में से किसे तोता-ए-हिंद के उपनाम से पुकारा जाता है?

(a) अमीर खुसरो (b) मोहम्मद बिन तुगलक
(c) मलिक मोहम्मद जायसी (d) शेर शाह सूरी

3. निजामुद्दीन औलिया का जन्म कहाँ हुआ था?

(a) कन्नौज (b) फर्रूखाबाद
(c) जालौन (d) बदायूँ

4. किस सूफी संत को 'महबूब-ए-इलाही' कहा जाता था?

UPPSC Civil Service 2014

(a) ख्वाजा मोइनुद्दीन चिश्ती
(b) बाबा फरीद
(c) कुतुबुद्दीन बख्तियार काकी
(d) शेख निजामुद्दीन औलिया

5. धनपत राय श्रीवास्तव को कैसे जाना जाता था?

SSC MTS 10/11/2020

(a) सआदत हसन मंटो (b) मुंशी प्रेमचंद
(c) रामधारी सिंह दिनकर (d) भारतेन्दु हरिश्चंद्र

6. भारत-भारती रचना है-

UPSI 2017

(a) धर्मवीर भारती की (b) नरेन्द्र मेहता की
(c) मैथिलीशरण गुप्त की (d) गोपालशरण सिंह नेपाली

7. लीलावती का फारसी अनुवाद निम्न में से किसने किया था?

(a) दारा शिकोह (b) बदायुँनी
(c) अबुल फजल (d) फैजी

8. बीरबल का जन्म किस जनपद में हुआ था?

(a) जालौन (b) मेरठ
(c) बागपत (d) बुलंदशहर

9. बनारस हिन्दू विश्वविद्यालय की स्थापना किसने की थी?

(a) प्रो. अमर्त्य सेन (b) महात्मा गाँधी
(c) पं. मदन मोहन मालवीय (d) काशी नरेश

10. 'सबद' किसकी प्रसिद्ध कृति है?

(a) सूरदास (b) तुलसीदास
(c) कबीरदास (d) विद्याधर

11. टोडरमल किससे सम्बन्धित थे?

(a) संगीत (b) साहित्य
(c) भू-राजस्व सुधार (d) कानून

12. रानी लक्ष्मीबाई का विवाह झांसी के निम्नलिखित में से किस राजा से हुआ था?

UPSSSC JE 19/12/2021

(a) शिव राव (b) दामोदर राव
(c) बाजीराव द्वितीय (d) गंगाधर राव

13. बेगम हजरत महल, भारत के निम्नलिखित में से किस विद्रोह से संबंधित हैं?

SSC GD 11/02/2019

(a) मोपला विद्रोह, 1921 (b) पाइकों का विद्रोह, 1817
(c) गोंड विद्रोह, 1941 (d) सिपाही विद्रोह, 1857

14. बेगम हजरत महल ने 1857 के विद्रोह का नेतृत्व निम्नलिखित में किस शहर से किया था?

(a) इलाहाबाद (b) लखनऊ
(c) वाराणसी (d) कन्नौज

15. कानपुर में 1857 के विद्रोह का नेतृत्व किसने किया था?

DSSSB TGT 06/09/2021

(a) अब्दुल अली खान (b) रानी लक्ष्मीबाई
(c) बख्त खान (d) नाना साहब

16. हिन्दी साहित्य के किस कवि को 'कलाधर' के उपनाम से जाना जाता है?

Rajasthan PTET 2018

(a) प्रेमचन्द (b) जयशंकर प्रसाद
(c) कबीर (d) तुलसीदास

17. बिस्मिल अजीमाबादी रचित "सरफरोशी की तमन्ना अब हमारे दिल में है" को किस क्रांतिकारी ने आजादी के नारे के रूप में प्रसिद्ध किया?

(a) चंद्रशेखर आजाद (b) राम प्रसाद बिस्मिल
(c) भगत सिंह (d) अशफाक उल्ला खान

18. लाल बहादुर शास्त्री का जन्म .... को हुआ था।

SSC CPO 25/11/2020

(a) 12 अक्टूबर 1904 (b) 2 अक्टूबर 1904
(c) 2 अक्टूबर 1869 (d) 12 अक्टूबर 1869

19. किस रचनाकार के बचपन का नाम रामबोला था?

DSSSB TGT 04/09/2021

(a) विद्यापति (b) तुलसीदास
(c) कबीरदास (d) केशवदास

20. काकोरी केस के किस क्रांतिकारी को गोरखपुर जेल में फांसी की सजा दी गई थी?

(a) राजेंद्र नाथ लाहिड़ी (b) अशफाक उल्ला खान
(c) राम प्रसाद बिस्मिल (d) रोशन सिंह

21. किस संत को रामायण के लेखक वाल्मीकि का अवतार माना जाता है?

UPSSSC मण्डी परिषद् 30/05/2019

(a) गोस्वामी तुलसीदास (b) रामानंद स्वामी
(c) संत रविदास (d) स्वामी करपात्री

22. निम्नलिखित में से कौन-सी प्रेमचंद की कृति नहीं है?

UPSSSC PET 21/08/2022

(a) कर्मभूमि (b) मानसरोवर
(c) शतरंज के खिलाड़ी (d) मैला आंचल

उत्तरमाला

1.	(c)	2.	(a)	3.	(d)	4.	(d)	5.	(b)	6.	(c)	7.	(d)	8.	(a)	9.	(c)	10.	(c)
11.	(c)	12.	(d)	13.	(d)	14.	(b)	15.	(d)	16.	(b)	17.	(b)	18.	(b)	19.	(b)	20.	(c)
21.	(a)	22.	(d)																

14 अध्याय

उत्तर प्रदेश: भाषा, बोलियाँ एवं शिक्षा प्रणाली

उत्तर प्रदेश: शिक्षा साहित्य एवं पत्र पत्रिकाएँ

- भारत में पहली प्रेस वर्ष 1550 में पुर्तगाली मिशनरियों द्वारा शुरू की गई।
- वर्ष 1780 में जेम्स ऑगस्टस हिक्की ने "बंगाल गजट" नामक साप्ताहिक समाचार पत्र निकाला।
- अंग्रेजी भाषा में रचित बंगाल गजट को भारत का पहला समाचार पत्र माना जाता है।
- भारतीय भाषा में रचित प्रथम पत्रिका "दिग्दर्शन 1818" थी, जिसका संपादन ईसाई मिशनरियों द्वारा किया गया।
- "उदंत मार्तड़" को हिंदी का पहला समाचार पत्र माना जाता है, जिसका प्रकाशन कोलकाता से हुआ था। इसके सम्पादक जुगल किशोर शुक्ल थे, जिनका संबंध मूलत: कानपुर से था।

स्वतंत्रता पूर्व युग

- गांधी जी ने नवजीवन, हरिजन तथा यंग इंडिया आदि पत्रों का सम्पादन किया।
- माधुरी पत्रिका का प्रकाशन वर्ष 1921 में हुआ।

प्रमुख समाचार पत्र/पत्रिका

समाचार पत्र पत्रिका	वर्ष	स्थान/ संपादक	विशेषता
सरस्वती	1900	प्रयागराज/ महावीर प्रसाद द्विवेदी	इस पत्रिका का संपादन द्विवेदी जी के बाद 5 लोगों ने मिलकर किया- देवीदत्त शुक्ल, पदुम लाल पुन्नालाल बख्शी आदि।
हिंदी प्रदीप (मासिक)	1877	प्रयागराज	--
स्वदेश	1919	गोरखपुर	--
द इंडिपेंडेट	1919	प्रयागराज/ मोतीलाल नेहरू	--
अभ्युदय (साप्ताहिक)	1907	प्रयागराज/ मदन मोहन मालवीय	मदन मोहन मालवीय जी ने 1887 में हिंदी दैनिक पत्रिका 'हिंदोस्तान' के संपादक के रूप में पत्रकारिता की शुरुआत की।
हंस	1930	वाराणसी/ मुंशी प्रेमचंद	--
बनारस अखबार (साप्ताहिक)	1845	वाराणसी/ गोविंद रघुनाथ दत्त	यह उत्तर प्रदेश का पहला समाचार पत्र था। इसकी शुरूआत राजा शिवप्रसाद सितारेहिंद के द्वारा की गई थी।
तत्वबोधिनी पत्रिका	1865	बरेली/गुलाब शंकर	--
हरिश्चंद्र मैगजीन	1872 -73	वाराणसी/ भारतेंदु हरिश्चंद्र	--
कविवचन सुधा (मासिक पत्रिका)	1867	वाराणसी/ भारतेंदु हरिश्चन्द्र	इसका प्रकाशन हिंदी में होता था।
आज (दैनिक टुडे)	1920	वाराणसी /शिवप्रसाद गुप्त एवं श्रीप्रकाश	--
कौमी आवाज (उर्दू दैनिक)	1945	लखनऊ/ जवाहर लाल नेहरू एवं रफी अहमद किदवई	--
नेशनल हेराल्ड	1938	लखनऊ/ जवाहर लाल नेहरू	--
ब्राह्मण	1883	कानपुर/ प्रतापनारायण मिश्र	--
प्रताप	1913	कानपुर/गणेश शंकर विद्यार्थी	यह एक क्रांतिकारी पत्रिका थी।
सरदल अखबार	1846	आगरा/ प्रोफेसर सीफेंक	यह उत्तर प्रदेश से प्रकाशित होने वाला पहला उर्दू अखबार था।

असदुल अखबार (साप्ताहिक पत्र)	1847	आगरा/मुंशी कमरूद्दीन	--
बुद्धि प्रकाश	1852	आगरा/ सदासुखलाल	--
सर्वहितकारक (साप्ताहिक)	1855	आगरा/शिव नारायण	--
लखनऊ अखबार	--	लखनऊ/ लालजी	उर्दू में प्रकाशित होता था।
तौहीद	1913	मेरठ/खलीक हसन निजामी	--

भाषा एवं बोली

उत्तर प्रदेश में बोली जाने वाली प्रमुख बोलियाँ निम्न हैं-

1. खड़ी बोली (कौरवी)
2. अवधी (कोसली)
3. बुन्देली
4. ब्रजभाषा
5. भोजपुरी
6.. कन्नौजी

उत्तर प्रदेश की बोलियाँ

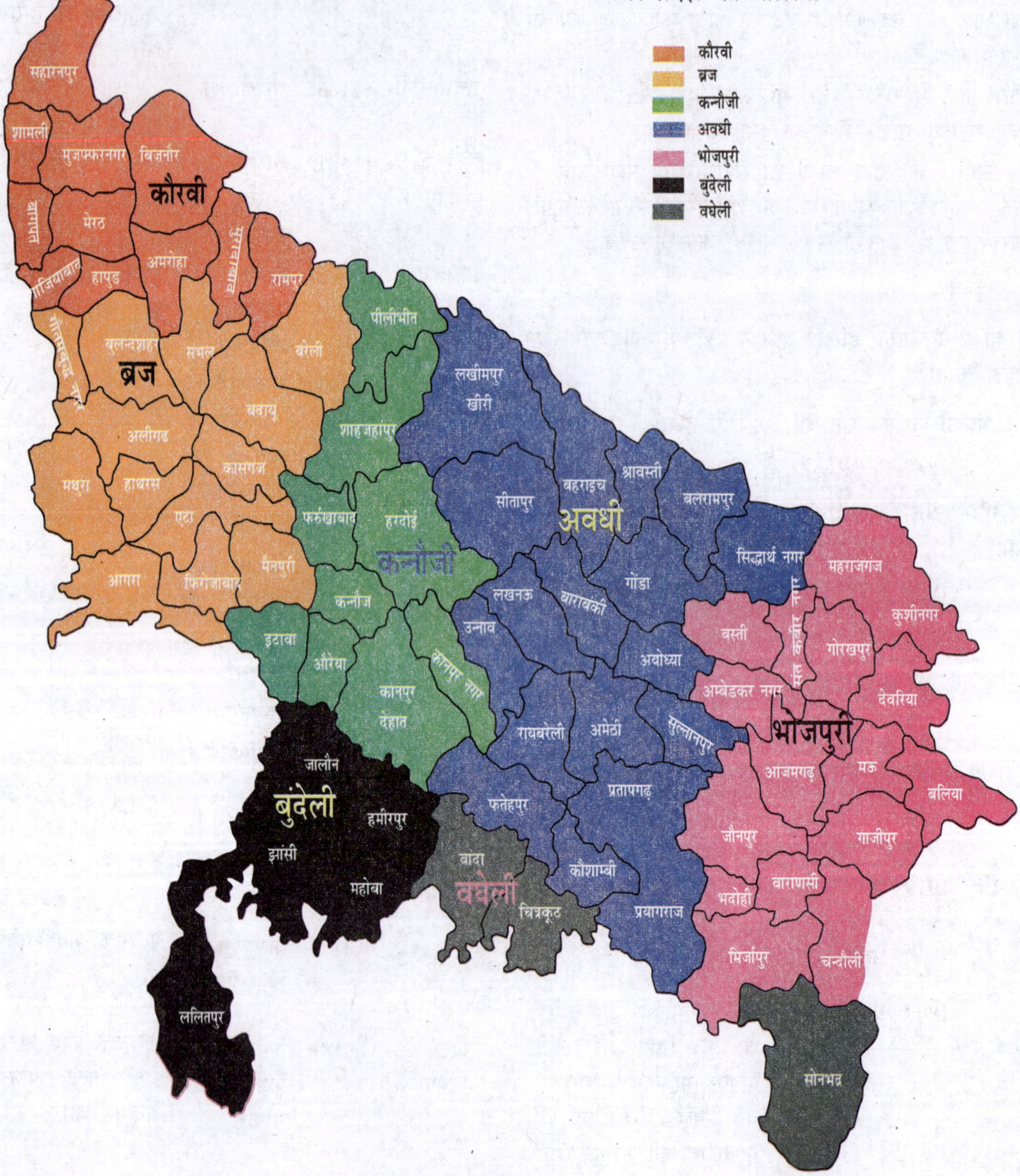

खड़ी बोली (कौरवी)

- बोली का केंद्र- मेरठ, दिल्ली के आस-पास का क्षेत्र।
- खड़ी बोली का एक अन्य नाम कौरवी है।
- इसे कौरवी नाम राहुल सांकृत्यायन द्वारा दिया गया।
- खड़ी बोली का विकास शौरसेनी अपभ्रंश के उत्तरी रूप में हुआ है।
- खड़ी बोली का अर्थ मानक हिंदी से माना जाता है।
- खड़ी बोली के प्रथम प्रसिद्ध कवि अमीर खुसरो थे।
- खड़ी बोली का प्रथम महाकाव्य 'प्रिय प्रवास' है जो अयोध्या सिंह उपाध्याय हरिऔध द्वारा रचित है।
- खड़ी बोली शब्द का सर्वप्रथम प्रयोग लल्लू लाल एवं सदल मिश्र ने किया था।
- खड़ी बोली का सबसे अधिक प्रसिद्ध महाकाव्य- कामायनी है जिसके रचयिता जयशंकर प्रसाद हैं।

अवधी (कोसली)

- अवधी बोली का केंद्र- अवध/अयोध्या है।
- अवधी बोली का अन्य नाम कोसली है।
- अवधी का क्षेत्र- फैजाबाद, गोंडा, सुल्तानपुर, लखनऊ, इलाहाबाद, बहराइच, फतेहपुर, प्रतापगढ़, रायबरेली, सीतापुर, उन्नाव, बाराबंकी, मिर्जापुर के पश्चिमी भाग तक है।
- अवधी भाषा का विकास अर्द्धमागधी अपभ्रंश से हुआ है।

अवधी की उपबोलियाँ-

1. मिर्जापुरी
2. बैसवाड़ी
3. बनौधी

प्रमुख रचनाएँ-

- पद्मावत- यह मलिक मुहम्मद जायसी द्वारा रचित ग्रंथ है।
- अवधी के प्रसिद्ध कवि- जायसी, उस्मान, तुलसीदास, मंझन, कुतुबन आदि।
- रामचरित मानस- तुलसीदास द्वारा रचित यह ग्रंथ परिष्कृत अवधी (साहित्यिक अवधी) में लिखा गया है।

बुंदेली

- बुंदेली क्षेत्र में बोली जाने वाली बोली को बुंदेली कहा गया है। इसका विकास शौरसेनी अपभ्रंश से हुआ है।
- बुंदेली बोली का क्षेत्र-यह बोली हमीरपुर, जालौन, उरई, झाँसी, दतिया, बाँदा के पश्चिमी भाग आदि जगहों पर बोली जाती है।

बुंदेली की उपबोलियाँ-

1. बनाफरी
2. राठौरी
3. लोधांती

ब्रजभाषा

- ब्रजभाषा शौरसेनी अपभ्रंश के द्वारा विकसित हिंदी की एक महत्वपूर्ण भाषा है। जिसका जन्म 1000 ई. के आस-पास माना जाता है।
- ब्रज का प्राचीन नाम शूरसेन था। ब्रज शब्द का शाब्दिक अर्थ है- गोस्थली या गोचारण स्थल अर्थात गाय के चरने का स्थान।
- मथुरा और उसके आस-पास के क्षेत्र को ब्रजमंडल कहा जाता है। चूँकि यह भाषा ब्रज क्षेत्र (मथुरा के आस-पास) में बोली जाती है इसीलिए इसे ब्रजभाषा कहते हैं। इसके अंतर्गत मथुरा, अलीगढ़, आगरा, फिरोजाबाद, हाथरस, एटा, कासगंज, मैनपुरी, बदायूँ, बुलंदशहर, धौलपुर आदि ब्रजभाषा क्षेत्र आते हैं। इस भाषा का केंद्र मथुरा एवं वृंदावन हैं।

ब्रजभाषा की उपबोलियाँ-

1. अन्तर्देशीय या अन्तर्वेदी
2. डाँगी
3. भरतपुरी
4. भुक्सा
5. ग्वालियरी
6. माथुरी

ब्रजभाषा के प्रमुख कवि-

- तुलसीदास, (सूरदास, कुंभनदास, कृष्णदास, परमानंददास, नंददास, गोविंद स्वामी, चतुर्भुजदास), बिहारी, रहीम, रसखान, देव, भूषण, मीराबाई (मीराबाई की ब्रजभाषा में राजस्थानी एवं खड़ी बोली का मिश्रण प्राप्त होता है), केशवदास, घनानंद, भारतेंदु हरिश्चन्द्र, सत्यनारायण, लल्लूलाल आदि।
- सूरसागर, उद्धवशतक, बिहारी सतसई इस भाषा की सर्वोत्तम कृतियाँ हैं।

भोजपुरी

- भोजपुरी भाषा का केंद्र भोजपुर है।
- इसका विकास मागधी अपभ्रंश से हुआ है।
- भोजपुरी बिहारी हिंदी की प्रमुख बोली है।
- भोजपुरी शब्द का सर्वप्रथम प्रयोग अंग्रेज विद्वान रेमण्ड ने किया।
- भारत के बाहर विदेशों में भी भोजपुरी भाषा बोली जाती है जैसे- सूरीनाम, मॉरीशस, फिजी, गुयाना, त्रिनिदाद और टोबैगो आदि।
- भोजपुरी का क्षेत्र- देवरिया, गोरखपुर, बलिया, गाजीपुर, मिर्जापुर, बनारस, जौनपुर, बस्ती, सीवान, छपरा, सारन, गोपालगंज, पूर्वी फैजाबाद आदि।
- भिखारी ठाकुर को भोजपुरी का शेक्सपियर एवं भोजपुरी का भारतेंदु भी कहा जाता है।
- भिखारी ठाकुर की प्रमुख रचना 'बिदेसिया' एक लोकनृत्य भी है।

❒ भोजपुरी के प्रमुख कवि- भिखारी ठाकुर, कबीरदास, राहुल सांकृत्यायन, फणीश्वरनाथ रेणु आदि।

भोजपुरी की उपबोलियाँ-

1. सोनपारी
2. नागपुरिया
3. गोरखपुरी
4. सखरिया
5. पश्चिमी भोजपुरी
6. उत्तरी भोजपुरी
7. दक्षिणी भोजपुरी
8. सारन
9. खारवारी
10. छपरहिया

कन्नौजी

❒ बुंदेली की तरह कन्नौजी का विकास भी शौरसेनी अपभ्रंश से हुआ है तथा यह भी ओकारबहुला बोली है।

❒ कन्नौज (प्राचीन कान्यकुब्ज) इसका मुख्य केंद्र है।

❒ कन्नौजी का क्षेत्र- उत्तर प्रदेश में यह बोली पीलीभीत, फर्रुखाबाद, इटावा, कानपुर, हरदोई, कन्नौज आदि जिलों में बोली जाती है।

अपभ्रंश	बोलियाँ	उपभाषाएँ	बोले जाने वाला क्षेत्र
शौरसेनी अपभ्रंश	खड़ी बोली या कौरवी	पश्चिमी हिंदी (5 बोलियाँ)	दिल्ली, सहारनपुर, मेरठ, गाजियाबाद, रामपुर, बिजनौर, मुजफ्फरनगर, मुरादाबाद, अंबाला, देहरादून।
	बाँगरू (हरियाणवी या जाटू)		अंबाला, करनाल, हिसार, दिल्ली, पटियाला आदि।
	बुंदेली		बुंदेलखंड, ग्वालियर, झाँसी, जालौन, दतिया, हमीरपुर, महोबा, होशंगाबाद, सागर, नृसिंहपुर, ओरछा, भोपाल, सागर, पन्ना, बालाघाट, सिवनी, छिन्दवाड़ा।
	कन्नौजी		कन्नौज, कानपुर, इटावा, हरदोई, फर्रुखाबाद, शाहजहाँपुर पीलीभीत आदि।
	ब्रजभाषा		मथुरा, आगरा, धौलपुर, मैनपुरी, एटा, कासगंज, अलीगढ़, बरेली, फिरोजाबाद, करौली, भरतपुर, ग्वालियर का पश्चिमी क्षेत्र, जयपुर का पूर्वी क्षेत्र, बदायूँ, नैनीताल का तराई क्षेत्र।
मागधी अपभ्रंश	भोजपुरी	बिहारी हिंदी (3 बोलियाँ)	बलिया, देवरिया, मिर्जापुर, बनारस, गाजीपुर, बस्ती, गोरखपुर, चंदौली, जौनपुर, आजमगढ़, भोजपुर, भभुआ, संतकबीरनगर, छपरा।
	मैथिली		दरभंगा, मधुबनी, सीतामढ़ी, समस्तीपुर, वैशाली, मुजफ्फरपुर, पूर्णिया।
	मगही		पटना, गया, नालंदा, औरंगाबाद, मुंगेर, हजारीबाग, राँची, भागलपुर, पलामू का पश्चिमी भाग, बिहारशरीफ।
अर्द्ध - मागधी अपभ्रंश	बघेली	पूर्वी हिंदी (3 बोलियाँ)	जबलपुर, रीवा, चित्रकूट, बांदा, मैहर, सतना, शहडौल, दमोह।
	अवधी		लखनऊ, फैजाबाद, प्रतापगढ़, रायबरेली, सुल्तानपुर, बहराइच, बाराबंकी, लखीमपुर खीरी, श्रावस्ती, प्रयागराज, गोंडा, सीतापुर, उन्नाव, फतेहपुर।
	छत्तीसगढ़ी		छत्तीसगढ़ के रायगढ़, रायपुर, बिलासपुर, सरगुजा, दुर्ग, खैरागढ़ कौरिया।
खस अपभ्रंश	कुमाऊँनी	पहाड़ी हिंदी (2 बोलियाँ)	नैनीताल, अल्मोड़ा, पिथौरागढ़।
	गढ़वाली		पौढ़ी, टिहरी, रुद्रप्रयाग, उत्तरकाशी, देहरादून, हरिद्वार।

प्रमुख साहित्यकार एवं उनकी प्रमुख रचनाएँ

साहित्यकार	रचनाएँ
तुलसीदास	रामचरित मानस (अवधी भाषा), विनयपत्रिका (ब्रजभाषा), गीतावली (मुक्तक काव्य), दोहावली, कृष्ण गीतावली, रामलला नहछू, बरवै रामायण, पार्वती मंगल, जानकी मंगल, वैराग्य संदीपनी, हनुमान बाहुक, रामाज्ञा प्रश्न, अग्नि परीक्षा
वाल्मीकि	रामायण (संस्कृत भाषा में)

नाभादास	अष्टयाम (ब्रजभाषा), भक्तमाल (ब्रजभाषा)
कबीरदास	बीजक (साखी, सबद, रमैनी)
नानक देव	इनकी रचनाएँ गुरूग्रंथ साहिब में संकलित है जिसके संकलनकर्त्ता गुरु अर्जुन देव थे।
रैदास (रविदास)	बानी
मलूकदास	रत्नखान, ज्ञानबोध, सुखसागर
मलिक मोहम्मद जायसी	पद्मावत, (अवधी, प्रबंध काव्य), अखरावट, आखिरी कलाम, कान्हावत, चित्ररेखा, कहरनामा
मुल्ला दाऊद	चन्दायन (अवधी भाषा)
कुतुबन	मृगावती (अवधी भाषा)
उस्मान	चित्रावली (अवधी भाषा)
नूरमुहम्मद	इन्द्रावती (अवधी भाषा)
ईश्वरदास	भरत मिलाप, अंगदपैज, सत्यवती कथा
रसखान	प्रेमवाटिका, सुजान रसखान, दानलीला
नरोत्तमदास	सुदामा चरित (ब्रजभाषा), ध्रुव चरित
मीराबाई	गीतगोविंद टीका, मीराबाई की मलार, राग सोरठा, नरसी जी का मायरा, राग गोविंद
सेनापति	कवित्त रत्नाकर (ब्रजभाषा), काव्य कल्पद्रुम
सूरदास	सूरसागर (ब्रजभाषा), साहित्य लहरी, सूरसारावली, भ्रमरगीत
वल्लभाचार्य	अणुभाष्य, पूर्व मीमांसा भाष्य
कृष्णदास	जुगल मानचरित्र, प्रेमतत्त्व
नन्ददास	रसमंजरी, रूपमंजरी (ब्रजभाषा), भँवरगीत, विरह मंजरी, सुदामा चरित, रुक्मिणी मंगल, मानमंजरी, रास पंचाध्यायी
चिंतामणि	कविकुलकल्पतरु, छंद विचार, रस विलास
मतिराम	ललितललाम, रसराज, अलंकार पंचाशिका
भिखारी दास	काव्यनिर्णय, शृंगार निर्णय, रस सारांश, नाम प्रकाश कोश, अमरकोश, छंदार्णव पिंगल, शतरंजशतिका
भूषण	शिवराजभूषण, शिवा बावनी, छत्रसाल दशक
पद्माकर	पद्माभरण, जगद्विनोद, गंगालहरी, प्रबोध पचासा.
कुलपति मिश्र	रस रहस्य, संग्रामसार, युक्तितरंगिणी
देव	भावविलास, शब्द रसायन, काव्य रसायन, सुजान विनोद, भवानी विलास, कुशल विलास, जाति विलास, अष्टयाम, रस विलास
केशवदास	रामचन्द्रिका, विज्ञानगीता (आध्यात्मिक ग्रंथ है), कविप्रिया, रसिकप्रिया, रतनबावनी, जहाँगीर जस चंद्रिका, वीर सिंह देव चरित्र
घनानंद	सुजानहित प्रबंध, वियोग बेलि, प्रीति पावस, इश्कलता, पदावली, सुजानसागर, घनानंद कवित्त, सुजानशतक, सुंदरी तिलक, कोकसार, विरहलीला
बोधा	विरह वागीश, इश्कनामा
प्रताप नारायण मिश्र	प्रेमपुष्पावली, शृंगारविलास, हठी हम्मीर, मन की लहर, मानस विनोद
अम्बिकादत्त व्यास	पावसपचासा, सुकवि सतसई, हो हो होरी
महावीर प्रसाद द्विवेदी	रसज्ञ रंजन, काव्य मंजूषा, सुमन, कान्यकुब्ज, अबला-विलाप, कविता कलाप, कुमार संभवसार
गया प्रसाद 'सनेही'	प्रेम पचीसी, करुणा कादंबिनी, त्रिशूल तरंग, कृषक-क्रन्दन, राष्ट्रीय वीणा
मैथिलीशरण गुप्त	रंग में भंग (प्रथम काव्य रचना, 1909), जयद्रथ वध (खंडकाव्य, 1910), भारत-भारती (1912), किसान (1917), पंचवटी (1925), झंकार (1929), गुरुकुल (1929), साकेत (महाकाव्य, 1931), यशोधरा (1933), नहुष, द्वापर (1936), जय भारत (1952), त्रिपथगा, सिद्धराज
अयोध्या सिंह उपाध्याय 'हरिऔध'	प्रिय प्रवास (खड़ी बोली हिंदी का प्रथम महाकाव्य है, प्रबंध काव्य है 1914), वैदेही वनवास (प्रबंधकाव्य है, 1940), पारिजात (प्रबंधकाव्य है, 1937), चोखे चौपदे (1932), प्रेम प्रपंच, पद्मप्रसून, चुभते चौपदे, रसकलश, कर्मवीर, फूल-पत्ते, कृष्णशतक
सुमित्रानंदन पंत	वीणा (1919), पल्लव (1926), गुंजन (1932), युगान्त (1937), युगवाणी (1938), ग्राम्या (1940), उच्छ्वास, कला और बूढ़ा चाँद (1959), लोकायतन (1964), ग्रन्थि, चिदम्बरा, वाणी, अतिमा, स्वर्णकिरण, उत्तरा
हरिवंशराय बच्चन	मधुशाला (1935), मधुबाला (1936), मधुकलश (1937), निशा निमंत्रण (1938), प्रणय-पत्रिका (इंग्लैण्ड प्रवास काल के दौरान लिखा गया गीत संग्रह), हलाहल (1946), प्रणय, दो चट्टानें, एकांत संगीत (1939), आकुल अंतर (1943), चार खेमे चौंसठ खूँटे

नरेन्द्र शर्मा	कदलीवन, पलाश वन, प्रवासी के गीत, प्रभातफेरी, कर्णफूल (1936), मिट्टी और फूल (1943), प्यासा निर्झर
बालकृष्ण शर्मा 'नवीन'	कुमकुम (प्रथम काव्य संग्रह, 1936), उर्मिला, रश्मिरेखा हम विषपायी जन्म के
सुभद्रा कुमारी चौहान	वीरों का कैसा हो वसंत (कविता), त्रिधारा, मुकुल
रामधारी सिंह 'दिनकर'	उर्वशी, हुंकार, कुरुक्षेत्र, द्वंद्वगीत, रश्मिरथी, रेणुका, हारे को हरिनाम, संस्कृति के चार अध्याय, रसवंती, इतिहास के आँसू, दिल्ली, धूप और धुआँ, नीम के पत्ते।
जयशंकर प्रसाद	कंकाल, तितली, इरावती (अपूर्ण उपन्यास), ग्राम (पहली कहानी), छाया, प्रतिध्वनि, आकाशदीप, आँधी, इंद्रजाल, पुरस्कार, गुण्डा, देवदासी, छोटा जादूगर, नूरी, मधुआ, ममता, भिखारिन, उस पार का योगी, घीसू, सालवती (अंतिम कहानी) सज्जन (1911), कल्याणी परिणय (1913), करुणालय (1913), प्रायश्चित (1914), राज्यश्री (1920), विशाख (1921), अजातशत्रु (1922), जनमेजय का नागयज्ञ (1926), कामना (1924), स्कंदगुप्त (1928), एक घूँट (1930), चंद्रगुप्त (1931), ध्रुवस्वामिनी (1933)।
प्रेमचन्द	सेवासदन (पहला उपन्यास), गबन, गोदान, रंगभूमि, निर्मला, कर्मभूमि, मंगलसूत्र, प्रेमाश्रय, कायाकल्प, वरदान, प्रतिज्ञा, परीक्षा (पहली कहानी), पंचपरमेश्वर, नमक का दरोगा, बड़े घर की बेटी, कफन, पूस की रात, प्रेरणा, शतरंज के खिलाड़ी, बूढ़ी काकी, मानसरोवर, मंत्र, इस्तीफा, आत्माराम, दामुल का कैदी, बड़े भाई साहब, बेटों वाली विधवा, ईदगाह, ठाकुर का कुआँ, मैकू, मिस पद्मा, नशा, अभिलाषा, हिंसा परमोधर्म, सुहाग की साड़ी, दो बैलों की कहानी, नवनिधि, प्रेम पच्चीसी, सवा सेर गेहूँ, दुर्गा का मंदिर, अलग्योझा।
धर्मवीर भारती	कनुप्रिया (1959), अंधायुग (1955), सात गीत वर्ष (1959), ठंडा लोहा (1952), देशांतर, गुनाहों का देवता, सूरज का सातवाँ घोड़ा
सूर्यकांत त्रिपाठी 'निराला'	अप्सरा, अलका, प्रभावती, निरुपमा, चतुरी चमार, कुल्ली भाट, बिल्लेसुर बकरिहा, चोटी की पकड़, काले कारनामे, सुकुल की बीबी
हजारी प्रसाद द्विवेदी	बाणभट्ट की आत्मकथा, पुनर्नवा, अनामदास का पोथा, चारु चंद्रलेख
जगन्नाथ दास 'रत्नाकर'	गंगावतरण (1923), उद्धवशतक (ब्रजभाषा, 1929), हिंडोला (1894), शृंगारलहरी, कलकाशी
महादेवी वर्मा	शृंखला की कड़ियाँ, क्षणदा, साहित्यकार की आस्था एवं अन्य निबंध, संभाषण

अन्य महत्त्वपूर्ण तथ्य

- तमिल, तेलुगू, कन्नड़ मलयालम द्रविड़ भाषा परिवार की भाषा है।
- विश्व की लगभग 3000 भाषाओं को 13 भाषा परिवारों में बाँटा गया है।
- अवधी शब्द का अर्थ है- अवध की भाषा।
- भारत की सम्पर्क भाषा हिंदी एवं विश्व की सम्पर्क भाषा अंग्रेजी है।
- वर्तमान में भारत में सर्वाधिक बोली जाने वाली भाषाओं का सही क्रम कुछ इस प्रकार से है-

  हिंदी ⇒ बांग्ला ⇒ मराठी ⇒ तेलुगू ⇒ तमिल

  अर्थात भारत में सर्वाधिक बोली जाने वाली भाषा हिंदी है।
- पश्चिमी हिंदी एवं राजस्थानी हिंदी- शौरसेनी अपभ्रंश से विकसित हुई उपभाषाएँ हैं।
- बिहारी हिंदी का विकास मागधी अपभ्रंश से हुआ है।
- पूर्वी हिंदी का विकास अर्धमागधी अपभ्रंश से हुआ है।
- मराठी भाषा का विकास महाराष्ट्री अपभ्रंश से हुआ है।
- सिंधी भाषा का विकास ब्राचड़ अपभ्रंश से हुआ है।
- लहदा एवं पंजाबी भाषा का विकास पैशाची अपभ्रंश से हुआ है।
- खड़ी बोली को मानक हिंदी के रूप में स्वीकार किया गया है, अर्थात, मानक हिंदी का आधार खड़ी बोली है।
- हिंदी की 5 उपभाषाएँ हैं।
- 14 सितंबर को हिंदी दिवस के रूप में मनाया जाता है।
- अनुच्छेद 343(1) में हिंदी को भारत की राजभाषा बताया गया है।
- 'पालि' भारत की प्रथम देशभाषा है। इसे सबसे पुरानी प्राकृत भी कहते हैं।
- राजभाषा आयोग का गठन 1955 में किया गया।
- संस्कृत को हिंदी की आदिजननी कहा जाता है।
- हिंदी भारोपीय भाषा-परिवार की भाषा है।
- भाषा की सबसे छोटी इकाई वर्ण (अक्षर) है।
- खड़ी बोली हिंदी के प्रथम कवि अमीर खुसरो हैं।

- हिंदी, संस्कृत भाषा की उत्तराधिकारी भाषा है।
- भाषा के क्षेत्रीय रूप को बोली कहते हैं।
- हिंदी को विकास प्रदान करने वाली भाषा अपभ्रंश है।
- उत्तर प्रदेश में राजकीय कार्यों में हिंदी भाषा का प्रयोग किया जाता है।

उत्तर प्रदेश में प्राथमिक शिक्षा

- उत्तर प्रदेश में आधुनिक शिक्षा की नींव अंग्रेजों द्वारा सर्वप्रथम इलाहाबाद में म्योर सेण्ट्रल कॉलेज के स्थापना के बाद की गई। इस कॉलेज की स्थापना वर्ष 1872 ई. में हुई।
- वर्ष 1882 में गठित हण्टर आयोग ने स्थानीय भाषा में प्राथमिक शिक्षा को आधार बनाने पर प्रस्ताव दिया। इस आयोग के अध्यक्ष डब्ल्यू. डब्ल्यू हण्टर थे।
- शिक्षा के सार्थक एवं व्यापक व्यवस्था के लिए उत्तर प्रदेश के क्षेत्र को 17 शिक्षा मण्डल में बांटा गया है।
- उच्चतर माध्यमिक शिक्षा स्तर की संस्कृत शिक्षा हेतु लखनऊ में संस्कृत शिक्षा परिषद का गठन किया गया है।
- राज्य में प्राथमिक शिक्षा की देख-रेख 25 जुलाई 1972 को गठित उत्तर प्रदेश बेसिक शिक्षा परिषद द्वारा की जाती है।
- इस समय राज्य में सर्व शिक्षा अभियान, मध्यांह भोजन योजना व कस्तूरबा गांधी बालिका विद्यालय आदि परियोजना संचालित हैं।
- कस्तूरबा गांधी योजना को 2007-08 में सर्वशिक्षा अभियान में सम्मिलित कर दिया गया है।
- जुलाई 2011 में राज्य सरकार द्वारा शिक्षा का अधिकार अधिनियम, 2009 के तहत उत्तर प्रदेश निःशुल्क और अनिवार्य बाल शिक्षा अधिकार नियमावली को लागू किया गया है।
- 25 जुलाई 1972 को गठित की गई बेसिक शिक्षा परिषद द्वारा प्राथमिक शिक्षा की देखरेख होती है।
- राज्य में शिक्षा को बढ़ावा देने के लिए वर्ष 1976 में अनौपचारिक शिक्षा की योजना शुरू की गई।
- राज्य में लगभग 100000 से अधिक प्राथमिक विद्यालय है।
- इसके अंतर्गत 6-14 वर्ष तक के बच्चों को मुफ्त एवं अनिवार्य शिक्षा दी जाती है।
- वर्तमान में प्रत्येक 1 किमी. पर 300 की जनसंख्या पर एक प्राथमिक विद्यालय तथा प्रत्येक किलोमीटर की दूरी पर 800 की जनसंख्या पर उच्च प्राथमिक विद्यालय होना चाहिए।

प्राथमिक शिक्षा संबंधित कार्यक्रम

निपुण भारत मिशन

- समझ और संख्यात्मकता के साथ पढ़ने के लिए राष्ट्रीय पहल (निपुण भारत) का उद्देश्य यह सुनिश्चित करना है कि देश में प्रत्येक बच्चा अनिवार्य रूप से 2026-27 तक ग्रेड 3 के अंत तक संख्यात्मक ज्ञान प्राप्त कर ले।
- बच्चों को संख्या, माप और आकार के क्षेत्र में तर्क को समझाने के लिए और उन्हें संख्यात्मक और स्थानिक समझ कौशल के माध्यम से समस्या का समाधान कर सक्षम बनाना।

ऑपरेशन कायाकल्प

- जून 2018 में, उत्तर प्रदेश सरकार के ऑपरेशन कायाकल्प के तहत, केंद्र और राज्य सरकारों ने समग्र शिक्षा अभियान जैसी पहलों के लिए अलग से धन निर्धारित किया गया है।

स्कूल चलो अभियान

- भारतीय संविधान के अंतर्गत 6 से 14 वर्ष के प्रत्येक बच्चे को निःशुल्क शिक्षा प्राप्त करने का अधिकार है।
- कक्षा 1 से 8 तक के अधिक से अधिक विद्यार्थियों को स्कूल जाने के लिए प्रेरित करने के उद्देश्य से स्कूल चलो अभियान कार्यक्रम की शुरुआत की गई।

सर्व शिक्षा अभियान

- केंद्र सरकार की इस योजना का संचालन वर्ष 2001-02 से हो रहा है, इस अभियान का मुख्य उद्देश्य 6 से 14 वर्ष के सभी बच्चों को निःशुल्क शिक्षा प्रदान करना है।

सांस्कृतिक शिक्षा

प्रदेश में संगीत, नृत्य कला आदि के विकास शिक्षण-प्रशिक्षण व संरक्षण के लिए संस्कृति विभाग के अंतर्गत कई संस्थान कार्य कर रहे हैं। इन संस्थानों द्वारा नृत्य, कला व संगीत आदि में शोध तथा प्रशिक्षण की सुविधाएं प्रदान की जाती हैं, साथ ही मेधावी छात्रों को फेलोशिप एवं अन्य सहायताएं प्रदान की जाती हैं। इन संस्थाओं में प्रमुख इस प्रकार हैं-

- सांस्कृतिक कार्य निदेशालय, लखनऊ
- राजकीय वास्तुकला विद्यालय, लखनऊ
- राज्य ललित कला अकादमी, लखनऊ
- भातखण्डे हिन्दुस्तानी संगीत महाविद्यालय, लखनऊ
- भारतेन्दु नाटय अकादमी, लखनऊ
- राष्ट्रीय कथक संस्थान, लखनऊ
- उत्तर प्रदेश जैन विधा शोध संस्थान, लखनऊ
- भारत कला परिषद, वाराणसी
- भारत कला भवन, वाराणसी
- अयोध्या शोध संस्थान, अयोध्या

उत्तर प्रदेश की भाषा

- देवनागरी लिपि में लिखी जाने वाली हिंदी भाषा को अक्टूबर, 1947 में उत्तर प्रदेश की राजभाषा के रूप में घोषित किया गया।
- 26 जनवरी, 1968 को प्रदेश के सभी कार्यालयों में राजभाषा हिंदी को अनिवार्य बनाया गया।
- वर्ष 1989 में उर्दू को 7 प्रयोजनों हेतु राज्य की द्वितीय राजभाषा घोषित किया गया।

उत्तर प्रदेश हिंदी संस्थान

- उत्तर प्रदेश हिंदी संस्थान, हिंदी के प्रचार-प्रसार के लिए कार्यरत प्रमुख संस्था है। हिंदी भाषा और साहित्य के सर्वतोन्मुखी संवर्द्धन तथा प्रचार-प्रसार हेतु पुरुषोत्तम दास टण्डन के अथक प्रयास से 30 दिसंबर, 1976 को 'उत्तर प्रदेश हिंदी संस्थान' की स्थापना हुई, जिसमें तत्कालीन हिंदी समिति, उत्तर प्रदेश हिंदी ग्रंथ अकादमी एवं शासन की कतिपय अन्य योजनाओं का एकीकरण किया गया।
- उत्तर प्रदेश हिंदी संस्थान का मुख्य कार्यालय लखनऊ में स्थित है। यह उत्तर प्रदेश के 'भाषा विभाग' के अधीन है।
- संस्थान राजर्षि पुरुषोत्तम दास टण्डन सम्मान, साहित्य में विशेष योगदान के लिए लोहिया साहित्य सम्मान, महात्मा गांधी साहित्य सम्मान, हिंदी गौरव सम्मान, पं. दीनदयाल उपाध्याय सम्मान, अवंतीबाई सम्मान, साहित्य भूषण आदि पुरस्कार प्रदान करता है।

उत्तर प्रदेश की शिक्षा संबंधित जानकारी

- राज्य की कुल साक्षरता दर – 67.7%
- पुरुष साक्षरता दर – 77.30%
- स्त्री साक्षरता दर – 57.20%

- राज्य का देश में साक्षरता की दृष्टि से 29वां स्थान है।
- राज्य का सर्वाधिक साक्षर जिला
  - गौतमबुद्ध नगर → 80.12%
- न्यूनतम साक्षर जिला
  - श्रावस्ती → 46.71%
- राज्य में कोठारी आयोग की संस्तुति को वर्ष 1968 में लागू किया गया जिसके अनुसार राज्य में त्रिस्तरीय शिक्षा व्यवस्था को प्राथमिक, माध्यमिक एवं उच्च स्तरों पर लागू किया गया।

राजकीय विश्वविद्यालय	
लखनऊ वि. वि. लखनऊ	1921
डॉ. भीमराव अम्बेडकर वि. वि. आगरा	1927
पं. दीनदयाल उपाध्याय वि. वि. गोरखपुर	1957
सम्पूर्णानन्द संस्कृत वि. वि. गोरखपुर	1958
छत्रपति शाहूजी महाराज वि. वि. कानपुर	1965
चौधरी चरण सिंह वि. वि. मेरठ	1965
महात्मा गांधी काशी विद्यापीठ वाराणसी	1974
मैथलीशरण गुप्त बुन्देलखण्ड वि. वि. झांसी	1975
डॉ. राम मनोहर लोहिया अवध वि. वि.	1975
महात्मा ज्योतिबा फूले रुहेलखण्ड वि. वि. बरेली	1975
वीर बहादुर सिंह पूर्वांचल वि. वि. जौनपुर	1987

केन्द्रीय डीम्ड विश्वविद्यालय (04)	
केन्द्रीय विश्वविद्यालय इलाहाबाद वि. वि. (2005 से केन्द्रीय)	1887
बनारस हिन्दू वि. वि. वाराणसी	1916
अलीगढ़ मुस्लिम वि. वि. अलीगढ़ (1975 से केन्द्रीय)	1920
डॉ. भीमराव अम्बेडकर वि. वि. लखनऊ (केन्द्रीय विश्वविद्यालय के रूप में स्थापित)	1996
रानी लक्ष्मीबाई कृषि वि.वि. झांसी	2014
राजीव गांधी राष्ट्रीय विमान वि. वि. अमेठी	2013
भारतीय पशु चिकित्सा अनुसंधान संस्थान, इज्जतनगर – बरेली	1889
केन्द्रीय उच्च तिब्बती शिक्षा संस्थान – सारनाथ (वाराणसी)	1967
राष्ट्रीय सूचना प्रौद्योगिकी संस्थान, झलवा प्रयागराज	2000
मोतीलाल नेहरू राष्ट्रीय प्रौद्योगिकी संस्थान प्रयागराज	2002
राजर्षि पुरुषोत्तम दास टंडन मुफ्त वि. वि.	1999
गौतम बुद्ध वि. वि. गौतमबुद्ध नगर	2002
डॉ. राम मनोहर लोहिया राष्ट्रीय वि. वि. लखनऊ	2006
डॉ. शकुन्तला मिश्रा राष्ट्रीय पुनर्वास वि. वि. लखनऊ	2009
ख्वाजा मोइनुद्दीन चिश्ती भाषा वि. वि. लखनऊ	2010
सिद्धार्थ वि. वि. सिद्धार्थ नगर	2015
प्रो. राजेन्द्र सिंह वि. वि. प्रयागराज	2016
जननायक चन्द्रशेखर वि. वि. बलिया	2016

राजकीय डीम्ड विवि.	
दयालबाग एजूकेशनल इन्स्टीट्यूट आगरा	1981
संजय गांधी स्नाकोत्तर आयुर्विज्ञान संस्थान लखनऊ	1983
भातखण्डे म्यूजिक संगीत संस्थान लखनऊ	1926

खेल विश्वविद्यालय
नेशनल स्पोर्ट्स यूनिवर्सिटी, मेरठ (प्रस्तावित)

राजकीय चिकित्सा विवि.	
किंग जार्ज मेडिकल वि. वि. लखनऊ (विश्वविद्यालय का दर्जा)	2002
मूल महाविद्यालय के रूप में स्थापित	1906-11
उ.प्र. आयुर्विज्ञान वि. वि. सैफई इटावा	2016
मुक्त विश्वविद्यालय राजर्षि पुरुषोत्तम दास टंडन मुफ्त वि. वि. प्रयागराज	1999

उत्तर प्रदेश मे तकनीकी शिक्षा	
इंडियन इंस्टीट्यूट ऑफ शुगर टेक्नोलॉजी कानपुर	1936
नेशनल शुगर रिसर्च इंस्टीट्यूट कानपुर	1936
नार्दन रीजनल इंस्टीट्यूट ऑफ पेपर टेक्नोलॉजी, प्रयागराज	1957
इंडियन टेक्नोलॉजिकल रिसर्च सेंटर लखनऊ	1959
मोतीलाल नेहरू रीजनल इंजीनियरिंग कॉलेज प्रयागराज	1961

स्कूल ऑफ पेपर टेक्नोलॉजी सहारनपुर	1964
इंडस्ट्रियल टाक्सी को लॉजिकल्स रिसर्च सेंटर लखनऊ	1965
गौतम बुद्ध तकनीकि विश्वविद्यालय लखनऊ	2001
महामाया तकनीकी विश्वविद्यालय	2010

राजकीय कृषि विश्वविद्यालय	
चन्द्रशेखर आजाद कृषि एवं प्रौद्योगिकी विश्वविद्यालय कानपुर	1975
आचार्य नरेन्द्र देव एवं प्रौद्योगिकी विश्वविद्यालय फैजाबाद	1974
सरदार बल्लभ भाई पटेल कृषि विश्वविद्यालय मेरठ	2000
बांदा कृषि एवं प्रौद्योगिकी विश्वविद्यालय	2010
रानी लक्ष्मीबाई केन्द्रीय कृषि विश्वविद्यालय झांसी	2014

परीक्षोपयोगी महत्त्वपूर्ण प्रश्न

1. उत्तर प्रदेश में कुल कितने कृषि विश्वविद्यालय है?
(a) 4 (b) 5
(c) 6 (d) 3

2. निम्न में से किस विश्वविद्यालय की स्थापना 1916 में हुई थी?
(a) इलाहाबाद विश्वविद्यालय
(b) कोलकाता विश्वविद्यालय
(c) बनारस हिन्दू विश्वविद्यालय
(d) अलीगढ़ विश्वविद्यालय

3. उत्तर प्रदेश का एकमात्र मुक्त विश्वविद्यालय कहाँ स्थित है?
(a) लखनऊ (b) प्रयागराज
(c) वाराणसी (d) आगरा

4. भारतीय भाषाओं के संरक्षण एवं विकास हेतु हिन्दुस्तानी एकेडमी कहाँ स्थित है?
(a) प्रयागराज (b) वाराणसी
(c) लखनऊ (d) गोरखपुर

5. उत्तर प्रदेश में उर्दू को द्वितीय राजभाषा कब घोषित किया गया?
(a) 1956 ई० (b) 1982 ई०
(c) 1989 ई० (d) 1991 ई०

6. उत्तर प्रदेश में बेसिक शिक्षा परिषद का गठन किया गया?
(a) 1977 (b) 1972
(c) 1985 (d) 1966

7. उत्तर प्रदेश में स्कूल ऑफ पेपर टेक्नोलॉजी कहाँ स्थित है?
(a) सहारनपुर (b) कानपुर
(c) गोरखपुर (d) प्रयागराज

8. उत्तर प्रदेश में प्रथम विकलांग विश्वविद्यालय कहाँ स्थापित किया गया?
(a) कानपुर (b) लखनऊ
(c) चित्रकूट (d) बांदा

9. भारतीय सूचना प्रौद्योगिकी संस्थान की स्थापना उत्तर प्रदेश में कहाँ की गई?
(a) प्रयागराज (b) अलीगढ़
(c) लखनऊ (d) गौतमबुद्ध नगर

10. अलीगढ़ मुस्लिम विश्वविद्यालय, अलीगढ़ की स्थापना कब हुई?
(a) 1911 (b) 1917
(c) 1921 (d) 1920

11. उत्तर प्रदेश में शिक्षा मित्र योजना कब शुरू की गयी?
(a) 1999-2000 (b) 2000-01
(c) 2001-02 (d) 2002-03

12. उत्तर प्रदेश में केन्द्र की सहायता से मिड-डे मिल योजना कब शुरू हुई?
(a) 1995 (b) 1997
(c) 2000 (d) 1992

13. उत्तर प्रदेश शैक्षणिक अनुसंधान एवं विकास परिषद् की स्थापना कब की गई?
(a) 1981 (b) 1961
(c) 1967 (d) 1971

14. उत्तर प्रदेश में उर्दू प्रशिक्षण एवं अनुसंधान केन्द्र अवस्थित है।
(a) लखनऊ (b) फैजाबाद
(c) मेरठ (d) अलीगढ़

15. वीर बहादुर सिंह पूर्वांचल विश्वविद्यालय, जौनपुर की स्थापना कब हुई?
(a) 1987 (b) 1985
(c) 1989 (d) 1990

16. डॉ० राम मनोहर लोहिया राष्ट्रीय विश्वविद्यालय 2005 में कहाँ स्थापित किया गया?
(a) बिजनौर (b) मुरादाबाद
(c) आगरा (d) लखनऊ

17. गौतम बुद्ध प्रौद्योगिक विद्यालय, लखनऊ की स्थापना कब हुई?
(a) 1991 (b) 2001
(c) 2000 (d) 2002

18. उत्तर प्रदेश संस्कृत संस्थान की स्थापना कब हुई थी?
(a) 1950 (b) 1955
(c) 1965 (d) 1976

19. काशी विद्यापीठ के संस्थापक थे?
(a) पं. मदन मोहन मालवीय (b) आचार्य नरेन्द्र देव
(c) बाबू शिव प्रसाद गुप्त (d) महात्मा गांधी

20. कन्हैयालाल माणिक लाल केन्द्रीय हिंदी संस्थान स्थित है।

(a) आगरा (b) बरेली

(c) गोरखपुर (d) मेरठ

21. 'हिंदी' भाषा का जन्म हुआ है-

(a) अपभ्रंश से (b) लौकिक संस्कृत से

(c) पालि-संस्कृत से (d) वैदिक संस्कृत से

22. हिंदी किस भाषा-परिवार की भाषा है?

(a) भारोपीय (b) द्रविड़

(c) आस्ट्रिक (d) चीनी-तिब्बती

23. निम्नलिखित में से कौन-सी बोली अथवा भाषा हिंदी के अंतर्गत नहीं आती है?

(a) कन्नौजी (b) बांगरू

(c) अवधी (d) तेलुगू

24. निम्नलिखित बोलियों में से कौन-सी बोली उत्तर प्रदेश में सामान्यत: नहीं बोली जाती?

(a) अवधी (b) ब्रज

(c) मैथिली (d) खड़ी बोली

25. निम्नलिखित में से कौन-सी बोली उत्तर प्रदेश में बोली जाती है?

(a) बाँगरू (b) हाड़ौती

(c) बुंदेली (d) मेवाती

26. निम्न में से कौन-सी बोली उत्तर प्रदेश की नहीं है?

(a) मेवाती (b) कन्नौजी

(c) भोजपुरी (d) ब्रज

27. खड़ी बोली का प्रथम महाकाव्य कौन-सा है?

(a) कामायनी (b) प्रिय प्रवास

(c) साकेत (d) नीरजा

28. मथुरा और वृंदावन में प्रमुखत: कौन-सी भाषा बोली जाती है?

(a) संस्कृत (b) ब्रजभाषा

(c) मारवाड़ी (d) मराठी

29. बोली व बोली क्षेत्र से संबंधित गलत युग्म की पहचान करें।

(a) कन्नौजी-आगरा (b) खड़ी बोली-मेरठ

(c) अवधी-प्रतापगढ़ (d) भोजपुरी-बलिया

30. जनपद व बोली से असंबद्ध युग्म की पहचान करें-

(a) भोजपुरी-रामपुर (b) खड़ी बोली-बागपत

(c) अवधी-बहराइच (d) ब्रज बोली-बदायूं

31. किस क्षेत्र की बोली को 'काशिका' कहा गया है?

(a) भीलवाड़ा (b) दिल्ली

(c) वाराणसी (d) सूरत

32. निम्नलिखित में से कौन-सी बोली उत्तर प्रदेश की नहीं है?

(a) कन्नौजी (b) ब्रजभाषा

(c) खड़ी बोली (d) जयपुरी

33. गोरखपुर में किस बोली का प्रभुत्व है?

(a) भोजपुरी (b) ब्रज

(c) अवधी (d) कन्नौजी

34. आजमगढ़ किस बोली क्षेत्र में स्थित है?

(a) ब्रज (b) अवधी

(c) भोजपुरी (d) इनमें से कोई नहीं

35. 'ब्रजभाषा' का केन्द्रीय क्षेत्र है-

(a) लखनऊ (b) इलाहाबाद

(c) मथुरा (d) वाराणसी

36. 'बुंदेली' का क्षेत्र है-

(a) पानीपत-सोनीपत-कुरूक्षेत्र

(b) झाँसी-जालौन-दतिया

(c) आगरा-अजमेर-भरतपुर

(d) जयपुर-अजमेर-जोधपुर

37. 'अवधी' बोली किस अपभ्रंश से विकसित हुई है?

(a) मागधी (b) अर्द्धमागधी

(c) शौरसेनी (d) ब्राचड़

38. अवधी बोली से संबंधित जिला नहीं है-

(a) सीतापुर (b) रायबरेली

(c) रामपुर (d) प्रयागराज

39. 'सरस्वती' पत्रिका के यशस्वी संपादक कौन थे?

(a) प्रेमचंद (b) महावीर प्रसाद द्विवेदी

(c) रामचंद्र शुक्ल (d) भारतेंदु हरिश्चंद्र

40. 'रामधारी सिंह दिनकर' की रचना नहीं है-

(a) उर्वशी (b) रेणुका

(c) रश्मिरथी (d) स्वर्णभूति

उत्तरमाला

1.	(a)	**2.**	(c)	**3.**	(b)	**4.**	(a)	**5.**	(c)	**6.**	(b)	**7.**	(a)	**8.**	(c)	**9.**	(a)	**10.**	(d)
11.	(b)	**12.**	(a)	**13.**	(a)	**14.**	(a)	**15.**	(a)	**16.**	(d)	**17.**	(c)	**18.**	(d)	**19.**	(c)	**20.**	(a)
21.	(a)	**22.**	(a)	**23.**	(d)	**24.**	(c)	**25.**	(c)	**26.**	(a)	**27.**	(b)	**28.**	(b)	**29.**	(a)	**30.**	(a)
31.	(c)	**32.**	(d)	**33.**	(a)	**34.**	(c)	**35.**	(c)	**36.**	(b)	**37.**	(b)	**38.**	(c)	**39.**	(b)	**40.**	(d)

15 अध्याय

उत्तर प्रदेश: पर्यटन एवं पर्यटन स्थल

- उत्तर प्रदेश में पर्यटन को बढ़ावा देने एवं रोजगार सृजन हेतु 1956 में पर्यटन विभाग की स्थापना की गई। इसी क्रम में 1972 में पर्यटन निदेशालय तथा 1974 में पर्यटन विकास निगम की स्थापना की गई।
- पर्यटन नीति 1998 प्रदेश की प्रथम पर्यटन नीति थी। वर्ष 1998 में पर्यटन को प्रदेश में उद्योग का दर्जा दिया गया।

  प्रदेश में पर्यटन के विकास हेतु इस नीति में 7 परिपथ का चयन किया गया।

(1) बौद्ध परिपथ (2) बृज परिपथ (3) विंध्य परिपथ (4) अवध परिपथ (5) बुंदेलखण्ड परिपथ (6) वन, इको एवं साहसिक पर्यटन परिपथ (7) जल विहार परिपथ

नई पर्यटन नीति 2022:

पूर्व में क्रियान्वित पर्यटन नीति 2016 एवं 2018 के अंतर्गत लाभ प्राप्त कर चुकी पर्यटन इकाईयों को इस नीति के अंतर्गत विस्तार की अनुमेय सीमा के तहत लाभ मिलेगा।

इस नीति के अंतर्गत नीचे दिए गए 12 मेगा सर्किट को विकसित किया जाना है।

1. रामायण सर्किट
2. कृष्णा/बृज सर्किट
3. बौद्ध सर्किट
4. महाभारत सर्किट
5. शक्ति पीठ सर्किट
6. आध्यात्मिक सर्किट
7. सूफी-कबीर सर्किट
8. जैन सर्किट
9. बुंदेलखण्ड सर्किट
10. वाइल्ड लाइफ एवं इको टूरिज्म सर्किट
11. क्राफ्ट सर्किट
12. स्वतंत्रता संग्राम सर्किट

इन 12 सर्किटों में से, बुंदेलखण्ड में साहसिक पर्यटन, विरासत स्थल पर्यटन और वन्यजीव सर्किट पर फोकस रखा जाएगा तथा इको एवं नेचर टूरिज्म मुख्य फोकस होगा।

- इस नीति के अंतर्गत कम ज्ञात पर्यटक स्थलों पर नए पर्यटन उत्पाद और सेवाओं का निर्माण किया जाएगा। जैसे- कारवां पर्यटन, जल क्रीड़ा, साहसिक गतिविधियाँ आदि।

लक्ष्य:

- घरेलू स्तर पर शीर्ष पर्यटन स्थल और विदेशी पर्यटकों के आगमन के मामले में शीर्ष पर आने का लक्ष्य।
- ₹2000 करोड़ का निवेश आकर्षित करना।
- पर्यटन और आतिथ्य क्षेत्र में एक मिलियन अतिरिक्त नौकरियाँ सृजित करना।
- प्रतिवर्ष 10% की क्षेत्रीय वृद्धि हासिल करना तथा उच्च क्षमता वाले कम विकसित पर्यटन क्षेत्रों में मेगा प्रोजेक्ट निवेश को प्रोत्साहित करके GSDP में 15% की हिस्सेदारी सुनिश्चित करना।
- सुरक्षित एवं अनुभवात्मक पर्यटन के विषय में उत्तर प्रदेश की ब्रांड छवि में सुधार करना।

उत्तर प्रदेश में विश्व धरोहर स्थल:

- ताजमहल - आगरा (1983)
- आगरा का किला - आगरा (1983)
- फतेहपुर सीकरी - फतेहपुर सीकरी 'आगरा' (1986)

प्रदेश के प्रमुख पर्यटक स्थल:

आगरा: आगरा शहर यमुना नदी के तट पर स्थित है। आगरा की स्थापना सिकंदर लोदी ने 1504 ई० में की थी। इसने 1506 में अपनी राजधानी दिल्ली से आगरा स्थानांतरित की थी। आगरा शहर में प्रमुख पर्यटन स्थल ताजमहल तथा आगरा का किला स्थित है। ताजमहल भारतीय शहर आगरा में यमुना नदी के दक्षिणी तट पर एक सफेद संगमरमर का मकबरा है। इसे 1632 में शाहजहाँ ने बनवाया था।

आगरा का किला अकबर ने बनवाया था। इसका निर्माण 1565 से 1573 तक हुआ था। इसके अतिरिक्त एत्माद्-उद्-दौला का मकबरा, मोती मस्जिद तथा अकबर का मकबरा (सिकन्दरा में) आदि आगरा में स्थित प्रमुख पर्यटन स्थल हैं।

फतेहपुर सीकरी: फतेहपुर सीकरी में प्रमुख पर्यटन स्थल बुलंद दरवाजा, जोधाबाई का महल, बीरबल का महल तथा पंचमहल आदि है।

अयोध्या: अयोध्या शहर सरयू नदी के तट पर स्थित है। अयोध्या का प्राचीन नाम अयाजसा था। श्रीराम की जन्मस्थली होने के कारण तथा भारतीय इतिहास के ऐतिहासिक स्थल होने के नाते, कई धार्मिक और ऐतिहासिक स्थान अयोध्या में हैं। साथ ही जैन धर्म के प्रथम तीर्थंकर- आदिनाथ (या ऋषभदेव), अजीतनाथ, अनंतनाथ का जन्म

भी अयोध्या में ही हुआ था। बौद्ध काल में कौशल जनपद को दो भागों में बाँटा गया था:

(1) उत्तरी भाग (राजधानी: साकेत या अयोध्या)

(2) दक्षिणी भाग (राजधानी: श्रावस्ती)

अयोध्या के प्रमुख पर्यटक स्थल श्रीराम जन्मभूमि, हनुमान गढ़ी, कनक भवन, राम की पैड़ी, मणि पर्वत, बहु बेगम का मकबरा, जैन श्वेताम्बर मंदिर तथा बिरला मंदिर आदि हैं।

वाराणसी: वाराणसी को काशी के नाम से भी जाना जाता है। काशी एक आध्यात्मिक एवं पौराणिक नगरी है। काशी का उल्लेख सर्वप्रथम अथर्ववेद तथा इसके पश्चात् रामायण और महाभारत में भी मिलता है। वाराणसी के प्रमुख पर्यटन स्थल काशी विश्वनाथ मंदिर, संकट मोचन हनुमान मंदिर, तुलसी मानस मंदिर, अन्नपूर्णा मंदिर, ज्ञानवापी, आलमगीर मस्जिद तथा रामनगर किला आदि है। वाराणसी में गंगा नदी के तट पर 84 घाट है। इनमें से प्रमुख घाट निम्न है: अस्सी घाट, हरिश्चंद्र घाट, तुलसी घाट, मणिकर्णिका घाट, दशाश्वमेघ घाट, अहिल्याबाई घाट तथा जानकी घाट साथ ही सीताकुंड, रामकथा संग्रहालय, दुर्गाकुंड, पिशाचमोचन आदि कुछ अन्य पर्यटन स्थल है।

सारनाथ: सारनाथ जैन एवं बौद्ध धर्म के तीर्थ यात्रियों के लिए एक महत्त्वपूर्ण स्थान है। यह वाराणसी के निकट स्थित है। जैन धर्म के 11वें तीर्थंकर श्रेयांसनाथ का जन्म यहीं हुआ था। भगवान बुद्ध ने अपना पहला उपदेश धर्मचक्र प्रवर्तन सारनाथ में ही दिया था। सारनाथ संग्रहालय में सम्राट अशोक द्वारा बनवाया गया अशोक स्तम्भ है। सारनाथ के इस अशोक स्तम्भ को भारत ने राष्ट्रीय प्रतीक के रूप में अपनाया है।

- सारनाथ में पुरातत्व संग्रहालय की स्थापना (1904-1910) ई. के दौरान की गई थी।
- सारनाथ के प्रमुख दर्शनीय स्थल धमेख स्तूप (गुप्त काल), चौखंडी स्तूप (सम्राट अशोक द्वारा निर्मित), धर्मराजिका स्तूप, मूलगंध कुटी विहार, थाई मंदिर, बोधि वृक्ष, मृगदाव पक्षी विहार, जापानी-कोरियाई-थाई-वर्मी-चीनी बौद्ध मंदिर तथा सारंगनाथ मंदिर आदि है।

प्रयागराज (इलाहाबाद): प्रयागराज का पुराना नाम प्रयाग था, जिसे अकबर ने बदलकर इलाहाबाद कर दिया था। प्रयागराज में प्रत्येक 12 वर्षों में महाकुम्भ तथा 6 वर्षों में अर्धकुम्भ मेले का एवं प्रतिवर्ष माघ मेले का आयोजन किया जाता है। यह नगर त्रिवेणी (गंगा, यमुना तथा सरस्वती) नदियों के संगम पर स्थित है।

- प्रयागराज के प्रमुख पार्कों में से एक अल्फ्रेड पार्क है जिसे कंपनी बाग या चन्द्रशेखर आजाद पार्क के नाम से भी जाना जाता है। यह वही स्थान है जहाँ पर भारतीय क्रांतिकारी चन्द्रशेखर आजाद ने अंग्रेजों के सामने आत्मसमर्पण न करते हुए स्वंय को गोली मार ली थी।
- इलाहाबाद के प्रमुख पर्यटन स्थलों में से एक, इलाहाबाद के किले का निर्माण अकबर ने यमुना नदी के तट पर 1583 ई० में कराया था।
- **अशोक स्तम्भ:** इस स्तम्भ पर गुप्त वंश के शासक समुद्रगुप्त का एक लेख प्रयाग-प्रशस्ति (उनके दरबारी कवि हरिषेण द्वारा रचित) उत्कीर्ण है। जिसे अकबर के शासन काल में कौशांबी से लाया गया था।
- प्रयागराज के कुछ अन्य प्रमुख पर्यटक स्थल निम्न है: अक्षयवट, खुसरो बाग, भारद्वाज मुनि का आश्रम, ललिता देवी मंदिर, नाग वासुकी मंदिर, मनकामेश्वर मंदिर, माँ कल्याणी देवी मंदिर, अलोपशंकरी देवी मंदिर, ऑल सेंट कैथेड्रल चर्च, जवाहर तारा मंडल, मेयो मेमोरियल हॉल तथा आनंद भवन आदि।

लखनऊ: उत्तर प्रदेश की राजधानी लखनऊ का प्राचीन नाम लक्ष्मणपुरी था। इस नगर को भगवान श्रीराम के भाई लक्ष्मण ने बसाया था। अवध के नवाब आसिफ-उद्-दौला के द्वारा 1775 ई० में राजधानी को फैजाबाद से लखनऊ स्थानांतरित किया गया था। लखनऊ में 1857 की क्रान्ति का नेतृत्व बेगम हजरत महल द्वारा किया गया था। लखनऊ को 'बागों का शहर' उपनाम से भी जाना जाता है।

- लखनऊ के प्रमुख पर्यटन स्थल निम्न हैं:-

अंबेडकर पार्क (परिवर्तन स्थल): यह पार्क डॉ० भीमराव अंबेडकर को समर्पित है। यह पार्क गुलाबी पत्थरों से निर्मित है। इसमें सैकड़ों हाथियों की प्रतिमाएं है।

अवध के चौथे नवाब आसिफ-उद्-दौला ने लखनऊ में रूमी दरवाजा, बिबियापुर कोठी, आसफी मस्जिद, बड़ा इमामबाड़ा (भूल भुलैया) तथा दौलतखाना आदि का निर्माण करवाया था।

इसके अतिरिक्त लखनऊ के अन्य पर्यटन स्थल मोती महल, मुबारक मंजिल, दिलकुशा कोठी (इंग्लिश हाउस), हुसैनाबाद क्लॉक टॉवर, छतर मंजिल, लखनऊ मरीन ड्राइव, ब्रिटिश रेजीडेंसी, कैसर बाग पैलेस तथा चंद्रिका देवी मंदिर आदि है।

झाँसी: झाँसी शहर, पहुंज और बेतवा नदी के बीच स्थित वीरता, साहस, बलिदान और आत्म सम्मान का प्रतीक है। झाँसी शहर की स्थापना राजा बीर सिंह देव ने की थी। इन्होंने 1613 ई० में पहाड़ी पर झाँसी का किला बनवाया था। वर्ष 1842 में झाँसी के राजा गंगाधर राव ने मणिकर्णिका से विवाह किया। विवाह के बाद मणिकर्णिका को रानी लक्ष्मीबाई नाम दिया गया।

झाँसी के प्रमुख पर्यटन स्थल लक्ष्मीबाई का महल, महादेव मंदिर, मेंहदी बाग, पंचकुइयां मंदिर, बरूसागर ताल, परीछा बाँध तथा राजकीय संग्रहालय (झाँसी) आदि है।

मथुरा: पुराणों के अनुसार मथुरा सप्त मोक्ष पुरियों/महापुरियों (अयोध्या, मथुरा, हरिद्वार, काशी, कांचीपुरम, उज्जैन 'अवंतिका' तथा द्वारिका) में से एक है। मथुरा के प्राचीन नाम मधुवन, मधुपुरी तथा शूरसेन नगरी आदि थे। यह 16 महाजनपदों में से एक शूरसेन की राजधानी थी। भगवान श्रीकृष्ण की जन्म स्थली मथुरा हिन्दुओं का प्रमुख तीर्थ स्थान है। विश्व की प्रथम बुद्ध मूर्ति खुदाई के दौरान मथुरा से ही मिली थी जो कि मथुरा मूर्तिकला शैली से निर्मित थी।

- श्रीकृष्ण जन्मभूमि, द्वारकाधीश मंदिर, कंस का किला, विश्राम घाट तथा गीता मंदिर आदि मथुरा में स्थित हैं।

वृंदावन (जिला मथुरा): वृंदावन प्रदेश के मथुरा जिले में स्थित एक महत्त्वपूर्ण एवं धार्मिक स्थान है। वृंदावन को ब्रज भूमि का हृदय भी कहा जाता है।

- अपनी अनूठी वास्तुकला के कारण गोविंद देव मंदिर वृंदावन के पवित्र स्थलों में अलग अहमियत रखता है। इसका निर्माण आमेर के राजा मान सिंह ने 1590 ई० में कराया है।
- वृंदावन के प्रमुख पर्यटन स्थल राधा रमण जी मंदिर, बांके बिहारी जी मंदिर, प्रेम मंदिर (निर्माण: जगद्गुरु कृपालु महाराज द्वारा), निधिवन, चंद्रोदय मंदिर (निर्माणाधीन), रंगनाथ जी मंदिर (द्रविड़ शैली में निर्मित भगवान विष्णु को समर्पित), श्री राधा वल्लभ मंदिर, मदन मोहन मंदिर, श्री गोपनीय जी मंदिर, श्री अष्टसखी मंदिर, सेवा कुंज, केसी घाट (यमुना) तथा गोपेश्वर महादेव मंदिर आदि है।

नंदगांव : नंदगांव मथुरा जिले में स्थित है। हिन्दु ग्रंथों के अनुसार नंदगांव नंदीश्वर पहाड़ी पर स्थित है। श्री शनि मंदिर कोकिला वन नंदगाव के निकट ही स्थित है। यहाँ बरसाना की ही भाँति लट्ठमार होली खेली जाती है।

बरसाना: बरसाना, मथुरा जिले में वृंदावन के निकट बसा एक ऐतिहासिक शहर है। बरसाना को श्री राधा रानी का जन्म स्थान माना जाता है। श्री राधा रानी मंदिर बरसाना का प्रमुख पर्यटन स्थल है। बरसाना की लट्ठमार होली विश्व प्रसिद्ध है।

गोकुल: देवकी-वासुदेव जी के पुत्र श्रीकृष्ण को यशोदा-नंद जी ने गोपनीय ढंग से यहीं पाला था। नन्दकुमाराष्कम् के रचयिता संत वल्लभाचार्य ने गोकुल में वर्षों तक निवास किया था।

गोकुल के निकट स्थित महावन को भगवान श्रीकृष्ण का पालना कहा जाता है। जहाँ योग माया मंदिर स्थित है।

गोकुल के प्रमुख पर्यटन स्थल श्री नंद भवन (चौरासी खम्बा), रमन रेती आश्रम, ठकुरानी घाट, गोकुल नाथ मंदिर तथा ब्रह्माण्ड घाट आदि है।

गोवर्धन: गोवर्धन पर्वत, मथुरा जिले में स्थित है। गोवर्धन पर्वत को गिरिराज जी के नाम से भी जाना जाता है। गोवर्धन पर्वत की परिक्रमा की लम्बाई 21 किमी. है।

गोवर्धन पर्वत के निकट प्रमुख दर्शनीय स्थल दानघाटी मंदिर, राधा कुंड, श्याम कुंड, कुसुम सरोवर तथा मानसी गंगा आदि स्थित है।

जौनपुर: जौनपुर की स्थापना फिरोजशाह तुगलक ने अपने चचेरे भाई मुहम्मद-बिन-तुगलक (जौना खाँ) के सम्मान में 14वीं शताब्दी में की थी। इसके पश्चात् मलिक सरवर ने जौनपुर को शर्की साम्राज्य के रूप में स्थापित किया जोकि कला के प्रेमी थे। इनके शासन काल में जौनपुर में अनेक ऐतिहासिक स्थलों का निर्माण कराया गया। जौनपुर के प्रमुख पर्यटन स्थल शाही किला, अटाला मस्जिद, झंझरी मस्जिद, जामा मस्जिद, लाल दरवाजा, शाही पुल, तथा शीतला माता धाम चौकिया आदि है।

कन्नौज: इत्र के लिए प्रसिद्ध शहर कन्नौज गंगा नदी के किनारे स्थित है। कन्नौज का प्राचीन नाम कान्यकुब्ज था। सम्राट हर्ष के समय कन्नौज को उसकी समृद्धि के कारण 'नगर महोदय श्री' नाम से भी जाता जाता था।

कन्नौज के प्रमुख पर्यटन स्थल लाख बहोशी पक्षी अभयारण्य, क्षेमकली देवी प्राचीन मंदिर, जयचंद का किला, मखदूम जहानिया 52 खम्भा, मेहंदी घाट, गौरी शंकर मंदिर, अन्नपूर्णा मंदिर तथा पद्मावती सती मंदिर आदि है।

कालिंजर: कालिंजर का किला बांदा जिले (बुंदेलखण्ड क्षेत्र) में विंध्य पर्वतमाला की एक पहाड़ी पर लगभग 700 फीट की ऊंचाई पर स्थित है। इसका निर्माण चंदेल शासक परमादित्य देव ने करवाया था। कालिंजर के मुख्य आकर्षणों में नीलकंठ मंदिर भी शामिल है। इसका निर्माण भी चंदेल शासक परमादित्य देव ने ही कराया था। मंदिर में 18 भुजा वाली विशालकाय प्रतिमा के अलावा रखा शिवलिंग नीले पत्थर से निर्मित है।

चित्रकूट: चित्रकूट धार्मिक और पौराणिक महत्व के बहुत से स्थानों को शामिल करता है। भगवान श्रीराम ने माता सीता तथा लक्ष्मण जी के साथ वनवास के लगभग 12 वर्ष यहीं बिताए थे। चित्रकूट धाम पयस्वनी/मन्दाकिनी नदी के किनारे स्थित है।

चित्रकूट के प्रमुख पर्यटन स्थल रामघाट, गुप्त गोदावरी की गुफाएँ, तुलसीदास जन्मस्थली-तुलसी स्मारक (राजापुर), सती अनुसुइया मंदिर एवं आश्रम, कामदगिरी मंदिर, हनुमान धारा, लक्ष्मण पहाड़ी, रानीपुर वन्य जीव अभयारण्य, गणेश बाग, शबरी जल प्रपात, भरत कूप मंदिर तथा सीता कुंड आदि है।

हस्तिनापुर: इसकी स्थापना हस्तिन नामक राजा ने की थी। मेरठ जिले में स्थित यह स्थान महाभारत काल में कुरु वंश के राजाओं की राजधानी थी। हस्तिनापुर जैन श्रद्धालुओं के लिए भी काफी प्रख्यात है। यहाँ के प्रमुख जैन मंदिर जम्बुद्वीप जैन मंदिर, श्वेतांबर जैन मंदिर, अस्तपद जैन मंदिर, प्राचीन दिगंबर जैन मंदिर तथा श्री कैलाश पर्वत जैन मंदिर आदि है।

हस्तिनापुर के कुछ अन्य प्रमुख दर्शनीय स्थान विदुर टीला, पांडेश्वर महादेव मंदिर, कर्ण मंदिर, द्रोणादेश्वर मंदिर तथा द्रौपदी घाट आदि है।

कौशाम्बी: प्राचीन काल में वत्स महाजनपद की राजधानी कौशाम्बी थी। बौद्ध काल में कौशाम्बी एक महत्वपूर्ण स्थान था। चीन के दोनों प्रसिद्ध यात्री फाह्यान और ह्वेनसांग ने कौशाम्बी के विषय में विस्तार से वर्णन किया था। कौशाम्बी के प्रमुख पर्यटन स्थल माँ शीतला धाम मंदिर, प्रभासगिरी, कौशाम्बी किले के अवशेष, कंबोडियन बुद्ध विहार मंदिर, श्रीलंका मंदिर तथा अशोक स्तम्भ आदि है।

देवरिया: देवरिया के प्रमुख पर्यटन स्थल श्री तिरूपति बालाजी मंदिर, देवरहा बाबा आश्रम, दुग्धेश्वरनाथ मंदिर तथा हनुमान मंदिर आदि हैं।

श्रावस्तीः यह राप्ती नदी के तट पर स्थित है। बौद्ध धर्म के आठ महातीर्थों में से श्रावस्ती भी एक प्रसिद्ध तीर्थ है। श्रावस्ती की स्थापना श्रावस्त ने की थी। श्रावस्ती महाजनपद काल में कौशल की राजधानी थी। श्रावस्ती के प्रमुख दर्शनीय स्थल विभूतिनाथ मंदिर, अंगुलिमाल स्तूप (पक्की कुटी), अनाथपिंडिका स्तूप (कच्ची कुटी), जेतवना मठ (जैन धर्म का), विपश्यना ध्यान केन्द्र तथा सुहेलदेव वन्य जीव अभयारण्य आदि है।

गढ़मुक्तेश्वर (जिला हापुड़)ः इस स्थान में कार्तिक स्नान हेतु शुक्ल पक्ष में एकादशी से पूर्णिमा तक गंगा के तट पर मेले का आयोजन किया जाता है। यहाँ गंगा मंदिर, मीराबाई की रेती, मुक्तेश्वर महादेव मंदिर, नक्का कुंआ तथा कल्याणेश्वर महादेव मंदिर आदि प्रमुख दर्शनीय स्थल हैं।

बिठूरः यह स्थल उत्तर प्रदेश राज्य के कानपुर जनपद में अवस्थित है। बिठूर गंगा के किनारे स्थित प्रमुख शहरों में से एक है। इसको 1857 के प्रथम भारतीय स्वतन्त्रता संग्राम के प्रमुख स्थलों में से एक माना जाता है। यहाँ पौराणिक वाल्मीकि आश्रम, प्रसिद्ध ब्रह्मव्रत घाट, टिकैत राय मंदिर, नाना राव पेशवा स्मारक उद्यान, ध्रुव टीला इत्यादि ऐतिहासिक दर्शनीय स्थल स्थित हैं।

कुशीनगरः महाजनपद काल में कुशीनगर मल्ल महाजनपद की राजधानी था। गौतम बुद्ध का महापरिनिर्वाण 483 ई.पू. कुशीनगर में ही हुआ था। यहाँ पर भगवान बुद्ध की शयन मुद्रा की प्रतिमा (महापरिनिर्वाण मंदिर में) है। सम्राट अशोक ने यहाँ पर कई स्तूपों और विहारों का निर्माण करवाया था। कुशीनगर में रामभार स्तूप, श्रीलंका मंदिर, चीनी बौद्ध मंदिर, वत्थई मंदिर तथा बुद्ध संग्रहालय प्रमुख दर्शनीय स्थल है।

- जैन धर्म के 24वें तथा अन्तिम तीर्थंकर महावीर स्वामी ने पावानगर (जिलाः कुशीनगर) में अपने जीवन का अंतिम उपदेश दिया था।

गोरखपुरः गोरखपुर शहर राप्ती नदी के तट पर स्थित है। चौरी-चौरा की घटना 4 फरवरी 1922 को रात्री में ब्रिटिश भारत के संयुक्त प्रांत (आधुनिक उत्तर प्रदेश) के गोरखपुर जिले के चौरी-चौरा में हुई थी। गोरखपुर के प्रमुख दर्शनीय स्थल गोरखनाथ मंदिर, विष्णु मंदिर, गीता वाटिका, रामगढ़ ताल, गीता प्रेस, विंध्यवासिनी पार्क तथा चौरी-चौरा शहीद स्मारक आदि हैं।

नैमिषारण्यः नैमिषारण्य गोमती नदी के तट पर सीतापुर जिले में स्थित है। नैमिषारण्य का अपना ही धार्मिक एवं पौराणिक महत्व है। नैमिषारण्य को 88000 ऋषियों की तपोस्थली भी कहा जाता है। भगवान श्रीराम ने गोमती नदी के तट पर यहाँ अश्वमेघ यज्ञ किया था।

महर्षि वेदव्यास ने यहीं पर वेद को चार भागों में बाँटा था और पुराणों की कथाएं सुनाई थी। नैमिषारण्य की परिक्रमा 84 कोस की है। नैमिषारण्य के प्रमुख दर्शनीय स्थल व्यास गद्दी, हनुमान गढ़ी एवं पांडव किला, ललिता देवी मंदिर, भूतेश्वरनाथ मंदिर, चक्रतीर्थ, सूतगद्दी, देव देवेश्वर धाम, राजघाट, पंचमुखी हनुमान मंदिर, त्रिशक्ति धाम, ऋषि दधीचि कुंड तथा दशाश्वमेघ टीला आदि है।

गाजीपुरः गाजीपुर शहर गंगा नदी के किनारे स्थित है। गाजीपुर के प्रमुख पर्यटन स्थल दादरी घाट, लार्ड कार्नवालिस का मकबरा, जलालाबाग का किला आदि है।

सहारनपुरः सहारनपुर जिले में प्रमुख पर्यटन स्थल माँ शाकुम्भरी देवी मंदिर, दारूल उल्लूम (देवबंद), नौगजा पीर तथा लखनौती किला आदि है।

बाराबंकीः बाराबंकी के प्रमुख दर्शनीय स्थल कुंतेश्वर मंदिर, देवा शरीफ, सिद्धेश्वर महादेव मंदिर आदि है।

परीक्षोपयोगी महत्त्वपूर्ण प्रश्न

1. 'ब्राण्ड उत्तर प्रदेश' सृजन के लिए उत्तर प्रदेश पर्यटन द्वारा किस उपागम को अपनाया गया है?

UPPSC ACF/RFO 2019

(a) नीचे से ऊपर की ओर उपागम
(b) ऊपर से नीचे की आरे उपागम
(c) सांस्कृतिक उपागम
(d) समग्रता उपागम

2. प्रयागराज स्थित अल्फ्रेड पार्क का पुनः नामकरण किया गया है-

(a) भगत सिंह के नाम पर
(b) चन्द्रशेखर आजाद के नाम पर
(c) सुभाषचन्द्र बोस के नाम पर
(d) महात्मा गांधी के नाम पर

3. 'आर्यभट्ट नक्षत्रशाला' स्थित है

UPPSC ACF/RFO 2018

(a) गोरखपुर में (b) रामपुर में
(c) लखनऊ में (d) गाजियाबाद में

4. उत्तर प्रदेश के कौन-से जिले में 'नैमिषारण्य' तीर्थ स्थल अवस्थित है?

UPSSSC PET 16/10/2022

(a) अयोध्या (b) सीतापुर
(c) बलिया (d) गोरखपुर

5. उ.प्र. में पर्यटन विकास निगम की स्थापना हुई थी:

UPPSC ACF/RFO 2019

(a) 1972 में (b) 1974 में
(c) 1989 में (d) 2001 में

6. लट्ठमार होली के लिए निम्न में से कौन-सा स्थान प्रसिद्ध है?

UPSSSC ग्राम विकास अधिकारी 22/12/2018

(a) वृन्दावन (b) गोवर्धन
(c) बरसाना (d) गोकुल

7. भारत में स्थित किस शहर को विश्व का सबसे पुराना शहर माना जाता है।

UPSSSC लेखपाल परीक्षा 2015

(a) कुशीनगर (b) वाराणसी
(c) आगरा (d) सारनाथ

8. जौनपुर में .... के द्वारा निर्मित अटाला मस्जिद अन्य मस्जिदों के निर्माण के लिए एक मिसाल बन गई है।

UPSSSC गन्ना पर्यवेक्षक 31/08/2019

(a) मुबारक शाह (b) इब्राहिम शर्की
(c) मलिक सरवर (d) हुसैन शाह

9. जौनपुर शहर की स्थापना किसने की थी?

(a) मोहम्मद तुगलक (b) फिरोजशाह तुगलक
(c) इब्राहिम शाह (d) सिकंदर लोदी

10. कालिंजर का किला कहाँ स्थित है?

(a) झाँसी (b) बांदा
(c) चित्रकूट (d) जालौन

11. लार्ड कार्नवालिस का मकबरा कहाँ स्थित है?

(a) गाजीपुर (b) बलिया
(c) वाराणसी (d) गोरखपुर

12. भारत माता मंदिर निम्न में से कौन-से शहर में स्थित है?

(a) लखनऊ (b) वाराणसी
(c) प्रयागराज (d) मेरठ

13. जौनपुर नगर की स्थापना किसकी स्मृति में की गई थी?

(a) गयासुद्दीन तुगलक (b) मोहम्मद बिन तुगलक
(c) फिरोजशाह तुगलक (d) अकबर

14. महर्षि वाल्मीकि का आश्रम निम्न में से किस स्थान पर स्थित है?

(a) बिठूर (b) सीतापुर
(c) प्रयागराज (d) वाराणसी

15. निम्नलिखित में से कौन-सा मंदिर द्रविड़ शैली में निर्मित है-

(a) रंगनाथ जी मंदिर (b) राधा बल्लभ जी मंदिर
(c) बिहारी जी का मंदिर (d) राधारमण जी का मंदिर

16. प्रसिद्ध बांके बिहारी मंदिर उत्तर प्रदेश के किस शहर में स्थित है?

UPSSSC गन्ना पर्यवेक्षक 30/09/2019

(a) सारनाथ (b) वाराणसी
(c) वृंदावन (d) आगरा

17. रूमी दरवाजा उत्तर प्रदेश के .... शहर में स्थित है।

UPSSSC मण्डी परिषद् 30/05/2019

(a) लखनऊ (b) आगरा
(c) फतेहपुर सीकरी (d) अलीगढ़

18. उत्तर प्रदेश में जैन एवं बौद्ध दोनों का प्रसिद्ध तीर्थ स्थल है-

(a) देवीपाटन (b) कौशाम्बी
(c) कुशीनगर (d) सारनाथ

19. हिंदु-मुस्लिम एकता के प्रतीक सलामत शाह की मजार कहां स्थित है?

(a) बहराइच (b) बाराबंकी
(c) देवा शरीफ (d) बांदा

20. सूफी संत हाजी वारिस अली शाह की मजार कहाँ स्थित है?

(a) फतेहपुर में (b) कालिंजर में
(c) देवा शरीफ में (d) गढ़मुक्तेश्वर में

21. उत्तर प्रदेश में पर्यटन को उद्योग का दर्जा कब प्रदान किया गया?

(a) 1997 (b) 1998
(c) 1999 (d) 2000

22. नौगजा पीर प्रदेश के किस जनपद में स्थित है?

(a) उज्जैन (b) मथुरा
(c) सहारनपुर (d) जबलपुर

23. बड़ा इमामबाड़ा स्मारक कहाँ स्थित है?

UPPSC Lower Exam 2019

(a) लखनऊ (b) वाराणसी
(c) कानपुर (d) प्रयागराज (इलाहाबाद)

24. कुशीनगर, बौद्ध लोगों का एक लोकप्रिय पर्यटन स्थल है। यहाँ...........है।

(a) हिरन का उद्यान (b) मूलगंध कुटी विहार
(c) तिब्बती मंदिर (d) रामभर स्तूप

25. आगरा के किले की मोती मस्जिद का निर्माण करवाया था-

(a) अकबर ने (b) जहाँगीर ने
(c) शाहजहाँ ने (d) औरंगजेब ने

26. कुशीनगर बौद्धों के लिए महत्वपूर्ण है क्योंकि गौतम बुद्ध:

UPSSSC कनिष्ठ सहायक 19/02/2019

(a) यहाँ पैदा हुए थे।
(b) ने यहाँ ज्ञान प्राप्त किया था।
(c) ने ज्ञान प्राप्त करने के बाद यहाँ अपना पहला उपदेश दिया था।
(d) ने यहाँ पर प्राण त्यागें थे।

27. निम्न में से कौन विश्व धरोहर स्थल नहीं है।

(a) आगरा का किला (b) फतेहपुर सीकरी

(c) ताजमहल (d) अकबर का मकबरा

28. किसे भारत का शिराज कहा जाता है।

(a) आगरा (b) प्रयागराज

(c) जौनपुर (d) लखनऊ

29. श्रीकृष्ण जन्मस्थान मंदिर, उत्तर प्रदेश के निम्नलिखित में से किस जिले में स्थित है?

UPSI 2021

(a) लखनऊ (b) मथुरा

(c) अयोध्या (d) प्रयागराज

30. वह प्राचीन स्थल जहां साठ हजार मुनियों की सभा में संपूर्ण महाभारत का वाचन किया गया था, वह निम्न में से कौन-सा है?

(a) अहिच्छत्र (b) हस्तिनापुर

(c) काम्पिल्य (d) नैमिषारण्य

31. निम्न में से कौन-सा शहर सम्राट हर्षवर्धन के समय 'नगर महोदय श्री' के नाम से जाना जाता था?

(a) महोबा (b) काम्पिल्य

(c) कन्नौज (d) मथुरा

32. महापरिनिर्वाण मंदिर स्थित है?

(a) सारनाथ (b) कुशीनगर

(c) बोधगया (d) श्रावस्ती

33. वृंदावन स्थित प्रसिद्ध गोविंददेव मंदिर का निर्माण किसने करवाया था।

(a) महाराजा मान सिंह ने (b) महाराजा जय सिंह ने

(c) महाराजा उदय सिंह ने (d) महाराजा त्रिलोचन सिंह ने

34. 1590 में मथुरा के पास वृंदावन के गोविंद देव मंदिर का निर्माण .... बलुआ पत्थर से किया गया था।

SSC MTS 26/07/2022

(a) पीले (b) काले

(c) सफेद (d) लाल

35. उत्तर प्रदेश के .... में बुद्ध ने अपना पहला उपदेश दिया और अपनी कार्यविधि की नींव रखी।

UPSSSC व्यायाम प्रशिक्षक 16/09/2018

(a) कुशीनगर (b) संकिशा

(c) सारनाथ (d) श्रावस्ती

36. इनमें से क्या उत्तर प्रदेश में नहीं है?

UPSSSC ग्राम विकास अधिकारी 23/12/2018

(a) विश्वनाथ मंदिर (b) अस्सी घाट

(c) आगरा किला (d) विक्टोरिया मेमोरियल

37. 'धमेक स्तूप' निम्नलिखित में से किस स्थान पर स्थित है?

SSC CHSL 10/03/2018

(a) बोधगया (b) सारनाथ

(c) साँची (d) कौशाम्बी

38. एतमादुद्दौला (या एत्माद्-उद्-दौला) का मकबरा...... में स्थित है।

SSC GD 10/09/2021

(a) फतेहपुर सीकरी (b) शाहजहाँनाबाद

(c) औरंगाबाद (d) आगरा

39. आगरा शहर की स्थापना किसने की थी?

Rajasthan Police SI 14/09/2021

(a) बहलोल लोदी (b) इब्राहिम लोदी

(c) सिकन्दर लोदी (d) महमूद लोदी

40. निम्नलिखित में से उत्तर प्रदेश के किस जिले में तुलसी मानस मंदिर स्थित है।

UPSI 2021

(a) मथुरा (b) वाराणसी

(c) प्रयागराज (d) अयोध्या

41. श्री बांके बिहारी मंदिर उत्तर प्रदेश के निम्नलिखित में से किस जिले में स्थित है?

UPSI 2021

(a) वाराणसी (b) मथुरा

(c) प्रयागराज (d) आगरा

42. शेख सलीम चिश्ती का मकबरा कहाँ है?

(a) फतेहपुर सीकरी (b) अजमेर

(c) गोंडा (d) बाराबंकी

43. देवा शरीफ किस जनपद में है?

(a) बहराइच (b) बाराबंकी

(c) लखनऊ (d) उन्नाव

44. जैनियों का काशी किसे कहा जाता है?

(a) कुशीनगर (b) प्रयाग

(c) अयोध्या (d) हस्तिनापुर

45. निम्नलिखित में से कौन सुमेलित नहीं है?

उत्तर प्रदेश के पहले मध्यकालीन शहर		वर्तमान अवस्थिति
(1)	कोइल/कोल	अलीगढ़
(2)	महोत्सव नगर	महोबा
(3)	महोदय श्री	कन्नौज
(4)	जेजाक भुक्ति	कौशाम्बी

UPPSC RO/ARO 05/12/2021

(a) 1 (b) 2
(c) 3 (d) 4

46. कानपुर, उत्तर प्रदेश स्थित भीतरगाँव मंदिर के सन्दर्भ में, निम्नलिखित कथनों में से कौन-सा/से कथन सही हैं/है?

UPPSC RO/ARO Pre. 05/12/2021

1. इस मंदिर का निर्माण 5वीं शताब्दी ई. से 6वीं शताब्दी ई. के मध्य हुआ।
2. ईंटों से निर्मित यह भारत के प्राचीनतम मंदिरों में से एक है।

दिए हुए कूट का प्रयोग करके सही उत्तर का चयन कीजिए-

(a) केवल 1 (b) केवल 2
(c) 1 और 2 दोनों (d) न तो 1 न ही 2

47. उत्तर प्रदेश में उत्तर-मध्य क्षेत्र सांस्कृतिक क्षेत्र स्थापित है?

UPPSC RO/ARO Pre. 08/04/2018

(a) बरेली (b) वाराणसी
(c) प्रयागराज (d) आगरा

उत्तरमाला

1.	(d)	**2.**	(b)	**3.**	(b)	**4.**	(b)	**5.**	(b)	**6.**	(c)	**7.**	(b)	**8.**	(b)	**9.**	(b)	**10.**	(b)
11.	(a)	**12.**	(b)	**13.**	(b)	**14.**	(a)	**15.**	(a)	**16.**	(c)	**17.**	(a)	**18.**	(b)	**19.**	(b)	**20.**	(c)
21.	(b)	**22.**	(c)	**23.**	(a)	**24.**	(d)	**25.**	(c)	**26.**	(d)	**27.**	(d)	**28.**	(c)	**29.**	(b)	**30.**	(d)
31.	(c)	**32.**	(b)	**33.**	(a)	**34.**	(d)	**35.**	(c)	**36.**	(d)	**37.**	(b)	**38.**	(d)	**39.**	(c)	**40.**	(b)
41.	(b)	**42.**	(a)	**43.**	(b)	**44.**	(d)	**45.**	(d)	**46.**	(c)	**47.**	(c)						

16 अध्याय

उत्तर प्रदेशः प्रमुख शोध संस्थान, पार्क एवं स्मार्ट सिटी

प्रमुख केन्द्रीय संगठन	
केन्द्रीय ड्रग रिसर्च इन्स्टीट्यूट	लखनऊ
इंडियन इन्स्टीट्यूट ऑफ शुगर केन रिसर्च	लखनऊ
नेशनल बोटेनिकल गार्डन	लखनऊ
भारतीय विष विज्ञान अनुसंधान संस्थान	लखनऊ
केन्द्रीय औषधि अनुसंधान संस्थान	लखनऊ
केन्द्रीय आम अनुसंधान केन्द्र	लखनऊ
इण्डियन टेक्नोलॉजिकल रिसर्च सेन्टर	लखनऊ
नेशनल इंस्टीट्यूट ऑफ सोशल स्टीज	लखनऊ
बीरबल साहनी पुराविज्ञान संस्थान	लखनऊ
भारतीय प्रबंधन संस्थान	लखनऊ
रिसर्च डिजाईंस एंड स्टैडर्स आर्गेनाइजेशन	लखनऊ
नेशनल ब्यूरो ऑफ फिश जेनेटिक रिसोर्सेस	लखनऊ
पशु-जैविक औषधि संस्थान	लखनऊ
केन्द्रीय डिस्कवरी सेंटर	वाराणसी बी.एच.यू
राष्ट्रीय बीज अनुसंधान एवं प्रशिक्षण केन्द्र	वाराणसी
मालवीय रिसर्च सेंटर फॉर गंगा रिवर डेवलपमेंट एवं वाटर रिसोर्स मैनेजमेंट	वाराणसी
नेशनल शुगर इंस्टीट्यूट	कानपुर
भारतीय चमड़ा रंगाई एवं जूता संस्थान	कानपुर
केन्द्रीय चर्म अनुसंधान संस्थान (चैन्नई की इकाई)	कानपुर
भारतीय दलहन अनुसंधान संस्थान (इंडियन इंस्टीट्यूट ऑफ पल्सेज रिसर्च)	कानपुर
नेशनल वायोफर्टिलाइजर डेवलपमेन्ट सेंटर	गाजियाबाद
खाद्य अनुसंधान एवं मानकीकरण प्रयोगशाला	गाजियाबाद
नार्दन इण्डिया टेक्सटाइल रिसर्च एसोसिएशन	गाजियाबाद
बोटेनिकल गार्डन ऑफ द इण्डियन रिपब्लिक	नोएडा
वी.वी. गिरी नेशनल लेबर इंस्टीट्यूट	नोएडा
नेशनल एकेडमी ऑफ स्टैटिकल एडमिनिस्ट्रेशन	नोएडा
पं० दीन दयाल उपाध्याय इंस्टीट्यूट ऑफ आर्कियोलोजी	ग्रेटर नोएडा
नेशनल इंस्टीट्यूट ऑफ फैशन टेक्नोलोजी	रायबरेली
सामाजिक वानिकी एवं परिपुर्नस्थापन केन्द्र	प्रयागराज
नार्दन रिजनल इंस्टीट्यूट ऑफ पेपर टेक्नोलॉजी	प्रयागराज
इंडियन वेटिनरी रिसर्च इंस्टीट्यूट	बरेली
केंद्रीय पक्षी अनुसंधान संस्थान	इज्जतनगर (बरेली)
केन्द्रीय बकरी अनुसंस्थान संस्थान	मथुरा
केन्द्रीय आलू रिसर्च स्टेशन	मोदीपुरम (मेरठ)
इंडियन इंस्टीट्यूट ऑफ स्पेश साइंस एवं टेक्नोलॉजी	मेरठ
राजीव गाँधी पेट्रोलियम इंस्टीट्यूट	अमेठी
नेशनल पैराशूट ट्रेनिंग कॉलेज	आगरा
नेशनल जालमा इंस्टीट्यूट फॉर लेप्रोसी एण्ड अदर माइको बैक्टरियल डिसेसेज	आगरा
राष्ट्रीय कृषि वानिकी अनुसंधान केंद्र	झांसी
भारतीय चारागाह एवं चारा अनुसंधान संस्थान	झांसी
भारतीय कालीन प्रौद्योगिकी संस्थान	भदोही
केंद्रीय उपोष्णकटिबंधीय बागवानी संस्थान	लखनऊ
रामायणम् पार्क (प्रस्तावित)	लखनऊ

उत्तर प्रदेश संग्रहालय	
राजकीय संग्रहालय लखनऊ	(राज्य का सबसे पुराना)
राजकीय संग्रहालय झाँसी	(बुन्देलखण्ड क्षेत्र के सांस्कृतिक तत्व)
राजकीय बौद्ध संग्रहालय, कुशीनगर	(बौद्ध व जैन धर्म सम्बंधी सामग्री)
राजकीय संग्रहालय (मथुरा)	(कुषाण एवं गुप्त अवशेष)
लोककला संग्रहालय (लखनऊ)	(विलुप्त हो रही लोक कलाओं के संरक्षण हेतु)
डॉ० भीमराव अम्बेडकर संग्रहालय व पुस्तकालय रामपुर	
लाल बहादुर शास्त्री स्मृति संग्रहालय वाराणसी	
शहीद संग्रहालय	

अन्य प्रमुख संग्रहालय	
मोतीलाल नेहरू बाल संग्रहालय	लखनऊ
भारत कला भवन	वाराणसी (BHU)
सारनाथ संग्रहालय	सारनाथ वाराणसी
राजकीय पुरातत्व संग्रहालय निर्माणाधीन	फर्रुखाबाद
मैडम तुसाद इंडिया संग्रहालय	नोएडा (सेक्टर-18)
थारू जनजाति एवं संस्कृति संग्रहालय	बलरामपुर
प्राकृतिक विज्ञान संग्रहालय	लखनऊ
राज्य पाण्डुलिपि पुस्तकालय	प्रयागराज
राहुल सांकृत्यायन संस्थान	गोरखपुर वि.वि.
लोक सांस्कृतिक संस्थान	ग्रेटर नोएडा
रामायण म्यूजियम	अयोध्याधाम
लोककला संग्रहालय	वाराणसी
पटेल लोक सांस्कृतिक संस्थान	ग्रेटर नोएडा
अबाई स्मारक पांचाल संग्रहालय	बरेली

विशेष स्थल, पार्क, सिटी	
लोहिया पार्क	लखनऊ
बुद्धा थीम पार्क	सारनाथ (वाराणसी)
राष्ट्रीय दलित प्रेरणा स्थल	नोएडा (गौतमबुद्ध नगर)
जनेश्वर मिश्र पार्क (एशिया का सबसे बड़ा)	गोमती नगर लखनऊ
डॉ० भीमराव बहुजन नायक पार्क	लखनऊ
श्री कांशीराम स्मारक स्थल	लखनऊ
डॉ० अम्बेडकर समतामूलक चौक	लखनऊ
रमाबाई अम्बेडकर मैदान	लखनऊ
प्रदेश की पहली मॉडल सिटी	नई काशी, वाराणसी
क्वीन हो मेमोरियल पार्क	अयोध्या धाम
वैदिक साइंस सेंटर	बी.एच.यू. वाराणसी
राज्य का पहला साइंस पार्क	गाजियाबाद
इण्डिया एक्सपो मार्ट एंड सेंटर	ग्रेटर नोएडा
नॉलेज पार्क (50 से अधिक शिक्षण संस्थान)	ग्रेटर नोएडा
लेदर टेक्नोलोजी पार्क	बंथरा
लेदर पार्क	आगरा
टेक्सटाइल पार्क	वाराणसी
इलेक्ट्रानिक सिटी	ग्रेटर नोएडा
वेब सिटी	गाजियाबाद
राज्य का प्रथम जैव प्रौद्योगिकी पार्क	बक्शी तालाब, लखनऊ
ताज शिल्प ग्राम व शिल्प हाट	आगरा
केन्द्र द्वारा सेटेलाइट शहर	पिलखुवा (हापुड़)
एशिया का प्रथम (DNA) बैंक	लखनऊ
उत्तर प्रदेश स्टेट इंस्टीट्यूट ऑफ फोरेंसिक साइंस	लखनऊ
150 करोड़ वर्ष पूर्व के जीवाश्मों वाला पार्क	फासिल्स पार्क,(सोनभद्र)
कैलाश मानसरोवर भवन	गाजियाबाद
अवध शिल्प ग्राम व मेगा शिल्पहार	शहीद पथ, लखनऊ
उत्तर भारत का सबसे बड़ा शॉपिंग कॉम्पलेक्स	लुलु मॉल

वन्य जीव संरक्षण कार्यक्रम	
देश में सर्वप्रथम वन्य जीव परिरक्षण संगठन की स्थापना की गई	उत्तर प्रदेश
वन्य जीव प्रशिक्षण केन्द्र	लखनऊ व इटावा (निर्माणाधीन)
नवाब वाजिद अली शाह प्राणी उद्यान	लखनऊ
एलन फारेस्ट प्राणी उद्यान	कानपुर
मयूर संरक्षण केन्द्र	वृन्दावन
प्रदेश का पहला हाथी रिजर्व	2009 में सहारनपुर व बिजनौर के शिवालिक रेंज क्षेत्र में
प्रदेश का प्रथम टाइगर रिजर्व (बाघ अभ्यारण्य)	दुधवा (1987) में घोषित
प्रदेश का दूसरा टाईगर रिजर्व	अमनगढ़ बिजनौर (2012) में घोषित
प्रदेश का तीसरा टाईगर रिजर्व	पीलीभीत
प्रदेश का चौथा टाईगर रिजर्व	रानीपुर (चित्रकूट)

राजकीय व केन्द्रीय चिकित्सा संस्थान	
नर्सिंग कॉलेज	कानपुर
कल्याण सिंह कैंसर संस्थान	सीजी सिटी लखनऊ
महामना पं. मदन मोहन मालवीय कैंसर सेन्टर	बी.एच.यू. वाराणसी
मस्तिष्क ज्वर उन्मूलन शोध केंद्र	गोरखपुर
होमी भाभा कैंसर हॉस्पिटल	लखनऊ
एम्स	रायबरेली

राज्य स्तरीय अन्य प्रमुख संस्थान	
उत्तर प्रदेश लोक सेवा आयोग	प्रयागराज
उत्तर प्रदेश उच्चतर शिक्षा सेवा आयोग	प्रयागराज
माध्यमिक शिक्षा सेवा चयन बोर्ड	प्रयागराज
उत्तर प्रदेश प्रशासन एवं प्रबंधन अकादमी	अलीगंज लखनऊ
न्यायिक प्रशिक्षण एवं अनुसंधान संस्थान	गोमतीनगर लखनऊ
पंचायती राज इंस्टीट्यूट ऑफ ट्रेनिंग	अलीगंज लखनऊ

साइंटिफिक कन्वेशन सेन्टर	लखनऊ
राज्य नियोजन प्रशिक्षण संस्थान	लखनऊ
राजा टोडरमल सर्वे एवं भूलेख प्रशिक्षण संस्थान	हरदोई
ब्रेल प्रेस (दृष्टि बाधित छात्र/छात्राओं के लिए पुस्तक छापने हेतु)	लखनऊ

प्रमुख क्रीड़ा/खेल संस्थान	
मास्टर चंदगी राम स्पोर्ट्स काम्प्लेक्स	सैफई (इटावा)
डॉ० भीमराव अम्बेडकर स्पोर्ट्स स्टेडियम	अमेठी
अमिताभ बच्चन स्पोर्ट्स काम्पलेक्स	प्रयागराज
राज्य विद्यालय क्रीड़ा संस्थान	अयोध्या
इंदिरा गांधी प्रतिष्ठान	लखनऊ
रमाबाई अम्बेडकर मैदान	लखनऊ
जनेश्वर मिश्र पार्क	गोमती नगर लखनऊ
बुद्ध विहार शांति व स्मृति उपवन	बिजनौर रोड लखनऊ

भाषा व बोली सम्बंधी संस्थान/संगठन	
उत्तर प्रदेश हिन्दी संस्थान	लखनऊ (1976)
भारती भवन पुस्तकालय	प्रयागराज (1889)
उत्तर प्रदेश भाषा संस्थान	लखनऊ (1994)
केन्द्रीय हिन्दी शिक्षण मण्डल	आगरा (1960-61)
कन्हैयालाल माणिकलाल मुंशी हिन्दी तथा भाषा विज्ञान विद्यापीठ	आगरा (1953)
भोजपुरी भवन	वाराणसी (2010)
गीता प्रेस	गोरखपुर (1923)
संत कबीरदास अकादमी	मगहर, संतकबीर नगर
उत्तर प्रदेश उर्दू अकादमी	लखनऊ (1972)
उत्तर प्रदेश जैन विद्या शोध	लखनऊ (1991)
राज्य हिन्दी संस्थान	वाराणसी (1969)
उत्तर प्रदेश संस्कृत संस्थान	लखनऊ (1976)
उत्तर प्रदेश पंजाब अकादमी	लखनऊ (1998)
फखरुद्दीन अली अहमद मेमोरियल कमेटी	लखनऊ (1976)
मौलाना आजाद स्मारक अकादमी (गैर सरकारी)	लखनऊ (1975)

कृषि विश्वविद्यालय (4 राजकीय + 1 केन्द्रीय)	
चन्द्रशेखर आजाद कृषि एवं प्रौ. वि. वि.	कानपुर 1975
आचार्य नरेन्द्र देव कृषि एवं प्रौ. वि. वि.	फैजाबाद 1976
सरदार बल्लभ भाई पटेल कृषि वि.वि.	मेरठ 2000
रानी लक्ष्मीबाई राष्ट्रीय कृषि वि. वि. (केन्द्रीय)	झांसी 2014
बाँदा कृषि एवं प्रौद्योगिकी वि.वि बाँदा	बाँदा 2010

प्रमुख नगरों के उपनाम

शहर का नाम	उपनाम
लखनऊ	नवाबों का शहर, बागों का नगर, नजाकत नफासत का शहर
लड्डू नगरी	संडीला
आगरा	ताजनगरी, पेठानगरी
मथुरा	कृष्ण नगरी, पेड़ों का नगर, पण्डों का नगर
वाराणसी	घाटों का नगर, विश्वनाथ नगरी, मुक्त नगरी
अयोध्या	रामनगरी, तीर्थनगर, रामभूमि स्थल
अलीगढ़	ताला नगरी
मुरादाबाद	बर्तनों का शहर, पीतल नगरी
मेरठ	क्रान्ति नगर, कैंची नगर
गाजीपुर	काशी की बहन
रामपुर	चाकुओं का नगर
कन्नौज	खुशबुओं का शहर, इत्रनगरी
कानपुर	उद्योग नगर व चर्म नगर
हाथरस	हींग व गुलाल नगरी
बरेली	बांस बरेली, सुरमा नगरी
जौनपुर	शिराज-ए-हिन्द, पूर्व का शिराज
चंदौली	धान का कटोरा
फिरोजाबाद	सुहागनगरी, चूड़ीनगरी

राजकीय तकनीकी विश्वविद्यालय	
ए.पी.जे. अब्दुल कलाम प्रावाधिक वि.वि.	लखनऊ
मदन मोहन मालवीय प्रावाधिक वि.वि.	गोरखपुर
सर हरकोर्ट बटलर टेक्निकल वि.वि	कानपुर

अन्य प्रमुख राजकीय व केन्द्रीय तकनीकी संस्थान	
इंस्टीट्यूट ऑफ इंजीनियरिंग एण्ड टेक्नोलॉजी	लखनऊ
श्री कांशी राम इंस्टीट्यूट ऑफ टेक्नोलॉजी	लखनऊ
मोतीलाल नेहरू राष्ट्रीय तकनीकी प्रौद्योगिकी संस्थान	प्रयागराज
भारतीय सूचना प्रौद्योगिकी संस्थान (IIT) (राज्य का पहला)	प्रयागराज
भारतीय सूचना प्रौद्योगिकी संस्थान (राज्य का दूसरा)	लखनऊ (निर्माणाधीन)
राज्य में क्रियाशील सूचना प्रौ०/आई टी पार्क	नोएडा - ग्रेटर नोएडा
एशिया का प्रथम डीएनए बैंक	लखनऊ (बायोटेक पार्क)

वन्य जीवों का डीएनए बैंक	भारतीय पशु चिकित्सा अनुसंधान संस्थान, बरेली
इण्टरनेशनल टॉय सिटी	नोएडा सेक्टर-33
इस्कॉन द्वारा विश्व का सबसे बड़ा (70 मंजिल) चंद्रोदय मंदिर	वृंदावन (निर्माणाधीन)
नवीन ओखला औद्योगिक विकास प्राधिकरण (नौएडा)	गौतमबुद्ध नगर
गोरखपुर औद्योगिक विकास प्राधिकरण	गोरखपुर
यमुना एक्सप्रेसवे औद्योगिक विकास प्राधिकरण	गौतमबुद्ध नगर
लखनऊ औद्योगिक विकास प्राधिकरण (लीडा)	लखनऊ

परीक्षोपयोगी महत्त्वपूर्ण प्रश्न

1. मथुरा संग्रहालय की स्थापना कब की गई थी?
   (a) 1875 (b) 1874
   (c) 1878 (d) 1879
2. उत्तर प्रदेश में रानी महल संग्रहालय कहाँ स्थित है?
   (a) सारनाथ (b) मथुरा
   (c) झाँसी (d) गया
3. भारत कला भवन संग्रहालय अवस्थित है?
   (a) इलाहबाद (b) मथुरा
   (c) लखनऊ (d) वाराणसी
4. मोतीलाल नेहरू बाल संग्रहालय निम्नलिखित में से कहाँ स्थित है?
   (a) गोरखपुर (b) झाँसी
   (c) लखनऊ (d) वाराणसी
5. राज्य संग्रहालय, लखनऊ की स्थापना कब हुई थी?
   (a) 1870 (b) 1863
   (c) 1875 (d) 1860
6. उत्तर प्रदेश के किस नगर में दो पुरातत्व संग्रहालय स्थित हैं।
   (a) कानपुर (b) प्रयागराज
   (c) लखनऊ (d) वाराणसी
7. सरकारी बौद्ध संग्रहालय की स्थापना कहाँ हुई?
   (a) गोरखपुर (b) वाराणसी
   (c) औरेया (d) लखनऊ
8. आलू अनुसंधान केन्द्र स्थित है।
   (a) फ़र्रुखाबाद (b) मेरठ
   (c) कानपुर (d) प्रयागराज
9. भारतीय पशु चिकित्सा अनुसंधान संस्थान स्थित है-
   (a) बरेली (b) मथुरा
   (c) कानपुर (d) झाँसी
10. केन्द्रीय बकरी अनुसंधान संस्थान स्थित है-
    (a) मथुरा (b) बरेली
    (c) अलीगढ़ (d) झाँसी
11. गुरु गोविन्द सिंह स्पोर्टस कॉलेज स्थित है-
    (a) वाराणसी (b) लखनऊ
    (c) मेरठ (d) सैफई
12. सेन्ट्रल मैंगो रिसर्च इन्स्टीट्यूट स्थित है-
    (a) लखनऊ (b) सहारनपुर
    (c) आगरा (d) वाराणसी
13. भारतीय वनस्पति शोध संस्थान अवस्थित है-
    (a) कानपुर (b) धामपुर
    (c) रामपुर (d) लखनऊ
14. नॉलेज पार्क स्थित है-
    (a) नोएडा (b) ग्रेटर नोएडा
    (c) लखनऊ (d) वाराणसी
15. केन्द्रीय उपोष्ण बागवानी संस्थान स्थित है-
    (a) झाँसी (b) सहारनपुर
    (c) लखनऊ (d) वाराणसी
16. दीनदयाल हस्तकला संकुल व्यापार सुविधा केन्द्र है-
    (a) आगरा में (b) वाराणसी में
    (c) कानपुर में (d) गोरखपुर में
17. वी.वी. गिरी राष्ट्रीय श्रम संस्थान स्थित है।
    (a) नोएडा (b) नई दिल्ली
    (c) गाजियाबाद (d) गुरुग्राम
18. केन्द्रीय औषधीय एवं सुगंधित पौधा अनुसंधान संस्थान स्थित है।
    (a) चित्रकूट (b) सहारनपुर
    (c) कानपुर (d) लखनऊ
19. भारतीय चारागाह एवं चारा अनुसंधान संस्थान स्थित है-
    UPPCS Mains, 2012
    (a) बीकानेर (b) जबलपुर
    (c) भोपाल (d) झाँसी
20. निम्नलिखित युग्मों में से कौन-सा सही सुमेलित नहीं है?
    UPRO/ARO (Pre) (Spl.), 2010

(a) लाल बहादुर शास्त्री गन्ना किसान संस्थान - मेरठ

(b) यू.पी.एफ.सी. (उत्तर प्रदेश वित्तीय निगम) - कानपुर

(c) राज्य चर्म विकास एवं विपणन निगम लिमिटेड- आगरा

(d) पिकअप भवन - लखनऊ

21. उत्तर प्रदेश का प्रथम सॉफ्टवेयर टेक्नोलॉजी पार्क है।

(a) प्रयागराज (b) गौतमबुद्ध नगर
(c) लखनऊ (d) कानपुर

22. हरिश्चन्द्र अनुसंधान संस्थान स्थित है।

(a) बहराइच (b) राँची
(c) प्रयागराज (d) पटना

23. भारतीय दलहन शोध संस्थान जहाँ स्थित है, वह जगह है-

UPPCS (Spl.) Pre. 2008
UPRO/ARO Pre. 2010

(a) इलाहाबाद (b) कानपुर
(c) फैजाबाद (d) लखनऊ

24. निम्नलिखित में से कौन-सा युग्म सही सुमेलित नहीं है?

UPRO/ARO Pre. 2017

संस्थान	स्थान
(a) भारतीय सब्जी अनुसंधान संस्थान	वाराणसी
(b) केंद्रीय उपोष्ण उद्यान अनुसंधान संस्थान	श्रीनगर
(c) भारतीय गन्ना अनुसंधान संस्थान	लखनऊ
(d) भारतीय दलहन अनुसंधान संस्थान	कानपुर

25. निम्नलिखित में से कौन-सा एक उत्तर प्रदेश के संदर्भ में सही सुमेलित नहीं है?

UPPCS Mains, 2009

(a) खाद्य अनुसंधान एवं विश्लेषण केंद्र	लखनऊ
(b) खाद्य पार्क	नोएडा
(c) सरदार वल्लभभाई पटेल कृषि विश्वविद्यालय	मेरठ
(d) भारतीय दलहन शोध संस्थान	आगरा

26. 'स्कूल ऑफ पेपर टेक्नोलॉजी' स्थित है-

UP Lower Sub. Mains, 2013

(a) रामपुर में (b) गोरखपुर में
(c) झाँसी में (d) सहारनपुर में

27. नेशनल चैंबर ऑफ इंडस्ट्रीज एंड कॉमर्स, उत्तर प्रदेश स्थित है-

UPPCS Mains, 2017

(a) कानपुर में (b) लखनऊ में
(c) आगरा में (d) इलाहाबाद में

28. सूची-I को सूची-II से सुमेलित कीजिए और सूचियों के नीचे दिए गए कूट से सही उत्तर का चयन कीजिए-

UPPCS Mains, 2011

सूची-I (संस्थान)	सूची-II (स्थान)
A. सेंट्रल ड्रग रिसर्च इंस्टीट्यूट	1. इलाहाबाद
B. सेंट्रल लेप्रोसी इंस्टीट्यूट	2. कानपुर
C. मोतीलाल नेहरू राष्ट्रीय प्रौद्योगिकी संस्थान	3. आगरा
D. इंडियन इंस्टीट्यूट ऑफ शुगर टेक्नोलॉजी	4. लखनऊ

कूट:

	A	B	C	D
(a)	1	2	3	4
(b)	3	1	4	2
(c)	4	3	1	2
(d)	2	4	3	1

29. सूची-I को सूची-II से सुमेलित कीजिए तथा नीचे दिए गए कूट से सही उत्तर चुनिए-

UPPCS (Spl.) Mains, 2016

सूची-I (संस्थान)	सूची-II (स्थिति)
A. वी.वी. गिरि नेशनल लेबर इंस्टीट्यूट	1. आगरा
B. सेंट्रल ड्रग रिसर्च इंस्टीट्यूट	2. मेरठ
C. नेशनल जालमा इंस्टीट्यूट फॉर लेप्रोसी	3. लखनऊ
D. सेंट्रल इंस्टीट्यूट फॉर रिसर्च ऑन कैटिल	4. नोएडा

कूट:

	A	B	C	D
(a)	3	4	2	1
(b)	1	2	3	4
(c)	4	3	2	1
(d)	4	3	1	2

30. शीलाधर मृदा विज्ञान संस्थान स्थित है-

UPPCS (Spl.) Mains, 2004

(a) आगरा में (b) इलाहाबाद में
(c) लखनऊ में (d) वाराणसी में

31. सूची-I को सूची-II से सुमेलित कीजिए और सूचियों के नीचे दिए गए कूट से सही उत्तर का चयन कीजिए-

UPBEO Pre. 2019

सूची-I (संस्थान)	सूची-II (अवस्थिति)
A. वी.वी. गिरि राष्ट्रीय श्रम संस्थान	1. वाराणसी
B. भारतीय सब्जी अनुसंधान संस्थान	2. मथुरा
C. पं. दीन दयाल उपाध्याय संस्थान पशुचिकित्सा विज्ञान विश्वविद्यालय	3. गाजीपुर
D. क्षेत्रीय रेल प्रशिक्षण संस्थान	4. नोएडा

कूट:

	A	B	C	D
(a)	1	2	3	4
(b)	4	3	2	1
(c)	4	1	2	3
(d)	2	4	3	1

32. केन्द्रीय मंत्रिमंडल द्वारा अनुमोदित राजीव गांधी पेट्रोलियम प्रौद्योगिकी संस्थान स्थापित किया जाएगा-

UPPCS (Mains), 2006

(a) रायबरेली में (b) जायस में
(c) जगदीशपुर में (d) अमेठी में

33. उत्तर प्रदेश में 'एक जनपद एक उत्पाद' योजना के आधार पर निम्नलिखित युग्मों में से कौन-सा एक सही सुमेलित नहीं है?

UPPCS Pre. 2022

(a) अमेठी - मूंज के उत्पाद
(b) बागपत - लकड़ी के खिलौने
(c) गौतम बुद्ध नगर - रेडीमेड कपड़े
(d) आगरा - चर्म उत्पाद

34. सूची-I को सूची-II से सुमेलित कीजिए तथा सूचियों के नीचे दिए गए कूट से सही उत्तर चुनिए-

UPRO/ARO Pre. 2017

सूची-I (उद्योग)	सूची-II (केंद्र)
A. खेल का सामान	1. मुरादाबाद
B. दियासलाई	2. सहारनपुर
C. पीतल का सामान	3. मेरठ
D. लकड़ी पर नक्काशी	4. बरेली

कूट:

	A	B	C	D
(a)	2	4	1	3
(b)	3	4	1	2
(c)	1	2	3	4
(d)	3	4	2	1

35. निम्नलिखित में से कौन-सा युग्म सही सुमेलित नहीं है?

UPPCS Pre. 2017

शहर		विशेषता
(a) वाराणसी	-	संस्कृति एवं धर्म
(b) लखनऊ	-	प्रदेश की राजधानी
(c) झाँसी	-	औद्योगिक केंद्र
(d) मुरादाबाद	-	पीतल उद्योग

36. सूची-I को सूची-II के साथ सुमेलित कीजिए तथा सूचियों के नीचे दिए गए कूट से सही उत्तर चुनिए-

UPRO/ARO Pre. 2016 (निरस्त परीक्षा)

सूची-I (जिला)	सूची-II (उत्पाद)
A. अलीगढ़	1. विद्युत करघा के उत्पाद
B. फिरोजाबाद	2. ताले
C. मुरादाबाद	3. पीतल के बर्तन
D. टांडा	4. चूड़ियां

कूट:

	A	B	C	D
(a)	1	2	3	4
(b)	2	4	3	1
(c)	2	3	4	1
(d)	4	3	2	1

37. सूची-I का सूची-II के साथ मिलान कीजिए तथा नीचे दिए गए कूट से सही उत्तर चुनिए-

UPRO/ARO Mains, 2017

सूची-I	सूची-II
A. काली मिट्टी के बर्तन	1. मुरादाबाद
B. चीनी मिट्टी के बर्तन	2. खुर्जा
C. पीतल शिल्पकृति	3. फिरोजाबाद
D. शीश शिल्पकृति	4. निजामाबाद

कूट:

	A	B	C	D
(a)	1	3	2	4
(b)	4	2	1	3
(c)	3	1	4	2
(d)	2	4	3	1

38. सूची-I एवं सूची-II को सुमेलित कीजिए तथा सूचियों के नीचे दिए गए कूट का प्रयोग करते हुए सही उत्तर का चयन कीजिए-

UPPCS Mains, 2003

सूची-I (नगर)	सूची-II (उत्पाद)
A. रेनुकूट	1. खेल का सामान
B. ऋषिकेश	2. एंटीबायोटिक
C. मेरठ	3. ताले
D. अलीगढ़	4. एल्युमीनियम

कूट:

	A	B	C	D
(a)	4	2	1	3
(b)	2	4	1	3
(c)	4	2	3	1
(d)	2	4	3	1

39. निम्नलिखित में से कौन सही सुमेलित नहीं है?

UPRO/ARO Pre. 2016 (निरस्त परीक्षा)

स्थान		उत्पाद
(a) लखीमपुर-खीरी	-	नक्काशीदार काष्ठ शिल्प
(b) खुर्जा	-	मृत्तिका शिल्प
(c) मेरठ	-	खेलकूद के सामान
(d) जलेसर	-	ढलवां घंटियां

40. सूची-I एवं सूची-II को सुमेलित कीजिए तथा नीचे दिए गए कूट से सही उत्तर चुनिए-

UPPCS Mains, 2005

सूची-I (केंद्र)	सूची-II (उद्योग)
A. आंवला	1. पॉली फाइबर
B. मोदीनगर	2. उर्वरक
C. बाराबंकी	3. रबड़
D. कानपुर	4. विस्फोटक

कूट:

	A	B	C	D
(a)	1	2	3	4
(b)	2	3	1	4
(c)	3	2	4	1
(d)	2	4	3	1

41. निम्न में से किसके उत्पादन का केंद्र मेरठ है?

UP Lower Sub. Mains, 2013

(a) जूते-चप्पल के (b) खेल के सामान के
(c) मिट्टी के बर्तन के (d) रबर उत्पाद के

42. उत्तर प्रदेश का राज्य चर्म विकास एवं विपणन निगम लि. कहाँ स्थित है?

UPRO/ARO Mains, 2017

(a) आगरा (b) कानपुर
(c) मुरादाबाद (d) गाजियाबाद

43. उत्तर प्रदेश में चमड़ा उद्योग के प्रमुख केंद्र हैं-

UPRO/ARO Mains, 2013

(a) आगरा, कानपुर (b) आगरा, इलाहाबाद
(c) कानपुर, इलाहाबाद (d) कानपुर, मेरठ

44. उत्तर प्रदेश में कृत्रिम रबड़ का कारखाना अवस्थित है-

UPPCS Mains, 2006, 2008

(a) उन्नाव में (b) मुरादाबाद में
(c) गाजियाबाद में (d) नोएडा में

45. उत्तर प्रदेश में कृत्रिम अंग निर्माण निगम कहाँ स्थित है?

UPRO/ARO Mains, 2017

(a) वाराणसी (b) प्रयागराज
(c) कानपुर (d) आगरा

46. सूची-I एवं सूची-II को सुमेलित कीजिए तथा नीचे दिए गए कूट का प्रयोग कर सही उत्तर चुनिए-

UPPCS Mains, 2008

सूची-I (स्थान)	सूची-II (उद्योग)
A. फिरोजाबाद	1. चमड़े के सामान
B. कानपुर	2. कांच की चूड़ियां
C. नजीबाबाद	3. कागज और लुगदी
D. सहारनपुर	4. प्लाईवुड

कूट:

	A	B	C	D
(a)	2	1	3	4
(b)	1	2	4	3
(c)	2	1	4	3
(d)	4	2	1	3

47. सूची-I को सूची-II से सुमेलित कीजिए तथा नीचे दिए गए कूट से सही उत्तर चुनिए-

UPPCS Mains, 2010

सूची-I (औद्योगिक केंद्र)	सूची-II (प्रमुख उद्योग)
A. आगरा	1. चमड़े का सामान
B. कानपुर	2. खेलकूद का सामान
C. मेरठ	3. धातुपात्र
D. मुरादाबाद	4. पर्यटन

कूट:

	A	B	C	D
(a)	1	4	2	3
(b)	4	1	2	3
(c)	4	3	1	2
(d)	3	1	4	2

48. निम्नलिखित कथनों पर विचार कीजिए-

कथन (A): कन्नौज 'इत्र का शहर' है।

कारण (R): कन्नौज शहर के सभी निवासियों के यहां इत्र का उद्योग है।

नीचे दिए गए कूट से सही उत्तर चुनिए-

UPPCS Pre, 2017

कूट:

(a) (A) तथा (R) दोनों सही है और (A) का सही स्पष्टीकरण (R) है।

(b) (A) तथा (R) दोनो सही हैं, किंतु (A) का सही स्पष्टीकरण (R) नहीं है।

(c) (A) सही है, किंतु (R) गलत है।

(d) (A) गलत हैं, किंतु (R) सही है।

49. उत्तर प्रदेश में सुरमा उद्योग के लिए प्रसिद्ध है-

UPPCS Pre, 2017

(a) वाराणसी (b) प्रयागराज

(c) मुरादाबाद (d) बरेली

50. निम्नलिखित युग्मों में से कौन-सा सही सुमेलित नहीं है?

UPPCS/ARO (Mains) (Spl.), 2010

UPRO/ARO (Mains), 2014

(a) नोएडा - सॉफ्टवेयर एवं सूचना प्रौद्योगिकी

(b) सीतापुर - प्लाईवुड उद्योग

(c) गोरखपुर - खेलकूद के समान बनाने का उद्योग

(d) वाराणसी - रेशम उद्योग

51. निम्नलिखित में से कौन-सा सही सुमेलित नहीं है?

UPBEO (Pre), 2019

	(जिला)	(लोकप्रिय उत्पाद)
(a)	कन्नौज	इत्र
(b)	बुलंदशहर	चीनी मिट्टी
(c)	चित्रकूट	लकड़ी के खिलौने
(d)	प्रतापगढ़	अमरूद जेली

52. निम्नलिखित में गलत युग्म को इंगित कीजिए-

UPRO/ARO (Mains), 2013

(a) कन्नौज - इत्र एवं तेल

(b) मिर्जापुर - कालीन

(c) मुरादाबाद - पीतल के बर्तन

(d) आगरा - चाकू तथा कैची

53. निम्नलिखित युग्मों से कौन-सा एक सही सुमेलित नहीं है?

UPPCS (Mains), 2017

(a) ताला उद्योग - अलीगढ़

(b) कालीन उद्योग - भदोही

(c) चूड़ी उद्योग - शाहजहांपुर

(d) चिकन उद्योग - लखनऊ

54. निम्नलिखित मे गलत युग्म को इंगित कीजिए-

UP Lower Sub (Pre), 2013

(a) कानपुर - चमड़ा (b) वाराणसी - सीमेंट

(c) मेरठ - चीनी (d) सहारनपुर - कागज

55. सूची-I एवं सूची-II को सुमेलित कीजिए तथा नीचे दिए गए कूट से सही उत्तर चुनिए-

UPPCS (Mains), 2008

सूची-I	सूची-II
A. टेराकोटा	1. चिनहट
B. लकड़ी के खिलौने	2. गोरखपुर
C. चीनी मिट्टी के बर्तन	3. फ़िरोजाबाद
D. कांच का सामान	4. वाराणसी

कूट:

	A	B	C	D
(a)	2	4	1	3
(b)	1	2	3	4
(c)	4	3	2	1
(d)	3	1	4	2

56. सूची-I एवं सूची-II से सुमेलित कीजिए और सूचियों के नीचे दिए गए कूट का उपयोग करके सही उत्तर चुनिए-

UPPCS Pre, 2013

सूची-I (स्थान)	सूची-II (उद्योग)
A. चुर्क	1. ताला
B. फ़िरोजाबाद	2. खेलकूद का सामान
C. अलीगढ़	3. सीमेंट
D. मेरठ	4. चूड़ियां

कूट:

	A	B	C	D
(a)	1	3	2	4
(b)	2	1	3	4
(c)	3	4	1	2
(d)	3	2	1	4

57. सूची-I को सूची-II से सुमेलित कीजिए तथा नीचे दिए गए कूट से सही उत्तर चुनिए-

UPPCS (Mains), 2010

सूची-I (पारंपरिक कला/शिल्प)	सूची-II (संबद्ध स्थान)
A. मिट्टी के बर्तन	1. बरेली
B. काष्ठ नक्काशी	2. खुर्जा
C. काष्ठ पादुका (खड़ाऊं)	3. पीलीभीत
D. जरी	4. सहारनपुर

कूटः

	A	B	C	D
(a)	4	3	2	1
(b)	1	4	2	3
(c)	2	1	3	4
(d)	2	4	3	1

58. दादरी, चुनार, चुर्क तथा डाला, सभी में कारखाने हैं, जो उत्पादित करते हैं-

UPPCS (Mains), 2015

(a) सीमेंट (b) चीनी
(c) कागज (d) उर्वरक

59. फर्रुखाबाद जाना जाता है-

UPPCS (Pre), 2011

(a) कालीन की बुनाई के लिए
(b) कांच की वस्तुओं के लिए
(c) इत्र निर्माण के लिए
(d) हाथ की छपाई के लिए

60. सूची-I एवं सूची-II से सुमेलित कीजिए तथा सूचियों के नीचे दिए गए कूट का प्रयोग करके सही उत्तर चुनिए-

UPPCS (Mains), 2009

सूची-I (औद्योगिक संस्थान)	सूची-II (नगर)
A. इंडियन टेलीफोन इंडस्ट्रीज	1. कानपुर
B. ट्रांसफॉर्मर फैक्ट्री	2. रायबरेली
C. कृत्रिम अंग निर्माण निगम	3. झांसी
D. उर्वरक कारखाना	4. फूलपुर

कूटः

	A	B	C	D
(a)	2	3	4	1
(b)	4	3	1	2
(c)	2	3	1	4
(d)	4	2	1	3

61. 'काष्ठ-नक्काशी घरेलू उद्योग' के लिए उत्तर प्रदेश का कौन-सा नगर प्रसिद्ध है?

UPPCS (Pre), 2017

(a) गोरखपुर (b) सहारनपुर
(c) मेरठ (d) कानपुर

62. सूची-I एवं सूची-II से सुमेलित कीजिए और सूचियों के नीचे दिए गए कूट का उपयोग करके सही उत्तर चुनिए-

UPRO/ARO (Pre) (Spl.), 2010
UPRO/ARO (Mains) (Spl.), 2010

सूची-I (पार्क जोन)	सूची-II (जिले)
A. एपेरेल पार्क	1. उन्नाव
B. बायोटेक्नोलॉजी पार्क	2. सहारनपुर
C. एग्रो प्रसेसिंग जोन	3. कानपुर
D. लेदर टेक्नोलॉजी पार्क	4. लखनऊ

कूटः

	A	B	C	D
(a)	3	4	2	1
(b)	4	3	1	2
(c)	2	1	3	4
(d)	3	2	4	1

63. उत्तर प्रदेश में बायो-टेक्नोलॉजी पार्क निम्नलिखित स्थानों में से कहां स्थित है?

UPPCS (Pre), 2020

(a) कानपुर (b) गाजियाबाद
(c) नोएडा (d) लखनऊ

64. उ.प्र. में सॉफ्टवेयर तथा बिजनेस प्रोसेस आउटसोर्सिंग उद्योग का सबसे बड़ा केंद्र अवस्थित है-

UPPCS (Pre), 2016

(a) मेरठ में (b) कानपुर में
(c) नोएडा में (d) वाराणसी में

65. उत्तर प्रदेश के प्रथम ऊर्जा शिक्षा पार्क की स्थापना प्रस्तावित है-

UPPCS (Mains) 2002

(a) आगरा में (b) इलाहाबाद में
(c) कानपुर में (d) लखनऊ में

66. निम्नलिखित में से किसमें विज्ञान नगरी अवस्थित है?

UPPCS (Mains), 2015

(a) कानपुर (b) इलाहाबाद
(c) लखनऊ (d) नोएडा

67. निम्न में से एक नॉन-सी. एस.आई.आर. संस्थान को जो लखनऊ, यू.पी. में स्थित है, पहचानिए-

UPPCS (Pre), 2002

(a) आई.आई.एस.आर. (b) एन.बी.आर.आई.
(c) सी-मैप (d) आई.टी.आर.सी.

68. उत्तर प्रदेश में आलू का अनुसंधान केन्द्र किस जिले में स्थित है?

UPRO/ ARO (Pre), 2014

(a) फर्रुखाबाद (b) मेरठ
(c) कानपुर (d) इलाहाबाद

69. पंडित दीन दयाल उपाध्याय पशु चिकित्सा विज्ञान विश्वविद्यालय एवं गौ रक्षा अनुसंधान संस्थान अवस्थित है-

UPRO/ARO (Pre), 2017

(a) मेरठ में (b) लखनऊ में
(c) अयोध्या में (d) मथुरा में

70. उत्तर प्रदेश खादी ग्रामोद्योग बोर्ड की स्थापना किस वर्ष में हुई थी?

UPPCS (Mains), 2015

(a) 1970 में (b) 1960 में
(c) 1965 में (d) 1950 में

71. केंद्रीय ग्लास एवं सिरैमिक अनुसंधान संस्थान स्थित है-

UPPCS (Mains), 2014

(a) कानपुर में (b) आगरा में
(c) फिरोजाबाद में (d) खुर्जा में

72. उत्तर प्रदेश गन्ना अनुसंधान परिषद अवस्थित है-

UPPCS (Mains), 2015

(a) मेरठ में (b) लखनऊ में
(c) कानपुर में (d) शाहजहांपुर में

73. भारतीय वनस्पति शोध संस्थान अवस्थित है-

UPPCS (Mains), 2015

(a) रामपुर में (b) धामपुर में
(c) कानपुर में (d) लखनऊ में

74. सूची-I एवं सूची-II से सुमेलित कीजिए और सूचियों के नीचे दिए गए कूट का उपयोग करके सही उत्तर चुनिए-

UPPSC (Mains), 2013

सूची-I (फसलों के भारतीय संस्थान)	सूची-II (स्थान जहां स्थित हैं)
A. आई.आई.वी.आर.	1. कानपुर
B. आई.आई.एस.आर.	2. वाराणसी
C. आई.आई.पी.आर.	3. बंगलुरू
D. आई.आई.एच.आर.	4. लखनऊ

कूट:

	A	B	C	D
(a)	1	3	2	4
(b)	3	4	2	1
(c)	2	4	1	3
(d)	3	1	4	2

75. निम्नलिखित युग्मों में कौन-सा सही सुमेलित नहीं है?

UPRO/ARO (Pre) (Re-Exam), 2016

(a) आई.आई.वी.आर. - लखनऊ
(b) आई.आई.पी.आर. - कानपुर
(c) आई.जी.एफ.आर.आई. - झांसी
(d) आई.वी.आर.आई. - इज्जतनगर

76. इफ्को यूरिया कारखाना उत्तरप्रदेश के निम्नलिखित में से किस स्थान पर है?

UPRO/ARO (Pre) (Re-Exam), 2016

(a) जगदीशपुर (b) आंवला
(c) जमशेदपुर (d) ऊंचाहार

उत्तरमाला

1.	(b)	2.	(c)	3.	(d)	4.	(c)	5.	(b)	6.	(d)	7.	(a)	8.	(b)	9.	(a)	10.	(a)
11.	(b)	12.	(a)	13.	(d)	14.	(b)	15.	(c)	16.	(b)	17.	(a)	18.	(d)	19.	(d)	20.	(a)
21.	(b)	22.	(c)	23.	(b)	24.	(b)	25.	(d)	26.	(d)	27.	(c)	28.	(c)	29.	(d)	30.	(b)
31.	(c)	32.	(b)	33.	(b)	34.	(b)	35.	(c)	36.	(b)	37.	(b)	38.	(a)	39.	(a)	40.	(b)
41.	(b)	42.	(a)	43.	(a)	44.	(c)	45.	(c)	46.	(c)	47.	(b)	48.	(c)	49.	(d)	50.	(c)
51.	(d)	52.	(d)	53.	(c)	54.	(b)	55.	(a)	56.	(c)	57.	(d)	58.	(a)	59.	(d)	60.	(c)
61.	(b)	62.	(a)	63.	(d)	64.	(c)	65.	(b)	66.	(c)	67.	(d)	68.	(b)	69.	(d)	70.	(b)
71.	(d)	72.	(d)	73.	(d)	74.	(c)	75.	(a)	76.	(b)								

17 अध्याय

उत्तर प्रदेश: प्रमुख योजनाएँ एवं नीतियाँ

उत्तर प्रदेश भाग्य लक्ष्मी योजना:

- आरम्भ: 28 अप्रैल 2017
- लाभार्थी: BPL परिवार की बेटियाँ।
- उद्देश्य: बेटी के जन्म पर आर्थिक सहायता देना। इस योजना के तहत राज्य सरकार द्वारा बेटी के जन्म के बाद बेटी को ₹50000 की भरण पोषण हेतु आर्थिक सहायता तथा बेटी की माँ को भी पर्याप्त आहार पोषण हेतु ₹5100 की आर्थिक सहायता प्रदान की जाती है। बेटी के 6वीं, 8वीं, 10वीं, तथा 12वीं कक्षा में आने पर क्रमश: ₹3000, ₹5000, ₹7000 तथा ₹8000 दिए जाते हैं। साथ ही लड़की की आयु 21 वर्ष होने के बाद उसके माता-पिता को 2 लाख रूपये की राशि प्रदान की जाएगी। **(यदि बालिका का विवाह 18 वर्ष से पूर्व न हुआ हो।)**

कन्या सुमंगला योजना:

- आरम्भ: 25 अक्टूबर 2019
- लाभार्थी: निम्न आय वर्ग के परिवार की लड़कियाँ जिनका जन्म 1 अप्रैल 2019 के बाद हुआ है।
- उद्देश्य: बालिकाओं के स्वास्थ्य एवं शिक्षा के स्तर में वृद्धि करना। इस योजना के अंतर्गत ₹15000 की राशि वित्तीय सहायता के रूप में बालिकाओं को निम्न प्रकार से प्रदान की जाएगी।

  पहली किस्त ₹2000 कन्या के जन्म के समय

  दूसरी किस्त ₹1000 टीकाकरण के समय

  तीसरी किस्त ₹2000 प्रथम कक्षा में प्रवेश के समय

  चौथी किस्त ₹2000 छठी कक्षा में प्रवेश के समय

  पाँचवी किस्त ₹3000 नौवीं कक्षा में प्रवेश के समय

  छठी किस्त ₹5000 कक्षा 10/12 उत्तीर्ण करने पर तथा न्यूनतम दो वर्षीय डिप्लोमा, पाठ्यक्रम अथवा स्नातक में प्रवेश लेने पर।

नोट: योजना का लाभ प्राप्त करने वाले परिवार की वार्षिक आय सीमा अधिकतम ₹3 लाख निर्धारित की गई है।

उत्तर प्रदेश किसान उदय योजना:

- आरम्भ: 23 दिसम्बर 2017
- लाभार्थी: राज्य के किसान।
- उद्देश्य: राज्य के 10 लाख किसानों को 5 व 7.5 हार्स पॉवर के सोलर पम्प अनुदान पर उपलब्ध कराना।

मुख्यमंत्री कृषक दुर्घटना कल्याण योजना:

- आरम्भ: 21 जनवरी 2020
- लाभार्थी: प्रदेश के जो किसान 14 सितम्बर 2019 के बाद किसी दुर्घटना का शिकार हुए हैं।
- उद्देश्य: राज्य के किसानों को सामाजिक सुरक्षा प्रदान करना। योजना के अंतर्गत कृषक की दुर्घटना में मृत्यु होने पर 5 लाख तक की आर्थिक सहायता तथा 60% से अधिक दिव्यांगता होने पर परिजनों को 2 लाख रुपये की धनराशि प्रदान की जाएगी। जिनकी उम्र 18 से 70 वर्ष के बीच है, वे किसान ही इस योजना के पात्र होंगे।

वृद्धावस्था पेंशन योजना:

- आरम्भ: 1994 में आरम्भ होने के बाद इस योजना में समय-समय पर परिवर्तन होता रहा है।
- लाभार्थी: 60 वर्ष या इससे अधिक आयु के व्यक्ति।
- उद्देश्य: वृद्धों को पेंशन के रूप में आर्थिक सहायता देना। यह योजना उत्तर प्रदेश सरकार के समाज कल्याण विभाग द्वारा संचालित की जाती है। वर्तमान में, इस योजना के अंतर्गत वृद्धजनों को ₹1000 प्रतिमाह की दर से चार त्रैमासिक किश्तों में पेंशन की धनराशि प्रदान किये जाने की व्यवस्था की गयी है।

मुख्यमंत्री सामूहिक विवाह योजना:

- आरम्भ: अक्टूबर, 2017
- लाभार्थी: ₹2 लाख प्रतिवर्ष आय सीमा के अंतर्गत आने वाले सभी वर्गों के सदस्य।
- उद्देश्य: यह योजना समाज कल्याण विभाग, उत्तर प्रदेश के द्वारा संचालित है। इस योजना के अंतर्गत विधवा, परित्यक्ता, तलाकशुदा महिलाओं के विवाह की भी व्यवस्था है। इस योजना के अंतर्गत एक जोड़े के विवाह पर कुल ₹51000 की राशि की व्यवस्था है। नगरीय निकाय (नगर पंचायत, नगर पालिका परिषद्, नगर निगम) क्षेत्र पंचायत, जिला पंचायत स्तर पर पंजीकरण एवं न्यूनतम 10 जोड़ों के विवाह पर सामूहिक विवाह आयोजन की व्यवस्था की गई है।

निराश्रित महिला (विधवा) पेंशन योजना:

- आरम्भ: 2015
- लाभार्थी: न्यूनतम 18 वर्ष की आयु और ₹2 लाख से कम आय वाली राज्य की सभी पात्र निराश्रित महिलाएं।

- उद्देश्य: यह योजना महिला कल्याण विभाग, उत्तर प्रदेश के अंतर्गत संचालित है। यदि आवेदिका अन्य पेंशन योजनाओं से लाभान्वित है तो वह इस योजना की पात्र नहीं होगी। इस योजना में मासिक अनुदान की राशि ₹1000 है।

दिव्यांग एवं कुष्ठावस्था पेंशन योजना:

- आरम्भ: 2016
- लाभार्थी: 40% से अधिक विकलांगता तथा जिनकी आय गरीबी की रेखा वर्तमान में ग्रामीण क्षेत्रों में ₹46080 तथा शहरी क्षेत्रों में ₹56460 प्रति परिवार प्रति वर्ष की सीमा के अंदर हो। **(न्यूनतम आयु 18 वर्ष हो।)**
- उद्देश्य: दिव्यांग एवं कुष्ठावस्था वाले व्यक्तियों को आर्थिक सहायता प्रदान करना। इस योजना में मासिक अनुदान की धनराशि क्रमशः ₹1000 (दिव्यांग) तथा ₹3000 (कुष्ठावस्था) के लिए निर्धारित है।

मुख्यमंत्री पर्यटन संवर्धन योजना:

- आरम्भ: 21 जनवरी 2020
- लाभार्थी: सम्पूर्ण प्रदेश।
- उद्देश्य: इस योजना के अंतर्गत उत्तर प्रदेश में महत्वपूर्ण धार्मिक, प्राचीन, सांस्कृतिक स्थलों के सतत् विकास एवं संवर्धन हेतु प्रत्येक विधान सभा क्षेत्र में स्थित एक पर्यटन स्थल का विकास किए जाने का प्रावधान है। इस योजना में वित्त पोषण की सीमा 50 लाख रुपये तक निर्धारित की गई है। इस योजना के अंतर्गत रख रखाव स्थानीय निकाय/ग्राम पंचायतों अथवा प्रबंध समिति का गठन कर किया जाएगा।

मुख्यमंत्री अभ्युदय योजना:

- आरम्भ: 10 फरवरी 2021
- लाभार्थी: प्रदेश के गरीब छात्र।
- उद्देश्य: गरीब छात्रों को प्रतियोगी परीक्षाओं के लिए मुफ्त कोचिंग प्रदान कराना। अभ्युदय योजना के माध्यम से युवाओं को IAS, IPS, IFS, PCS, NDA, CDS, UPSSSC, IIT तथा Medical आदि परीक्षाओं के लिए विशेषज्ञों का भी मार्गदर्शन प्राप्त होगा। कोचिंग Physically एवं Virtually दोनों माध्यमों से प्रदान की जाएगी।

विश्वकर्मा श्रम सम्मान योजना:

- आरम्भ: 24 जनवरी 2019
- लाभार्थी: पारम्परिक कारीगर एवं हस्तशिल्पि (बढ़ई, दर्जी, टोकरी बुनकर, सुनार, लोहार, कुम्हार, मोची एवं राजमिस्त्री आदि।)
- उद्देश्य: इस योजना का उद्देश्य पारम्परिक कारीगर एवं हस्तशिल्पियों के परम्परागत कौशल व उनके आजीविका के साधनों का सुदृढ़ीकरण करना है। योजना के अंतर्गत ट्रेनिंग के पश्चात् प्रमाण पत्र तथा टूल किट भी प्रदान की जाती है।

बाल श्रमिक विद्या योजना:

- आरम्भ: 12 जून 2020
- लाभार्थी: राज्य के गरीब बालक-बालिका।
- उद्देश्य: इस योजना का प्रमुख उद्देश्य 8 से 18 वर्ष की आयु के बाल श्रमिकों, अनाथों तथा श्रमिकों के बच्चों को स्कूली शिक्षा प्रदान कराना है। योजना के अंतर्गत छात्रों को ₹1000 प्रतिमाह तथा छात्राओं को ₹1200 प्रतिमाह की आर्थिक सहायता दी जाएगी। साथ ही 8वीं, 9वीं और 10वीं के छात्रों को ₹6000 की अतिरिक्त सहायता भी प्रदान की जाएगी।

कन्या विद्या धन योजना:

- आरम्भ: 2012
- लाभार्थी: प्रदेश की इण्टरमीडिएट पास करने वाली छात्राएं (BPL परिवार से)।
- उद्देश्य: इस योजना का प्रमुख उद्देश्य छात्राओं को शिक्षा के लिए प्रोत्साहित करना था। योजना के अंतर्गत 12वीं कक्षा उत्तीर्ण करने के पश्चात् छात्राओं को कॉलेज की पढ़ाई हेतु ₹20000 की आर्थिक सहायता प्रदान की जाती थी जिसे वर्ष 2016 में बढ़ाकर ₹30000 कर दिया गया था। वर्तमान में इस योजना के अंतर्गत प्रदेश सरकार छात्राओं को लैपटॉप का वितरण कर रही है।

हर घर नल का जल योजना (उत्तर प्रदेश)

- आरम्भ: ग्राम मुराहा (झांसी) से 30 जून 2020
- लाभार्थी: प्रदेश के ग्रामीण परिवार।
- उद्देश्य: इस योजना का उद्देश्य नागरिकों को शुद्ध पेयजल उपलब्ध कराना है। योजना का क्रियान्वयन उत्तर प्रदेश जल निगम द्वारा किया जा रहा है। योजना के पहले चरण में बुंदेलखण्ड के सात जिले, दूसरे चरण में विंध्य क्षेत्र, तीसरे चरण में जापानी बुखार और इंसेफ्लाइटिस प्रभावित क्षेत्र, चौथे और अंतिम चरण में आर्सेनिक व फ्लोराइड से प्रभावित गंगा-यमुना के तटवर्ती क्षेत्र शामिल हैं।

उत्तर प्रदेश कौशल सतरंग योजना:

- आरम्भ: 13 मार्च 2020
- लाभार्थी: राज्य के बेरोजगार युवा।
- उद्देश्य: इस योजना का मुख्य उद्देश्य प्रशिक्षण देकर रोजगार प्रदान कराना है। इस योजना के अंतर्गत सरकार द्वारा प्रत्येक जिले में कौशल प्रशिक्षण केन्द्र खोले जाएंगे।

कौशल सतरंग योजना के अंतर्गत 7 योजनाएं निहित हैं-

- **सीएम युवा हब** योजना के अंतर्गत अलग-अलग विभागों के द्वारा चलायी जाने वाली स्वरोजगार योजनाओं को एक साथ लाया जायेगा।

- **जिला कौशल विकास योजना** के अंतर्गत सरकार जिला स्तर पर डीएम की अध्यक्षता में कार्य करने वाली एक कमेटी बनाएगी जो जिले के बेरोजगार युवा पीढ़ी को जोड़ेगी और उसका पंजीकरण करेगी।
- **मुख्यमंत्री अप्रेंटिसशिप प्रमोशन योजना** के अंतर्गत किसी भी उद्योग में अप्रेंटिस करने पर राज्य के युवाओं को 2500/- रुपये मानदेय सरकार द्वारा दिया जाएगा और बेरोजगार युवाओं को प्रशिक्षण भी मिलेगा।
- **रिकग्नीशन ऑफ प्रायर लर्निंग योजना** के अंतर्गत परंपरागत उद्योगों से जुड़े कारीगरों का प्रमाणीकरण किया जाएगा।
- **तहसील स्तर पर कौशल पखवाड़ा योजना** के अंतर्गत एलईडी वैन द्वारा तहसील स्तर पर कौशल पखवाड़े का आयोजन किया जाएगा जिससे कौशल विकास योजनाओं के बारे में युवाओं को जानकारी उपलब्ध कराई जाएगी।
- **कौशल विकास ट्रेनिंग** द्वारा युवाओं को ट्रेनिंग देने के लिए सरकार ने आईआईटी कानपुर, आईआईएम लखनऊ के साथ करार किया है।
- **तीन प्लेसमेंट एजेंसी के साथ MoU** किया गया है जिससे युवाओं को अधिक बेहतर ढंग से रोजगार दिलाया जा सके।

उत्तर प्रदेश फ्री स्मार्टफोन/टेबलेट योजना:

- **आरम्भ:** 19 अगस्त 2021
- **लाभार्थी:** उत्तर प्रदेश के छात्र (जिनके परिवार की वार्षिक आय ₹2 लाख से कम हो।)
- **उद्देश्य:** इस योजना का मुख्य उद्देश्य ऑनलाइन शिक्षा का विस्तार करना तथा उच्च शिक्षा को बढ़ावा देना है। योजना के अंतर्गत सैमसंग, लावा तथा एसर कम्पनियों के उत्पाद शामिल है।

मुख्यमंत्री आवास योजना ग्रामीण:

- **आरम्भ:** 30 जनवरी 2018
- **लाभार्थी:** ग्रामीण क्षेत्रों में निवासरत छतविहीन/आश्रय विहीन परिवार।
- **उद्देश्य:** योजना के अंतर्गत ग्रामीण क्षेत्र के वे आश्रय विहीन व्यक्ति जोकि प्रधानमंत्री आवास योजना से वंचित रह गये है। योजना के तहत गरीबों के लिए मुफ्त आवास के अलावा LIG/EWS/MIG-I श्रेणी से संबंधित लोगों को सस्ती कीमत पर घर उपलब्ध कराए जाएंगे।

मुख्यमंत्री युवा स्वरोजगार योजना:

- **आरम्भ:** 23 अप्रैल 2018
- **लाभार्थी:** प्रदेश के बेरोजगार युवा (18 से 40 वर्ष आयु वर्ग)।
- **उद्देश्य:** प्रदेश के शिक्षित बेरोजगार युवाओं को आर्थिक सहायता (ऋण के रूप में) देकर स्वरोजगार स्थापित कर बेरोजगारी दूर करना। इस योजना के तहत बेरोजगार युवक/युवतियों को उद्योग क्षेत्र की नई इकाई स्थापित करने के लिए 25 लाख तथा सेवा क्षेत्र की इकाई स्थापित करने के लिए 10 लाख का ऋण दिया जाता है।

उत्तर प्रदेश बाबा साहेब अंबेडकर रोजगार प्रोत्साहन योजना:

- **आरम्भ:** 11 नवंबर 2019
- **लाभार्थी:** प्रदेश के श्रमिक वर्ग के व्यक्ति।
- **उद्देश्य:** प्रदेश के श्रमिकों को आत्मनिर्भर बनाना ताकि प्रदेश से होने वाले पलायन को रोका जा सके तथा रोजगार के नये अवसर उत्पन्न हो। इस योजना के अंतर्गत 2 लाख रुपये तक का ऋण व्यवसाय आरम्भ करने हेतु दिया जाता है।

प्रमुख नीतियाँ

उत्तर प्रदेश खेल नीति, 2023

- 10 मार्च 2023 को उत्तर प्रदेश मंत्रिमंडल द्वारा उत्तर प्रदेश खेल नीति, 2023 को मंजूरी प्रदान की गई।
  - इस नीति के अंतर्गत खिलाड़ियों को तीन श्रेणियों ग्रासरूट स्तर के खिलाड़ी, विकासात्मक स्तर के खिलाड़ी तथा उच्च स्तर के खिलाड़ी के रूप में वर्गीकृत किया जाएगा।
  - पहली श्रेणी में ग्रास रूट (जमींनी स्तर) के खिलाड़ी होंगे। इन्हें शुरुआती स्तर पर प्रशिक्षण दिया जाएगा।
  - दूसरी श्रेणी डेवलपमेंट की होगी, जिसमें प्रतिभाशाली खिलाड़ियों को खोजकर उन्हें भविष्य के खिलाड़ी के तौर पर विकसित करने के लिए एक्शन प्लान बनाकर प्रशिक्षित किया जाएगा।
  - तीसरी श्रेणी में एलीट क्लास के खिलाड़ी आएंगे। ये वो स्थापित खिलाड़ी होंगे, जो विभिन्न खेलों में राज्य का प्रतिनिधित्व करते हैं। ऐसे खिलाड़ियों को राष्ट्रीय और अंतर्राष्ट्रीय स्तर पर बेहतर प्रदर्शन के लिए प्रेरित किया जाएगा।
- आगामी 5 वर्षों में राज्य में कम-से-कम 14 उत्कृष्टता केंद्र एवं 5 उच्च प्रदर्शन केंद्र स्थापित किए जाएंगे।
- आयुष्मान योजना के तहत प्रदेश में खेल योजनाओं के सभी एथलीट, कोच, कर्मचारी और उनके परिवारों को इस नीति के तहत 5 लाख रुपये का कैशलेस स्वास्थ्य बीमा कवर प्रदान किया जाएगा।
- नई खेल नीति में ई-स्पोर्ट्स को भी शामिल किया गया है।
- राज्य सरकार द्वारा 10 करोड़ रुपये के प्रारंभिक कोष के साथ राज्य में खेलों के लिए **उत्तर प्रदेश खेल विकास कोष** बनाया जाएगा।

निर्यात नीति उत्तर प्रदेश, 2020-25

- 25 नवम्बर 2020 को उत्तर प्रदेश मंत्रिमण्डल द्वारा उत्तर प्रदेश निर्यात नीति 2020-25 को लागू करने का निर्णय लिया गया।
- इस नीति का उद्देश्य निर्यात के क्षेत्र में विकास एवं प्रतिस्पर्धा को बढ़ावा देना, निर्यात सहायक संस्थाओं को निर्यात सम्बन्धी आवश्यक सहायता व सेवा प्रदान करना है एवं राज्य से निर्यात को बढ़ाने के लिए तकनीकी और भौतिक इंफ्रास्ट्रक्चर का विकास करना है।
- निर्यात को प्रोत्साहित करने के उद्देश्य से उद्योगों के निर्यात सामर्थ्य के विकास के लिये आवश्यक समर्थन प्रदान करना, देश में निर्मित उत्पादों के लिए वैश्विक बाजार में उपलब्ध अवसरों का चिन्हांकन करना तथा निर्यात सम्बन्धी सर्वश्रेष्ठ प्रक्रियाओं को अंगीकृत करते हुए क्षमता विकास को प्रोत्साहित करना है।
- इस निर्यात नीति 2020-25 के प्रमुख क्षेत्रों में कृषि और प्रसंस्करण खाद्य उत्पाद, लेदर उत्पाद, इंजीनियरिंग उत्पाद, हैंडीक्राफ्ट्स, हैंडलूम और टेक्सटाइल, कॉरपेट रग्स, कांच और सेरामिक उत्पाद, स्पोर्ट्स गुड्स, रक्षा उपकरण, सर्विस सेक्टर, लकड़ी के उत्पाद, मेडिकल वैल्यू ट्रैवल्स एंड लॉजिस्टिक, शिक्षा, पर्यटन, आईटी और आईटीईएस शामिल हैं।
- इस नीति के अनुसार पशुओं की बिक्री और खरीद के लिए एक ई-हाट पोर्टल की शुरुआत की जाएगी।
- इस नीति का उद्देश्य 'मेक इन उत्तर प्रदेश, मेक इन इंडिया' के ब्रांड का विकास एवं प्रोत्साहन देना।
- इस निर्यात नीति के अंतर्गत पात्र इकाईयों को प्रदान की जाने वाली सुविधाओं तथा अन्य आनुषंगिक क्रियाकलापों पर होने वाला व्यय बजट में प्राविधानित धनराशि की सीमा के अंतर्गत रखा जाएगा।
- उत्तर प्रदेश निर्यात प्रोत्साहन ब्यूरो द्वारा 'निर्यात नीति उत्तर प्रदेश 2020-25' के क्रियान्वयन संबंधी कार्य संपादित किए जाएंगे।
- इस नीति में खाद्य प्रसंस्करण से संबंधित निर्यातक इकाईयों द्वारा अंतरराष्ट्रीय गुणवत्ता सुनिश्चित करने के लिए विशेष सेवाओं के हायर किए जाने पर वित्तीय सहायता का प्रावधान किया गया है।
- इस नीति द्वारा कृषि क्षेत्र से निर्यात को बढ़ावा दिए जाने के उद्देश्य से तथा कृषकों की आय को दोगुना करने के लिए उन सभी अवयवों को अपनाया जाएगा, जो उ.प्र. कृषि प्रोत्साहन नीति से अनाच्छादित है।

परीक्षोपयोगी महत्त्वपूर्ण प्रश्न

1. उत्तर प्रदेश में .... के प्रचार हेतु कन्या सुमंगला योजना की शुरुआत की गई थी।

UPSSSC Jr. Assist. 04/01/2020

(a) लड़कियों के लिए रोजगार के अवसर
(b) लड़कियों के लिए डिजिटल साक्षरता
(c) लड़कियों के लिए खेलों में भागीदारी के अवसर
(d) लड़कियों के लिए स्वास्थ्य एवं शैक्षणिक मानक

2. उत्तर प्रदेश सरकार द्वारा 'कन्या विद्या धन योजना' के अंतर्गत छात्राओं को प्रोत्साहन हेतु कितनी राशि प्रदान की जाती है?

UPSRTC परिचालक 23/08/2015

(a) ₹30,000 (b) ₹25,000
(c) ₹20,000 (d) ₹15,000

3. उत्तर प्रदेश सरकार द्वारा 'समाजवादी पेंशन योजना' कब आरंभ की गई?

UPSSSC बोरिंग टैक्नीशियन 09/08/2015

(a) जनवरी, 2014 (b) मार्च, 2013
(c) जनवरी, 2015 (d) मार्च, 2014

4. उत्तर प्रदेश में किसान मित्र योजना का आरम्भ कब हुआ था?

(a) 18 जून, 2000 (b) 18 जून, 2001
(c) 18 जून 2002 (d) 18 जून, 2003

5. उत्तर प्रदेश सरकार द्वारा राज्य योजना आयोग का गठन कब किया गया?

(a) 1968 ई. (b) 1969 ई.
(c) 1970 ई. (d) 1971 ई.

6. 'कन्या विद्या धन योजना' के अंतर्गत उत्तर प्रदेश सरकार द्वारा किस कक्षा में उत्तीर्ण होने पर प्रोत्साहन हेतु धनराशि दी जाती है?

UPSSSC ग्राम विकास अधिकारी 05/06/2016

(a) पाँचवीं कक्षा (b) आठवीं कक्षा
(c) दसवीं कक्षा (d) बारहवीं कक्षा

7. उत्तर प्रदेश में किसान बही योजना कब से लागू की गई?

(a) 1990 (b) 1992
(c) 1995 (d) 1998

8. 'नवीन रोजगार छतरी योजना' का उद्देश्य है।

(a) जल संरक्षण
(b) निर्यात संवर्धन
(c) अनुसूचित जाति का सर्वांगीण विकास
(d) किसानों की आय दुगुना करना

9. कौन-सा केंद्रीय मंत्रालय 'एक जिला-एक उत्पाद (ओडीओपी)' योजना लागू करता है?

(a) एमएसएमई (MSME) मंत्रालय
(b) वाणिज्य और उद्योग मंत्रालय
(c) गृह मंत्रालय
(d) वित्त मंत्रालय

10. उत्तर प्रदेश राज्य का कौन-सा शहर 'उत्कृष्ट शहर' योजना के अंतर्गत शामिल है?

(a) कानपुर (b) मुरादाबाद
(c) अलीगढ़ (d) आगरा

11. बाल श्रमिक विद्या योजना के तहत बालिकाओं को स्कूल भेजने के लिए सरकार द्वारा कितने रुपए प्रतिमाह प्रदान करने का प्रावधान है?

(a) ₹500 (b) ₹1000
(c) ₹1200 (d) ₹2500

12. उत्तर प्रदेश गौ-पालक योजना के अंतर्गत पशुपालकों को कितने रुपए ऋण उपलब्ध करवाया जाता है?

(a) ₹2.5 लाख (b) ₹5 लाख
(c) ₹7.5 लाख (d) ₹10 लाख

13. उत्तर प्रदेश कौशल सतरंग योजना का सम्बन्ध किससे है?

(a) कौशल विकास (b) ग्रामीण विकास
(c) जल संरक्षण (d) स्वच्छता

14. 'किशोरी बालिका योजना', वर्ष में .... दिनों के लिए विद्यालय में उपस्थित न होने पर लड़कियों को संतुलित आहार प्रदान करने की पेशकश करती है।

UPSSSC Jr. Assist. 04/01/2020

(a) 125 (b) 150
(c) 175 (d) 300

15. 'ज्ञान दीप शिक्षा योजना' उत्तर प्रदेश में प्रारम्भ की गयी थी?

(a) सितम्बर 2000 (b) अक्टूबर 2001
(c) सितम्बर 2002 (d) दिसम्बर 2002

16. उत्तर प्रदेश में 'कल्प योजना' सम्बन्धित है।

(a) प्राथमिक शिक्षा से (b) माध्यमिक शिक्षा से
(c) उच्च शिक्षा से (d) प्राविधिक शिक्षा से

17. निम्नलिखित में से कौन-सी उत्तर प्रदेश द्वारा की गई ई-स्वास्थ्य पहल है?

UPSSSC लेखपाल परीक्षा 2022

(a) उत्तर प्रदेश HMIS (स्वास्थ्य प्रबंधन सूचना तंत्र)
(b) ई-सुविधा
(c) ई-मित्र
(d) इनमें से कोई नहीं

18. निम्नलिखित में से किस संस्थान का मिशन भूमि संसाधनों के स्वास्थ्य और उत्पादकता को एक स्थायी तरीके से संरक्षित करना और सभी संभावित खेती योग्य भूमि की रक्षा, पुनर्वास और पुनः उत्पन्न करना था?

UPSSSC लेखपाल परीक्षा 2022

(a) उत्तर प्रदेश भूमि सुधार निगम
(b) उत्तर प्रदेश ग्रामीण विकास एजेंसी
(c) उत्तर प्रदेश ग्रामीण सड़क एजेंसी
(d) इनमें से कोई नहीं

19. ग्रामीण क्षेत्रों की अर्थव्यवस्था और बुनियादी ढाँचे को मजबूत करने के लिए 2021 में निम्नलिखित में से कौन-सी योजना शुरू की गई थी?

UPSSSC लेखपाल परीक्षा 2022

(a) उत्तर प्रदेश मातृभूमि योजना
(b) उत्तर प्रदेश सहभागिता योजना
(c) उत्तर प्रदेश संत रविदास शिक्षा सहायता योजना
(d) इनमें से कोई नहीं

20. निम्नलिखित में से कौन-सी योजना पंचायत राज मंत्रालय द्वारा गाँवों की आबादी के सर्वेक्षण और ग्राम क्षेत्रों में उन्नत प्रौद्योगिकी के साथ मानचित्रण के लिए है?

UPSSSC लेखपाल परीक्षा 2022

(a) SVAMITRA (b) eMITRA
(c) SVAMITVA (d) eSurvey

21. कन्या विद्या धन योजना के तहत, आर्थिक रूप से कमजोर परिवारों की लड़कियाँ, जो हाई-स्कूल/इण्टरमीडिएट पास हैं, को उच्च शिक्षा प्राप्त करने के लिए .... एकमुश्त राशि प्रदान की जाती है।

UPSSSC लेखपाल परीक्षा 2022

(a) 10,000 (b) 15,000
(c) 30,000 (d) इनमें से कोई नहीं

उत्तरमाला

1.	(d)	2.	(a)	3.	(a)	4.	(b)	5.	(d)	6.	(d)	7.	(b)	8.	(c)	9.	(b)	10.	(a)
11.	(c)	12.	(d)	13.	(a)	14.	(d)	15.	(c)	16.	(a)	17.	(a)	18.	(a)	19.	(a)	20.	(c)
21.	(c)																		

NOTE

NOTE